HISTOIRE
POLITIQUE ET LITTÉRAIRE
DE
LA PRESSE
EN FRANCE

AVEC UNE INTRODUCTION HISTORIQUE SUR LES

ORIGINES DU JOURNAL

ET LA

BIBLIOGRAPHIE GÉNÉRALE DES JOURNAUX

DEPUIS LEUR ORIGINE

PAR

EUGÈNE HATIN

TOME TROISIÈME

PARIS
POULET-MALASSIS ET DE BROISE
IMPRIMEURS-LIBRAIRES-ÉDITEURS
9, rue des Beaux-Arts

1859

Traduction et reproduction réservées

HISTOIRE
DE
LA PRESSE
EN FRANCE

Typ. de Poulet Malassis et De Broise

LA
PRESSE LITTÉRAIRE
AUX XVIIᵉ ET XVIIIᵉ SIÈCLES

(Suite)

LA
PRESSE LITTÉRAIRE

AUX XVIIᵉ ET XVIIIᵉ SIÈCLES

Seconde période, 1730 - 1789

Le grand bruit qui se fit autour de l'*Année littéraire* n'empêcha pas une foule d'autres feuilles de faire entendre leur voix dans cette mêlée par instants si tumultueuse. C'était, au contraire, pour ces affamés de lucre ou de fumée, une raison pour crier plus fort, et chercher par toute sorte de petits moyens à attirer sur eux l'attention publique, et dans leur caisse l'argent des souscripteurs.

On connaissait déjà ces ruses du métier, ces amorces que l'on croirait inventées de nos jours. Les économistes offraient un volume en prime aux adeptes qui voudraient souscrire à leurs *Ephémérides*. Nous avons vu le chevalier Paulet consacrer à une œuvre patriotique le produit du *Journal des Sciences et des Beaux-Arts ;* nous rencontrerons bientôt d'autres exemples du savoir-faire des Journalistes du xviiie siècle.

Il était assez facile d'obtenir un privilége; il suffisait quelquefois de payer le tribut dû au *Journal des Savants;* mais assez souvent aussi l'on imposait aux impétrants un chiffre plus ou moins élevé de pensions à servir à diverses personnes, et principalement aux gens de lettres. L'*Année littéraire,* par exemple, en était grevée pour une somme de 5,000 francs.

Les journaux venant des pays voisins, ou imprimés à Paris sous une rubrique étrangère, versaient dans la caisse du ministère des affaires étrangères un droit annuel, qui variait suivant mille considérations. Nous verrons le *Journal de Politique et de Littérature* payer jusqu'à 22,000 fr. par an.

La durée du privilége pour les journaux demeura longtemps indéterminée. Ce ne fut qu'en 1785 qu'un arrêt du Conseil étendit aux ouvrages périodiques le règlement qui fixait à dix années le terme des priviléges. «Jusqu'ici, dit à ce sujet la *Correspondance secrète,* dès qu'un homme avait trouvé le titre d'un journal quelconque, c'était pour lui un fief inamovible. Il reste un pas à faire pour perfectionner la nouvelle loi : c'est de donner les journaux en forme de récompense aux gens de lettres qui se sont rendus recommandables par de bons ouvrages. Le goût, les lettres et le gouvernement gagneraient également à cet arrangement : le goût, en ce qu'un bon écrivain en a plus qu'un mauvais ; les lettres, en ce qu'elles ne seraient pas dégradées et avilies périodiquement par ces entrepreneurs de critique sans jugement, qui sont impunément injustes et partiaux, attendu qu'ils ne sont pas même retenus par la crainte salutaire du talion, n'ayant jamais rien produit qui les y expose ; enfin le gouvernement, qui trouverait un bénéfice réel à laisser une liberté décente à la critique, en assujettissant ses productions à un droit de timbre, à l'instar de ce qui se pratique en Angleterre. »

Quelquefois le privilége d'un journal était la récompense d'un service rendu à la société : ainsi, en 1786, il en était accordé un à Hoffmann, l'inventeur du polytypage, et il en profitait pour publier le *Journal polytype des Sciences et des Arts*. D'autres fois la concession d'un privilége était déterminée par des motifs moins avouables : ainsi nous verrons le duc de Choiseul autoriser la création d'un journal au profit d'une courtisane qu'il honorait de ses bontés.

Quoi qu'il en soit, une fois en mesure de ce côté, « pourvu qu'on ne parlât ni de l'autorité, ni du culte, ni de la politique, ni de la morale, ni des gens en place, ni des corps en crédit, ni de l'Opéra, ni des autres spectacles, ni de personne qui tînt à quelque chose, on pouvait tout imprimer librement, sous l'inspection de deux ou trois censeurs. »

C'était moins le pouvoir, nous avons déjà eu occasion de le dire, qui se montrait ombrageux, que les particuliers et quelques corps constitués. Nous avons vu, par exemple, jusqu'à quel point l'Académie poussait la susceptibilité : elle n'entendait pas que de misérables folliculaires s'occupassent de ses affaires, elle ne souffrait pas qu'ils manquassent de respect à l'un quelconque de ses membres. Et comme elle ne réussissait pas à faire taire les mauvais plaisants, elle avait imaginé un singulier moyen d'en avoir raison. Elle intrigua pour qu'on lui donnât le privilége exclusif des feuilles périodiques, sauf à elle à en accorder ensuite à qui bon lui semblerait. Voltaire fut, dit-on, l'un des plus ardents promoteurs de cette étrange entreprise, qui fort heureusement eut le sort qu'elle méritait.

Les comédiens n'étaient pas moins chatouilleux. Nous avons vu l'*Année littéraire* près d'être supprimée pour avoir accolé au nom d'un acteur l'épithète malsonnante de *ventriloque;* nous aurons bientôt d'autres exemples de l'impatience avec laquelle ces messieurs supportaient la critique.

Les cours ni les administrations ne se montraient pas plus tolérantes. Un arrêt du Conseil, du 2 mars

1785, défendait à tous les auteurs de feuilles publiques de publier aucune lettre ou dissertation, de quelque personne que ce soit, sur les matières de législation et de jurisprudence, de même que de s'immiscer à interpréter les lois du royaume.

Le maréchal de Ségur écrivait au censeur du *Journal de Paris*, le 23 décembre 1786 :

> J'ai lu, Monsieur, dans la feuille du *Journal de Paris* du 22 de ce mois, un article consacré à l'éloge de feu M. le comte de Guibert, gouverneur des Invalides, qui y a été inséré sans mon agrément. Je vous prie de vouloir bien prescrire au rédacteur de ce journal de ne rien imprimer dans ses feuilles, concernant le militaire, sans m'en avoir demandé l'approbation, et surtout de ne jamais se permettre d'imprimer mon nom en bien ou en mal. Vous le préviendrez en même temps que, s'il contrevenait à cette défense, je prendrais les ordres du roi sur sa désobéissance.

Et Suard répondait humblement :

> Les propriétaires du *Journal de Paris*, certainement, ne seront jamais tentés de désobéir à un ministre du roi. Il n'a besoin que de signifier sa volonté sans menacer de la toute-puissance. On n'imprimera plus rien qui touche, de près ou de loin, le département de la guerre, sans avoir l'agrément du ministre. C'est ce que je prie M. de Crosne de vouloir bien assurer à M. le maréchal de Ségur.

Necker, « ne pouvant se départir du parti qu'il avait pris de n'autoriser ni permettre aucun éloge imprimé de son administration », faisait suspendre je ne sais quel journal qui s'était oublié jusqu'à insérer quatre vers en son honneur.

Mais toutes ces entraves, que d'ailleurs les journaux de quelque valeur savaient parfaitement secouer à l'occasion, sans que le gouvernement s'en émût, pour des raisons que nous avons dites ailleurs, ces chaînes dont on chargeait la presse, n'empêchaient pas que chaque jour ne vît éclore quelque feuille nouvelle.

— « La cupidité ne cesse de s'agiter pour gagner de l'argent, et, sous prétexte de travailler au bien public, des milliers d'écrivains ne travaillent en effet qu'à duper le public. On répand tous les jours le prospectus de nouveaux journaux, qu'on distribue dans le plus grand appareil, avec les vues les plus belles pour le bien du royaume et la prospérité de l'Etat (1). »

— « Les journaux de toute espèce sont actuellement la grande ressource de toute la petite littérature, parce que c'est tout ce qu'il y a de plus aisé à faire. — Chacun veut avoir son journal à lui. C'est comme une place forte où chaque auteur, chaque parti, fait la guerre aux autres, et ces places-là sont étrangement multipliées sur notre Parnasse. Ce ne sont sûrement pas les citadelles du bon goût (2). »

— « Les ouvrages périodiques se multiplient sous toute sorte de formes avec un excès si fastidieux que les mieux établis, les mieux faits et ceux qu'une longue possession devrait faire préférer aux nou-

(1) *Mémoires secrets*, mai 1765.—(2) La Harpe, *Correspondance littéraire*, I, 362.

veaux venus, ressentent plus ou moins les effets de cette intempérie littéraire, qui tend à la ruine des lettres. La plupart de ces nouveaux écrits, ivraie de la littérature, en étouffent peu à peu le bon grain ; mais on veut essayer de tout, et, sous l'air de nouveauté, sans rien de nouveau que le titre, les plus médiocres productions trouvent des lecteurs. »(*Affiche de Province,* 1772.)

Querlon revient encore ailleurs sur ce bon accueil fait par le public aux écrits périodiques les plus insignifiants :

« Le goût pour les journaux, pour les feuilles, pour tout ce qu'on nomme périodiques, ne paraît point se ralentir, et, loin que la satiété dans ce genre soit assez sensible pour en arrêter la multiplication, il s'en établit de nouveaux. Il en sera peut-être un jour des journaux comme des almanachs ; ils seront à peu près aussi nombreux, et sans doute non moins utiles : car que seraient aujourd'hui les lettres et les arts sans cette multitude de journaux, qui pourront à la fin égaler le nombre des livres mêmes qu'ils indiquent ! On sait qu'à présent un journal est une espèce de ferme, sujette à bien des non-valeurs, mais sur laquelle il y a toujours beaucoup d'enchères, et que, si l'on y voit quelquefois moissonner des gens qui n'y ont rien semé, la récolte trompe assez souvent l'espérance du laboureur. C'est une affaire de spéculation ou de commerce et de finance autant que de littérature. Deux raisons d'une très-grande importance nous assurent, pour le bien des lettres, la perpétuité des journaux : 1° leur utilité réelle, tant pour les écrivains qui les composent et pour leurs croupiers que pour ceux qui les impriment et qui les débitent; 2° la nécessité de nourrir l'honorable curiosité d'un certain ordre d'amateurs, qu'il faut tenir en haleine par l'attrait de la nouveauté, et de vaincre tous les dégoûts de leur inconstance, soit par des titres imposants, soit par de nouvelles tournures qui ne changent rien au fond des journaux, puisqu'ils disent tous presque la même chose, mais qui surprennent, comme les modes, les regards du jour, et font l'effet du moment. » (*Affiche de Province*, 2 mars 1774.)

Dreux du Radier, dans un passage que nous aurons occasion de citer plus tard, assure également que la multitude des journaux n'en avait pas diminué le prix. « Tous, dit-il, ont été reçus avec empressement, et les moins estimables ont joui de quelque considération. »

Cela n'empêchait pas, bien entendu, qu'on ne leur décochât mainte épigramme; j'en citerai deux que je rencontre dans mes notes :

> *On dit aussi que maint Cerbère,*
> *Parmi les faiseurs de journaux,*
> *Sur la vanité littéraire*
> *Sait lever de petits impôts,*

Et mordre et lécher à propos,
Selon les gens ou le salaire ;
Que chaque indulgence a son prix ;
Que, moyennant certaine somme,
Sur le Parnasse, ainsi qu'à Rome,
Tous nos péchés nous sont remis ;
Que d'Hypocrène l'eau lustrale
Ne se donne plus, mais se vend,
Et, comme toute eau minérale,
Ne rend immortel qu'en payant (1).

—

D'un air contrit certain folliculaire
Se confessait au bon père Pascal.
J'ai, disait-il, délateur et faussaire,
Vendu l'honneur au poids d'un vil métal ;
Ennemi né du goût et du génie,
J'armai contre eux la sottise et l'envie ;
Enfin, courbé sous le bâton fatal,
Dans le mépris j'ai consumé ma vie.
Ce qui fut bien me parut toujours mal.
J'ai... — Laisse là ce détail qui m'attriste ;
Que ne dis-tu tout d'un coup, animal,
Que ton métier fut d'être journaliste (2) !

Ajoutons enfin qu'il n'y a pour ainsi dire pas en France, au xviiie siècle, un écrivain de quelque célébrité qui n'ait plus ou moins collaboré à un journal.

(1) *Les Enfants du pauvre Diable, ou mes Echantillons,* par M. de l'Empirée, concurrent des places et des prix de toutes les Académies, et secrétaire perpétuel de la Société littéraire de ses œuvres (1776), avec cette épigraphe : *Et si fractus illabatur* liber, *impavidum ferient ruinæ.*

« Plusieurs auteurs d'ouvrages périodiques, lisons-nous dans l'*Esprit des Journaux* (juin 1776), se sont empressés d'applaudir à cette tirade, parce que, selon M. Mercier, dans son journal, ceux qui peuvent marcher la tête levée doivent être les premiers à avouer la turpitude de leurs *malheureux frères.* »

(2) Par Dupuy des Islets, selon Grimm (mai 1785).

Ce n'est plus le siècle des créations originales, mais le siècle de l'érudition et de la critique, et vers sa fin, il faut bien le dire, le siècle de l'écrivaillerie. Le niveau s'étend, mais s'abaisse; au lieu de quelques auteurs éminents, on trouve une multitude de journalistes, dont un petit nombre seulement ont quelque valeur. Les journaux littéraires se multiplient à l'infini, mais ils vont en dégénérant à mesure qu'ils se multiplient, et peu arrivent à la renommée et passent à la postérité.

On ne doit pas attendre de moi une nomenclature complète de cette multitude de petits journaux que vit naître la dernière moitié du xviiie siècle. Les neuf dixièmes n'eurent qu'une existence éphémère, soutenue tant bien que mal par l'attrait de la nouveauté et par quelques expédients de tout temps en usage. Et puis un grand nombre de ces feuilles, qui, d'ailleurs, n'offriraient aujourd'hui, pour la plupart, qu'un très-minime intérêt, ne sont pas arrivées jusqu'à nous; beaucoup ne nous sont parvenues que dans un état plus ou moins incomplet; et encore ne les connaît-on les unes et les autres que très imparfaitement.

La Bibliothèque impériale en possède évidemment le plus grand nombre, sinon absolument, du moins relativement; mais ce qu'elle en a réellement, il est impossible, dans l'état actuel des choses, de le savoir, même d'une façon quelque peu approximative. L'œuvre si laborieuse du catalogue de cette immense collection, œuvre entreprise et poursuivie avec tant de science et de zèle par M. Tachereau et ses dignes lieutenants, n'en est pas encore là, et cette partie, jusqu'à ce que leur sagacité y ait porté la lumière, restera à peu près inabordable aux travailleurs.

Je suis cependant parvenu, à force de recherches et de patience, à réunir un faisceau d'indications suffisantes pour donner une idée de ce que fut la presse littéraire à cette époque, pour faire connaître les différents genres dans lesquels elle s'est exercée — on verra qu'il en est peu qu'elle n'ait tentés; — et je crois n'avoir omis aucune des feuilles qui, à un titre quelconque, ont occupé l'attention des contemporains, et peuvent mériter qu'on les recherche encore aujourd'hui. Pour certaines, moins importantes, et qu'il m'aura été impossible de trouver, par les raisons que je viens de dire, je devrai me borner à donner le titre : ce sera toujours une indication, dont les travailleurs pourront plus tard tirer parti.

J'ai beaucoup cité, et, j'en demande pardon à certains critiques, je citerai beaucoup encore, le plus qu'il me sera possible. J'en ai donné la raison dans ma préface. Le style, c'est l'homme, a-t-on dit; à plus forte raison pourrait-on dire : Le style, c'est le journal. Je ne sache pas de meilleur moyen de faire connaître un journal que de le laisser parler; les citations, en pareille matière, sont plus éloquentes que tous les commentaires.

Je dois dire encore la pensée qui a présidé au choix de ces extraits. Je les ai surtout choisis en vue de mon sujet, c'est-à-dire que j'ai cité de préférence les passages ayant trait au journalisme, à la manière dont on l'entendait, dont on le pratiquait. Le rapprochement de ces articles, rapprochement rendu facile par la table analytique, offrira un tableau très-curieux, et comme une sorte de cours de journalisme.

Volontiers encore j'ai emprunté aux journalistes et aux chroniqueurs le récit des faits intéressant l'histoire du journal : j'aurais pu, sans grand'peine, châtier, rajeunir ces narrations; il m'a semblé préférable de leur laisser leur couleur locale, leur saveur originelle.

Ceci dit, reprenons notre route. Il nous faut revenir assez loin sur nos pas, pour retrouver quelques journalistes qui méritaient de nous arrêter, et que nous avons laissés sur le chemin, entraînés que nous avons été à la suite de Desfontaines et de Fréron, qu'il n'était pas possible de séparer.

—

SUITE DES JOURNAUX LITTÉRAIRES

—

L'abbé Prévost, *le Pour et Contre.*

Le premier que nous rencontrions est l'abbé Prévost, cet infatigable improvisateur, dont la plume était toujours prête et pour tous les sujets. Le *Nouvelliste du Parnasse* venait d'être arrêté, et ne paraissait pas devoir se relever du coup qui l'avait frappé. Prévost se présenta bravement dans la lice pour le remplacer; mais il y apportait des dispositions tout autrement conciliantes, qu'il essayait de faire comprendre dès l'abord par le choix même et le développement du titre qu'il donnait à son recueil : « *Le Pour et Contre,* ouvrage périodique d'un goût nouveau, dans lequel on s'explique librement sur tout ce qui peut intéresser la curiosité du public en matière de sciences, d'arts, de livres, d'auteurs, etc., sans prendre aucun parti, et sans offenser personne. Par l'auteur des *Mémoires d'un Homme de qualité.* » Avec cette épigraphe, prise d'Horace :

.... *Incedo per ignes*
Suppositos cineri doloso.

Ce n'est pas un petit embarras pour un écrivain, dit-il dans sa préface, que de prévenir le public en sa faveur, et de donner un tour assez insinuant à ses promesses pour faire souhaiter qu'il les remplisse... Ceux qui ont quelque connaissance de l'histoire littéraire de Paris, de Londres et de quelques villes de Hollande, où les sciences sont en honneur, n'ignorent pas que tout ce qu'on appelle aujourd'hui projets d'ouvrages, préfaces, avertissements, introductions, sont autant de stratagèmes que les auteurs emploient à l'envi pour se supplanter les uns les autres et pour surprendre l'estime du public...

Je me flatte que le seul titre de cette feuille périodique, et la simple exposition de ce qui doit en faire la matière, suffira pour lui servir de recommandation, surtout en France, où, depuis la malheureuse chute du *N... du P...* (*Nouvelliste du Parnasse*), on est encore à lui voir naître un successeur qui ait la hardiesse de remonter sur Pégase, et l'espérance de se tenir un peu plus ferme sur le dos de ce cheval indocile.

Je suis ce téméraire, ou plutôt ce vaillant.

Instruit par l'infortune du *N...*, j'en ai tiré deux fruits qui me font espérer quelque succès pour mon entreprise, et dont l'explication fera connaître au public ce qu'il doit attendre de moi :

1° Quoique les Français soient une nation libre, et que, sous l'administration présente, qui est pleine de douceur et de modération, ils jouissent de bien des avantages, j'ai compris, par ce qui est arrivé au *N... du P...*, que cette liberté a encore des bornes. En m'efforçant là-dessus de les distinguer, pour m'y contenir avec soin, j'ai reconnu non-seulement que ces bornes sont justes, mais encore que tout ce qui est au-delà, loin de mériter le nom de liberté, n'en est qu'une fausse image, ou plutôt une véritable corruption. Je m'expliquerai par des exemples qui appartiennent à mon sujet. Il est permis en France de critiquer les ouvrages d'esprit, pourvu qu'on le fasse avec certaines mesures d'honnêteté, et sans toucher aux défauts personnels. Il est permis de raisonner sur les affaires politiques, pourvu qu'on n'en prenne pas droit de parler sans respect des puissances qu'on doit respecter, et d'approfondir indiscrètement ce qu'elles jugent à propos de ne pas révéler. Voilà les bornes. Or, si l'on veut examiner de bonne foi quels précipices on rencontre en allant plus loin, je suis persuadé que, parmi les nations même qui se glorifient d'une liberté sans bornes, il n'y a point de personne sensée qui ne confesse que la raison, la justice, l'honnêteté des mœurs, la religion et l'intérêt public s'accordent en faveur de la conduite qu'on tient en France. J'aurai dans la suite occasion de développer davantage cette réflexion ; mais ce que j'en puis conclure dès aujourd'hui, c'est que, si les Français sont, en effet, dans quelque contrainte à l'égard des articles que j'ai remarqués, ce n'est point à la rigueur du gouvernement qu'il faut l'attribuer, mais à l'idée juste et délicate qu'on s'est formée en France de la liberté, qui ne consiste pas, comme d'autres nations se l'imaginent, dans le pouvoir de penser ce que l'on veut et de dire ou d'écrire ouvertement ce que l'on pense, mais dans celui d'exercer avec discernement et avec modération les talents qu'on a reçus pour le bien de la société dont on est membre.

Et le pacifique abbé ajoute ici en note : « La pensée de Tacite est donc fausse : *Rara temporum felicitas ubi licet sentire quæ velis, et dicere quæ sentias;* pour que cette liberté fût un bonheur, il faudrait que tout le monde pensât bien. » Rendant compte ensuite du titre qu'il a choisi :

J'intitule, dit-il, cet ouvrage, *le Pour et Contre*, c'est-à-dire que, voulant éviter tout ce qui sent la faveur, la haine, le mépris, l'ironie même, en un mot toute ombre de partialité et de passion, voulant observer toutes les bienséances, remplir tous les devoirs et ne sortir jamais des bornes de la liberté française, je me propose de remarquer avec le même soin ce que je croirai apercevoir de bien et de mal dans chaque sujet sur lequel j'entreprendrai de m'expliquer. Si je parle d'un ouvrage d'esprit, je tâcherai d'en faire l'éloge avec la même sincérité que la critique. Si je rapporte un fait, général ou particulier, je le représenterai du bon côté aussi soigneusement que du mauvais. Si je m'arrête sur quelque point de littérature, j'exposerai ce que j'aurai pu recueillir de plus fort, aussi bien pour le soutenir que pour le combattre, et cela avec le même air d'indifférence pour l'un et l'autre sentiment, avec les mêmes égards d'honnêteté pour l'un et l'autre parti, avec la même mesure, avec le même poids, et en conservant toujours ma balance dans le même équilibre. Cette manière de traiter mes sujets comme autant de problèmes dont j'abandonnerai toujours la décision au lecteur, me paraît si propre à satisfaire tout le monde, que j'ose me promettre de ne déplaire à personne. Un auteur qui verra louer de bonne foi les meilleurs endroits de son ouvrage, autant du moins qu'on sera capable de les apercevoir, serait bien injuste s'il s'offensait, après cela, de voir critiquer honnêtement ses défauts, surtout lorsque, évitant de porter aucune décision générale sur le mérite de ses productions, on lui laissera toujours lieu de se flatter que le nombre des bonnes choses l'emporte sur celui des mauvaises.

On ne saurait être meilleur prince.

La seconde utilité, continue le bon abbé, que j'ai tirée de l'exemple d'autrui, est de m'affermir dans la haine de tous les démêlés personnels, et par conséquent de fermer l'entrée de ce petit ouvrage à tout ce qui peut venir d'une si mauvaise source. Aussi je déclare qu'on ne me verra jamais prendre ici les armes ni pour attaquer, ni pour me défendre; et quand il pourrait arriver que j'eusse quelques plaintes à porter au tribunal du public, ce ne serait point ici que je permettrais à mon ressentiment de s'exhaler...

Pour ce qui est de son plan, Prévost se propose de s'exercer sur les sujets suivants. 1° l'état des sciences et des arts; 2° les ouvrages nouveaux, dans quelque genre que ce soit, mais plus ordinairement les ouvrages de littérature, tant français que latins, anglais, italiens et espagnols; 3° les journaux et autres mémoires périodiques de la république des lettres; 4° les mœurs et les usages du siècle; 5° les préjugés vulgaires; 6° le caractère des hommes illustres, c'est-à-dire de ceux qui auront fait du bruit dans le monde, à quelque titre que ce soit; 7° la comparaison des grands hommes; 8° le caractère des dames distinguées par le mérite; 9° les nouveaux établissements civils, militaires, littéraires, etc.; 10° les médailles nouvelles; 11° les faits avérés qui paraîtront surpasser le pouvoir de la nature; 12° les inventions extraordinaires de l'art. Et ce qui sera tout-à-fait particulier à sa feuille, il promet d'y insérer chaque fois quelque particularité intéressante touchant le génie des Anglais, les curiosités de Londres et des autres parties de la Grande-Bretagne, les progrès qu'on y fait tous les jours dans les sciences et les arts, et de traduire même quelquefois les plus belles scènes de leurs pièces de théâtre. Enfin, recevant régulièrement de Londres toutes les feuilles périodiques qui sont comprises sous le nom de *News Papers,* il en tirera, pour enrichir la sienne, tout ce qu'il pourra rendre propre à l'usage de la France.

Le Pour et Contre demeura consciencieusement

fidèle à son titre, dit M. Sainte-Beuve (1). Il ressemble pour la forme aux journaux anglais d'Addison, de Steele, de Johnson, avec moins de fini et de soigné, mais bien du sens, de l'instruction solide et de la candeur. On y trouve une foule d'anecdotes du jour, de faits singuliers, véritables ébauches et matériaux de roman. La littérature anglaise y est jugée fort au long, dans la personne des plus célèbres écrivains ; on y lit des notices détaillées sur Roscommon, Rochester, Dennys, Vicherley, Savage, des analyses intelligentes et copieuses de Shakspeare, une traduction du *Marc-Antoine* de Dryden et d'une comédie de Steele. Prévost avait étudié sur les lieux, et admirait sans réserve l'Angleterre, ses mœurs, sa politique, ses femmes et son théâtre. Les ouvrages, alors récents, de Le Sage, de madame de Tencin, de Crébillon fils, de Marivaux, sont critiqués par leur rival, à mesure qu'ils paraissent, avec une sûreté de goût qui repose toujours sur un fond de bienveillance. On sent quelle préférence secrète il accordait aux anciens, à d'Urfé, même à mademoiselle de Scudéry, et quel regret il nourrissait de ces *romans étendus,* de ces *composés enchanteurs;* mais il n'y a trace nulle part de susceptibilité littéraire, ni de jalousie de métier. Il ne craint pas même, à l'occasion, et par une générosité aussi rare alors qu'aujourd'hui, de citer avanta-

---

(1) *Portraits littéraires,* t. I, p. 276.

geusement, par leur nom, les journaux ses confrères, le *Mercure de France*, le *Verdun*. Une ou deux fois Prévost fut appelé sur le terrain de la défense personnelle, et il s'en tira toujours avec dignité et mesure. Attaqué par un Jésuite du *Journal de Trévoux* au sujet d'un article sur Ramsay, il répliqua si décemment que les Jésuites sentirent leur tort et désavouèrent cette première sortie. Il releva avec plus de verdeur les calomnies de l'abbé Langlet-Dufresnoy; mais sa justification morale l'exigeait, et l'on doit à cette nécessité heureuse d'intéressantes explications sur les événements de sa vie. Nous nous bornerons à une citation qui peint bien l'excellent homme. Langlet l'avait brutalement accusé de s'être laissé enlever par une belle. Prévost répondit que ces enlèvements n'allaient qu'aux Médor et aux Renaud, et il exposa, en manière de réfutation, le portrait suivant, tracé de lui par lui-même :

Ce Médor si chéri des belles est un homme de trente-sept à trente-huit ans, qui porte sur son visage et dans son humeur les traces de ses anciens chagrins, qui passe quelquefois des semaines entières dans son cabinet, et qui emploie tous les jours sept ou huit heures à l'étude, qui cherche rarement les occasions de se réjouir, qui résiste même à celles qui lui sont offertes, et qui préfère une heure d'entretien avec un ami de bon sens à tout ce qu'on appelle plaisirs du monde et passe-temps agréables ; civil d'ailleurs, par l'effet d'une excellente éducation, mais peu galant ; d'une humeur douce, mais mélancolique ; sobre enfin et réglé dans sa conduite. Je me suis peint fidèlement, sans examiner si le portrait flatte mon amour-propre ou s'il le blesse.

Cette débonnaireté de l'abbé Prévost lui fit trouver grâce auprès des philosophes. Delisle de Sales voit dans sa feuille périodique la quintessence du *Journal des Savants*, auquel elle tenait par ses principes et par son style ; un petit monument littéraire, qui empêcha quelques moments, s'il faut en croire Voltaire, les ennemis du goût, d'introduire l'abomination de la désolation dans le sanctuaire ; le Pour et Contre lui semble, en un mot, par sa composition ou simplement par son titre, le modèle des bons journaux du temps.

« En effet, écrit-il, c'est en disant le pour et le contre sur tout ouvrage qui sollicite nos regards, en justifiant l'éloge par la critique et la critique par l'éloge, en se faisant pour ainsi dire l'*avocat du diable* dans la canonisation des nouveaux saints, qu'on pouvait se flatter d'annoncer les jugements de la postérité sans être dédit par elle. L'abbé Prévost, à cet égard, a été un modèle, surtout dans les quatre premiers volumes, publiés à Londres, qui renferment une sorte d'indépendance d'opinion, fruit du climat qu'il habitait, et dont, grâce à son bon esprit, personne n'eut à gémir…. Cet abbé Prévost, que l'abbé Desfontaines caressa longtemps pour l'affilier à sa secte naissante, était l'antipode du journalisme, mais sans le faire soupçonner, et surtout sans le dire. Il ne pouvait soutenir l'idée d'avoir des ennemis; d'ailleurs, n'ayant jamais connu le secret de sa supériorité, insouciant jusqu'à la faiblesse, il ne songea jamais à *travailler* sa renommée. »

Voltaire, qui alors voyait partout l'abbé Desfontaines, sa bête noire, crut d'abord que c'était lui qui était l'auteur du Pour et Contre, mais il ne tarda pas à être détrompé. « Le Pour et Contre n'est point de l'abbé Desfontaines, écrit-il à M. de Cideville; il est réellement du bénédictin défroqué auteur de *Cléveland* et des *Mémoires d'un Homme de qualité*. Je lui pardonne d'avoir dit *un peu* de mal de *Zaïre*, puisque vous en avez fait l'éloge. » C'était bien peu, en effet, ce que s'était permis l'honnête critique, et comme il s'appliqua constamment à mettre en pratique les principes posés dans son programme, surtout quand il se trouvait en face de l'irascible philosophe, Voltaire n'a plus pour lui que des paroles flatteuses, et se montre très-sensible à ses éloges.

« Remerciez, je vous en prie, de ma part, l'auteur du Pour et Contre des éloges dont il m'a honoré. Je suis bien aise qu'il flatte ma vanité, après avoir si souvent excité ma sensibilité. Cet homme-là était fait pour me faire éprouver tous les sentiments. » (Lettre à Thiériot, du 24 juillet 1733.)

« Je viens de voir la feuille de l'abbé Prévost (où

il faisait un grand éloge d'*Alzire*); je vous prie de l'assurer de mes amitiés pour le reste de ma vie. » (Au même, 4 mars 1736.)

Ailleurs il oppose Prévost à Desfontaines, et, nous n'avons pas besoin de le dire, « il fait entre les deux une grande différence : celui-ci ne sait parler que de livres; ce n'est qu'un auteur, et encore un bien médiocre auteur, et l'autre est un homme. On voit par leurs écrits la différence de leurs cœurs, et on pourrait parier, en les lisant, que l'un n'a jamais eu affaire qu'à des petits garçons, et que l'autre est un homme fait pour l'amour. Si je pouvais rendre service à l'abbé Prévost du fond de ma retraite, il n'y a rien que je ne fisse... »

Enfin il recherche son appui; il tâche de l'entraîner dans sa cause, il voudrait pouvoir opposer le Pour et Contre aux feuilles de Fréron. « Vous êtes des amis du Pour et Contre, écrit-il à Thiériot, engagez-le à me rendre justice dans cette occasion (à propos de la *Mort de César*.) » Et au sujet de la *Critique des Lettres philosophiques* : « Engagez un peu l'abbé Prévost à entrer sagement dans ce détail en parlant de cette critique. Il vous sera très-aisé de faire insérer dans le Pour et Contre quelques réflexions générales sur les calomnies dont les gens de lettres sont souvent accablés. L'auteur pourrait, après avoir cité quelques exemples, parler de l'accusation générale que j'ai essuyée au sujet des souscriptions de la *Henriade*.... Il pourrait ensuite réfuter les autres calomnies qu'on a entassées dans mon prétendu *portrait*, en disant ce que j'ai fait en faveur de plusieurs gens de lettres, lorsque j'étais à Paris... On y pourrait ajouter que l'abbé Desfontaines, qui m'outrage tous les huit jours, est l'homme du monde qui m'a le plus d'obligation.... Tout cela arrangé par la plume de l'auteur du Pour et Contre ne pourrait faire qu'un très-bon effet... »

Comme Voltaire entendait bien le journalisme, s'il ne l'aimait pas !

La collection du Pour et Contre, de 1723 à 1740, se compose de 20 volumes, avec deux tables, une pour les dix premiers volumes, l'autre pour les dix derniers. Prévost ayant interrompu deux fois son travail, la plus grande partie des tomes 2 et 17 et tout le 18ᵉ ne sont pas de lui. On lit même sur le frontispice de ce dernier volume : *Par M. D. S. M.*, Le Fèvre de Saint-Marc, qui fut le suppléant de Prévost.

Nous retrouverons le bon abbé parmi les rédacteurs du *Journal étranger* et du *Journal encyclopédique*.

Marmontel, *l'Observateur littéraire, le Mercure.*

Quelques années après, alors que Desfontaines s'éteignait et que Fréron se disposait à recueillir sa succession et à continuer son œuvre, un jeune homme qui devait occuper une place remarquable dans le monde littéraire, cherchant sa voie, se hasardait timidement dans cette carrière attrayante et en apparence si facile du journalisme. C'est de Marmontel que je veux parler. Il était alors, — c'était en 1745, — âgé d'environ 22 ans, très-léger d'argent, mais riche des plus belles espérances, auxquelles s'ajoutaient encore celles de son ami Beauvin. Celui-ci avait dans la tête un projet capable de les enrichir promptement : il ne s'agissait de rien moins que de faire à eux deux une feuille périodique. Marmontel, qui, sur les conseils de Voltaire, visait au théâtre, se laissa persuader par son ami, et ils se mirent bravement à l'œuvre. Avec quel amour ces deux graves aristarques préparèrent leur premier numéro, je le laisse à penser. Il parut enfin, sous le titre de *l'Observateur littéraire,* et précédé de ce fier exposé de principes :

> La carrière où s'engage un critique est pénible et dangereuse; mais l'amour du travail en adoucit les fatigues, et la bonté du cœur en écarte les dangers. Un vrai critique traite tous les au-

teurs en ami sincère et poli. Nos amis et nos ennemis nous éclairent sur nos défauts. Qu'est-ce qui les distingue? Les ménagements et l'aigreur. Les uns et les autres humilient l'amour-propre; mais ceux-là le consolent et ceux-ci le révoltent. On croit que la critique est insipide si elle n'est assaisonnée d'une piquante raillerie, et que ce n'est que par là qu'elle peut réussir dans le public. De quel public parle-t-on? Est-ce pour lui qu'on doit écrire? Il en est un plus respectable, et c'est à ce dernier que l'auteur de ces observations cherche à plaire; il se consolera de n'être lu que du petit nombre, si, pour être lu de la multitude, il faut s'écarter des bornes de la probité. Un auteur se consume pour obtenir nos suffrages : s'il n'y parvient pas, il est assez puni. Qu'on le corrige, s'il est possible ; mais qu'on ne lui insulte pas. Bayle devrait être le modèle des critiques. Peu d'écrivains peuvent approcher du goût, de l'érudition et de l'agrément qu'on admire dans sa *République des Lettres*. Mais il est sans partialité et sans aigreur; c'est en cela qu'il n'est point inimitable, et que j'espère de l'imiter. Voilà le seul engagement que je prends avec le public, et, sans vouloir en imposer par de magnifiques promesses, je me propose en général de rendre compte des livres qui seront à ma portée.

Tout le reste était à l'avenant. C'était honnête, mais cela manquait essentiellement de nerf. Après quelques numéros, les amis durent reconnaître qu'ils s'étaient fourvoyés. « Cette affaire, dit Marmontel lui-même dans ses Mémoires, ne fut pas aussi bonne que Beauvin l'avait espéré. Nous n'avions ni fiel ni venin, et notre feuille n'étant ni la critique infidèle et injuste des bons ouvrages, ni la satire amère et mordante des bons auteurs, elle eut peu de débit. »

L'Observateur littéraire a été inséré dans l'édition des œuvres de Marmontel donnée en 1819-20 par

Villenave, mais en partie seulement, car il paraît qu'il n'a pas été possible à l'éditeur d'en trouver un exemplaire complet.

Les couronnes de l'Académie, les applaudissements du public acclamant sa première tragédie, *Denys le tyran,* eurent bientôt fait oublier à Marmontel cette petite mésaventure, et lui firent reporter toutes ses pensées vers le théâtre, qui, selon ce que lui avait dit Voltaire, donnait en un jour la gloire et la fortune.

Cependant nous le retrouvons dans le journalisme douze ans après, et encore cette fois ce furent les circonstances qui l'y poussèrent. Il avait été assez heureux pour plaire à madame de Pompadour, et s'était lié avec le docteur Quesnay, médecin de la favorite. Un soir qu'il était avec ce dernier, madame de Pompadour, raconte-t-il lui-même dans ses Mémoires, le fit appeler, et lui dit : « Savez-vous que La Bruère est mort à Rome? Il était titulaire du privilége du *Mercure ;* ce privilége lui valait 25,000 livres de rentes. Il y a de quoi faire plus d'un heureux, et nous avons dessein d'attacher au nouveau brevet du *Mercure* des pensions pour les gens de lettres. Vous qui les connaissez, nommez-moi ceux qui en ont besoin, et qui en seraient susceptibles. » Marmontel nomma Crébillon, d'Alembert, Boissy, et encore quelques autres. Il ne s'était pas nommé lui-même, bien sûr qu'il était d'être au nombre de ceux que proposerait la favorite. Mais, par une étourderie dont elle rit beaucoup elle-même, elle oublia son protégé. Heureusement que l'oubli était facilement réparable: Marmontel fut porté pour 1,200 livres sur la liste des pensionnaires du *Mercure*.

Quant au privilége de cet heureux journal, il fut donné à Boissy, sur les recommandations mêmes de Marmontel. Mais le nouveau rédacteur n'avait, pour soutenir le Mercure, ni les relations, ni les ressources, ni l'activité de l'abbé Raynal, qui l'avait fait, et très-bien fait, en l'absence de La Bruère. Dénué de secours, ne trouvant rien de passable dans les papiers qu'on lui laissait, il écrivit à Marmontel une lettre qui était un vrai signal de détresse. « Inutilement, lui disait-il, vous m'avez fait donner le Mercure; ce bienfait est perdu si vous n'y ajoutez pas celui de venir à mon aide. Prose ou vers, ce qu'il vous plaira, tout me sera bon de votre main. Mais hâtez-vous de me tirer de la peine où je suis, je vous en conjure au nom de l'amitié que je vous ai vouée pour tout le reste de ma vie. »

« Cette lettre, dit Marmontel, m'ôta le sommeil. Je vis ce malheureux livré au ridicule, et le Mercure décrié dans ses mains, s'il laissait voir sa pénurie. J'en eus la fièvre toute la nuit, et ce fut dans cet état de crise et d'agitation que me vint la première idée de faire un conte. Après avoir passé la nuit, sans fermer l'œil, à rouler dans ma tête le sujet de celui que j'ai intitulé *Alcibiade,* je me levai, je l'écrivis tout d'une haleine, au courant de la plume, et je l'envoyai. Ce conte eut un succès inespéré. J'avais exigé l'anonyme. On ne savait à qui l'attribuer, et, au dîner d'Helvétius, où étaient les plus fins connaisseurs, on me fit l'honneur de le croire de Voltaire ou de Montesquieu.

» Boissy, comblé de joie de l'accroissement que cette nouveauté avait donné au débit du Mercure, redoubla de prières pour obtenir de moi encore quelques morceaux du même genre. Je fis pour lui le conte de *Soliman II,* ensuite celui du *Scrupule,* et quelques autres encore. Telle fut l'origine de ces *Contes moraux* qui ont eu depuis tant de vogue en Europe. Boissy me fit par là plus de bien à moi-même que je ne lui en avais fait ; mais il ne jouit pas longtemps de sa fortune ; et, à sa mort, lorsqu'il fallut le remplacer : « Sire, dit madame de Pompadour au roi, ne donnerez-vous pas le Mercure à celui qui l'a soutenu ? Le brevet m'en fut accordé. »

« On voulait, dit l'abbé Morellet dans son éloge de Marmontel, faire du privilége du Mercure, l'un de nos plus anciens journaux, un fonds sur lequel seraient établies des pensions pour un nombre de gens de lettres. Il était de l'intérêt de tous que ce fonds fût porté à toute sa valeur, et c'est à quoi parvint promptement Marmontel par des moyens qu'on n'a pas toujours employés après lui dans quelques ouvrages périodiques. Parler aux gens de lettres le langage de la décence en même temps que celui de la vérité ; justifier la liberté avec laquelle on observe les défauts par l'attention avec laquelle on relève les beautés ; se refuser à ces traits d'ironie sanglante, et pourtant facile, qui ne prouvent rien et qui n'éclairent personne, quoique plus amusants pour le peuple des lecteurs qu'une critique honnête et sensée ; parler le ton modéré de la raison, au lieu de consoler l'envie et de flatter la malignité ; enfin, et surtout, ne pas prostituer sa plume à l'esprit de parti : telles furent les lois qu'observa constamment Marmontel dans la rédaction de son journal. »

Marmontel lui-même nous a laissé, sur son passage au Mercure, quelques pages qui m'ont semblé mériter à plus d'un titre que nous les reproduisions :

Si le Mercure n'avait été qu'un simple journal littéraire, je n'aurais eu, en le composant, qu'une seule tâche à remplir et qu'une seule route à suivre ; mais, formé d'éléments divers et fait pour embrasser un grand nombre d'objets, il fallait que, dans tous ses rapports, il remplît sa destination ; que, selon le goût des abonnés, il tînt lieu des gazettes aux nouvellistes ; qu'il rendît compte des spectacles aux gens curieux de spectacles ; qu'il donnât une juste idée des productions littéraires à ceux qui, en lisant avec choix, veulent s'instruire ou s'amuser ; qu'à la saine et sage partie du public qui s'intéresse aux découvertes des arts utiles, aux progrès des arts salutaires, il fît part de leurs tentatives et des heureux succès de leurs inventions ; qu'aux amateurs des arts agréables il annonçât les ouvrages nouveaux et quelquefois les écrits des artistes. La partie des sciences qui tombait sous les sens et qui, pour le public, pouvait être un objet de curiosité, était aussi de son domaine ; mais il fallait surtout qu'il eût un intérêt local et de société pour ses abonnés de province, et que le bel-esprit de telle ou de telle ville du royaume y trouvât de temps en temps son énigme, son madrigal, son épître insérée : cette partie du *Mercure,* la plus frivole en apparence, en était la plus lucrative.

Il eût été difficile d'imaginer un journal plus varié, plus attrayant et plus abondant en ressources. Telle fut l'idée que j'en donnai dans l'avant-propos de mon premier volume, au mois d'août 1758. « Sa forme, dis-je, le rend susceptible de tous les genres d'agrément et d'utilité ; et les talents n'ont ni fleurs ni fruits dont le Mercure ne se couronne. Littéraire, civil et politique, il extrait, il recueille, il annonce, il embrasse toutes les productions du génie et du goût ; il est comme le rendez-vous des sciences et des arts, et le canal de leur commerce... C'est un champ qui peut devenir de plus en plus fertile, et par les soins de la culture et par les richesses qu'on y répandra... Il peut être considéré comme extrait ou comme recueil : comme extrait, c'est moi qu'il regarde ; comme recueil, son succès dépend des secours que je recevrai. Dans la partie critique, l'homme estimable à qui je succède, sans oser prétendre à le remplacer, me laisse un exemple d'exactitude, et de sagesse, de candeur et d'honnêteté, que je me fais une loi de suivre... Je me propose de parler aux gens de lettres le langage de la vérité, de la décence et de l'estime ; et mon attention à relever les beautés de leurs ouvrages justifiera la liberté avec laquelle j'en observerai les défauts. Je sais mieux que personne, et je ne rougis pas de l'avouer, combien un jeune auteur est à plaindre lorsque, abandonné à l'insulte, il a assez de pudeur pour s'interdire une défense personnelle. Cet auteur, quel qu'il soit, trouvera en moi, non pas un vengeur passionné, mais, selon mes lumières, un appréciateur équitable. Une ironie, une parodie, une raillerie, ne prouve rien et n'éclaire personne ; ces traits amusent quelquefois ; ils sont même plus intéressants pour le bas peuple des lecteurs qu'une critique honnête et sensée ; le ton modéré de la raison n'a rien de consolant pour l'envie, rien de flatteur pour la malignité ; mais mon dessein n'est pas de prostituer ma plume aux envieux et aux méchants... A l'égard de la partie collective de cet ouvrage, quoique je me propose d'y contribuer autant qu'il est en moi, ne fût-ce que pour remplir les vides, je ne compte pour rien ce que je puis ; tout mon espoir est dans la bienveillance et les secours des gens de lettres, et j'ose croire qu'il est fondé. Si quelques-uns des plus estimables n'ont pas dédaigné de confier au Mercure les amusements de leur loisir, souvent même les fruits d'une étude sérieuse, dans le temps que le succès de ce journal n'était qu'à l'avantage d'un seul homme, quels secours ne dois-je pas attendre du concours des talents intéressés à le soutenir ! Le Mercure n'est plus un fonds particulier; c'est un domaine public dont je ne suis que le cultivateur et l'économe. »

Ainsi s'annonça mon travail : aussi fut-il bien secondé. Le moment était favorable ; une volée de jeunes poètes commençaient à essayer leurs ailes. J'encourageai ce premier essor en publiant les brillants essais de Malfilâtre ; je fis concevoir de lui des espérances qu'il aurait remplies si une mort prématurée ne nous l'avait pas enlevé. Les justes louanges que je donnai au poëme de *Jumonville* ranimèrent dans le sensible et vertueux Thomas ce grand talent que des critiques inhumaines avait glacé. Je présentai au public les heureuses prémices de la traduction des *Géorgiques* de Virgile, et j'osai dire que, si ce divin poëme pouvait être traduit en vers français élégants et harmonieux, il le serait par l'abbé Delille. En insérant dans le Mercure une héroïde de Colardeau, je fis sentir combien le style de ce jeune poète approchait, par sa mélodie, sa pureté, sa grâce et sa noblesse, de la perfection des modèles de l'art. Je parlai avantageusement des héroïdes de La Harpe et de l'*Hypermnestre* de Lemierre.

En plaidant la cause des gens de lettres, je ne laissais pas de mêler à des louanges modérées une critique assez sévère, mais innocente, et du même ton qu'un ami aurait pris avec son ami. C'était avec cet esprit de bienveillance et d'équité que, me conciliant la faveur des jeunes gens de lettres, je les avais presque tous pour coopérateurs.

Le tribut des provinces était encore plus abondant. Tout n'en était pas précieux ; mais si, dans les pièces de vers ou les morceaux de prose qui m'étaient envoyés, il n'y avait que des négligences, des incorrections, des fautes de détail, j'avais soin de les retoucher ; si même, quelquefois, il me venait au bout de la plume quelques bons vers ou quelques lignes intéressantes, je les y glissais sans mot dire, et jamais les auteurs ne se sont plaints à moi de ces petites infidélités.

Dans la partie des sciences et des arts, j'avais encore bien des ressources. En médecine, dans ce temps-là, s'agitait le problème de l'inoculation. La comète prédite par Halley et annoncée par Clairaut fixait les yeux de l'astronomie. La physique me donnait à publier des observations curieuses : par exemple, on me sut bon gré d'avoir mis au jour les moyens de refroidir en été les liqueurs. La chimie me communiquait un nouveau remède à la morsure des vipères et l'inestimable secret de rappeler les noyés à la vie. La chirurgie me faisait part de ses heureuses hardiesses et de ses succès merveilleux. L'histoire naturelle, sous le pinceau de Buffon, me présentait une foule de tableaux dont j'avais le choix. Vaucanson me donnait à décrire aux yeux du public ses machines ingénieuses ; l'architecte Leroi et le graveur Cochin, après avoir parcouru en artistes, l'un les ruines de la Grèce et l'autre les merveilles de l'Italie, venaient m'enrichir à l'envi de brillantes descriptions ou d'observations savantes, et mes extraits de leurs voyages étaient pour mes lecteurs un voyage amusant. Cochin, homme d'esprit, et dont la plume n'était guère moins pure et correcte que le burin, faisait aussi pour moi d'excellents écrits sur les arts qui étaient l'objet de ses études. Je m'en rappelle deux que les peintres et les sculpteurs n'ont sans doute pas oubliés : l'un *sur la lumière dans l'ombre* ; l'autre *sur les difficultés de la peinture et de la sculpture comparées l'une avec l'autre*. Ce fut sous sa dictée que je rendis compte au public de l'exposition des tableaux en 1759, l'une des plus belles que l'on eût vues et qu'on ait vues depuis dans le salon des Arts. Cet examen était le modèle d'une critique saine et douce ; les défauts s'y faisaient sentir et remarquer ; les beautés y étaient exaltées. Le public ne fut pas trompé, et les artistes furent contents.

Je m'étais mis en relation avec toutes les académies du royaume, tant pour les arts que pour les lettres ; et, sans compter leurs productions qu'elles voulaient bien m'envoyer, les seuls programmes de leurs prix étaient intéressants à lire par les vues saines et profondes qu'annonçaient les questions qu'ils donnaient à résoudre, soit en morale, soit en économie politique, soit dans les arts utiles, secourables et salutaires. Je m'étonnais quelquefois moi-même de la lumineuse étendue de ces questions, qui de tous côtés nous venaient du fond des provinces ; rien, selon moi, ne marquait mieux la direction, la tendance, les progrès de l'esprit public.

Ainsi, sans cesser d'être amusant et frivole dans sa partie légère, le Mercure ne laissait pas d'acquérir en utilité de la consistance et du poids. De mon côté, contribuant de mon mieux à le rendre à la fois utile et agréable, j'y glissais souvent de ces contes où j'ai toujours tâché de mêler quelque grain d'une morale intéressante.

Mais comme il ne faut jamais être fier ni oublieux au point d'être méconnaissant, je ne veux pas vous laisser ignorer quelle était au besoin l'une de mes ressources. A Paris, la république des lettres était divisée en plusieurs classes, qui communiquaient peu ensemble. Moi, je n'en négligeais aucune, et des petits vers qui se faisaient dans des sociétés bourgeoises, tout ce qui avait de la gentillesse et du naturel m'était bon... Lorsqu'en rédigeant le Mercure du mois j'avais besoin de quelques jolis vers, j'allais voir mon ami Panard. « Fouillez, me disait-il, dans *la boîte à perruque*. » Cette boîte était, en effet, un vrai fouillis, où étaient entassés pêle-mêle, et griffonnés sur des chiffons, les vers de ce poète aimable. En voyant presque tous ses manuscrits tachés de vin, je lui en faisais le reproche. « Prenez, prenez, me disait-il ; c'est là le cachet du génie. »

Le Mercure ne pouvait manquer de prospérer dans de pareilles mains; et un journal fait sur ce plan serait encore on ne peut mieux venu aujourd'hui. Malheureusement pour les lettres et pour celui qui les servait si bien, Marmontel perdit son journal au bout de peu d'années, mais d'une façon qui lui fait le plus grand honneur. Faussement accusé d'avoir écrit une satire contre le duc d'Aumont, il préféra aller à la Bastille et perdre le Mercure, c'est-à-dire quinze à dix-huit mille livres de rente, plutôt que de trahir, en nommant l'auteur, le secret de sa société, car ce n'était pas celui d'un ami.

Rappelons encore que Marmontel fut un des auteurs du *Choix des anciens Mercures*.

L'abbé de LA PORTE : *Observations sur la Littérature moderne; — l'Observateur littéraire.*

Parmi les collaborateurs de Fréron, nous avons nommé l'abbé de La Porte, un des plus grands manufacturiers littéraires de cette époque féconde. On avait fait sur leur association l'épigramme suivante :

> *Fréron de La Porte diffère;*
> *Voici leur devise à tous deux :*
> *L'un fait bien, mais est paresseux;*
> *L'autre est diligent à mal faire.*

Les deux collaborateurs « se brouillèrent ensuite, dit La Harpe, et La Porte fit un journal pour son compte, mais qui ne fut pas de longue durée. Il s'était rangé du parti des bons écrivains, pour prendre le contre-pied de Fréron ; mais avec une bonne cause, il n'avait pas assez de talent pour se faire lire. Il en faut beaucoup, dans le genre de la critique, pour se passer de la satire, et la satire, au contraire, est tout ce qu'il y a de plus aisé. Le seul article de l'abbé de La Porte qui eut quelque succès, ce fut une revue des feuilles de Fréron, dans laquelle était, d'un côté, la liste de tous les écrivains que le journaliste avait dénigrés, et, de l'autre, celle de tous ceux qu'il avait exaltés ; et il se trouvait, au résultat, ce que l'on savait d'avance, que les auteurs loués étaient tous les barbouilleurs de papier, et les auteurs déchirés les chefs de notre littérature (1). »

Nous avons cité ce passage de La Harpe pour le jugement qu'il formule ; mais il n'est pas, quant aux faits, d'une rigoureuse exactitude.

La *Revue des Feuilles de Fréron* n'est pas un article du journal de La Porte, mais bien un volume in-12, sous la rubrique de Londres, 1757, et qui n'est pas de notre auteur. *La France littéraire* de 1769 attribue cette critique assez plaisante à Prévost de Saint-Lucien ; mais elle est de De Leyre,

(1) *Correspondance littéraire*, let. 121.

auteur d'une *Analyse de la Philosophie de Bacon*, maltraité par l'*Année littéraire*, et qui se vengeait.

Quant à la durée des feuilles de La Porte, elles eurent plus de consistance que La Harpe ne le laisserait à entendre. Son premier journal, les *Observations sur la Littérature moderne*, dura de 1749 à 1752, et forme 10 volumes in-12. En 1758, il en entreprit un nouveau sous le titre de *L'Observateur littéraire*, qu'il poussa jusqu'à 17 volumes, de 1758 à 1761.

En 1760, La Porte fut attaché à la rédaction du *Mercure*, et ce lui aurait été, si l'on en croit les *Mémoires secrets*, un heureux prétexte pour abandonner son Observateur. « L'abbé de La Porte ne convient pas que ses feuilles meurent d'inanition ; il prétend que son association au sieur de La Place, quant au Choix du Mercure, le met dans le cas de discontinuer son travail ; il insinue même qu'il a l'expectative de remplacer ce journaliste. »

Il aurait été un instant question, paraît-il, « de faire servir son journal comme de satellite au *Mercure*, c'est-à-dire de le donner en supplément, et aux mêmes souscripteurs. Il n'aurait paru que sous permission tacite ; il aurait servi de correctif à l'autre, il aurait tempéré sa fadeur, et du tout il se serait formé un aigre-doux qu'on croyait capable de réveiller le goût du lecteur. » Mais ce projet n'eut pas de suite, et on laissa mourir l'Observateur.

Voici en quels termes l'abbé de La Porte annonçait lui-même sa retraite; on trouve l'homme tout entier dans cette sorte de testament :

Captivé presque entièrement par d'autres occupations littéraires, je me vois contraint d'abandonner ce genre de travail périodique, et de discontinuer mes feuilles pour toujours. Je n'avais jamais prétendu m'y astreindre uniquement. Il est bon de s'en être occupé quelque temps, eu égard aux connaissances littéraires qui en résultent, par la nécessité où l'on s'est vu de lire beaucoup, de lire méthodiquement, et d'apprécier toutes sortes d'ouvrages. C'est, selon moi, l'avantage le plus réel qu'il puisse procurer, quand on le veut bien faire : car nulle sorte de travail n'est d'ailleurs plus assujettissante, plus fertile en dégoûts, ne dérobe plus de temps, n'exige plus d'assiduité, et surtout plus de précautions pour ne pas déplaire, ou au public en louant avec excès, ou aux auteurs, qui ne se croient jamais assez loués. Il faut rendre une justice exacte, moyen presque sûr de faire presque toujours des mécontents.

Comme j'ai tâché de m'acquitter de cet emploi avec toute l'honnêteté dont il est susceptible, j'ai lieu de croire que les véritables gens de lettres n'ont point à se plaindre. Je n'ai cherché ni à avilir nos grands écrivains, ni à trop mortifier les auteurs médiocres; et quand il a fallu relever des fautes, je me suis appliqué à le faire avec cette modération, ces égards qui adoucissent la critique. Si je n'ai pas toujours réussi, du moins puis-je assurer que l'humeur, la haine, l'esprit de parti, etc., n'ont jamais conduit ma plume. C'est beaucoup d'avoir fait un pareil métier durant quinze ans, critiqué plus de deux mille auteurs, analysé plus de trois mille ouvrages, sans se voir chargé de l'espèce d'opprobre que la prévention y attache; opprobre, il est vrai, trop mérité par certains périodistes, qui dégradent, qui avilissent ce genre, et révoltent tout homme de goût, tout honnête homme, par l'ineptie ou la partialité de leurs décisions.

Heureusement cette carrière ne reste pas uniquement en proie à un pareil brigandage. D'autres journalistes, vraiment dignes de ce titre, la soutiennent avec autant d'éclat et de lumières que de décence et de probité. Je crois devoir en particulier vous citer le *Journal encyclopédique,* et vous en conseiller la lecture : vous y trouverez à la fois la solidité des grands journaux et l'agrément des petites feuilles, sans y rencontrer cette bouffonnerie basse, ces mauvais jeux de mots, ces plates épigrammes, qui en caractérisent quelques autres.

Il est des gens qui voient leur réputation décroître à mesure qu'ils avancent dans cette carrière : j'ai tâché, au contraire — s'il m'est encore permis de parler de moi, — que mes dernières années de travail se ressentissent d'une plus longue expérience ; et, si l'on ne m'a point flatté, je dois croire que j'ai eu l'avantage de réunir des suffrages distingués ; j'ai même essuyé des reproches flatteurs sur mon projet de retraite, et peut-être plus d'un lecteur impartial regrettera-t-il de le voir effectué. C'est sortir avec assez d'avantage d'une entreprise plus périlleuse qu'honorable.

Paris, ce 31 *décembre* 1761.

Les chroniqueurs ne manquèrent pas de s'égayer sur cette retraite.

« 4 *Janvier* 1762. — M. l'abbé de La Porte, auteur de l'Observateur littéraire, succombe enfin, faute de débit. En vain comptait-il parmi ses souscripteurs les plus illustres personnages ; en vain M. de Voltaire l'avait-il encouragé par ses éloges et par sa correspondance : le libraire a déclaré ne pouvoir plus suffire aux frais de l'impression, et le journaliste discontinue, à commencer de cette année. On ne peut s'empêcher de convenir qu'il n'eût le talent de faire un extrait, surtout quand il est question d'un ouvrage profond et raisonné; mais il règne dans son style une certaine pesanteur peu propre à lui concilier le grand nombre des lecteurs. Cette retraite est d'autant plus fâcheuse, que ce journaliste tenait en échec celui de l'*Année littéraire*. Tous deux amusaient le public impartial par leurs débats burlesques. Il est à craindre que le dernier ne se prévale de son triomphe, et n'affecte le despotisme de la république des lettres. »

Voltaire, en effet, se montra caressant avec La Porte, comme il l'était avec tous ceux qui l'encensaient; il lui écrivait, le 2 février 1761 :

« Je réitère à M. l'abbé de La Porte toutes les assurances de mon estime pour lui et de ma reconnaissance. La première feuille de l'année 1761 m'a paru un chef-d'œuvre en son genre... Je lui en fais mes sincères remerciements. »

La Porte ne demeura pas longtemps au *Mercure*, qui, d'ailleurs, ne pouvait suffire à son activité. Renonçant absolument à la carrière du journalisme, il se livra tout entier à un genre plus productif, à la compilation, qu'il ne contribua pas peu à mettre en vogue, et contre laquelle les critiques de l'époque ne cessent de fulminer.

« Nous sommes accablés, écrivait Grimm à la date du 15 décembre 1769, d'une foule innombrable de compilations, qui nous auraient fait chanter, dans nos litanies, il y a bien longtemps, le verset : *A compilatoribus libera nos, Domine*, s'il y avait encore une étincelle de religion en France. »

*Servez d'antiques mets sous des noms empruntés
A l'appétit mourant des lecteurs dégoûtés.*

(Voltaire.)

« Telle est, dit La Harpe (1), la devise de nos infatigables manœuvres de librairie. Toutes les productions qui sortent de nos presses ne sont presque que des bibliothèques retournées. L'un de ces grands compilateurs, feu l'abbé de La Porte, qui avait fait une espèce de fortune sans aucune dépense d'esprit, disait fort bien : « Il n'est pas nécessaire de faire des livres ; il suffit d'en imprimer. » Et depuis lui la méthode s'est bien perfectionnée. On ne fait que nous redonner sous de nouveaux titres ce que les gens instruits ont vu partout, et toujours avec des avertissements pompeux et des préfaces fastueuses qui nous promettent des merveilles. »

« L'abbé de La Porte est mort il y a quelque temps, dit-il ailleurs (2), sans qu'on fît beaucoup plus d'attention à sa mort qu'on n'en avait fait à sa vie. C'est pourtant un homme qui a fait imprimer quantité de livres : non qu'il fût auteur de beaucoup d'ouvrages ; mais il est un des premiers qui aient imaginé ces compilations de toute espèce qui ont mis presque toute notre librairie en dictionnaires,

(1) *Correspondance littéraire*, let. 247. — (2) *Ibid.*, let. 121.

en *esprits* et en extraits. L'abbé de La Porte était, en ce genre, le fripier le plus actif de notre littérature ; c'est lui qui a mis au jour l'*Esprit de Marivaux*, l'*Esprit de Fontenelle*, et tant d'autres. Il avait coutume de dire que, pour s'enrichir, il ne fallait pas faire des livres, mais en imprimer ; et en effet il a gagné beaucoup d'argent à rhabiller les ouvrages d'autrui. »

« C'est plutôt à la librairie qu'aux lettres, dit Grimm de son côté, à regretter la plume infatigable de l'abbé de La Porte, l'auteur de tant de compilations aussi volumineuses qu'inutiles, qui ont beaucoup moins enrichi les lettres que l'auteur. »

Le succès des compilations de La Porte, cette fortune qu'elle lui procurèrent, et dont on lui fait comme un reproche, prouvent du moins qu'il savait choisir les ouvrages bons à rhabiller, pour nous servir de l'expression du fameux critique, et qu'il les rhabillait avec talent.

Somme toute, on ne peut nier que La Porte ne fût un écrivain aussi judicieux qu'il était actif et infatigable ; avec du goût et du jugement, il possédait à un haut dégré l'esprit d'analyse, qui est certainement moins commun et plus estimable qu'on ne pense généralement.

Quelques extraits, que nous choisissons uniquement en vue de notre sujet, permettront de juger et de l'écrivain et de sa manière.

En tête de l'Observateur littéraire, qui porte pour épigraphe ce vers de Virgile :

Tros Rutulusve fuat, nullo discrimine habebo,

se lit un court avant-propos, où de La Porte soutient, en faveur de la multiplicité des journaux, une thèse que nous avons déjà vu plaider par les auteurs du *Journal littéraire* (1).

On ne manquera pas de dire qu'il y a déjà assez d'ouvrages comme celui-ci ; que je devrais n'en pas augmenter le nombre. Mais je réponds, avec Bayle, qu'il se fait beaucoup de livres dont les journaux ne parlent pas, et d'autres dont on ne parle pas assez tôt ; que les uns s'attachent à des choses que les autres ont laissé passer ; qu'il peut y avoir beaucoup de diversité dans la manière dont deux journaux traitent d'un même ouvrage, et que cette diversité est souvent plus agréable que celle qui naîtrait de deux sortes de matières. Les nouvellistes lisent avec plaisir les gazettes de différentes nations, quoiqu'elles parlent des mêmes faits : ceux qui aiment les nouvelles littéraires se plairont également à les lire dans divers auteurs, quoiqu'ils rendent compte des mêmes ouvrages. Les uns écrivent plus lisiblement que d'autres, donnent aux choses un autre tour et les accompagnent d'un plus grand nombre de réflexions. Ce parallèle devient un fond d'instruction et d'agrément pour les lecteurs, et excite dans les journalistes une émulation dont le public retire tout l'avantage. Douze ans d'exercice dans cette sorte de travail me l'ont rendu familier ; et en cessant de m'associer avec l'auteur de l'*Année littéraire*, je n'ai pas renoncé à un genre d'écrire dans lequel, avant cette longue association, il m'a paru qu'on n'avait pas dédaigné mes premiers essais.

Les Observations avaient pour épigraphe ces deux vers des Géorgiques :

(1) V. tome II, p. 283.

*Continuo ferro culpam compesce, priusquam
Dira per incautum serpant contagia vulgum.*

Elles n'avaient été précédées d'aucun manifeste, d'aucune déclaration de principes, mais chaque volume, à l'instar de l'Affiche de Querlon, commence par une sorte d'article de fonds, par des considérations sur la littérature, et plus particulièrement sur la critique et sur le métier de critique. On y trouve, sous ce dernier rapport, des révélations on ne peut plus curieuses et instructives.

Voici comment l'auteur entrait en matière :

Jamais la littérature en France n'a été aussi riche qu'elle l'est aujourd'hui, si l'on peut appeler richesses cette multitude de livres nouveaux qui paraissent chaque jour parmi nous... Mais, au sein de la fécondité, ne sommes-nous jamais réduits à déplorer notre indigence ? Les années de fertilité ne sont-elles pas celles qui produisent le plus de mauvaises plantes ? Leur trop grande quantité étouffe le bon grain. C'est au laboureur industrieux à arracher de la terre les superfluités qui pourraient nuire à la récolte. La littérature est une terre abondante; elle exige de nous de pareils soins. On doit donc savoir gré à ceux qui veulent bien s'en charger, et qui, pour nous procurer le plaisir de connaître un bon ouvrage, se donnent volontiers la peine d'en lire une infinité de mauvais.

Ce travail est aussi dangereux qu'il est désagréable ; on sait à quel péril s'expose, de la part des auteurs, quiconque ose entreprendre de censurer leurs écrits...

Gardons-nous cependant de rien reprendre qu'avec discernement, et de ne pas faire tomber notre censure sur ce qui ne mérite que des louanges. Un livre, quelque mauvais qu'on le suppose, est toujours estimable par quelque endroit, et c'est de ce côté-là principalement que nous devons l'envisager, sans néanmoins dissimuler ses défauts.

En reprenant les défauts d'un ouvrage, nous devons surtout avoir grand soin d'en respecter l'auteur ; mais la réputation d'un écrivain ne doit jamais entrer pour rien dans le jugement que nous portons de ses écrits (1).

Dans le volume suivant, il revient avec plus de développements sur ces difficultés du métier.

On se plaint continuellement de la partialité qui règne dans la plupart des critiques ; on trouve qu'on loue toujours trop ou trop peu, et l'on prétend qu'il n'entre presque jamais assez d'équité dans les jugements qu'on porte sur le mérite des auteurs et sur la bonté ou les défauts de leurs ouvrages. J'avoue que ces plaintes ne sont quelquefois que trop bien fondées, et qu'il serait à souhaiter que ce fût toujours l'esprit de vérité, de désintéressement et de droiture qui présidât aux décisions de ceux qui s'érigent en tribunal particulier sur le Parnasse. Mais n'aurions-nous pas à nous plaindre aussi, de notre côté, et les lecteurs eux-mêmes ne s'écartent-ils jamais, à notre égard, des règles d'intégrité et de justice qu'ils nous prescrivent ? Nous jugeons les auteurs, et le public nous juge ; mais, dans ce public, combien de particuliers nous jugent mal ! Les uns le font par ignorance, les autres par prévention ; ceux-ci par intérêt, ceux-là par ressentiment ; quelques-uns par mauvaise volonté, plusieurs par esprit de parti ; presque tous par envie de censurer et de contredire...

Voilà les différentes sources d'où partent les jugements de la plupart de ceux qui taxent les nôtres de partialité et d'injustice. Ils ont bonne grâce de nous reprocher des défauts dont ils sont eux-mêmes les premiers coupables ! En quoi je les trouve tout-à-fait inexcusables, car enfin, s'ils font le mal, c'est malice toute

---

(1) *Observations sur la Littérature moderne*, t. I, p. 3.

pure, personne ne les y oblige. Pour nous, à combien de tentations périlleuses ne sommes-nous pas exposés ?

Tantôt c'est l'ami d'un auteur, ou l'ami de son ami, qui vient nous demander grâce pour un ouvrage dont il est le premier à nous dire du mal. Mais l'auteur est sensible, ajoute-t-il ; il est mon ami, et je suis le vôtre. Louez son ouvrage, si vous en parlez ; ou, si vous n'avez pas de bien à en dire, n'en parlez pas du tout.

Tantôt c'est l'auteur lui-même qui, un livre d'une main, son chapeau de l'autre, le miel à la bouche et l'orgueil dans le cœur, nous conjure humblement d'exalter son mérite.

D'autrefois ce sont des lettres, les plus polies, les plus flatteuses, les plus engageantes que nous recevons de toutes parts. On fait plus, et je me souviens d'avoir mangé autrefois chez l'abbé Desfontaines d'un très-bon faisan que lui avait envoyé l'auteur d'une très-mauvaise pièce.

De bonne foi, comment résister à des instances si pressantes ? Nous nous raidirions contre les menaces, les persécutions, les injures ; mais les louanges, la flatterie, qui corrompent les cœurs les plus fermes, peuvent bien aussi, quelquefois, surprendre notre jugement et nous dérober notre suffrage. C'est un mal, je l'avoue ; mais ce mal n'est pas toujours aussi grand qu'on se l'imagine : car, qu'on y prenne garde, si les caresses qu'on nous fait nous engagent à dire du bien d'un auteur, elles ne nous empêchent pas pour cela de rendre justice à ses écrits ; et c'est à quoi on ne fait point assez d'attention. Qu'on examine la plupart de nos critiques, et l'on verra que nous avons toujours grand soin de reprendre en particulier tous les défauts d'un ouvrage, tels que peuvent être, par exemple, le peu de justesse dans le raisonnement, la fausseté dans les pensées, la confusion des matières, la frivolité des sujets, la dureté du style, et mille autres choses qui rendent un livre défectueux. Nous finissons ensuite par une louange vague et générale que nous donnons à l'auteur : c'est la fiche de consolation, c'est le miel dont nous frottons le vase d'amertume que nous lui avons préparé. Mais que fait alors le lecteur peu équitable ? Il s'attache uniquement à nos dernières paroles, et, attribuant aux écrits ce qui n'a été dit que par pitié pour l'écrivain, il nous accuse, sans autre examen, de flatterie, de partialité ou d'ignorance... (1).

Une troisième fois, il entre plus avant encore dans le vif de cette question délicate :

On dit souvent, et on a raison de le dire, que, pour bien s'acquitter de l'emploi de censeur littéraire, il faudrait ne connaître personne et être ignoré de tout le monde. Semblable à ces oracles souterrains prononcés par des voix inconnues, les jugements d'un critique ne devraient jamais déceler leur auteur, car, sitôt qu'ils l'ont fait connaître, il devient partial nécessairement, et, à moins de vouloir passer pour impoli ou pour malhonnête homme, il ne lui est presque plus possible d'être équitable.

Ce sont les auteurs qui nous mettent dans cette triste alternative, et c'est une chose qu'il ne faut pas laisser ignorer au public, tant pour nous justifier devant lui de l'espèce d'obligation où nous sommes quelquefois d'être injustes que pour engager ces messieurs à nous laisser cette liberté de suffrage sans laquelle nos jugements ne seront jamais exempts de partialité. Je traite ici une matière délicate, que j'ai déjà touchée légèrement ailleurs, et sur laquelle je sens qu'il est bon d'insister un peu plus aujourd'hui, car le peu que j'en ai dit autrefois n'a pas fait assez d'impression...

Je ne sais si certaines gens me sauront gré de ma franchise : je vais faire connaître une de ces petites misères d'auteurs qui mortifient toujours leur amour-propre, quand elles sont dévoilées; mais qu'importe, si ce que je dirai tourne à l'avantage du public et à la perfection de nos feuilles ? Voici, n'en doutez point, ce qui n'a que trop, jusqu'ici, empêché l'un et l'autre.

Quand un auteur a fait un livre, les premiers exemplaires qui sortent des mains de l'ouvrier sont pour les faiseurs de critiques. On a grand soin de recommander au libraire d'en mettre de côté

(1) *Observations*, t. II, p. 3 et suiv.

six bien conditionnés : trois pour les auteurs du *Journal des Savants*, de *Verdun* et de *Trévoux*, un pour celui du *Mercure*, et les deux autres pour ceux qui font des feuilles. On se garde bien de charger personne de la commission de nous les présenter ; on veut en être soi-même le porteur, pour se rendre ses juges plus favorables. On débute d'abord en nous voyant par un compliment flatteur sur la célébrité de notre nom, l'intégrité de nos jugements, la solidité de nos remarques, et mille autres fadeurs de cette espèce, qui aboutissent toujours à nous demander une place honorable dans notre journal. On nous prie ensuite de vouloir bien entendre la lecture de quelques pages de l'ouvrage qu'on nous présente. On ouvre le livre comme par hasard, et l'on ne manque jamais de tomber sur les endroits qu'on croit les meilleurs ; on les lit avec emphase, en cherchant dans nos yeux des applaudissements que notre cœur désavoue ; on nous demande notre sentiment, et l'on prend pour des éloges sincères quelques marques d'approbation que la politesse seule nous arrache : car le moyen de dire en face à un homme que son livre ne vaut rien ! Je l'ai dit, on passerait pour un impoli qui manque d'égards et qui n'est point accoutumé à vivre parmi les honnêtes gens. J'ajoute que, si après avoir dit du bien d'un ouvrage par complaisance, on en disait du mal ensuite par justice, on serait regardé comme un homme de mauvaise foi, qui approuve en particulier et qui condamne en public, qui flatte avec la langue et qui déchire avec la plume.

Pour éviter ce double reproche, un censeur n'aurait, ce semble, qu'à ne point parler dans ses feuilles des livres qu'il désapprouve. Mais où sont les auteurs qui souffrent patiemment qu'on ne dise rien de leurs écrits ? Ils sont là-dessus d'une puérilité qui étonne : « Parlez de moi, m'écrivait un jour un d'entre eux, et si vous n'avez pas de bien à dire de mon ouvrage, dites-en du mal ; mais parlez de moi. » Il ne nous reste donc plus qu'un parti à prendre, c'est d'en parler et d'en dire du bien. Cruelle alternative, d'être impoli, homme faux ou flatteur par état ! C'est cependant à quoi les auteurs nous réduisent par leur importunité ; et c'est ce que j'ai dit qu'il ne nous serait pas difficile d'éviter si nous étions moins connus.

Il suit de là, conclura-t-on, qu'il est impossible de bien faire pendant longtemps le métier de critique, puisqu'en s'en acquittant avec succès on se fait infailliblement connaître, et qu'aussitôt qu'on s'est fait connaître, on le fait mal nécessairement.

Ce n'est pas là tout à fait la conséquence que je voudrais qu'on en tirât, et je raisonnerais différemment. Si la visite des auteurs, accompagnée du présent de leur livre, ôte au censeur la liberté de son suffrage, il faut que celui-ci ne reçoive ni la visite ni le présent; ce ne sont pas quelques mauvaises brochures de moins qui appauvriront sa bibliothèque. Ce n'est pas là tout : il faut qu'il fasse connaître authentiquement quels sont là-dessus ses sentiments et sa façon de penser; il faut qu'il déclare publiquement que son cœur est fermé à l'intérêt et sa maison aux visites importunes des auteurs...

Ce n'est pas seulement contre l'importunité des auteurs que nous devons nous tenir en garde ; nous avons encore à nous défendre de celle des libraires. Ces messieurs, comme l'on sait, ont intérêt que les livres qu'ils impriment soient bien vendus ; ce qui n'arrive guères quand ils sont mauvais ou qu'ils passent pour tels. Ils savent que dans les provinces, chez les étrangers, à Paris même (car à Paris on est tout aussi provincial qu'en province sur cet article), ils savent que la plupart des lecteurs n'achètent des livres que sur le témoignage avantageux qu'en rendent les écrits périodiques ; et ce témoignage, on nous le demande pour un exemplaire de l'ouvrage...

Il est encore une espèce d'hommes aussi importuns et plus ridicules que ceux dont je viens de parler : ce sont certains auteurs mal appris qui nous regardent tous, nous autres critiques, comme des gens affamés, qu'il est aisé de corrompre à force de nourriture. Ce n'est point par des compliments étudiés qu'ils essaient de gagner notre suffrage; l'espoir d'un repas leur paraît un moyen plus sûr de nous séduire : le don de leurs ouvrages est toujours précédé, accompagné, suivi d'une invitation de cette espèce, et ils ne nous voient que pour nous offrir une bonne poularde et un mauvais livre. Eh ! messieurs, gardez vos livres et vos poulardes, et laissez-nous notre liberté (1).

Un autre jour il nous montrera le savoir-faire des auteurs et éditeurs de son temps, qui ne le cédaient pas, sous ce rapport, à ceux d'aujourd'hui :

Le nombre des livres croît tous les jours ; celui des productions nouvelles n'augmente pas de même, et ce ne sont plus guère que les anciennes qu'on nous présente. Avec deux mots on trouve le secret de rajeunir un vieil ouvrage ; on fait plus quelquefois, on ressuscite un livre mort. *Nouvelle édition* : paroles simples en apparence, mais pleines de force et de vertu ; paroles divines ! elles opèrent seules tous ces prodiges.

Pour entrer dans certains corps, il faut faire certaines preuves : de noblesse à Malte, de piété dans l'ordre ecclésiastique, d'humilité dans les cloîtres, de valeur dans le militaire, de richesses dans la finance, de science dans nos académies, de jurisprudence dans le barreau. Les écrivains, pour être admis au rang des bons auteurs, doivent aussi produire des titres ; et ces titres, ils croient les trouver infailliblement dans le grand nombre d'éditions qu'ils ont données de leurs ouvrages. Un livre paraît imprimé pour la seconde fois, il acquiert dès lors un degré de mérite qu'il n'avait pas auparavant, il procure à son auteur un nouveau rayon de gloire ; on compte les éditions qu'il a eues, comme on compte les quartiers de noblesse, et, après plusieurs de ces générations littéraires, on le fait passer de l'état de roture dans le corps des nobles, du nombre des écrits médiocres au rang des bons ouvrages. On sent combien cette manière d'en juger est sujette à l'erreur : car, si, pour être reçu dans quelques-unes des sociétés dont je viens de parler, on falsifie quelquefois des titres ; si, dans quelques autres, la naissance tient souvent lieu d'érudition, la faveur de bel esprit, la protection de richesses, l'hypocrisie de piété, la bassesse d'humilité, l'imprudence de bravoure, et l'esprit

(1) *Observations*, t. IV, p. 3 et suiv.

de chicane de connaissance des lois, combien de livres n'avons-nous pas vus aussi décorés de plusieurs éditions et qui n'ont dû cet honneur qu'au manége, à la cupidité, à la mauvaise foi, à la vanité des auteurs !

Phronyme donne un ouvrage au public ; on le lit et on le trouve mauvais. Vous croyez sans doute l'ouvrage mort ? Vous vous trompez ; et Phronyme verra plus d'une édition de son livre. Incertain du succès, il n'en a fait tirer d'abord qu'un petit nombre d'exemplaires. L'ignorance, la curiosité, la cabale, les auront bientôt épuisés. L'imprimeur s'y laissera prendre aussi bien que Phronyme ; et le livre paraîtra de nouveau avec un titre de mérite de plus : *Nouvelle édition*.

Eraste, auteur universel, voltige de sujets en sujets ; tout est du ressort de son génie. Mais ses premières idées passent avec trop de rapidité de son imagination à sa plume, et de son cabinet chez le libraire. Le livre s'imprime, le public l'achète et le critique. L'auteur écoute, lit et corrige. La première édition n'est point encore vendue qu'il en paraît une seconde, si subite, si précipitée, que ce qui a donné lieu à la seconde en fera bientôt faire une troisième.

Argante, dans sa jeunesse, se fit auteur. Ce titre glorieux flatterait encore aujourd'hui sa vanité ; mais son esprit, épuisé par le grand âge, n'est plus capable de rien produire. Argante cependant craint qu'on ne l'oublie ; que fera-t-il pour faire encore parler de lui ? Une édition nouvelle de ses œuvres.

Ariste n'a d'autre revenu que celui de sa plume, et sa plume est stérile. Un ouvrage seul ne suffit pas pour le faire vivre toute une année, et dans une année, cependant, il ne peut faire qu'un seul ouvrage. Quelle sera donc la ressource du pauvre Ariste ? Au lieu de donner son livre tout à la fois, il ne publiera qu'un essai d'abord ; six mois après il fera paraître l'ouvrage entier ; à la fin de l'année il y ajoutera des notes et ces paroles : *Troisième édition* (1).

—

On peut dire que le commerce des lettres ne fut jamais plus

(1) *Observations*, t. III, p. 3 et suiv.

florissant. Le nombre des auteurs se multiplie tous les jours. Leurs productions, telles qu'elles soient, ont cours dans le public, et ne vont plus, comme autrefois,

Habiller chez Francœur le sucre et la canelle.

Il y a aujourd'hui mille moyens de se défaire d'un livre qui, dès le commencement de sa naissance, paraissait condamné à décorer éternellement les poudreuses tablettes d'une arrière-boutique. Auteurs, libraires, colporteurs, tous les chefs, membres et suppôts de la littérature, savent à présent de quelle manière s'y prendre pour tirer bon parti des plus minces ouvrages, et tout, jusqu'aux *Ridicules du Siècle*, peut trouver des acheteurs.

De tous les différents commerces, c'est celui des marchandises littéraires qui demande le plus d'industrie. Aussi voyons-nous que ceux qui se mêlent de ce négoce ont une adresse admirable pour tromper le public. Mais quels sont les stratagèmes qu'ils emploient? C'est ce que nous allons examiner. Commençons par les auteurs.

Pour peu qu'un homme de lettres soit répandu dans le monde, il est sûr de trouver des personnes obligeantes qui lui aideront à se défaire avantageusement des plus mauvaises marchandises. D'aimables femmes se chargeront volontiers de vendre plusieurs exemplaires d'un livre qu'elles n'ont pas toujours la complaisance de lire ; et pour rendre service à l'auteur elles mettent à contribution toutes les personnes de leur connaissance. Si ces femmes sont jeunes et jolies, le débit est considérable. Les vieilles douairières, qui tiennent bureau et table de bel esprit, sont aussi d'une grande ressource. D'ailleurs, on met en campagne des amis, qui vont prôner partout l'excellence d'une brochure nouvelle, et qui déterminent quantité de personnes à courir chez le libraire pour y changer leur argent en mauvais papier.

La plupart des auteurs font le commerce en détail ; mais il s'en trouve aussi qui imitent les gros négociants et qui envoient leurs marchandises dans le pays étranger. Je connais un écrivain

Dont la fertile plume
Peut tous les mois, sans peine, enfanter un volume.

Cet auteur si fécond fait partir chaque année pour nos colonies un vaisseau chargé de romans; on lui apporte en échange du sucre, du café et du cacao, dont on se défait encore plus aisément en France que d'un mauvais, et même d'un bon livre. Il est à craindre pour ce négociant littéraire que l'espoir du gain n'engage les autres auteurs à faire un pareil trafic. Les insipides brochures deviendraient alors aussi communes à la Martinique qu'à Paris, et ce commerce tomberait entièrement.

Combien de personnes n'ont d'autre mérite qu'un grand nom. Si on les dépouillait de leurs titres fastueux, que leur resterait-il en partage? Le mépris public. On peut dire la même chose de certains livres : l'inscription qu'on voit sur le frontispice est tout ce qu'il y a de bon dans l'ouvrage. Les auteurs ont donc grand soin de choisir des titres propres à exciter la curiosité des lecteurs.

Une longue suite d'illustres ayeux, voilà ce qui fait la haute noblesse. On fait cas pareillement d'un livre à proportion du nombre de ses éditions. Un ouvrage qui a été imprimé seize fois est comme un gentilhomme qui compte seize quartiers. Aussi un auteur ne manque-t-il jamais de mettre à la tête de ses œuvres : *Nouvelle édition, Dixième édition,* quoique la première ne soit pas encore épuisée. Les personnes qui ne sont pas instruites de tous ces petits manéges s'imaginent bonnement que ce livre a eu une vogue étonnante; elles ne manquent pas d'orner leur bibliothèque d'un meuble si précieux.

Ce sont aussi messieurs les libraires, qui entendent merveilleusement leurs intérêts. Un livre ne se vend-il pas? Comptez qu'ils réussiront à s'en défaire. Un simple changement de titre va tirer un ouvrage de son obscurité. Témoin un livre inconnu qu'on vient d'intituler nouvellement : *Liturgie ancienne et moderne.* Avant qu'on se soit aperçu de la supercherie, on a eu le temps de débiter plusieurs exemplaires, et, jusqu'à ce qu'ils soient tous vendus, on a recours au même expédient, qu'on renouvelle dès que l'ouvrage vient à tomber en discrédit. De sorte qu'un livre, dans l'espace de quelques années, paraît quelquefois sous vingt titres différents.

Outre cela, quand un libraire de Paris veut se débarrasser promptement d'un plat ouvrage, n'a-t-il pas la ressource de la province? Ce qui n'a pas été goûté dans la capitale peut fort bien servir à amuser les habitants d'Arras ou de Quimper-Corentin.

On sait encore que les marchandises prohibées sont ordinairement celles qu'on recherche avec le plus de fureur. Où fabrique-t-on de plus magnifiques étoffes qu'en France? Cependant on leur préfère quelquefois celles qui viennent des pays étrangers, quoique ces dernières n'aient ni la bonté ni l'éclat des ouvrages qui sortent de nos manufactures. Tel est le génie de l'homme, et particulièrement du Français. *Nitimur in vetitum.* C'est surtout à l'égard des livres qu'on a lieu de remarquer une si singulière manie. Il suffit qu'un ouvrage soit supprimé pour que tout le monde ait envie de l'avoir. *L'Ecole de l'Homme* est recherchée avec plus d'empressement que les *Caractères de Théophraste*, de M. de la Bruyère. A peine l'arrêt de suppression a-t-il paru qu'on s'informe partout où se vend le livre qu'on vient de flétrir. On s'adresse au colporteur. Celui-ci n'a garde de se rendre aux premières instances; il faut bien des assurances de discrétion pour lui arracher son secret; enfin l'officieux suppôt de la littérature se laisse gagner, et il vend fort cher un livre qu'on aurait eu à fort bon marché quelques jours auparavant. Quelquefois les ouvrages qu'un colporteur vous propose d'un air mystérieux ne sont rien moins que proscrits : il est vrai qu'ils mériteraient de l'être, si on leur rendait justice; mais, malheureusement, en France, il n'y a point de lois qui défendent d'ennuyer le public. Quand bien même un auteur pourrait obtenir une approbation pour son ouvrage, il prendra bien garde de la demander : un livre qu'on suppose avoir été imprimé à Berlin ou à La Haye se vend bien mieux que si on le voyait muni d'un privilége du roi.

Tout ce que je viens de dire sur la manière dont on s'y prend pour se défaire des plus mauvais livres ne regarde que les petites brochures. On ne se débarrasse pas si aisément des *in-folio*; il y a cependant des moyens pour se délivrer de cette lourde marchandise. N'a-t-on pas la voie des souscriptions? D'ailleurs combien de gens aujourd'hui qui veulent avoir une bibliothèque pour la seule décoration d'une pièce de leur appartement ? Or les *in-folio*, tels qu'ils soient, figurent très-bien sur des tablettes. Je ne sais si on est encore dans l'usage d'acheter des livres à la toise ; cette mode serait fort avantageuse pour les libraires et ne porterait aucun préjudice à beaucoup d'acheteurs, puisqu'il leur est indifférent d'avoir de bons ou de mauvais livres, pourvu que leur cabinet paraisse bien garni. Grâce à la bibliomanie, ce siècle-ci est un siècle d'or pour les libraires, les colporteurs et les auteurs industrieux. Ai-je donc eu tort de dire que le commerce des lettres ne fut jamais si florissant (1) ?

Et nous, avons-nous eu tort de dire que l'écrivain qui a écrit ces pages était un observateur aussi fin que judicieux ?

Avant de travailler à l'*Année littéraire*, à laquelle il collabora cinq ans, l'abbé de La Porte avait eu part, et la meilleure part, à ce qu'il paraît, à la publication des *Lettres sur quelques Ecrits de ce temps*, mais sans jamais avoir voulu y être nommé, non plus, du reste, qu'à l'*Année littéraire*. Il travailla, en outre, aux *Recueils alphabétiques*, de 1745 à 1760 ; au *Choix du Mercure*, depuis 1760 jusqu'à la fin, aux quatre premiers volumes de la *France littéraire* de 1769, dont il publia seul, en 1778, le supplément (2 vol.) Parmi ses autres entreprises, nous citerons encore, comme ayant quelque rapport avec notre sujet, *les Spectacles de Paris, ou Calendrier historique et chronologique des Théâtres*, qu'il publia de 1751 à 1778, et qui furent continués sans interruption jusqu'en 1794.

(1) *Observations*, t. IX, p. 3 et suiv.

CLÉMENT, *les Cinq Années littéraires.*

Ce n'est point ici, dit l'auteur, un journal dans les formes, une suite d'extraits réguliers et faits pour des gens de lettres; mais il n'aura rien paru de nouveau, d'agréable et d'un peu intéressant dans la république des lettres ou sur le théâtre en France, dont je ne rende compte suffisamment pour la curiosité d'un homme du monde trop dissipé pour pouvoir tout lire, ou trop paresseux pour le vouloir... Je tâcherai, sur toutes choses, de représenter le caractère d'esprit des auteurs, du temps, le goût du pays, du siècle, et même du moment où ils écrivent ; le tout avec autant d'égards pour les personnes que d'impartialité sur les ouvrages... La liberté a ses bornes, je les connais parfaitement : je consens à la perdre si je les passe. Mais, doublement républicain, né dans la ville de Calvin et dans les lettres, je ne veux point tenir ma pensée dans une prison perpétuelle.

Bref, l'auteur des *Nouvelles littéraires,* Pierre Clément, promettait de se faire lire sans arborer de drapeau, sans insulter personne, et il tint sa parole. Ses lettres sont écrites avec chaleur et rapidité; ses jugements sont courts, mais justes, précis et lumineux.

La publication des Nouvelles littéraires dura de 1748 à 1752. Clément en donna lui-même une réimpression en 4 volumes in-12, sous le titre de *les Cinq Années littéraires,* qu'il publia par souscription, au prix d'une guinée ou un louis d'or.

On a reproché à l'auteur — c'est lui-même qui parle — que le prix de son livre était trop haut des deux tiers, ce qui est très-vrai. Mais à ceux qui lui ont fait une objection si bien fondée, il leur a conseillé de ne point souscrire ; il a ajouté que l'état de ses affaires et le fruit qu'on sait qu'il pouvait tirer de son travail en s'occupant à de nouvelles feuilles manuscrites ne lui auraient pas permis de donner son temps à l'édition de celles-ci (qu'il promet de revoir et de corriger avec tout le soin et le respect qu'il doit au public), s'il eût été obligé de mettre l'ouvrage au prix ordinaire.

Il ne devait être tiré de cette réimpression que le nombre d'exemplaires souscrit, et, dans tous les cas, les exemplaires qui auraient pu rester à l'auteur ne devaient être livrés au public que deux mois après la distribution aux souscrivants, dont il promettait de mettre les noms à la tête de l'ouvrage, à moins qu'ils n'envoyassent leur contre-ordre ; ce qu'il fit en effet. Nous avons compté sur cette liste 182 noms, parmi lesquels S. M. le roi de Pologne, S. A. R. le prince de Prusse, une douzaine d'Altesses sérénissimes et un grand nombre de milords. Quelques-uns des souscripteurs sont inscrits pour 2, 5, et même 10 exemplaires.

Les Cinq Années littéraires furent contrefaites et plusieurs fois réimprimées. On a joint aux éditions faites après la mort de l'auteur quelques œuvres posthumes, dont il a été donné en 1766 une édition particulière, à laquelle les *Mémoires secrets* consacrent cette mention :

« On sait que l'auteur des Cinq Années littéraires est M. Clément. Il y a peu d'ouvrages périodiques écrits avec autant de feu, avec autant d'esprit, de véhémence, que cette Année littéraire. Cet ouvrage, où l'auteur avait dit peut-être avec trop de liberté sa pensée, lui occasionna quelques chagrins. Une longue maladie lui fit discontinuer ses travaux littéraires. M. Clément donna une comédie de *Mérope* dans des circonstances qui en empêchèrent la représentation, mais dont la publication fut reçue avec plaisir. Les pièces qu'on donne au public respirent encore le feu de ses premières années. Il y a plusieurs lettres en vers. Quelques-unes sont écrites de Charenton, où l'auteur avait été mis; elles ne se ressentent point des accès de folie qui firent renfermer en pareil lieu ce nouveau Tasse. »

Grimm, qui ne pouvait pardonner à Clément de ne point admirer les philosophes sur parole, en parle avec cette partialité caustique qui lui était malheureusement trop habituelle quand il était amené sur ce terrain. « M. Clément de Genève, dit-il, que M. de Voltaire appelait *Clément Maraud*, pour le distinguer de Clément Marot, a fait, il y a une vingtaine d'années, une comédie de *Mérope* qui n'a jamais été jouée. Il passa ensuite à Londres, où il publia, pendant cinq ans de suite, une *Année littéraire*. Comme ces feuilles étaient très-satiriques et très-mordantes, et qu'il y avait plus d'esprit qu'on n'en connaissait à Clément Maraud, on disait que M. de Buffon les fournissait à ce coquin subalterne, et décochait ainsi derrière lui des traits sanglants contre amis et ennemis. Ce qu'il y a de certain, c'est que cet illustre philosophe a eu des liaisons avec ce mauvais sujet. Clément, ayant vidé ce vilain sac d'ordures, repassa en France, où il devint fou. On fut obligé de l'enfermer aux Petites-Maisons de Charenton. Comme sa folie n'était ni dangereuse ni incommode, il a été relâché au bout de quelques années, et il vient de publier des *Pièces posthumes* de l'auteur des *Cinq Années littéraires*. C'est un cahier de vers et de pièces fugitives, où l'on remarque le penchant du maraud pour la satire... L'auteur y plaisante sur son séjour aux Petites-Maisons... Il se donne pour trépassé, et assurément il l'est depuis longtemps pour tous les honnêtes gens et pour tous les gens de goût (1). »

—

LE BRUN, *la Renommée littéraire.*

Dans une note à l'article Fréron j'ai fait mention d'un pamphlet de Le Brun contre le célèbre critique. Irascible et caustique à l'excès, le Pindare français endurait impatiemment la censure. Il se délectait d'ailleurs à la satire, et la mauvaise hu-

(1) Edition Taschereau, t. 5, p. 228.

meur ou l'esprit de vengeance l'entraînaient souvent dans d'injustes écarts. C'est ainsi que, pour me servir de l'expression de M. Sainte-Beuve, il compromit étrangement sa chasteté lyrique en se prenant au collet avec Fréron, qu'il poursuivit d'une haine presque égale à celle de Voltaire. Voici les motifs de cette grande animosité :

Le Brun, ayant rencontré, en 1760, une petite-nièce de Corneille, l'avait recommandée à Voltaire dans des strophes inégales, mais senties, animées d'un souffle généreux, et d'une assez belle emphase. Fréron critiqua cette ode dans des termes peu mesurés : il lui en était passé beaucoup par les mains, disait-il; il n'en avait encore jamais lu d'aussi mauvaise que celle-là. Il finissait par renvoyer l'auteur à un cours de langue française, en lui indiquant l'adresse d'un professeur. Quant à ce qui était de Voltaire et de son entourage : « Il faut avouer, disait-il, qu'en sortant du couvent, mademoiselle Corneille va tomber dans de bonnes mains. »

Je laisse de côté la colère de Voltaire sur ce propos, qu'il jugeait digne du carcan. Celle de Le Brun ne fut pas moindre. Il conçut à l'instant l'idée de plusieurs pamphlets ou diatribes à opposer aux feuilles de Fréron. Il lança coup sur coup, en 1761, *la Wasprie* et *l'Ane littéraire*, qu'il répandit à profusion. On dit qu'il fut aidé par son frère, ce qui est possible, mais c'est à tort que quelques biographes ont attribué exclusivement à ce dernier la paternité de ces libelles. Dans l'*Ane littéraire*, c'est un tiers qui est censé parler :

C'est ici (dans le docte et impartial jugement de M. Fréron sur l'ode de M. Le Brun en faveur de la famille du grand Corneille), c'est ici que mon pauvre âne achève de perdre la tramontane. Ah! M. Mor... aura-t-il assez d'hellébore pour lui purger le cerveau? faudra-t-il qu'il fasse un voyage à Anticyre, *naviget Anticyrum?*

Qu'a-t-il donc? me direz-vous; que lui est-il arrivé? Ah!... un malheur énorme, un tour affreux. M. de Voltaire, ce M. de Voltaire qui a fait jouer dernièrement Wasp sur le théâtre, vient d'être touché d'une belle ode, d'une belle ode que M. Fréron n'a pas faite, d'une belle ode que M. Fréron n'aurait pas voulu faire, et cette ode est de M. Le Brun, de M. Le Brun qui l'a, dit-on, berné, de M. Le Brun qui l'a appelé *avorton littéraire,* de M. Le Brun qui l'a appelé *chenille,* de M. Le Brun qui l'a appelé *buse.* Que vous dirai-je de plus? Elle a excité M. de Voltaire à faire une bonne action. Une bonne action aux yeux de M. Fréron! Et ce serait impunément! Ah! cela crie vengeance!

Dans *la Wasprie,* quoiqu'il ne l'ait pas signée non plus, Le Brun parle directement :

Qu'ai-je donc fait pour désoler ce pauvre Wasp? Je suis cause d'une bonne action; j'ai fait un ouvrage meilleur que les siens; cet ouvrage parle bien de M. de Voltaire. Voilà qui est affreux! cela ne se peut pardonner, c'est un crime de lèse-Wasp.

Dans les deux pamphlets ce sont les mêmes termes, c'est le même but : venger la fameuse ode, et éreinter, comme on dirait aujourd'hui, son détracteur. « On y célèbre comme on le doit et l'ami

Wasp, grand barbouilleur de petites feuilles, et M. Darnaud de Baculard, qui les sous-travaille, les colporte et s'y loue, et l'inconnu M. d'Açarq, qui y fait mettre les adresses de son bureau d'éloquence. »

On procède ici comme là : on commence par « dévoiler aux yeux les moins clairvoyants le mérite littéraire de M. Fréron, ses petites finesses, ses petites inepties, ses petites asineries, ses petites *filouteries* littéraires », on fait enfin tout le possible pour le démonétiser, pour « le réduire à la mendicité, en attendant qu'il aille aux galères »; et quand on l'a bien abîmé, et qu'on a ainsi bien préparé son auditoire, on prend corps à corps la critique de l'ode à Voltaire, et l'on prouve, avec une superbe prodigieuse, que Fréron n'est qu'un âne, et Le Brun un Pindare.

Enfin le poète irascible porta dans cette lutte un ressentiment tellement outré qu'il s'attira de Voltaire lui-même, si bon juge dès qu'il s'agissait d'un autre, cette leçon de tact et de goût : « Il y a des choses bien bonnes et bien vraies dans les brochures que j'ai reçues. J'aurais peut-être voulu qu'on y marquât moins l'intérêt personnel. Le grand art dans cette guerre est de ne paraître jamais défendre son terrain et de ravager seulement celui de son ennemi, de l'accabler gaiement. »

Le Brun sentait bien lui-même ce que cette lutte avait de peu digne et de compromettant.

En daignant t'écraser, je m'avilis peut-être,

dit-il, dans un fragment de satire que je trouve à la suite de la Wasprie; et il ajoute dans une note à ce vers : « Ceux qui me connaissent savent bien que c'est pour la première fois que j'aurai daigné toucher à *cet homme.* »

Cependant un an s'est à peine écoulé qu'il revient à la charge contre cet homme, contre « cet *avorton littéraire* dont l'existence était si plate et si exiguë à tous égards qu'il en devenait presque hors d'atteinte »; et pour mieux le battre en brèche, il emprunte ses propres armes, et fonde un journal, *la Renommée littéraire,* malgré « le mépris qu'il a pour ce misérable genre d'écrire. »

La Renommée littéraire, dont le titre était commenté par une vignette que nous expliquerons tout à l'heure, parut vers la fin de 1762. En voici la préface :

Tous ces engagements magnifiques, toutes ces promesses fastueuses par où s'annoncent la plupart des ouvrages périodiques, servent moins à faire des prosélytes que des incrédules. Nous n'userons donc d'aucun de ces petits moyens, grande ressource des charlatans; c'est à l'exécution, et non à des promesses, de justifier si nos intentions et nos vues étaient saines. Nous ne dirons donc pas que *nous jugerons avec impartialité,* que nos louanges et nos critiques seront toujours justes, que nos règles seront toujours sûres, et toutes ces autres choses si faciles à dire et si difficiles à exécuter : car, bien que ce soit dans ce dessein que nous ayons entrepris cet ouvrage, c'est au public seul à juger si nous avons réussi.

Notre titre annonce notre projet : la Renommée littéraire doit publier les bons et les mauvais ouvrages, et rendre à chacun d'eux la justice qui leur est due. Chacun reconnaîtra au frontispice que nous avons fait graver la Renommée de M. de Voltaire :

La Renommée eut toujours deux trompettes, etc.

On n'en pouvait mieux faire l'application qu'à un livre destiné à parler de tous les écrits.

Cet ouvrage est périodique; heureux cependant et trop heureux si, après l'avoir lu, le public veut bien dire : Cet ouvrage n'est point périodique ! C'est là la plus belle louange qu'il puisse nous donner et celle que nous serons le plus jaloux de recevoir.

En effet, nous n'aurions jamais entrepris aucun journal si nous avions vu régner partout le même mépris que nous avons nous-mêmes pour ce misérable genre d'écrire. Mais, comme c'est toujours avec leurs propres armes, c'est-à-dire avec des armes de la même forme, quoique d'une trempe différente, que l'on combat les partisans de l'erreur, et qu'il faut, du moins en apparence, s'accommoder aux préjugés de la multitude pour les vaincre avec plus de sûreté, c'est pour cette raison seule que nous avons donné un cours périodique à un ouvrage qui ne serait, sans cela, que des observations sur le goût par rapport aux écrits modernes. Si les *Lettres persanes,* ce livre si profond, est écrit d'un style si léger, c'était pour attacher à la philosophie des têtes légères qui ne connaissent de liens que la frivolité.

Nous ne manquons point, il est vrai, d'excellents livres, anciens ou modernes, qui donnent des règles du goût; mais les livres, quand ils ont passé leur nouveauté, ne se lisent plus que par le petit nombre de gens qui ont eux-mêmes le goût formé. Très-peu de personnes, d'ailleurs, pourraient faire l'application de leurs règles aux écrits qui naissent chaque jour; et c'est ce que pourrait exécuter un journaliste qui aurait du goût. Tandis que, d'un côté, il s'opposerait aux innovations dangereuses, aux prestiges des charlatans accrédités, qu'il saperait le fragile édifice des réputations mal acquises, de l'autre il ferait jour aux bons ouvrages, il favoriserait tous les enfants du goût, et ceux qui dictent ses préceptes et ceux qui les mettent en usage. Voilà quel serait l'ouvrage périodique qui ne mériterait pas ce nom.

Entre les livres, par exemple, qui ont paru nouvellement, il en relèverait un qui a pour titre : *Considérations sur l'état présent de la Littérature en Europe*. Cet ouvrage, qui a des vues très-saines sur la littérature en général, est un de ceux qui dit les meilleures choses sur les *journalistes* en particulier. Il en fait voir l'abus, la futilité, et surtout le danger. Ces messieurs doivent avoir été choqués de cet ouvrage ; mais le public en doit de sincères remerciements à M. l'abbé Aubry, qui en est l'auteur. Il y a du courage et de la noblesse à s'élever contre de tels abus, et une plus grande gloire quand on est presque le seul qui s'y oppose. On lira avec plaisir ce portrait qu'il fait des journalistes :

« Pour ces faiseurs de feuilles périodiques, dit-il, qui ne montrent guère plus d'éducation que de génie, le public les dévoue à toute l'ignominie dont ils veulent diffamer leurs maîtres. N'est-ce pas assez du vice de leur ignorance grossière ? Faut-il y joindre un crime odieux : celui de la satire ! Possédés de la fureur d'écrire, ils font très-mal un très-mauvais métier.

» Quand je pense à ces hommes, vraiment industrieux, qui doivent chacun de leurs repas à quelques pages des ouvrages d'autrui, quand je les vois, à certains jours marqués, venir chercher dans la boutique des libraires des matériaux pour quelques feuilles d'impression, je ne puis m'empêcher de rire d'un ris de pitié. Je me rappelle un petit animal que les naturalistes nomment le soldat. Cet insecte aime passionnément à vivre dans une coquille ; comme la nature ne lui en a point donné, il s'accommode de celle des autres. J'ai vu moi-même ces reptiles innocents descendre en troupe du haut des montagnes, une fois tous les ans, et couvrir tout le rivage, courant çà et là pour trouver chacun une coquille qui lui convienne. Rien n'est plus amusant que leur industrie en cette rencontre. Ils en essaient vingt : l'une est trop grande, l'autre trop petite ; celle-ci n'est point assez brillante, celle-là est incommode. Enfin lorsqu'ils en ont trouvé une à leur gré, ils y entrent et en prennent possession. Alors vous les voyez, tous ainsi équipés, remonter vers le sommet des montagnes, où ils végètent paisiblement dans leurs nouvelles maisons jusqu'à ce que des raisons de nécessité ou d'aisance les forcent d'en changer. »

Rien n'est plus ingénieux, ajoute la Renommée littéraire, que cette comparaison : ne semble-t-il pas voir F... (Fréron) trouver les ouvrages de Montesquieu et de Voltaire des coquilles trop grandes et trop brillantes, et s'accommoder bien mieux des coquilles sombres et étroites des C..., des S... ?

Il y a plusieurs autres endroits que l'on pourrait citer avec éloge, et quelques-uns aussi que l'on pourrait réfuter ; mais nous n'avons voulu par cet extrait qu'inspirer au lecteur la curiosité de lire un livre qui nous a paru un des plus sainement pensés sur la littérature, entre les livres nouveaux qu'on a donnés sur le même sujet. Son but principal est de rompre toutes les entraves qu'on impose au génie, d'abolir les décrets littéraires par qui de petits triumvirs proscrivent les meilleures ouvrages, quand les auteurs ne sont pas de leur parti. Il veut rendre au public un droit qui lui appartient, et que ces messieurs lui ont enlevé, le droit de juger des auteurs qui n'écrivent que pour lui, et qui, par le moyen de ces juges subalternes, se trouvent souvent condamnés ou absous avant d'être introduits au tribunal.

Tout l'esprit de la Renommée littéraire est dans ce premier article, « qui peut servir d'introduction à l'ouvrage. » C'est l'exaltation des amis, et l'*éreintement* des profanes, et tout particulièrement de Fréron, dont le nom revient à chaque ligne ; c'est, en un mot, comme l'avouent ingénuement les auteurs, un journal fait en haine du journalisme.

Ils avaient, par surcroît, donné à leur feuille des armes parlantes, qui en exprimaient éloquemment le but. On voit sur le titre, comme il est dit dans la préface, une Renommée avec deux trompettes. Elle embouche l'une, et il en sort des légendes contenant les titres de quelques ouvrages jugés dignes par les auteurs de passer à la postérité; ce sont : *l'Esprit des Lois, Alzire, Vert-Vert, la Métromanie, l'Histoire naturelle.* De sa bouche inférieure part une autre trompette, avec des légendes vouant aux plus vils ministères : *Pièce dérobée* (1), *l'Année littéraire, les Jérémiades, l'Epître à Minette* et *Caliste.* Au tome second, les légendes ont subi des modifications dont les motifs se comprennent facilement. Aux ouvrages proclamés par la trompette honnête on a ajouté *Atrée ;* de ceux que la trompette inférieure précipitait dans les abîmes *l'Année littéraire* et *Caliste* sont seuls restés, et l'on y a adjoint : *Polyxène, Mes dix-neuf Ans,* le *Roi des Pradons,* le *Journal des Dames,* les *Odes de Sabatier.*

La Renommée littéraire n'était pas signée; mais on fut unanime à l'attribuer aux frères Le Brun, « dont l'un était déjà connu par ses démêlés avec Fréron »; c'était la continuation, sous une forme nouvelle et plus large, de *la Wasprie* et de *l'Ane littéraire.* « Ces deux aristarques, disent les *Mémoires secrets,* voulaient prendre le sceptre de la littérature; ils l'exerçaient durement sur les auteurs qui n'étaient pas de leurs amis, mais tout particulièrement sur Fréron et Colardeau. Ces messieurs

---

(1) Je ne sais ce que les auteurs avaient entendu par là. Le Brun lui-même, dans une lettre dont nous parlerons tout à l'heure, avoue que cette dénomination était bien vague, ou plutôt qu'elle ne disait rien et n'était comprise de personne.

louaient quelquefois leurs amis, et, comme il n'est pas modeste de se louer soi-même, ils se passaient la plume réciproquement lorsqu'il était question de leurs ouvrages. On lit cependant en tête du 4ᵉ numéro une lettre où M. Le Brun se défend d'être l'auteur de ce journal, il proteste n'y avoir aucune part ; mais ce qui dément ses protestations, c'est l'éloge prodigieux qu'il en fait. Il remercie modestement de ceux qu'on lui donne : il est juste qu'il renvoie l'encens dont on l'a parfumé. Ce qu'il y a de sûr, c'est que, s'il n'est pas la main qui écrit, il est le bras qui la conduit. »

Cette lettre, et la réplique que lui donna la Renommée littéraire, sont une véritable scène de comédie, que nous regrettons de ne pouvoir reproduire intégralement.

J'apprends avec surprise, écrit Le Brun aux auteurs de la Renommée, que plusieurs personnes me font indiscrètement l'honneur de me croire un des auteurs de votre journal. Je ne sais si je leur dois un remerciement ou des plaintes. Votre journal a si bien pris, on y a remarqué des critiques si justes, une littérature si saine, une érudition si débarrassée de pédantisme, et, ce que j'estimerai le plus, une impartialité si courageuse, que d'autres seraient tentés peut-être de laisser courir un bruit qui fait honneur....

Ce qu'il y a de très-plaisant, c'est que la seule raison pour laquelle on me fait cet honneur, c'est parce qu'on voit repris avec beaucoup de justice et de sagacité, dans votre journal, les vers ridicules de M. Baculard, les vers plus fades et plus froids de M. Col..., enfin les obscures méchancetés et les absurdes jugements du sieur Fréron. Mais il serait bien ridicule que l'on me crût le seul. littérateur en France assez homme de goût pour siffler de méchants vers et des jugements ineptes.

Il est vrai que je m'amusai, il y a deux ou trois ans, à relever, soit dans les vers, soit dans la prose de ces illustres messieurs, des traits fort plaisants, qui sont devenus des exemples et même des proverbes de ridicule. Je ne suis plus maître d'empêcher que ces traits ne courent dans les cercles ou dans les écrits. Vous comprendrez que c'est beaucoup moins ma faute que celle de leurs ouvrages. En effet, suis-je coupable de ce que M. Fr... prend le taureau de Phalaris pour le lit de Procuste, etc.; de ce qu'il change une pierre précieuse en un peuple des Indes que nul géographe ne connaît (1)? Suis-je coupable de ce que M. Darnaud de Baculard a dit si plaisamment, dans son Epître au cul de Manon :

> *Ce* cul divin, *ce* cul vainqueur,
> *Il a des* autels *dans mon* cœur ?

et de ce qu'il a fait ce vers si incroyable :

> *Brise leur cœur* navré sous la meule des maux ?

..... Au lieu de jeter les yeux sur moi, on accusera bientôt, avec plus de vraisemblance, Quintilien, Aristote, Longin et Boileau d'avoir mis la main à plusieurs de vos critiques, car vous suivez, vous adoptez partout leurs vues, leurs expressions, leurs pensées, leur manière d'applaudir ou de reprendre. Il sera beau, Messieurs, qu'on vous soupçonne de pareils complices...

Enfin, Le Brun demande aux auteurs de la Renommée de leur parler avec la même franchise littéraire dont ils donnent l'exemple, et leur dit les

---

(1) Outre les traits décochés tout le long de la route et à tout propos à ce pauvre Fréron, trois articles lui sont spécialement consacrés dans la Renommée littéraire : *Bévues énormes de M. Fréron sur un trait d'histoire; les Trente et une bévues de M. Fréron; Lettre d'un écolier de quatrième à M. Fréron.* « On y prouve (je copie) que M. Fréron, en voulant montrer le grec à Boileau, sur *cinq* mots grecs n'a fait que *six* fautes. »

observations légères qu'il a faites sur les commencements de l'ouvrage : observations des plus légères, en effet, et des plus anodines.

Réplique de la Renommée :

L'avantage que nous aurions retiré de laisser croire au public que M. Le Brun travaillait à notre journal aurait pu nous faire balancer à mettre au jour la lettre que nous venons de rapporter ; mais, ayant considéré qu'il n'était pas juste de sacrifier son intérêt au nôtre, et que ce qui nous faisait honneur pouvait lui faire de la peine, nous nous sommes aussitôt déterminés à la faire imprimer...

Quant aux louanges qu'il veut bien, ainsi que quelques autres gens de lettres, donner à nos essais de critique, nous les regardons moins comme des récompenses accordées pour avoir bien fait que comme des prix proposés pour nous encourager à faire mieux.

Une raison non moins pressante qui nous a encore déterminés à rendre cette lettre publique, c'est que nous voulons montrer par là à ceux que nous avons critiqués qu'au lieu de nous choquer des fautes qu'on relève dans nos écrits, nous sommes les premiers à les reconnaître, quand elles sont justement reprises...

Il faut dire cependant que, malgré la passion et un parti pris évident, la Renommée littéraire se fait remarquer par des qualités réelles. M. Sainte-Beuve, à l'obligeance duquel j'ai dû de connaître ce petit journal, extrêmement rare, m'a paru en faire un certain cas : c'est un témoignage dont les auteurs eux-mêmes auraient sans doute été satisfaits.

Le Brun semble avoir aspiré au rôle de Boiléau, « son oracle et son maître », qu'il cite et préconise à chaque ligne; mais il n'était pas à la hauteur de ce rôle. On peut même se demander si Boileau lui-même y aurait réussi au milieu de ce xviiie siècle si impatient de la règle et du frein.

Quoi qu'il en soit, le rôle même qu'affectait la Renommée littéraire, et le talent avec lequel elle était rédigée, devaient lui faire des prosélytes; à défaut d'autres témoignages, nous voyons une preuve de son succès dans la manière dont elle fut étouffée. Comme « elle offusquait les divers libellistes qui couraient la même carrière, ces petits auteurs se sont réunis, et ont engagé le *Journal des Savants* à faire arrêter cet enfant bâtard. Il faut savoir que tous les autres devaient un tribut de cent écus à ce père des journaux; MM. Le Brun n'avaient point payé : en conséquence on a fait saisie et arrêt entre les mains des imprimeurs. »

La Renommée littéraire, qui paraissait tous les quinze jours, avait vécu l'espace d'une douzaine de numéros.

—

Chaumeix et d'Aquin, *le Censeur hebdomadaire.*

Le Censeur hebdomadaire, dont la publication commença vers 1760, s'annonçait comme un ouvrage unique en son genre, d'un goût tout différent des autres, tant pour les matières que pour la façon de les traiter, contre lequel, par conséquent, le grand nombre des journaux ne pouvait être une objection.

La quantité prodigieuse de livres de toute espèce que l'on imprime et que l'on publie à tout moment, la nature de ces ouvrages, la manière dont ils sont exécutés, démontrent assez la nécessité de rappeler aux règles de la raison, et même à celles du devoir, tant de gens qui en sont venus au point non seulement de les mépriser, mais encore de les combattre. Nous sommes donc dispensés de prouver ici la légitimité de nos motifs...

1° Le fonds principal de cet ouvrage périodique sera l'exposition des règles de la littérature. Nous avons pensé qu'il ne suffisait pas de reprendre les ouvrages qui pèchent par cet endroit, mais que, de plus, il fallait faire connaître aux auteurs que l'on censure la justice de la critique, afin, par là, de les engager à se corriger...

Notre journal devient, par ce moyen, utile à tout le monde, et particulièrement aux jeunes gens, qui trouveront dans un même livre la règle et l'exemple, et qui, au secours de la critique, pourront également profiter des défauts et des perfections qui se trouvent dans les divers ouvrages que l'on publie tous les jours.

C'est ce qu'aucun journaliste n'a encore entrepris, et l'on ne peut disconvenir que cela ne soit plus nécessaire à présent qu'il ne l'a été en aucun temps.

Chaque feuille commencera toujours par un article dans lequel on exposera quelques-unes des règles à suivre ; on pourra en former par la suite un traité complet... Les règles se trouveront ensuite appliquées dans les autres articles de chaque feuille. Ainsi les deux parties de notre journal peuvent être regardées de même qu'un corps complet de littérature, très-propre à rappeler le bon goût, si méconnu de nos auteurs modernes.

2° Il règne dans un très-grand nombre d'écrits nouveaux un esprit de doute et d'incrédulité qui gâte les meilleurs ouvrages.

Rien n'est plus pernicieux que cet esprit ; les personnes peu éclairées n'en éprouvent que trop la contagion. Nous nous proposons de nous élever avec force contre ce goût trop répandu...

3° Les encyclopédistes ont prétendu nous donner, dans leur dictionnaire, des modèles, en même temps qu'ils ont voulu nous y prescrire des règles : il est donc tout naturel que nous examinions leur littérature... Nous pourrions mettre en fait qu'il n'y a peut-être pas, dans toute l'Encyclopédie, un seul article sur lequel nous ne pussions égayer nos lecteurs aux dépens des auteurs de ce dictionnaire, qui se donnent comme des lumières extraordinaires venues pour éclairer l'univers entier.

4° Il y a une certaine partie de la littérature de nos jours sur laquelle nous croyons devoir garder le silence, pensant qu'il vaut mieux n'en pas faire mention que d'occuper nos lecteurs à l'examen de pareils objets. Ainsi on ne trouvera pas dans notre journal ce qui concerne le théâtre actuel, et toutes ces bagatelles poétiques dont un certain nombre de jeunes auteurs font leur principale étude et que des libraires avides tâchent de répandre par toutes sortes de voies ; non plus que les romans et les petites brochures qui n'entrent que dans la bibliothèque des gens désœuvrés.

On ne saurait être plus clair, ni plus hardi ; mais, en dépit du vieil adage, la fortune ne sourit point à l'audace des Censeurs hebdomadaires. Ils reconnurent bientôt qu'ils faisaient fausse voie, et ils n'hésitèrent pas à changer de tactique. On lit en tête du 2ᵉ volume :

Le goût du public doit être la boussole des écrivains, surtout de ceux dont la pénible et délicate occupation est de rendre compte des nouveautés littéraires. Il faut se mettre dans le cas de pouvoir être lu de tout le monde. On ne parviendra à ce but désiré de ses travaux qu'en jetant un certain agrément sur les objets mêmes qui en paraissent le moins susceptibles.

L'expérience nous a appris que la première forme de notre *Censeur hebdomadaire,* prise dans toute sa rigueur, ne pouvait plaire généralement. Pour cinq ou six personnes qui se jettent à corps perdu dans les épines de la métaphysique, il y en a mille qu'elle rebute, mille autres qui aiment mieux cueillir les roses des beaux-arts. C'est à la volonté du plus grand nombre qu'un journaliste est obligé de céder. Il y a plus : cette guerre déclarée aux encyclopédistes, vaincus de tous les côtés, sans espoir de rallier jamais leurs forces, a paru inutile à toutes les personnes sensées. Ne vaut-il pas mieux satisfaire la curiosité du public par le prompt extrait d'un livre nouveau que de s'amuser à battre des gens à terre ? Ce n'est pas tout : ces règles sur la littérature, qui commençaient périodiquement chaque cahier, jusqu'au huitième inclusivement, n'ont pas eu le bonheur d'exciter une grande sensation chez nos lecteurs ; nous les avions cependant tirées des meilleures sources ; nous les avions soignées. *On sait ces choses-là,* disait-on ; *des extraits ! des extraits !* Le public est notre maître, le parti le plus sûr est de faire de nouveaux efforts pour le satisfaire.

On a beaucoup crié contre nous de ce que les ouvrages dramatiques étaient exclus de notre journal. C'est s'interdire, a-t-on dit, la plus brillante partie de la littérature.

Voici notre réponse sur ces différents chefs :

1° Nous serons plus réservés sur l'article de la métaphysique.

2° Nous abandonnerons la théologie et la morale de l'*Encyclopédie* à MM de *la Religion vengée.* Nous convenons même qu'il y a de très-beaux génies parmi les encyclopédistes; mais valent-ils mieux que Bossuet, Fénelon, Bourdaloue, Massillon, Cheminais ; que Pascal, Nicole, Arnault, Le Maître, La Bruyère ; que Corneille, Racine, Lafontaine, Despréaux, Rousseau, Le Franc, Gresset ? Valent-ils mieux enfin que l'auteur de l'*Ami des hommes ?* Ces illustres littérateurs du dernier siècle et du nôtre, remplis d'un saint respect pour les vérités de la foi, sont un bel exemple à proposer et à suivre.

Quelque mérite que nous attribuions ici aux auteurs d'un dictionnaire qui aurait pu faire la gloire de la nation, nous ne pouvons nous empêcher de dire que, s'il y a beaucoup à louer, il n'y a guères moins aussi à reprendre dans leurs articles de littérature et des arts les plus communs. Nous ne renonçons donc pas à faire voir en quoi ils se sont éloignés de la route des grands maîtres, en quoi ils ont mal saisi certains procédés des arts. Nous le ferons quand l'occasion s'en présentera, mais avec la politesse convenable. *Plus fait douceur que violence.*

3º Nous rendrons compte des ouvrages dramatiques; nous les envisagerons du côté des mœurs. Par cet endroit même, les romans rentreront dans notre plan.

4º Nous croyons devoir fondre dans nos extraits les règles de littérature que nous nous sommes engagés à fournir. Elles en seront souvent le préambule.

Une chose qui doit mériter l'applaudissement de tous les honnêtes gens est notre zèle pour la religion. En vain quelques mauvais plaisants nous ont-ils donné le nom d'*inquisiteurs*.....

Pour expliquer ce revirement, qui, d'ailleurs, fait honneur à l'esprit de d'Aquin, il faut dire que Chaumeix n'avait pas tardé à quitter la rédaction du Censeur. On lit dans un avis du libraire, à la fin du 2ᵉ volume :

Les cinq derniers cahiers du premier tome du Censeur hebdomadaire et tout le second volume sont de M. d'Aquin. M. de Chaumeix, *occupé avec MM. les encyclopédistes,* a trop peu de temps de reste pour travailler à ce journal. Il vient donc de donner son désistement, et le privilége reste actuellement en entier à M. d'Aquin.

Le Censeur hebdomadaire devait donner par année 65 cahiers de 2 feuilles in–8º, formant 5 volumes de 416 pages chacun. Le prix de la souscription était de 18 livres; celui de chaque cahier, de

12 sols d'abord, puis de 8. Les souscripteurs de la province avaient à payer de plus quatre sols pour le port de chaque ordinaire. La Bibliothèque impériale en possède 5 volumes; je ne saurais dire si c'est le tout.

Mentionnons une *Semaine littéraire*, par une société de gens de lettres (Aquin et Caux), 1759, 4 vol. in-12. Le premier de ces écrivains publia, à la même époque, les *Amusements d'un homme de lettres*, ou jugements raisonnés et concis sur tous les livres parus en 1759, 4 vol. in-12.

Palissot et Clément.

Journal français;—Gazette des Deuils;—Nécrologe.

A la fin de 1776, Palissot et Clément (1), encore deux bêtes noires de Voltaire et du parti philosophique, répandirent un prospectus de journal dont le ton mystérieux et quelque peu solennel ne laissa pas que d'étonner.

Nous ne chercherons pas à éblouir le public par des promesses fastueuses, en lui annonçant un nouveau journal dont on a bien

---

(1) Il ne faut pas confondre ce Clément (J.-M.-Bernard), né à Dijon en 1742, mort à Paris en 1812, et que Voltaire avait surnommé l'*Inclément*, avec l'auteur des *Cinq années littéraires*, Pierre Clément, né à Genève en 1717, mort en 1767.

voulu nous charger, lorsque nous y pensions le moins, et sans que nous ayons ni sollicité ni prévu la confiance dont on nous honore. De ce moment la décence et l'impartialité, qui sont des devoirs pour tous les journalistes, en deviennent encore de plus sacrés pour nous. Nous en contractons l'engagement avec le public; nous faisons même de ce devoir la base de notre journal.

Tout écrivain qui se croira fondé à se plaindre des jugements portés sur ses ouvrages dans quelques papiers publics pourra nous adresser ses défenses. Loin de nous excepter nous-mêmes de la loi commune, nous invitons les gens de lettres à nous répondre et à nous éclairer, s'il nous arrive de tomber, à leur égard, dans quelques méprises...

Nous abandonnerons aux journaux des sciences tous les objets qui doivent leur être spécialement réservés. Nous ne parlerons que des ouvrages qu'une longue expérience peut nous avoir mis à portée de juger, et nous nous contenterons d'annoncer les autres. La prétention de parler de tout nous paraît une témérité ; nous la regardons même comme une des causes qui a le plus contribué à décrier la profession de journaliste.

Nous consacrerons tous les mois un article à une matière qui fournirait elle-même le sujet d'un journal très-intéressant : nous y traiterons des erreurs de l'histoire, champ beaucoup plus vaste qu'on ne saurait le croire, sans en excepter même ceux de nos historiens dont les noms, respectés avec raison, doivent le plus en imposer à la confiance publique.

Afin de ne rien négliger de ce qui a paru un objet d'intérêt et de curiosité pour un grand nombre de lecteurs, nous avons obtenu la permission d'insérer dans notre journal une notice des édits, lettres-patentes, déclarations du roi, qu'on ne trouvait jusqu'ici que dans le *Journal de Verdun*, que l'administration a jugé à propos d'éteindre.

Sans nous dissimuler les difficultés de notre entreprise, dont personne n'est peut-être plus vivement pénétré que nous, nous ferons tous nos efforts pour justifier le choix qu'on a fait de nous, et pour remplir envers le public toutes les obligations qu'il nous impose.

Qui donc avait pu les charger, comme malgré eux, d'une mission qui leur imposait une réserve si étrangère à leurs habitudes? Il semblerait presque, à les entendre, que c'était une mission officielle, et l'insinuation relative aux édits et arrêts, dont le privilége leur est concédé, tendrait à confirmer cette supposition. Mais nous en sommes réduits là-dessus à de simples conjectures, les contemporains ne nous ayant point donné la clef de cette énigme, — si tant est qu'il y ait une énigme. Voici comment en parlent les *Mémoires secrets* :

« On répand le prospectus d'un *Journal français* par MM. Palissot et Clément, qui, à les en croire, s'en sont trouvés chargés au moment où ils y pensaient le moins. Ce qui n'est pas plus aisé à persuader, c'est que la décence et l'impartialité en seront la base. Ils ne prennent point la plume pour critiquer, mais, au contraire, pour venger les auteurs qui auront à se plaindre; nouveaux Ajax, ils offrent leur bouclier à qui voudra s'en couvrir (1). La

(1) J'ai rencontré à la bibliothèque Sainte-Geneviève, dans un recueil factice, quelques numéros d'un *Flibustier littéraire* qui s'annonçait également comme le champion des victimes du journalisme: « La tyrannie que deux auteurs exercent dans la république des lettres me paraît si outrageante, que je me crois obligé, en qualité de mauvais écrivain, de prendre le parti de mes confrères. J'ai résolu d'examiner la critique que l'on fait de leurs ouvrages, et de les dispenser par ce moyen du tribut servile que la plupart d'entre eux payent pour obtenir le passe-port de leurs livres. » Une inscription manuscrite attribue cet *ouvrage hypercritique*, publié à Londres en 1751, à *de Sainte-Aulair*.

En 1758, Dreux du Radier publia le projet d'un *Censeur impartial*, qui devait avoir aussi pour objet la défense des auteurs injustement attaqués dans les autres ouvrages périodiques.

fin de tout cela, c'est qu'ennemis jurés de la philosophie et des philosophes, ces messieurs se proposent de faire la contre-partie du successeur de M. Linguet (La Harpe); et, comme celui-ci est absolument vendu au parti encyclopédique, ils en contre-carreront tous les jugements, ils en détruiront toutes les idoles. Tous deux ont du talent et un assez grand fonds de méchanceté pour en bien nourrir leur journal; mais aucun n'a cette gaieté, cet art de l'ironie, que possédait si supérieurement défunt Fréron. »

Grimm mentionne également l'apparition de la nouvelle feuille, qui, dit-il, se présente comme l'héritière du *Journal de Verdun*. « Les journaux sont devenus une espèce d'arène où l'on prostitue sans pudeur et les lettres et ceux qui les cultivent à l'amusement de la sottise et de la malignité. On a jugé apparemment que cette arène littéraire n'était pas encore occupée d'une manière assez brillante par MM. La Harpe, Fréron, Lefuel et autres; on vient d'appeler parmi les combattants MM. Clément et Palissot. Ces messieurs assurent, dans leur prospectus, que la décence et l'impartialité présideront à toutes leurs critiques. Le public en a de trop sûrs garants dans la comédie des *Philosophes,* et dans les *Lettres à M. de Voltaire,* pour avoir aucun doute là dessus. Ainsi la bonhomie de ces messieurs n'a rien à craindre d'un engagement dont la sévérité eût peut-être écarté, dans toute autre circonstance, un grand nombre de souscripteurs (1). »

On sait ce qu'était cette comédie des *Philosophes,* où Palissot poussa la passion jusqu'à mettre dans la bouche de quelques-uns de ses personnages des aménités dans le genre de celle-ci :

> *Enfin tout philosophe est banni de céans,*
> *Et nous ne vivons plus qu'avec d'honnêtes gens.*

La *Correspondance secrète* en augurait de même : « Vous êtes le maître d'en croire MM. Palissot et Clément sur leur parole; mais c'est l'espérance de les voir manquer dans chaque feuille à leur engagement qui leur attirera le plus grand nombre des souscripteurs. »

« Nous sommes menacés, dit La Harpe (2), d'un nouveau journal, qui succède au privilége du *Journal de Verdun,* et qui serait fait par Clément et Palissot. Il s'appellera *Journal français,* comme si les autres étaient iroquois. Il y a pourtant, dit-on, de grandes difficultés, parce que ces deux critiques sont absolument opposés l'un à l'autre sur plusieurs points essentiels, entre autres sur M. de Voltaire, dont Palissot a toujours été l'admirateur, et que Clément fait profession de mépriser. Il en est de même de plusieurs autres écrivains, sur lesquels ils ne s'accordent pas. Mais on dit que ces deux messieurs

---

(1) Novembre 1776. Edition Taschereau, t. ix, p. 248.
(2) *Correspondance littéraire,* let. 59.

traitent ensemble, comme Octave et Antoine, sur les victimes qu'ils s'abandonneront, et qu'ils dressent la table des proscriptions. »

La publication du *Journal français* commença le 15 janvier 1777. Il paraissait tous les quinze jours, par cahiers de trois feuilles in-8°; il devait donner, en outre, tous les deux mois, un supplément contenant les *Notices des édits et arrêts*, « de manière que les provinces les plus éloignées seraient instruites pour ainsi dire aussitôt que la capitale de ces objets, qu'il est si important de connaître, et que ce recueil pourrait devenir à la longue le véritable code de notre législation. » L'abonnement était de vingt-quatre livres pour tout le royaume.

Malgré le talent de ses rédacteurs, cette feuille ne fournit qu'une courte carrière; elle mourut d'inanition avant la fin de la deuxième année. « Ces fameux critiques, dont le nom promettait d'alimenter merveilleusement la malignité des lecteurs, ne répondirent pas à cette attente, et l'on fut obligé, faute de souscriptions suffisantes, de s'arrêter au tiers du renouvellement de l'année. » Ils auraient probablement vécu plus longtemps, si, moins fidèles à leur programme, ils eussent donné un plus libre cours à leur humeur batailleuse.

« Le Journal français, dit la *Correspondance secrète*, dont on attendait des merveilles, à cause de la réputation des deux auteurs, qui sont très-connus par leur critique sévère et maligne, n'a pu se soutenir, malgré tous les efforts que ces aristarques ont faits pour être méchants : il n'a plus que 200 souscripteurs, de 900 qu'il avait l'année dernière. Le public est malin, il aime les méchancetés; mais il veut qu'on l'instruise, et le Journal français n'était rien moins qu'instructif. » Cet échec avait décidé l'éditeur, Moutard, à retirer la rédaction à Palissot et à Clément, et à la donner à l'abbé Grosier; mais celui-ci n'avait pu réussir à rendre la vie à une feuille tombée dans le discrédit.

Palissot avait débuté dans la carrière du journalisme par la publication d'une feuille plus politique que littéraire, qui n'avait pas une grande valeur, si l'on peut s'en rapporter au témoignage des *Mémoires secrets*.

« Le sieur Palissot, y lit-on à la date de mai 1762, donnait depuis quelques années au public une gazette sous le titre de *Papiers anglais*. C'était un barbouillage extrait des différents pamphlets qui courent à Londres sur les matières politiques. Rien de plus bavard, de plus ennuyeux et de plus mal choisi que cette collection, d'ailleurs pleine de contresens, le directeur n'entendant point la langue anglaise, et se confiant à de mauvais traducteurs pour épargner l'argent. Elle était fort chère et coûtait plus de 14 sous la feuille. Le public s'est lassé de se laisser baffouer par ce *scribler*, et, les souscriptions tarissant tout-à-fait, le sieur Palissot est obligé de renoncer à son travail. »

Suivant Palissot lui-même, c'est par ordre du ministre que cette feuille fut suspendue. La publication en avait commencé à la fin de 1759, sous le titre de *Papiers anglais* ; au 4e volume, elle prit le titre d'*Etat actuel et politique de l'Angleterre, ou Journal britannique,* qu'elle quitta ensuite pour celui de *Gazettes et Papiers anglais*. La traduction était confiée à Suard, qui n'en était, il est vrai, qu'à ses débuts; mais on doit supposer néanmoins qu'elle n'était pas aussi généralement mauvaise que le donnent à entendre les *Mémoires secrets*. Ce qu'on reprochait avec plus de raison à cette feuille, c'était de trop s'astreindre à des détails qui ne pouvaient intéresser que faiblement en dehors de l'Angleterre, et de négliger les nouvelles, les petits faits, les particularités, dont le public français devait être plus particulièrement curieux. Mais en somme elle donne une idée assez exacte de l'état politique de l'Angleterre à cette époque. On la trouve, du moins en partie, à l'Arsenal.

Palissot fut encore l'un des principaux auteurs du *Nécrologe des Hommes célèbres de France*. Ce recueil, dont le titre dit assez le sujet, avait été précédé d'une *Gazette des Deuils* qui fournit une assez longue carrière, et qui mérite, à ce titre et à quelques autres, que nous lui consacrions une mention. Cette feuille, paraît-il, répondait à un besoin pressant. Les Parisiens ignoraient souvent les jours où se quittaient les deuils de cour : on se proposait de les en informer la veille ou la surveille, par des billets qui seraient envoyés chez les abonnés. L'établissement de la Gazette des deuils avait été autorisé par le duc de Choiseul au profit d'une demoiselle Fauconnier, courtisane jadis célèbre, et qui depuis avait donné dans le bel-esprit. C'était la maîtresse de Palissot, et le ministère l'honorait de ses bontés. L'homme de lettres, désireux de tirer parti de cette feuille anodine, y joignit un Nécrologe des personnes célèbres, dans les sciences et dans les arts, mortes dans le courant de l'année. « On sent, disent les *Mémoires secrets,* combien cette superfétation était ridicule; mais, par ce moyen, cette Gazette, qui n'était qu'à 3 livres, monta à 6 francs. »

Grimm, de son côté, s'en exprime ainsi :

« Depuis que P*** a obtenu le privilége d'annoncer les deuils de la cour aux particuliers, moyennant une rétribution annuelle de 3 livres, et qu'il a disposé de ce privilége en faveur de sa respectable amie mademoiselle F***, fille du monde, retirée du service à cause de la multiplicité de ses services et de son âge, il a imaginé d'augmenter cette ferme d'une souscription de 3 autres livres pour un Nécrologe des hommes célèbres de France, dans lequel il fait l'éloge et donne les particularités de la vie de ceux qui sont morts dans l'année. On a dit de ce recueil qu'il renfermait plutôt la satire des vivants que l'éloge des morts ; mais c'est du poison perdu, parce que personne ne lit cette rapsodie. » Il revient à diverses reprises sur cette rapsodie, généralement méprisée, écrite par un tas de barbouilleurs qui se donnent le titre de *Société de gens de lettres*. Mais on sait combien Palissot était antipathique au malin chroniqueur, et il faudrait bien se garder de prendre son jugement à la lettre. Le Nécrologe, malgré ses défauts, a une valeur historique sur laquelle nous n'avons pas besoin d'insister.

« L'exécution de ce livre, dit La Harpe (*Corresp. littér.*, lett. 47), est aussi défectueuse que le plan en pouvait être utile, et il ne doit être lu qu'avec précaution. Son plus grand défaut n'est pas d'être platement écrit; un inconvénient plus grave, ce sont les fausses idées qu'il donne souvent du génie et des productions d'un écrivain, et les jugements ridicules qu'on y trouve. En général, les auteurs du Nécrologe se sont crus obligés de prendre le ton de l'adulation et du panégyrique; ils ont oublié qu'ils devaient n'être qu'historiens, et que par conséquent la vérité doit être leur premier devoir... » Néanmoins,

« l'utilité dont cette notice annuelle peut être »,
surtout pour les étrangers, par les faits et les dates
qu'elle renferme, le détermine à placer ce petit
recueil au nombre des livres dont son impérial
correspondant peut faire usage.

Les principaux rédacteurs du Nécrologe, avec
Palissot, furent Poinsinet de Sivry, Castilhon, Lalande, François de Neufchâteau, Maret de Dijon,
etc. La collection, de 1764 à 1782, forme 17 volumes in-12.

En 1782, la Gazette des Deuils et le Nécrologe
furent acquis par les propriétaires du *Journal de
Paris,* qui prirent prétexte de cette réunion pour
porter le prix de leur feuille de 24 à 30 livres, au
grand déplaisir des abonnés.

JOURNAUX CONSACRÉS AUX LITTÉRATURES ÉTRANGÈRES

—

L'abbé Prévost, Arnaud, Suard, Grimm.

Journal étranger. — *Gazette littéraire de l'Europe.*

J'ai déjà mentionné plusieurs tentatives faites pour nous initier à quelqu'une des littératures étrangères ; j'ai parlé de la *Bibliothèque anglaise,* de la *Bibliothèque germanique*, de la *Bibliothèque italique*, etc. En 1754, l'abbé Prévost et quelques autres écrivains essayèrent de synthétiser en quelque sorte cette idée, en réunissant dans une feuille écrite en français, c'est-à-dire dans une langue devenue universelle, les connaissances, les découvertes et les chefs-d'œuvre de tous les artistes, de tous les savants du monde, en tout genre et dans toutes les langues vivantes, et de faire ainsi participer la France et l'Europe à tant de trésors ignorés, perdus pour la plupart parce que peu de personnes sont capables de lire dans l'original les excellents ouvrages que produisent journellement les différentes parties de l'Europe, et qu'il est très-difficile de rassembler ces nombreuses productions. Leur but était encore d'offrir aux talents divers des gens de lettres de toutes les nations un théâtre propre à les faire briller aux yeux de tous leurs contemporains, de contribuer à rassembler en une seule confédération toutes les républiques particulières dans lesquelles était divisée la république des lettres, qui, resserrée pour ainsi dire par les limites de chaque peuple, reconnaissait des bornes que la politique n'avait aucun intérêt de lui prescrire, et qu'elle ne devait recevoir que de la mesure de l'esprit humain.

Cette correspondance, disaient-ils, aussi nécessaire entre les nations pensantes, pour la perfection de la raison, que l'usage de la parole entre les individus pour leur secours mutuel, a besoin de quelque point commun de réunion, où toutes les connaissances acquises viennent s'éclairer mutuellement, où les génies des diverses nations viennent se rencontrer pour instruire l'univers, où les écrivains de tous les pays viennent épurer le goût en les comparant... Que de travaux inutiles répétés, par le défaut de communications entre ceux qui courent la même carrière en différentes contrées! Que de fatigues et de veilles, que de temps et de progrès perdus pour l'esprit humain, seraient épargnés ou mis à profit, si, au lieu de partir du même point et de marcher parallèlement sur la même route, chaque homme de lettres, mieux instruit des progrès de tous ses collègues, et commençant sa course du terme où ils ont fini la leur, gagnait en avant tous les pas qui se perdent à revenir toujours inutilement dans les mêmes sentiers ! Quels avantages encore les sciences ne retireraient-elles pas de la comparaison des différentes méthodes, et les arts des différentes pratiques imaginées dans les différents pays !

Ce projet était excellent, mais immense et rempli de difficultés, ne fût-ce qu'au point de vue des dépenses extraordinaires que devait entraîner, à cette époque surtout, la composition d'un journal dont tous les matériaux devaient se tirer, à grands frais, des pays étrangers.

Aussi les commencements du *Journal étranger* furent-ils très-pénibles. Après bien des tiraillements, les entrepreneurs en offrirent la direction à Grimm, qui l'accepta d'autant plus volontiers, dit-il lui-même, que ce travail, en amusant beaucoup, pouvait en même temps faire honneur à son auteur ; mais après s'être convaincu par lui-même de l'impossibilité de le bien faire, il l'abandonna, et Toussaint, auteur des *Mœurs,* prit sa place.

Cependant l'impossibilité de *bien faire* un pareil journal n'était pas absolue aux yeux du spirituel critique, car à peine l'a-t-il déclaré impossible, qu'il donne le moyen de le *faire supérieurement*. Cette théorie d'un journal universel est trop curieuse pour que nous ne la reproduisions pas.

> Pour faire supérieurement un journal étranger, je voudrais le partager entre six philosophes, et nos premiers ne seraient pas trop bons pour cela. Ces six hommes partageraient entre eux l'Europe. L'un serait en Italie, l'autre en Angleterre, un autre en Allemagne, etc. C'est sur les lieux mêmes que chacun ferait sa partie, et au bout d'un certain temps, ils changeraient de place, et se releveraient l'un l'autre successivement. Il résulterait de cet arrangement un double avantage : premièrement, le journal serait supérieurement bien fait et deviendrait un livre important pour toute l'Europe ; en second lieu, nos philosophes auraient fait, au bout d'un temps fort court, le tour de l'Europe ; ils auraient eu occasion de connaître le génie, les arts, les vertus, les vues des différents peuples qui l'habitent, avantage inestimable d'un projet dont l'entreprise ferait bien plus d'honneur à l'humanité que tous ces voyages sous les pôles pour mesurer quelques degrés de la terre, qui n'en déterminent pas mieux la figure. On me passera, sans doute, de choisir des Français pour l'exécution de mon projet : c'est, de tous les peuples de l'Europe, celui qui réunit le plus de qualités pour cela, et s'il lui manque quelque chose, c'est l'instruction, qu'il acquerrait par ce moyen même. J'appellerais l'ouvrage de mes philosophes le *Journal des Voyageurs*. Chacun d'eux ferait le tour de l'Europe, seul, et n'aurait point de communication avec les autres. A leur retour, ils quitteraient le journal, et l'on en ferait partir six autres pour le continuer. Ceux qui seraient revenus donneraient au public leur voyage, c'est-à-dire leurs observations particulières, chacun à part. Y aurait-il rien de plus intéressant que d'apprendre comme six bonnes têtes, capables de voir, auraient vu différemment les mêmes objets ?... Je trouve, je l'avoue, mon projet excellent, et digne d'être exécuté sous les auspices d'un grand roi. Il est très-malheureux pour les lettres que nos philosophes aient si rarement occasion de voyager, et d'une manière convenable.

Après Toussaint, le *Journal étranger*, qui compta parmi ses rédacteurs J.-J. Rousseau, l'abbé Béraud, Favier, Lamarche, Hernandez, fut successivement dirigé par l'abbé Prévost, Fréron, Deleyre, et enfin par Suard, assisté de son inséparable, l'abbé Arnaud. Ces deux derniers écrivains avaient réussi à fixer sur ce recueil l'attention publique; mais, ayant été chargés par le gouvernement de faire la *Gazette de France*, ils l'abandonnèrent à leur tour; et il en resta là.

La mort de cette feuille était regrettable, car elle avait rendu et pouvait rendre encore des services à la cause des lettres. C'était, de tous les journaux d'alors, le plus piquant sans contredit; seulement il était toujours en retard, et sujet à de continuelles vicissitudes. Il avait vécu environ sept années, d'avril à novembre 1754, puis de janvier 1755 à septembre 1762, moins pourtant l'année 1759, pendant laquelle il n'en fut rien publié La collection se compose d'environ 45 vol. in-12.

Cependant l'idée qui avait présidé à la création du Journal étranger était tellement féconde, qu'Arnaud et Suard résolurent de la reprendre, en l'étendant encore, et à peine étaient-ils assis dans leur nouvelle position, qu'ils publièrent le programme d'une *Gazette littéraire de l'Europe*, programme qui ne laissa pas de surprendre le public.

Ce n'était, en effet, qu'à grand'peine qu'ils étaient parvenus à donner un numéro du Journal étranger par mois, et ils promettaient de la nouvelle feuille un numéro par semaine, sans compter, par chaque mois, un supplément aussi fort que les quatre numéros. Mais ils espéraient cette fois dans un secours puissant. L'ambition leur était venue en montant dans les régions administratives. A côté de la gazette politique officielle, dont ils avaient la direction, ils voulurent avoir une gazette littéraire officielle : ils en trouvaient le germe et le droit dans le privilége de la *Gazette*. En un mot, ils ne visaient à rien moins qu'à faire tomber tous les journaux, à les absorber tous dans leur tourbillon; ils ne faisaient grâce qu'au *Journal des Savants* et au *Mercure*.

Ils firent valoir tant de bonnes raisons auprès du gouvernement en faveur de leur projet, qu'ils finirent par être écoutés. La Gazette littéraire fut placée sous les auspices du ministre des affaires étrangères, et recommandée aux agents de la France à l'extérieur.

On lit dans une lettre du duc de Praslin au chevalier d'Eon, de Versailles, le 17 mai 1763 :

Le roi, Monsieur, ayant jugé très-convenable d'ajouter à l'établissement de la Gazette actuelle celle d'une Gazette littéraire, qui présentât au public un tableau fidèle de l'état et du progrès des arts et des sciences dans toutes les parties de l'Europe, le duc prie en conséquence M. d'Eon d'adresser à M. l'abbé Arnaud ou à M. Suard, son collègue, tout ce qui pourra être relatif à cette matière.

Le chevalier d'Eon répond au duc de Praslin, le 31 du même mois :

Nous n'avons point reçu du tout, Monsieur le duc, la lettre circulaire dont vous parlez, écrite à tous les ministres du roi dans les cours étrangères au sujet de l'ouvrage que se propose M. l'abbé Arnaud, pour étendre dans toute l'Europe l'empire de la langue française ; et M. le duc de Nivernais n'aurait pu rien comprendre à ce que vous lui dites de cet ouvrage et de cet empire, etc. Dans tous les pays étrangers on n'a pas l'amour et la fureur de gazettes et papiers périodiques ainsi qu'à Paris. Je sais par les meilleurs libraires de Londres qu'ils ne veulent aucun de nos papiers périodiques et journaux, pas même celui des Savants, etc. Tout cela est regardé en Angleterre comme misère étrangère, ou plutôt française, pour endormir l'esprit des Parisiens tandis qu'on fouille dans leurs poches... M. le duc de Nivernais ne voit aucun savant anglais, 1° parce qu'ils se communiquent très-peu dans le monde, 2° parce qu'ils s'appliquent beaucoup à l'étude du grec et du latin, et peu à la langue française, et plus pour entendre les auteurs morts que pour parler aux auteurs vivants. A mesure que chaque gazette paraîtra, elle pourra bien être traduite et imprimée sur-le-champ en anglais, etc., moyennant quoi votre but, qui est d'étendre l'empire universel de la langue française, pourra bien manquer, et le but des auteurs, qui est d'avoir de l'argent, pourra bien ne pas répondre tout à fait à leur calcul.

Les deux seuls journaux littéraires qui se publient ici tous les mois sont *the Monthly Review,* ou *Revue de tous les Mois ;* l'autre se nomme *the critical Review,* ou *Revue critique.* Ces deux seuls livres peuvent faire la fortune de la Gazette littéraire de l'abbé Arnaud, quant aux ouvrages anglais.

Le chevalier, néanmoins, promit sa collaboration ; mais il oublia bien vite sa promesse. C'est du moins ce qui résulte d'un passage d'une lettre que lui écrivait Saint-Foix à la date du 19 juin :

> Vous savez que ce grand écrivain (M. de Voltaire) veut bien s'abaisser aujourd'hui jusqu'à travailler pour la Gazette littéraire... Sur ce sujet, mon très-cher, il ne m'est pas possible de finir sans vous témoigner que M. le duc de Praslin dit parfois que vous êtes un paresseux littéraire, que vous avez été le témoin de la formation de ce projet, que vous avez promis des matériaux, et entre autres une histoire très-remarquable du Kamschatka, et que cependant vous n'avez encore rien envoyé pour le succès de cet établissement, qui lui tient extrêmement à cœur.

Quoi qu'il en soit, le *Journal des Savants*, peu sensible à la générosité des entrepreneurs de la Gazette littéraire à son égard, s'opposa formellement à leur projet, qui allait, prétendait-il, contre son privilége. Il s'agissait pour lui, d'ailleurs, d'un intérêt assez grand. Nous avons déjà dit que, comme père des journaux, il avait le droit de percevoir une rétribution de toutes les feuilles subalternes qui voulaient s'élever, et qui ne pouvaient paraître que sous ses auspices. Or, la Gazette littéraire avait pour objet d'anéantir cette foule d'écrivailleurs : donc, plus de tribut pour le *Journal des Savants*, et le peu qu'il rendait par lui-même suffirait à peine à le soutenir.

L'affaire fut portée au Conseil, et ce procès excita

une grande fermentation à la Cour. Le duc de Praslin, comme ministre des affaires étrangères, tenait pour la Gazette littéraire; le *Journal des Savants* avait pour lui le duc de Choiseul. Les deux ministres prenaient la chose fort à cœur, et la Cour était divisée. L'abbé de Voisenon, qui sentait combien cette mésintelligence pouvait faire de tort aux lettres, crut devoir se rendre à Compiègne, où était la Cour, comptant sur le crédit dont il jouissait auprès des deux ducs pour amener un rapprochement. Enfin la Gazette triompha, grâce à des changements survenus sur ces entrefaites dans l'administration de la librairie, et elle commença à paraître dans les premiers jours de mars 1704; elle sortait de l'imprimerie de la *Gazette de France*.

Mais le succès fut loin de répondre à ce qu'avaient espéré les uns, à ce que redoutaient les autres, et ce haut protectorat, qui devait faire la fortune de la Gazette littéraire, est peut-être ce qui a le plus nui à sa réussite. Les lettres, comme le commerce, n'ont besoin, pour prospérer, que de faveur et de liberté, et se passent très-bien de grâces particulières, qui souvent ne font que gêner.

« Si les intentions du ministre méritent des éloges, disait Grimm à ce sujet, il faut dire aussi que le caractère de réserve, de circonspection et de décence, qui est nécessaire à tout ouvrage qui paraît sous ses auspices, nuira infailliblement à la liberté, qui seule peut intéresser dans un ouvrage de cette nature. Combien de questions importantes sur lesquelles il ne sera pas permis à un auteur d'avoir un avis! Combien d'excellents ouvrages qu'ils n'oseront même nommer, encore moins approfondir avec la bonne foi qui convient aux philosophes! Si l'*Esprit des Lois* paraissait de nos jours, et qu'il fût l'ouvrage d'un homme de lettres sans aveu et sans protection, je ne sais quel serait le sort de cet homme-là; mais je sais qu'aucun de nos journalistes avoués n'oserait lui rendre la justice qui lui est due, et que celui qui s'en aviserait courrait risque de perdre son privilége. Ce qu'il y a encore de plus fâcheux, c'est ce tas d'éloges que tous les journalistes, sans exception, sont obligés de donner tout le long de l'année aux ouvrages médiocres. Rien ne blesse autant les droits du génie que de voir prodiguer à la médiocrité les éloges qui ne sont dus qu'à lui. Tout ceci prouve qu'on ne peut faire un bon journal que dans un pays où la liberté de la presse est parfaitement établie; et, bien loin qu'il eût besoin d'une protection particulière du gouvernement, il faudrait que tout, jusqu'aux noms des journalistes, fût ignoré du public; sans quoi le chapitre des égards et la crainte des tracasseries disposeront, dans mille circonstances, de leur franchise et de leur impartialité (1). M. l'abbé Arnaud et M. Suard

(1) C'est ce qu'avait dit l'abbé de La Porte dans un article que nous avons cité.

nous annoncent beaucoup de circonspection dans leurs jugements, et ils ne manqueront pas à leur parole; mais les gens circonspects sont bien sujets à être ennuyeux, et si l'envie de nuire, la mauvaise foi, la satire injuste et grossière, peuvent déshonorer un journaliste, il faut convenir que la circonspection, la réserve, les égards, le rendent bien insipide. N'y aurait-il pas un milieu entre ces deux extrêmes ? »

Et en effet la *Gazette littéraire* ne put mieux se soutenir que n'avait fait le Journal étranger. « Il y régnait cependant, dit encore Grimm, un excellent esprit ; mais nos oisifs de Paris ne veulent pas s'instruire ; ils ne veulent qu'être au fait de la brochure du jour ; ils veulent aussi voir déchirer de temps en temps quelque homme célèbre, pour l'amusement de leur malignité. Les deux journalistes dont je parle (Arnaud et Suard) ne leur donnaient ni l'un ni l'autre de ces amusements ; le moyen de réussir? Ajoutez que l'abbé Arnaud et M. Suard sont tous les deux fort aimables, mais que l'un est fort dissipé, et l'autre très-paresseux, et vous ne serez pas

---

page 52 ; c'est ce qu'un maître dans l'art de la critique, M. Sainte-Beuve, répétait cent ans plus tard : « Un critique ne doit pas avoir trop d'amis, de relations de monde, de ces obligations commandées par les convenances. Sans être précisément des corsaires, comme on l'a dit, nous avons besoin de courir nos bordées au large; il nous faut nos coudées franches. Jules Janin disait un jour spirituellement à une femme qui, dans une soirée, le mettait en rapport avec une quantité de personnages : « Vous allez me faire tant d'amis que vous m'ôterez tout mon esprit. » (*Causeries du Lundi*, t. II, p. 85.) — En faisant ces citations, je n'entends point excuser le manque de savoir-vivre de certains critiques subalternes, qui prennent la grossièreté pour de la dignité.

étonné qu'ils aient si peu réussi dans leurs entreprises. Ils mettaient la plupart du temps leurs amis à contribution ; mais les amis ne pouvaient pas recommencer tous les mois à fournir la dépense du ménage, et les auteurs restaient en arrière. M. Diderot a donné quelques articles, M. de Saint-Lambert plusieurs ; tout le monde a donné, et malgré ces contributions volontaires la chose n'a pu subsister. » Elle eut toutes les peines du monde à se soutenir pendant deux années, et la dernière elle ne fit que languir. Un avis du rédacteur, placé à la fin du tome VIII, prévint les souscripteurs que « des circonstances particulières et des occupations indispensables ne leur permettaient pas de pousser plus loin ce pénible travail, et de répondre à l'intérêt que paraissaient prendre à sa continuation ceux des lecteurs dont ils avaient toujours recherché les suffrages et l'estime. »

La Gazette littéraire fut honorée de la collaboration de Voltaire, comme l'avaient été ou le furent le *Journal des Savants,* le *Mercure,* le *Journal encyclopédique,* le *Journal de Bruxelles,* en un mot la plupart des feuilles de quelque importance qui étaient bienveillantes pour ce grand journaliste. Il y fit insérer, notamment, un article sur les Mémoires de Pétrarque publiés par l'abbé de Sade ; mais, en l'envoyant, il avait « instamment supplié les sages qui travaillaient à la Gazette littéraire de

lui garder soigneusement le plus profond secret. »
Il craignait que le jugement qu'il y portait sur Pétrarque et son génie ne fît du chagrin à l'abbé de Sade, pour qui il avait de l'amitié ; c'est pourquoi il ne voulait pas être nommé. « Je ne fais pas grand cas, écrit-il à d'Argental (22 juin 1764), des vers de Pétrarque : c'est le génie le plus fécond du monde dans l'art de dire toujours la même chose ; mais ce n'est pas à moi à renverser de sa niche le saint de l'abbé de Sade. »

Mais la Gazette littéraire végétait, un article de Voltaire était pour elle une bonne fortune : sans nommer l'auteur, puisqu'il ne le voulait pas, ne pouvait-on pas soulever un coin du voile, juste assez pour que le public devinât ? L'abbé Arnaud le pensa ainsi, et il fit précéder l'article sur Pétrarque de cette note traîtresse : « La lettre que nous insérons ici respire le goût et décèle la main d'un grand maître. » Voltaire en témoigna son mécontentement. « Je crois, écrit-il à d'Argental le 30 juin, que la Gazette littéraire m'a brouillé avec l'abbé de Sade. Ce n'est pas que je me reconnaisse à *la main d'un grand maître,* dont l'abbé Arnaud a désigné l'auteur des remarques sur Pétrarque ; mais enfin vous savez que j'avais demandé le plus profond secret. Je vous supplie de gronder l'abbé Arnaud de tout votre cœur. Encore une fois, je n'aime point Pétrarque ; mais j'aime l'abbé de Sade. »

Pendant que nous sommes sur le chapitre de Voltaire et de ses rapports avec les journaux, citons encore une charmante petite lettre en vers adressée par lui à Suard pour le remercier de quelque article que nous ne pouvons préciser (1).

A M. SUARD

J'ai lu ce que vous avez dit
De mes lambeaux épistolaires.
Les louanges ne me sont chères
Que par la main qui les écrit.
Combien les vôtres sont légères !
Déjà l'amour-propre aux aguets
Venait me tendre ses filets
Et me bercer de ses chimères ;
Soudain, avec dextérité,
Une critique délicate,
Et que j'approuve et qui me flatte,
Me vient offrir la vérité.
Que vous la rendez séduisante !
J'ai cru la voir dans sa beauté.
Elle n'a jamais d'âpreté
Quand c'est le goût qui la présente.
Sous nos berceaux l'arbre étalé
Doit sa vigueur à la nature ;
Mais il doit au moins sa parure
Aux soins de l'art qui l'a taillé.
J'aime l'éloge et je l'oublie,

---

(1) Nous l'empruntons à une très-curieuse publication de M. Ch. Nisard, qui nous fournira encore plus d'un renseignement précieux, *Mémoires et Correspondances historiques et littéraires inédits*, 1726 à 1816, publication dont les matériaux ont été fournis par les papiers de Suard.

Je me souviens de la leçon :
L'un plut à ma coquetterie,
Et l'autre plaît à ma raison.

En 1775, Mathon de La Cour et Mademoiselle Matné de Morville, fameuse par sa science des différentes langues, essayèrent de ressusciter le Journal étranger, mais nous ne sachions pas que cette tentative ait eu de longues suites.

Il se publia à Amsterdam, de 1764 à 1784, une autre *Gazette littéraire*, par une société de gens de lettres, contenant l'analyse et l'annonce de ce qu'offrent de plus pittoresque et de plus piquant les littératures française, anglaise et allemande, avec les faits et anecdotes les plus intéressants, — qui n'était dans l'origine que la réimpression du journal de Suard et Arnaud, mais augmentée de plusieurs articles qui ne se trouvaient pas dans l'édition de Paris ; elle forme 120 vol. in-12.

Disons enfin qu'Arnaud et Suard ont recueilli les morceaux les plus intéressants du Journal étranger et de la Gazette littéraire, et les ont publiés sous le titre de *Variétés littéraires, ou Recueil de Pièces tant originales que traduites, concernant la Philosophie, la Littérature et les Arts*. Ce recueil, qui est en effet très-varié, forme 4 volumes in-12 assez considérables.

Tout le monde aujourd'hui connaît la valeur du

Journal étranger. Cette feuille était digne à bien des égards de servir de modèle aux ouvrages du même genre, par l'exactitude élégante des analyses, la clarté et la précision des résultats, les rapprochements heureux, l'impartialité des jugements, toujours dictés par le goût et la plus saine critique, qualités que l'on trouve bien rarement réunies.

Voici comment s'en exprime Garat, dans ses Mémoires sur Suard :

« Le Journal étranger et la Gazette littéraire, quoiqu'ils ne pussent jamais ni flatter ni blesser la vanité et l'envie, eurent très-rapidement assez de succès pour placer leurs auteurs au rang des meilleurs écrivains de cette époque, où il commençait à devenir très-difficile d'atteindre à ce rang. Mais ce fut lorsqu'ils eurent réuni dans les quatre volumes des Variétés littéraires quelques-uns des morceaux les plus remarqués, qu'il devint tous les jours plus évident combien ces relations avec les littératures étrangères avaient varié, en France, les jouissances du goût et des arts, combien nos poètes, nos orateurs, nos philosophes, s'y enrichissaient de vues et d'impressions qu'ils faisaient servir à nos plaisirs et à leur gloire.

» Il suffit, pour le prouver, de l'exposition de quelques faits trop connus pour être contestés lorsque tous ceux qu'ils honorent ont disparu sous la pierre des tombeaux.

» C'est dans ces deux journaux que la France commença à connaître ces poésies Erses qu'on a trop élevées, sans doute, lorsqu'on les a mises en parallèle avec les poëmes d'Homère, mais qui ont porté dans la poésie un peu épuisée du Midi des images, des tableaux, des mœurs et des passions, où les talents poétiques ont pu se rajeunir comme dans un monde naissant, où ils ont pu recevoir des inspirations, lorsqu'ils n'y trouvaient pas des modèles, parce que l'analogie va bien plus loin que l'imitation. C'est là qu'on a entendu la première fois ces lamentations d'Young, qui attristent ceux qui veulent les entendre toutes, mais qui attendrissent profondément ceux qui ne prêtent leur attention aux douleurs d'Young que lorsqu'il les associe aux expressions magnifiques des créations de l'Eternel et des destructions du temps, que lorsqu'il couvre d'espérances immortelles les ravages et les débris de la terre. C'est là qu'on lut ces élégies du *Couvent* et du *Cimetière*, si parfaitement traduites en prose, et dont les larmes, recueillies par les vers de Delille, semblent sorties de son cœur. Ce fut là qu'un philosophe qu'on crut de Nuremberg, et qui était de Versailles, fit imprimer ces lettres sur les animaux et sur l'homme, où l'instinct des animaux fut mieux démêlé et mieux saisi dans tous les dégrés qui l'approchent le plus de notre intelligence, et où l'on vit en même temps la raison de l'homme s'élever plus haut encore par tous les attributs de ses prérogatives royales. Ce fut là que l'abbé Arnaud, dans un discours d'une vingtaine de pages sur les langues anciennes et modernes de l'Europe, les marqua toutes des traits et des caractères qui les peignent et les distinguent le mieux, et qu'il nous enhardit facilement à adopter les inversions harmonieuses de la prose grecque, en nous en faisant sentir la beauté et le charme dans notre prose même et dans son style. Ce fut là que les *Recherches sur le Style* par Beccaria, avant qu'elles fussent traduites par l'abbé Morellet, furent exposées par M. Suard, dans un précis plus lumineux que l'ouvrage, auquel il ne manque que plus de clarté pour être l'un des plus beaux et des plus utiles du xviiie siècle. C'est là que furent semés avec abondance sur les arts du dessin, sur la peinture, sur la sculpture et sur leurs disputes à la prééminence, des morceaux écrits avec les principes de Winkelman et son enthousiasme, avec ce goût de l'idéal réalisé sur les marbres devenus les dieux de l'antiquité, et transporté si heureusement par Vien sur les toiles et sur les couleurs des peintres de l'école française. C'est enfin de ces deux journaux, trop promptement abandonnés, qu'on a formé cette collection des Variétés littéraires, où l'on trouve plus de morceaux piquants et profonds, exquis et savants, plus de morceaux dont ont profité nos talents du premier ordre, qu'on ne pourrait en trouver, peut-être, dans les autres journaux, en mettant à contribution tous ceux qui ont été faits depuis qu'on en fait en France.

» Ces échanges entre les littératures étrangères, si féconds pour toutes en acquisitions, et même en créations, l'ont été encore depuis, et le seront toujours également, pourvu que, lorsque le goût demande du nouveau, une philosophie lumineuse dirige le goût à ces sources de la nature, qui sont universelles et éternelles (1). »

La Gazette littéraire était en rapports tout particuliers avec *le Café*, rédigé à Milan, avec beaucoup de talent, par le marquis de Beccaria, le marquis de Véry, etc. Les articles des deux feuilles passaient souvent de l'une dans l'autre.

Grimm nous a conservé le souvenir d'un petit incident de la carrière, trop courte, de la Gazette littéraire, qui nous a semblé bon à noter. « Il y a quelques mois, écrit-il à la date du 1er juin 1765, que M. l'archevêque de Paris remit à M. le duc de Praslin un mémoire contenant ses griefs contre la Gazette littéraire, qui se fait sous les auspices de ce ministre. Dans ce mémoire on reproche aux auteurs de la Gazette d'avoir dit que le fanatisme religieux n'est dangereux que par la résistance qu'on lui oppose, que les différentes sectes en

---

(1) *Mémoires historiques sur la vie de M. Suard, sur ses écrits et sur le* xviiie *siècle,* t. i, p. 153.

Angleterre ne causent aucun trouble, que les protestants furent la partie de la nation qui s'empressa le plus à seconder les desseins de Colbert, que Mahomet était un grand homme ; d'avoir insinué qu'il ne manque aux ouvrages des philosophes de nos jours que d'appartenir à quelque personnage de l'antiquité pour qu'on voie des qualités jusque dans leurs défauts ; d'avoir soutenu que la population est la seule force réelle d'un Etat. Voilà un échantillon des propositions impies, malsonnantes, monstrueuses, que M. l'archevêque de Paris reproche aux auteurs de la Gazette. Le mémoire contenant ces chefs d'accusation ayant été communiqué à quelques fidèles, une âme charitable, M. l'abbé Morellet, a fait des *Observations* sur cette dénonciation, qui, faisant une brochure de soixante-trois pages, ont été imprimées en pays hérétique (1); mais on prétend que l'édition en a été confisquée en arrivant à Paris, de sorte qu'il ne sera pas aisé de se procurer la lecture de ces Observations charitables, qui, quoiqu'un peu longuettes, m'ont paru la plupart aussi excellentes que modérées (2). »

—

Nous indiquerons, dans le même genre :

(1) Le manuscrit en avait été envoyé à Voltaire, qui se chargea de l'impression. Cet écrit était intitulé : *Observations sur une dénonciation de la Gazette littéraire*, in-8°.
(2) Edit. Taschereau, t. IV, p. 289.

La *Gazette universelle de Littérature*, ou *Gazette des Deux-Ponts*, commencée en 1770, interrompue pendant deux ans, et reprise en 1783 sous le titre de *Journal de Littérature française et étrangère*. Cette feuille, dit le *Mercure* (décembre 1770), était devenue, autant par son universalité que par son importance, la gazette littéraire de l'Europe. Ses notices étaient abondantes et multipliées, mais vraies, précises, et assaisonnées d'une légère critique. Elle était rédigée par Dubois-Fontanelle.

L'Espagne littéraire, annoncée par Querlon en ces termes :

« Cet ouvrage périodique est encore un nouveau journal, et peut-être le plus curieux de tous : car, dans cette quantité de journaux purement français qui ne font que se répéter ou se contredire, qu'apprend-on que tout homme un peu jaloux d'être instruit ne soit à portée de savoir aussi bien que les journalistes, puisque les ouvrages dont ils parlent sont sous ses yeux, et qu'il ne tient qu'à lui de les avoir sous sa main ? Deux ou trois journaux bien faits pourraient certainement nous suffire, et nous avons en ce genre, ainsi qu'en bien d'autres, beaucoup plus que le superflu. Il n'en est pas de même de la littérature étrangère, toujours trop peu connue chez nous. Si l'on ne voit pas sans étonnement les journaux français se multiplier, même au milieu de la disette des bons livres, nous sommes encore plus surpris que le *Journal étranger,* le plus essentiellement utile, le plus intéressant de tous, sans exception, pour les gens de lettres, après avoir été tenté deux fois, n'ait pu se soutenir en France.

» Voici une branche de ce journal d'autant plus digne d'être accueillie, que la littérature espagnole, malgré toutes les liaisons, soit naturelles, soit politiques, qui nous ont aplani les Pyrénées, est communément pour nous plus étrangère qu'aucune autre, et la plus ignorée en France. Son rédacteur, M. de La Dixmerie, dont on connaît l'honnêteté, la sagesse, le goût exercé, l'amour du travail, etc., sait faire un judicieux mélange de l'utile et de l'agréable. »

L'*Espagne littéraire,* qui forme 4 vol. in-12, renferme des observations sur les mœurs, les usages, et principalement sur la littérature de l'Espagne.

Le *Génie de la Littérature italienne,* par San-Severino et de Graville, annoncé avec éloge par *le Censeur hebdomadaire* et par *le Littérateur impartial* en 1760, 2 vol. in-12.

Bibliothèque du Nord, ouvrage destiné à faire connaître en France tout ce que l'Allemagne produit d'intéressant, d'agréable et d'utile, dans tous les genres de sciences, de lettres et d'arts, par la Société patriotique de Hesse-Hombourg. Continuation du Journal de Berlin, due aux soins de M. Russel, avocat.

Le Nord littéraire, 3 vol. in-8°.

Le Censeur universel anglais, ou Revue générale, critique et impartiale, de toutes les productions anglaises sur les sciences, la littérature, les beaux-arts, les manufactures, le commerce, etc. Ouvrage périodique tiré et traduit de différents journaux, magasins et autres papiers anglais, par le chevalier de Sauseuil et de Labaume, et une société de gens de lettres. 1785-87, 7 vol. in-4° et in-8°.

Le Traducteur, ou traduction de diverses pièces choisies tirées de papiers périodiques anglais. Copenhague, 4 vol. in-4°.

Un *Magasin anglais,* qui présentait une particularité remarquable, et sur lequel les *Mémoires secrets* s'expriment ainsi (mai 1765) :

« D'infatigables auteurs ne se lassent point de s'évertuer en tous sens pour mettre le public à contribution. Il paraît un nouvel écrit périodique intitulé *Magasin anglais, ou Recueil littéraire, instructif et amusant.* C'est une brochure de quatre feuilles d'impression. On se propose d'en faire paraître une tous les mois. On fait imprimer le texte original vis-à-vis la traduction, en faveur, dit l'auteur, de ceux qui apprennent la langue britannique, etc., mais, en effet, pour gagner autant de terrain, sans se donner de peine. Il n'est pas douteux que de pareils ouvrages qui ne sortiraient point d'une main mercenaire pourraient être très-bons. »

Journal anglais (1775-78, 7 vol. in-8º), contenant les découvertes de la science, des arts libéraux et mécaniques, les nouvelles philosophiques, littéraires, économiques et politiques, des trois royaumes et des colonies qui en dépendent.

Querlon parle ainsi de cette feuille :

« A juger du fond de ce nouveau journal, dont nous avons sous les yeux le premier cahier, il a d'abord, comme étranger, et surtout comme Anglais, le mérite du caractéristique, qui le rend à plusieurs égards déjà plus curieux et plus neuf que tous nos journaux français, puisque la plupart ne font que se répéter, et n'apprennent guère autre chose qu'à former son opinion sur celle du journal qu'on adopte, et qui n'est pas toujours la plus sûre. Ici, les vies des poètes anglais, dont on promet une suite, et dans lesquelles il y a toujours quelques singularités, puis les découvertes d'une nation très-instruite, et à qui nous en devons déjà tant, telles... : tout cela vaut bien, ce me semble, des extraits d'ouvrages rebattus partout, de médiocres poésies, etc., etc. »

PIERRE ROUSSEAU. *Journal encyclopédique.*

Le *Journal encyclopédique,* établi à Liége, *avec privilége exclusif,* par une société de gens de lettres, visait, comme le *Journal étranger,* qu'il suivit de près, à l'universalité, mais dans un autre genre. Son objet était de rassembler, chaque quinzaine, tout ce qui se passait en Europe de plus intéressant dans les sciences et les arts; il se proposait de devancer tous les autres journaux et de réunir par un choix heureux tout ce qu'ils pouvaient annoncer.

Cette feuille, dont la longue carrière fut marquée par de curieux incidents, eut pour fondateur Pierre Rousseau, de Toulouse (1), un des plus habiles et des plus heureux manufacturiers littéraires de cette époque. Venu de bonne heure chercher fortune à Paris, il y débuta par quelques pièces de théâtre qui eurent un certain succès. Il fut ensuite chargé de la rédaction des *Affiches de Paris,* et était en même temps agent ou correspondant littéraire de l'électeur Palatin. Ces doubles fonctions lui

---

(1) C'est lui-même qui, pour ne pas être confondu avec ses célèbres homonymes, se faisait appeler *de Toulouse*. Cette précaution, tout au moins inutile, donna lieu à l'épigramme suivante :

> *Trois auteurs que Rousseau l'on nomme,*
> *Connus de Paris jusqu'à Rome,*
> *Sont différents, voici par où :*
> *Rousseau de Paris fut grand homme,*
> *Rousseau de Genève est un fou,*
> *Rousseau de Toulouse un atome.*

donnèrent l'idée de faire un journal, et il songea d'abord à en établir le siége à Manheim, où son protecteur lui promettait plus de liberté; mais il se décida ensuite pour Liége, ville qui tenait de sa position l'avantage d'être comme un centre d'où l'on pouvait aisément faire circuler un ouvrage dans toute l'Europe. Il y commença en 1756 la publication du Journal encyclopédique. Ce nouveau recueil, plus plein, plus intéressant que les autres ouvrages de même nature, eut un succès assez rapide. Il donnait, avec les extraits ou analyses des livres français, beaucoup de littérature étrangère, et cette dernière partie, surtout, en faisait le mérite. Si l'on y remarquait de l'inégalité, on y trouvait assez fréquemment des morceaux faits de main de maître. Il donnait aussi quelques nouvelles politiques.

Rousseau, au dire même de ses ennemis, avait préparé le succès de son journal avec une rare habileté. « Il l'avait recommandé par un prospectus des mieux tournés, qui séduisit non-seulement toute la ville de Liége, mais encore nombre de savants et gens de lettres en Italie, en France, dans les Pays-Bas, en Allemagne, etc...

« Il tendit encore à son arc une corde infaillible pour le débit d'un ouvrage, fût-il le plus mauvais du monde; par son moyen seul, la première, quelquefois la seconde édition d'un livre, sont vendues et payées avant que les critiques aient eu le temps de mettre la main à la plume : c'est l'abonnement avec les postes de France et d'Allemagne.

» Les fermiers généraux préposés à Paris sur cette partie des fermes donnèrent les mains au partage des frais de transport. M. Rousseau, outre la diminution des frais en faveur des abonnés et la facilité de l'abonnement, y gagnait l'expédition des envois et l'étendue de la distribution.

» Il écrivit en même temps au prince de la Tour-Taxis, grand-maître souverain des postes de l'empire, en lui adressant son prospectus, une lettre insinuante, pour lui demander le même avantage. Ce prince, très-porté à encourager les sciences, se prêta de la meilleure grâce du monde à l'arrangement proposé par M. Rousseau, lui accorda tout ce qu'il voulut, et donna ses ordres à tous les directeurs des bureaux des postes de sa dépendance...

» L'attention du nouveau journaliste ne se borna pas là. Il répandit son prospectus dans les principales cours de l'Europe ; il en adressa des exemplaires aux ministres de Vienne, de Versailles, de Bruxelles, et il eut la satisfaction d'en voir plusieurs se mettre au rang de ses souscripteurs ; il en trouva jusque dans le sacré collége.... MM. les encyclopédistes et les libraires, intéressés aux succès du journal, en procurèrent enfin un assez bon nombre à Paris et dans les provinces. M. de

Voltaire accourut au secours : il fut enchanté de trouver un journaliste dévoué qui se prêtât, pour son propre intérêt, à faire parvenir au public les annonces de ses ouvrages, leur désaveu, leurs analyses, leur éloge, leur apologie.... »

A Liége même, Rousseau avait reçu l'accueil le plus encourageant. Il y était arrivé avec des lettres de recommandation de l'électeur palatin pour le comte d'Horion, premier ministre du cardinal de Bavière, prince et évêque de Liége. Le comte d'Horion, « voulant illustrer cette ville, — c'est Rousseau qui s'exprime ainsi dans une pièce dont nous parlerons tout à l'heure, — qui n'était alors connue dans la république des lettres que par son almanach », non-seulement s'était empressé de lui procurer le privilége nécessaire, mais l'avait recommandé à ses amis, lui avait accordé, en un mot, toute sa protection; il avait même poussé la bienveillance jusqu'à l'affranchir de la censure.

De leur côté, « les bourgmestre et conseillers de la noble cité de Liége, en vue de protéger les arts et les sciences dans leur ville, et pour donner un encouragement public à cet homme naissant, lui accordèrent une gratification de 100 florins et le droit de bourgeoisie. »

« Tout était donc bien concerté de la part de Rousseau, dit-il lui-même; mais une chose qui lui échappa fut de n'avoir pas assez réfléchi sur le danger qu'il y avait à introduire un journal philosophique dans une ville qui n'était rien moins que philosophe. »

Rousseau, en effet, avait embrassé les opinions philosophiques, et son journal était devenu un des organes du parti. S'il y avait gagné des clients, il s'était attiré aussi par là de redoutables inimitiés. Les curés de Liége, « obligés par état à veiller sur la doctrine qu'on répand parmi leur troupeau, n'avaient pas vu de bon œil que le journal de Rousseau fût affranchi de la censure. A peine les premiers volumes avaient-ils été rendus publics qu'on y découvrit un venin dangereux contre la religion et les bonnes mœurs; des analyses de pièces indécentes; des extraits de plusieurs livres prohibés, dont Rousseau louait les auteurs et les ouvrages; des principes de morale d'où résultent les conséquences les plus horribles. » Ils portèrent donc leurs plaintes au cardinal-évêque, « qui y donna toute l'attention que le cas exigeait; et tandis qu'on prenait des mesures efficaces pour faire cesser le scandale, les coups mortels frappés à Paris et à Rome contre la *Pucelle* et autres ouvrages de Voltaire, contre le *Dictionnaire encyclopédique,* contre *l'Esprit* et autres livres très-dangereux; les éloges perpétuels prodigués indiscrètement à leurs auteurs, ainsi qu'à leurs ouvrages; la négligence de parler des excellentes critiques qui paraissaient contre eux en tant d'endroits, ou de n'en parler que pour les réfuter; le penchant marqué des journalistes encyclopédiques à justifier les principes hasardés dans les livres proscrits; la licence, la hardiesse et le mépris avec lesquels Rousseau osait invectiver contre le synode et les curés de Liége; toutes ces circonstances réunies déterminèrent enfin ces respectables ecclésiastiques à dénoncer le Journal encyclopédique aux docteurs de l'Université de Louvain...

» Les docteurs de Louvain examinèrent avec la maturité convenable la lettre des curés et le journal dénoncé. Ils étaient occupés de cet examen, et à la veille de prononcer leur jugement, lorsque mourut le comte d'Horion. Cette mort arriva le 24 mai 1759, et le jugement de messieurs de Louvain qui condamnait le Journal encyclopédique est du 28 du même mois. »

Tous ces détails nous sont fournis par un libelle, fort curieux du reste, dirigé contre Rousseau, bien qu'il soit intitulé : *Eloge historique du Journal encyclopédique et de Pierre Rousseau, son imprimeur* (1). On remarquera la précaution oratoire relative à la mort du comte d'Horion. Tant que cet illustre protecteur de Rousseau avait vécu, les ennemis du Journal encyclopédique avaient agi dans l'ombre;

(1) Paris, 1770, in-12. — A la bibliothèque de l'Arsenal.

mais à peine a-t-il fermé les yeux qu'ils démasquent leurs batteries.

« L'oracle de Louvain, enrichi des motifs et d'un détail que Rousseau seul a trouvé flairer la surprise, est envoyé à Ismaring. Le cardinal de Bavière en extrait la juste conclusion pour en faire le dispositif de son mandement du 27 août. La foudre part d'Ismaring, éclate à Liége le 6 septembre, et le Journal est écrasé. Trouve-t-on dans cette procédure du synode de Liége, et dans ce jugement de la surprise faite à la religion du prince, à la religion des nonces, à la religion des universités, y trouve-t-on la rage, les fureurs, des atrocités personnelles contre l'imprimeur privilégié ? Cet imprimeur prétend les y trouver : le reste de l'univers n'y trouvera que l'ordre constant, régulier et universel des procédures ecclésiastiques.

» Rousseau fut averti, la veille de la publication du mandement, du coup dont il était frappé. Il vola chez ceux de ses amis qui étaient alors à Liége, pour empêcher ce flétrissant éclat. Rousseau courut, promit tout, tenta jusqu'à l'impossible, pour obtenir un délai. C'est pour la première fois qu'on le vit humble. Soumission, humilité inutiles ; elles vinrent trop tard. Les ordres pour la publication du mandement étaient précis, et il fut publié au perron de Liége avec les formalités ordinaires, affiché dans les lieux accoutumés, lu par les curés, par les prédicateurs et autres ayant charge d'âmes, dans toutes les églises paroissiales de la ville et du diocèse de Liége. »

Voici cette pièce curieuse :

Jean Théodore, par la grâce de Dieu duc des deux Bavières, cardinal, évêque et prince de Liége, etc.

A tous ceux qui ces présentes verront ou ouiront, salut en Dieu permanable. Comme rien ne nous est plus à cœur que de conserver dans les diocèses qu'il a plu à la Divine Providence de confier à nos soins l'intégrité des mœurs et la pureté de la religion ; et que nous n'avons permis au nommé Rousseau l'impression d'un ouvrage périodique sous le titre de *Journal encyclopédique* que dans la persuasion qu'il ne contiendrait rien qui ne fût conforme à ces deux points essentiels, et qu'on y observerait scrupuleusement toutes les formalités prescrites, tant par les conciles que par les constitutions apostoliques, les règlements de nos prédécesseurs, et nommément par notre ordonnance du 7 février 1749... Mais comme nous sommes informé par notre conseil ecclésiastique du contraire, de manière à n'en pouvoir douter, et que ce journal est un livre très-dangereux, qu'il adopte les principes les plus absurdes tendant à renverser l'Eglise et l'Etat, et à porter la corruption la plus infâme dans les mœurs, et dans lequel on voit que les incrédules modernes sont les héros du journaliste ; que ses écrits ne sont qu'un tissu de leurs sentiments, et que les auteurs qui les combattent ne sont auprès de lui que des *imbéciles* et des *ignorants* (termes extraits mot à mot de la lettre des docteurs de Louvain, p. 48). A ces causes, et autres à ce nous mouvantes, nous avons jugé nécessaire de supprimer ledit *Journal encyclopédique*, et de révoquer la permission donnée audit Rousseau de l'imprimer, comme nous le supprimons et révoquons par les présentes ; et pour arrêter le progrès de cet ouvrage, qui, bien loin d'être utile à nos ouailles, comme nous l'espérions, ne peut leur être que très-pernicieux, nous défendons à tous et un chacun de distribuer, lire et retenir ledit *Journal encyclopédique*. Ordonnons, en outre, etc.

Rousseau, voulant prévenir la saisie de ses presses, les transporta à Bruxelles, où son journal continua de paraître sous la rubrique de Liége. Le numéro du 1er octobre est le premier où ne se trouvent plus les mots : *Avec privilége exclusif*. Ce numéro contient une apologie, que Rousseau avait d'abord publiée séparément, sous le titre de *Préliminaire*, et qui fut brûlée à Liége par les mains du bourreau. Malgré la protection du comte de Cobentzel, Rousseau ne put demeurer longtemps à Bruxelles. Forcé de chercher un autre asile, il en trouva un à Bouillon, et le premier numéro de janvier 1760 est dédié au souverain de ce duché.

Un autre fois c'était du côté de la France que lui venaient les obstacles; on y trouvait que le Journal encyclopédique s'exprimait trop fortement sur les despotes et le despotisme, et on le menaçait de proscription. Rousseau dut, pour détourner l'orage, consentir à ce que l'impôt dont il avait payé le droit de circuler en France fût porté de 2,000 à 5,000 livres.

Une mésaventure encore, mais bien autrement préjudiciable, lui serait arrivée quelques années après, si l'on en croit les *Mémoires secrets*. Voici ce qu'on y lit à la date du 2 juillet 1773 : « Le *Journal historique et politique*, institué depuis peu par le sieur Martin et consorts, sur lequel ils avaient fondé les plus grandes espérances de fortune, ne se débite pas comme ils l'espéraient. En conséquence ils ont imaginé de le réunir à celui de Bouillon (la *Gazette des Gazettes*, faite également par Rousseau), et de forcer le sieur Rousseau à leur faire un sort. Celui-ci, en butte à cette cabale puissante, a été obligé de recevoir la loi qu'ils ont voulu lui faire, et il doit dorénavant prélever à leur profit une somme de 51,500 livres; ce qui paraîtrait incroyable, si l'on ne tenait le fait du sieur Rousseau lui-même. » Je ne sais trop si ce sera pour beaucoup de lecteurs une raison pour croire à une pareille énormité.

Quoi qu'il en soit, Rousseau fut assez fort pour supporter ces contributions forcées et triompher de tous les obstacles : le Journal encyclopédique poursuivit sa carrière jusqu'en 1793. A ce journal, du reste, ne s'était pas bornée son activité et son ambition; concurremment, il conduisait plusieurs autres entreprises, « avec succès pour sa bourse et avec l'approbation du public à beaucoup d'égards. » — « Rien de plus singulier, lit-on dans une lettre écrite de Bouillon en 1765, rien de plus louable que la fortune de M. Pierre Rousseau, de Toulouse, qui, d'auteur médiocre et méprisé à Paris, est devenu un manufacturier littéraire très-estimé et très-riche. Il préside, comme vous savez, au *Journal encyclopédique*, à la *Gazette salutaire* et à la *Gazette des Gazettes, ou Journal politique*, etc. Vous ne sauriez croire combien ces trois entreprises lui rendent. Pour le concevoir, imaginez qu'il est à la tête d'une petite république de plus de soixante personnes, qu'il loge, nourrit, entretient, salarie, etc., dans laquelle tout travaille, sa femme, ses enfants, sa famille ; que le manuscrit, l'impression, la brochure, la reliure de ces ouvrages périodiques, se font chez lui, et que, malgré les frais énormes de cette triple production, il met encore 20,000 fr. nets de côté, au point d'être aujourd'hui en marché d'une terre de 180,000 livres, qu'il est à la veille d'acheter, et qu'il compte payer argent comptant (1). »

Les principaux rédacteurs du Journal encyclopédique furent l'abbé Prévost, Morand, Prévost de La Caussade, Querlon, Reneaulme, Méhégan, les deux Castilhon, Chamfort, Duruflé, etc. Voltaire, dont Rousseau était l'admirateur, lui envoyait assez fréquemment des articles.

La collection se compose de 288 vol. in-12, à raison de 24 parties en 8 vol. par an.

---

(1) Rousseau n'employait pas seulement ses presses à l'impression de ses ouvrages périodiques ; on lui reproche, dans le libelle que nous avons cité, d'avoir réimprimé *l'Esprit*, le *Candide*, satire très-dangereuse contre la sagesse de la Providence divine ; les *Lectures amusantes ou Mœurs de ce Siècle*; l'*Histoire des Grecs, ou de ceux qui redressent la fortune dans le jeu*; le *Tableau du Siècle*; *Paraphrase de M. de Voltaire sur l'Ecclésiaste*; le *Jugement du tribunal de l'Inconfidence*, etc.; et, ajoute-t-on, s'il n'a pas fait imprimer *la Pucelle*, il en a vendu une édition presque entière. « Et vous n'appelleriez pas cela pirater aux dépens de la religion, de l'ordre public et des bonnes mœurs ! »

JOURNAUX DE GENRE, JOURNAUX PHILOSOPHIQUES

—

Marivaux, Bastide, Lacroix, etc.

Spectateur, Babillard, Radoteur, etc.

Les premières années du xviiie siècle virent naître en Angleterre un genre de journaux qui n'a eu qu'une existence momentanée, mais qui est resté célèbre, des journaux plus littéraires encore que politiques, où la morale, la philosophie, la peinture de la société, tenaient autant de place que la polémique, et dont *le Spectateur* est demeuré le modèle. La voie avait été ouverte par Daniel de Foë, dont la *Revue*, qui embrassait dans son plan la réforme des mœurs aussi bien que l'examen des mesures de l'Etat, eut un grand succès. Mais une faveur plus grande encore accueillit *le Babillard* et *le Spectateur*, fondés l'un et l'autre par Richard Steele, en collaboration avec Addison. La célébrité de ces recueils, du dernier surtout, qui est resté au nombre des livres les plus universellement goûtés de la littérature anglaise, était bien vite devenue européenne. Aussi furent-ils traduits et imités dans toutes les langues.

Nous n'avons pas, que je sache, de traduction complète du Spectateur. La plus étendue fut faite à l'époque même; mais, publiée d'abord en Hollande (1), elle porte l'empreinte de son origine étrangère : ses auteurs semblent avoir absolument méconnu l'esprit de leur modèle et les ressources de l'idiome français. C'est d'ailleurs, je crois, la seule qui ait été tentée sur ces larges bases. On comprit tout d'abord qu'il serait inutile, peut-être même impossible, de faire passer dans notre langue la série entière de ce recueil volumineux. Sans parler des différences de mœurs, des changements apportés par le temps, l'inégalité est un écueil presque inévitable dans toute composition périodique entreprise par une réunion quelconque de gens de lettres. « Quand on a pris l'engagement d'entretenir une voiture publique, dit Steele lui-même, il faut qu'elle parte, qu'il y ait ou non des voyageurs : il en est de même avec nous autres écrivains périodiques. » En Angleterre même, on avait reconnu de bonne heure le besoin de faire un choix, de réunir dans un ordre moins étendu les productions les plus sail-

---

(1) Sous le titre de *le Spectateur français ou le Socrate moderne,* traduit de l'anglais, 8 volumes, dont le premier parut à Amsterdam en 1714. Il en fut fait une nouvelle édition à Paris en 1754 et 1755, en 3 vol. in-4° et 9 in-12.

lantes qui sont le véritable ornement de cette collection, et il existe un grand nombre de recueils anglais sous le nom de *Beautés du Spectateur*.

Cet exemple fut imité par les écrivains français. On cite une compilation intitulée : *Esprit d'Addison, ou Choix du Babillard, du Spectateur et du Gardien;* Yverdun, 1777. Sous le titre de *Variétés morales et amusantes,* un anonyme, que Barbier dit être l'abbé Blanchet, a publié des extraits du Spectateur et de quelques autres ouvrages périodiques. A une époque plus récente, madame Dufrénoy a inséré dans sa *Bibliothèque choisie* quelques essais du Spectateur, traduits en général avec élégance. Enfin en 1826, M. Mézières a donné, sous le titre d'*Encyclopédie morale,* un *Choix des Essais du Spectateur, du Babillard et du Tuteur,* qui se distingue par sa fidélité et son élégance, et offre une très-agréable lecture.

Mais le Spectateur n'eut pas seulement des traducteurs; il eut de non moins nombreux imitateurs.

Marivaux est le premier, du moins à ma connaissance qui, chez nous, se soit exercé dans ce genre si difficile; mais il y réussit mal. Son *Spectateur français,* dont la publication commença avec l'année 1722, fut très-froidement accueilli.

« Cet ouvrage, dit le *Journal de Monsieur,* est une imitation du Spectateur anglais d'Addison. Il est assez ordinaire que les copies soient au dessous des originaux : ainsi Marivaux n'a point renversé l'ordre naturel dans cette partie ; il ne s'est rendu célèbre que par ses pièces de théâtre, qu'on lit encore avec plaisir.

» Un bon Spectateur considère attentivement tous les objets qui se présentent à lui ; il examine les défauts et les bonnes qualités des hommes, il suit leurs démarches, il pénètre les principes et se sert adroitement des lumières qu'une méditation profonde et une expérience consommée lui ont fait acquérir, pour rendre ses compatriotes plus parfaits, et les corriger des vices ou des ridicules dans lesquels ils ont coutume de tomber.

» Mais il faut que ce Spectateur ait soin d'égayer sa morale par des traits ingénieux et des portraits délicatement touchés, et si ressemblants qu'on ne puisse s'y méconnaître. Il faut qu'il évite de traiter ces matières triviales que tout le monde possède, qui n'ont rien d'intéressant et qui ne sont pas capables d'attacher toutes sortes de lecteurs ; il doit au moins relever ces sujets, s'il lui en tombe de pareils entre les mains, par des réflexions également piquantes et solides, par des tours nouveaux et assez forts pour tirer les hommes de la léthargie profonde où ils vivent. Qu'il évite principalement de monter son discours sur le ton d'un prédicateur, et de confondre dans des corrections également fortes ces vices honteux que les plus grands scélérats ne commettent jamais sans remords, et ces faiblesses qui sont presque inséparables de la nature humaine. C'est bien pis s'il s'échauffe sur des bagatelles, et s'il parle froidement des excès. »

Voici, du reste, comment Marivaux comprenait le rôle du Spectateur :

Lecteur, je ne veux point vous tromper, et je vous avertis d'avance que ce n'est point un auteur que vous allez lire ici. Un auteur est un homme à qui, dans son loisir, il prend une envie vague de penser sur une ou plusieurs matières, et l'on pourrait appeler cela réfléchir à propos de rien. Ce genre de travail nous a souvent produit d'excellentes choses, j'en conviens ; mais, pour l'ordinaire, on y sent plus de souplesse d'esprit que de naïveté et de vérité. Du moins est-il vrai de dire qu'il y a toujours je ne sais quel goût artificiel dans la liaison des pensées auxquelles on s'excite : car, enfin, le choix de ces pensées est alors purement arbitraire, et c'est là réfléchir en auteur. Ne serait-il pas plus curieux de nous voir penser en homme ? En un mot, l'esprit humain, quand le hasard des objets ou l'occasion l'inspire, ne produirait-il pas des idées plus sensibles et moins étrangères à nous qu'il n'en produit dans cet exercice forcé qu'il se donne en composant ?

Pour moi, ce fut toujours mon sentiment. Ainsi, je ne suis point auteur, et j'aurais été, je pense, fort embarrassé de le devenir Quoi ! donner la torture à son esprit pour en tirer des réflexions qu'on n'aurait point si l'on ne s'avisait d'y tâcher ! Cela me passe. Je ne sais point créer ; je sais seulement surprendre en moi les pensées que le hasard me fait, et je serais fâché d'y mettre rien du mien. Je n'examine point si celle-ci est fine, si celle-ci l'est moins : car mon dessein n'est de penser ni bien, ni mal, mais seulement de recueillir fidèlement ce qui me vient, d'après le tour d'imagination que me donnent les choses que je vois ou que j'entends, et c'est de ce tour d'imagination, ou, pour mieux dire, de ce qu'il produit, que je voudrais que les hommes nous rendissent compte quand les objets les frappent.

Peut-être, dira-t-on, ce qu'ils imagineraient alors nous ennuierait-il ? Et moi, je n'en crois rien. Serait-ce qu'il y aurait moins d'esprit, moins de délicatesse ou moins de force dans les idées de ce genre ? Point du tout ; il y régnerait seulement une autre sorte d'esprit, de délicatesse et de force, et cette autre sorte-là vaudrait bien celle qui naît du travail et de l'attention...

Oui, je préférerais toutes les idées fortuites que le hasard nous donne à celles que la recherche la plus ingénieuse pourrait nous fournir dans le travail.

Enfin, c'est ainsi que je pense, et j'ai toujours agi conséquemment. Je suis né de manière que tout me devient une matière de réflexion ; c'est comme une philosophie de tempérament que j'ai reçue, et que le moindre objet met en exercice.

Je ne destine aucun caractère à mes idées ; c'est le hasard qui leur donne le ton. De là vient qu'une bagatelle me jette quelquefois dans le sérieux, pendant que l'objet le plus grave me fait rire ; et quand j'examine, après, le parti que mon imagination a pris, je vois souvent qu'elle ne s'est point trompée.

Quoi qu'il en soit, je souhaite que mes réflexions puissent être utiles. Peut-être le seront-elles, et ce n'est que dans cette vue que je les donne, et non pour éprouver si l'on me trouvera de l'esprit. Si j'en ai, je crois, en vérité, que personne ne le sait, car je n'ai jamais pris la peine de soutenir une conversation, ni de défendre mes opinions, et cela par une paresse insurmontable. D'ailleurs, mon âge avancé, mes voyages, la longue habitude de ne vivre que pour voir et pour entendre, et l'expérience que j'ai acquise, ont émoussé mon amour-propre sur mille petits plaisirs de vanité qui peuvent amuser les autres hommes : de sorte que, si mes amis venaient me dire que je passe pour un bel esprit, e ne sens pas, en vérité, que je fusse plus content de moi-même ; mais si je voyais que quelqu'un eût fait quelque profit en lisant mes réflexions, se fût corrigé d'un défaut, oh ! cela me toucherait, et ce plaisir-là serait encore de ma compétence.

On trouve, comme on doit s'y attendre, quelques bonnes pages dans le journal de Marivaux ; mais la peinture des mœurs n'y est, pour ainsi dire, présentée que dans la demi-teinte. Il avait d'abord voulu en donner une feuille toutes les semaines ; ne rencontrant pas l'accueil qu'il avait espéré, il ne le publia que de quinze en quinze jours ; et enfin, le public ou l'auteur trouvant que c'était encore trop, le Spectateur ne parut plus que tous les mois. Il n'alla pas, d'ailleurs, au-delà de la seconde année. Une nouvelle édition en fut donnée en 1728, en 2 vol. in-12.

—

En septembre 1758, de Bastide commença la publication d'un *Nouveau Spectateur*, qui eut 8 vol. in-12 ; il le reprit en 1760, sous le titre de *le Monde comme il est* (2 vol.), et en 1761 sous celui de *le Monde*, qui eut aussi, croyons-nous, 2 vol. Ces transformations successives inspirent à l'abbé de La Porte les réflexions suivantes :

« C'est enfin là le dernier titre donné à cet ouvrage périodique, intitulé d'abord *le Nouveau Spectateur* et ensuite *le Monde comme il est*, interrompu, repris, abandonné et repris de nouveau. Il n'a pas moins essuyé de vicissitudes dans la forme, le prix et la manière de le distribuer. C'était, dans les commencements, un cahier ordinaire ; bientôt ce fut un assez gros volume ; dans la suite, il devint une simple et très-simple demi-feuille. Il parut successivement tous les dix jours, six fois par an, trois fois la semaine, et se paya, en suivant le même ordre, depuis 3 livres jusqu'à 2 sols. Il en coûte aujourd'hui 24, et forme une brochure de 120 pages, qui paraîtra tous les quinze jours. Ce livre enfin est un Protée qui a pris toutes les formes pour s'attirer l'attention du public. Tantôt c'est un simple volatile dont le vol périodique le ramène trois fois par mois ; tantôt c'est un grave quadrupède qui, plus lent dans sa marche, ne reparaît qu'en soixante jours ; tantôt un reptile importun qui se reproduit en cinquante heures, et va se glisser sous toutes les portes. Aujourd'hui, c'est un animal mixte, qui tient de la nature des précédents et est d'une taille et d'une grandeur mitoyenne.

» Ces variations, ces interruptions même, ne peuvent sans doute nuire à l'ouvrage qui les a essuyées ; elles annoncent un auteur attentif à sonder le goût du public. M. de Bastide, qui a longtemps composé seul cet écrit périodique, semble aujourd'hui se restreindre à la qualité d'éditeur. Il nous apprend qu'il a à sa solde *les meilleures plumes de la nation*, et se flatte, par ce moyen, de pouvoir lui offrir un livre digne de son attention et de sa curiosité. Les hommes célèbres, ajoute-t-il (il pouvait dire aussi les femmes, car c'est une femme, madame R***, qui a déjà le plus contribué à grossir ce recueil), les hommes célèbres qui veulent bien m'honorer de leurs secours se sont engagés à me le continuer, et, *sans m'expliquer mieux*, je crois pouvoir compter sur leur exactitude et sur leur constance. » Ne pas expliquer certaines choses, c'est les dire. Ainsi, on peut, on doit même présumer que ces grands écrivains dont parle M. de Bastide sont liés à son projet par des traités en forme, des conventions d'intérêt, et non par de simples promesses, toujours incertaines et rarement effectuées...

» Au reste, s'il faut m'expliquer sur l'entreprise de M. de Bastide, je la crois agréable, intéressante et utile jusqu'à un certain point. Je le crois lui-même en état d'y présider avec succès : il a déjà fait preuve d'esprit et de fécondité. Cependant il est très-louable de ne pas se reposer uniquement sur ces avantages. La carrière qu'il entreprend est longue et pénible, et les *meilleurs écrivains de la nation* n'y seraient point déplacés. Mais il est à craindre que ceux qui s'obligent à concourir à son projet ne tirent de leur portefeuille que des pièces qu'une juste défiance y avait toujours tenues renfermées : il vient un âge où l'indulgence d'un auteur pour ses premiers ou ses derniers ouvrages lui ferme les yeux sur leurs défauts... Cet ouvrage est susceptible d'un intérêt vif et soutenu. Il ne dépend point, comme les autres écrits périodiques, du degré de force ou de faiblesse des productions littéraires qu'ils doivent faire connaître ; tous les objets de la société sont à sa disposition, et cette scène, aussi étendue que variée, se renouvelle sans cesse ; jamais elle ne laisse de vide au théâtre. Il ne faut donc que de l'aptitude pour saisir les caractères, et du génie pour les reproduire. Addison en avait, et son Spectateur est digne de servir de modèle à tous ceux qui pourront l'imiter (1). »

Mais Bastide était loin d'avoir l'aptitude, et encore moins le génie du philosophe anglais. Voici le jugement que *le Littérateur impartial* porte du Monde comme il est :

« Un auteur qui, renfermé dans son cabinet, prend la résolution d'écrire tout ce qui se présente à son esprit, et tout ce qu'il apprend par la voix du public, est assurément plus occupé qu'amusant ou utile. Le peintre du Monde comme il est a fait de son cabinet une chambre obscure : tous les objets viennent d'eux-mêmes se placer sur son papier, mais ils s'y placent à la renverse ; il dessine ces objets comme il les voit, et les présente au public tous les deux jours, à un prix qui paraît modique d'abord, mais qui égale celui des meilleurs ouvra-

---

(1) *L'Observateur littéraire*, t. 1er de 1761, p. 85.

ges périodiques. C'est encore là un effet de perspective.

» Malheureusement le cabinet de notre dessinateur n'est point situé dans une de ces places publiques ou de ces rues passagères qui offrent à chaque instant des scènes variées et intéressantes. Le miroir qu'il a mis à sa fenêtre ne lui rend que des groupes assez ordinaires et des événements communs, ou bien quelques grimaces que lui font des passants dont les yeux ont aperçu le trou de la fenêtre, grimaces qu'il croit de bonne foi s'adresser à d'autres, et qu'il prend pour des attitudes pittoresques. Souvent même ce miroir ne lui offre rien : alors il a recours à son génie, et, prenant la plume, il fait une amplification sur le premier point de morale qui frappe son esprit. »

« Nous avons vu le Monde comme il est, dit à son tour le *Censeur hebdomadaire ;* cela ne coûte que *deux sols :* ce n'est pas la peine de s'en priver. — Comment, *deux sols !* Il y a quelque chose pour *deux sols* dans le monde ! — Rien n'est plus vrai. Pour *deux sols* on porte fort poliment chez les particuliers une feuille de douze pages. Quelqu'un dira : Ah ! que cela est plaisant ! Mais rien ne doit être plus mauvais ! — Point du tout; il y a de temps en temps des choses, et c'est bien assez pour *deux sols.*

» Les maîtres sont priés d'ordonner à leurs portiers ou domestiques d'arrêter le porteur du Monde comme il est le moins qu'il sera possible, et de tenir *deux sols* tout prêts. Dans une distribution telle que celle-ci, les moindres obstacles à la rapidité de l'opération prennent un temps toujours considérable. »

Rousseau était du nombre des plumes illustres qui avaient promis leur concours au Monde de Bastide. Dans un des premiers numéros on trouve une lettre du philosophe de Genève, laquelle lettre « sert d'annonce à un morceau qu'on promettait de ne pas faire attendre, et qu'on attendait depuis le premier cahier. C'était un extrait du système de l'abbé de Saint-Pierre sur la paix perpétuelle, système que Rousseau disait avoir abrégé, et auquel il avait ajouté ses propres réflexions. »

On lit à ce sujet dans les *Confessions* (part. 2, liv. 11) : « Il était (Bastide) de la connaissance de M. Duclos, et vint en son nom me presser de lui aider à remplir le Monde. Il avait ouï parler de la *Julie*, et voulait que je la misse tout entière dans son journal. Il voulait que j'y misse l'*Emile ;* il aurait voulu que j'y misse le *Contrat social,* s'il eût su que cet ouvrage existait. Enfin, excédé de ses importunités, je pris, pour m'en délivrer, le parti de lui céder pour douze louis mon extrait de la *Paix perpétuelle.* »

En 1766, Bastide reprit encore une fois sa publication, sous le titre de *Journal de Bruxelles, ou le*

Penseur, dont il donna également deux volumes.

« Des aventures ou historiettes, des lettres sérieuses ou comiques, des allégories, des moralités sous diverses formes, peu de littérature : tel était, dit Querlon, le bagage de cette nouvelle feuille, imitation lointaine du Spectateur anglais, mais qui se faisait lire. »

Les *Mémoires secrets* mentionnent vers cette même époque la suppression d'un *Gazettin de Bruxelles,* par Bastide, qui n'est peut-être autre que le Penseur. « Ce n'est pas, y lit-on, que M. de Bastide ne respectât la religion et les mœurs; mais tant de particuliers dont on y relevait les ridicules se sont ameutés contre cet ouvrage que l'introduction en a été défendue en France, et le ministère a pris la chose si fort à cœur qu'il y a intéressé celui de Vienne, et le dit Gazettin est supprimé à sa source même. »

Quelques années après il revint à la charge avec des *Variétés littéraires et galantes,* qui n'eurent non plus qu'une existence éphémère.

Bastide ne manquait pourtant pas de savoir-faire. Ce dernier recueil, par exemple, se vendant fort mal, il imagina, pour lui donner de la vogue, de profiter du zèle allumé par un mandement de l'archevêque de Paris en faveur des captifs : il ouvrit à leur profit une souscription à laquelle il promettait de consacrer le quart de ses bénéfices, et il intrigua si bien auprès du contrôleur général que ce ministre, voulant donner l'exemple, fit souscrire le roi pour cinquante exemplaires.

Plus tard, ayant été chargé par le marquis de Paulmy de la direction de la *Bibliothèque des Romans*, il proposait, pour stimuler le zèle des souscripteurs, d'appliquer le tiers des souscriptions à élever un monument aux cendres de Descartes, qui reposaient depuis cent ans sans honneur dans l'ancienne église de Sainte-Geneviève, lorsqu'elles seraient transportées dans la nouvelle. Les fonds devaient être versés dans les mains d'un officier public, et, si la somme nécessaire pour l'exécution du projet n'était pas remplie dans un temps déterminé, on rendrait aux abonnés le tiers de leur souscription.

Mais, quoi qu'il pût faire, Bastide ne réussit point à enchaîner la fortune, et ses productions, dans les divers genres où il s'essaya, n'obtinrent qu'un médiocre succès.

Heureusement il avait de lui-même et de ses œuvres une opinion qui le soutint jusqu'au bout de sa longue carrière.

« Ce qui me tranquillise un peu sur le sort de ce pauvre M. de Bastide, dit Grimm, en racontant la chute d'une de ses comédies (*le Jeune Homme*, 5 actes en vers), c'est qu'on assure qu'il a de lui-même la meilleure opinion du monde : elle lui fera attribuer sa chute au mauvais goût du public, à son ingratitude envers les grands hommes, et enfin aux efforts d'une cabale effrénée. Ce pauvre M. de Bastide est déjà tombé quelquefois sur le théâtre italien; il a fait un Spectateur et plusieurs volumes de contes moraux que personne n'a pu lire. Il fait bien de n'être pas, sur son mérite, de l'avis du public. »

Il l'avait prouvé notamment, et d'une façon éclatante, par des *Réflexions* qu'il publia lui-même sur son Spectateur, et qui inspirèrent au *Censeur hebdomadaire* les réflexions suivantes :

« Voici encore un nouveau Spectateur, par M. de Bastide, auquel nous souhaitons la plus brillante fortune. Nous examinerons les volumes déjà publiés de cette collection, sans doute utile pour sa morale. Quant aux Réflexions, petit cahier distribué depuis peu dans le public, nous ne voulons en rien dire; il nous suffira de transcrire quelques phrases de l'auteur : on verra son ton, sa manière de penser, etc.

« Je pourrais citer dix hommes connus qui m'ont aimé en me lisant, et qui m'ont convaincu par des faits positifs que les maximes de mon livre pourraient un jour *couler dans* les mœurs de ma nation. »

« Je vois du bien à faire : la nature m'y porte, j'en attends mon bonheur, et ma vocation est perdue pour moi si je suis trop aisément content de moi-même. »

« J'ai vu souvent qu'on venait demander le Nouveau Spectateur, et qu'on reculait en apprenant qu'il fallait payer ou un louis ou vingt-une livres douze sols d'avance. »

« Je ne crains plus la critique : elle a prouvé dans les journaux qu'elle était capable d'applaudir aux inspirations de l'humanité. »

« Quelque portés que nous soyons pour M. le Spectateur, continue *le Censeur*, il nous est impossible de rien ajouter aux éloges pompeux que l'auteur des Réflexions lui prodigue. »

Rappelons, en terminant, que Bastide fut encore un des auteurs du *Choix des Mercures*.

———

L'année 1770 vit naître encore un *Spectateur français* « pour faire suite à celui de Marivaux », que Grimm traite assez mal.

« Il paraît depuis quelque temps un Spectateur français que je n'ai jamais lu ni vu, ni aperçu dans aucune bonne maison, où cependant l'accès est assez facile aux mauvaises brochures, parce qu'après les avoir laissées traîner quelque temps sur la cheminée, on les jette sans les avoir lues. L'auteur de cet écrit périodique est un M. de Lacroix, avocat au parlement. S'il est aussi mince plaideur que mauvais écrivain, je plains ses pratiques. Cependant, ce Lacroix ayant envoyé sa rapsodie à M. de Voltaire, celui-ci lui a répondu que ceux qui y travaillaient étaient les héritiers de Steele et d'Addison. Ces compliments sacriléges coûtent moins au patriarche que de lire une page de rapsodiste. Le spectateur Lacroix, après s'être paré, dans une petite annonce, de ce témoignage respectable du Nestor de la littérature, pour engager le public à souscrire, promet solennellement de renoncer à l'héritage d'Addison, que M. de Voltaire lui a si généreusement ouvert.

« On ne le verra point, dit-il, comme le Spectateur anglais, sombre et taciturne; il ne fumera point, il ne sera pas forcé de boire. Il sera léger, affable; ses discours seront plus galants que profonds. Son regard doux et tendre lira dans le cœur des femmes; il profitera de leur émotion pour surprendre leur secret, qui n'en est pas un, et il sera leur protecteur auprès des maris. Du reste, l'abbé léger, l'auguste prélat, l'officier sautillant, le militaire balafré, le jeune conseiller, le grave magistrat, le paisible rentier et le bourgeois plaisant, trouveront également leur compte chez lui. » Voilà un échantillon du plan, du goût et du style de l'héritier de Steele et d'Addison. Ah! seigneur patriarche, je prie la miséricorde divine de vous pardonner ce blasphème, ainsi que quelques autres de votre connaissance et de la mienne qui vous sont échappés depuis quinze mois, au grand scandale des faibles, et pour lesquels vous serez forcé tôt ou tard de faire amende honorable. Remarquons qu'il n'est pas possible de faire jamais un Spectateur en France, à moins qu'on ne trouve le secret de réduire à la tolérance et à la modestie le *genus irritabile vatum*. Cette recette en vaudrait bien une autre; mais M. de Lacroix aurait beau s'en servir, il ne ferait pas lire son Spectateur (1). »

Nous devons dire que tous les critiques ne se montrent pas aussi sévères pour Lacroix. Le *Journal de Verdun*, le *Mercure*, le *Journal des Beaux-Arts*, en parlent, au contraire, avec éloge.

Selon M. Taschereau (notes du Grimm), le Spectateur de Lacroix fut continué pendant les années 1774, 1775 et 1776, par J. Castillon; Barbier, au nom de J. Castillon, porte un *Spectateur, ou Journal des Mœurs*, 1776, t. Ier et unique.

—

Un *Moniteur français*, qui parut en 1760, avec cette épigraphe : *Non odio adductus alicujus, sed*

---

(1) Janvier 1772. Edit. Taschereau, t. VII, p. 306. — S'il était besoin d'une preuve de la légèreté que Grimm portait dans ses jugements, nous ferions remarquer que c'est, de son aveu, *sans l'avoir jamais vu ni lu*, et sans connaître davantage l'auteur, qu'il se prononce d'une manière si absolue contre le Spectateur de Lacroix.

spe salvandæ et corrigendæ civitatis (Cicer. ad. Attic.), se proposait de mettre sous les yeux du public des principes de bonne politique et de saine morale capables d'étouffer ces germes de révolte et de libertinage qui se trouvent semés dans plusieurs écrits modernes. Les éditeurs invitaient toutes les personnes qui voudraient travailler dans l'esprit de cette entreprise à leur adresser leurs réflexions, s'engageant à les imprimer quand elles en seraient jugées dignes; ils promettaient de n'être pas ingrats envers ceux qui fourniraient des pièces. Une fois l'entreprise en bon train, ils partageraient avec eux les bénéfices; en attendant qu'ils aient pu fixer les produits de l'opération, ils donneraient 24 livres par feuille d'impression, ou l'équivalent en volumes.

—

En 1778, le chevalier de Rutlidge, Irlandais d'origine, officier au régiment de Fitz-James, et auteur de plusieurs comédies, entreprit la publication d'un *Babillard,* ouvrage moral, politique, littéraire, sérieux et plaisant. « Mes discours, disait le prospectus, seront tour à tour moraux et comiques, sérieux et plaisants, politiques, littéraires, philosophiques et bouffons. Souvent ils seront tout cela à la fois... En un mot, je ne me prescris ni ne m'interdis absolument rien : de toute manière je serai le Babillard, mais le Babillard sans licence et sans amertume. »

« A l'imitation des Addison et des Steele, dit Querlon, l'auteur du Babillard soumet tout à ses réflexions. Nos modes, nos caprices, nos usages, nos mœurs, notre caractère, nos spectacles, nos arts utiles et agréables, nos défauts, nos vertus, lui fournissent ou des sujets d'une critique vive et légère, ou des peintures animées. Il étend même ses regards sur la politique, et cette partie, qui n'est pas la moins bonne de l'ouvrage, suppose beaucoup de connaissances dans M. le chevalier de Rutlidge. Il paraît avoir un coup d'œil juste, et bien juger les événements. Ses idées, au moins, ne sont pas là-dessus versatiles, comme on peut le reprocher à certains auteurs, qui changent avec les circonstances, et qui, après avoir fait de grands raisonnements et prodigué de belles paroles pour faire passer leurs fausses conjectures ou des aperçus extravagants, soutiennent le lendemain tout l'opposé. On ne doit pas être surpris que le Babillard soit diffus : il est de son essence de parler beaucoup ; mais, s'il profite de ses droits, il évite d'être fatigant, comme le sont la plupart des grands parleurs. »

Il paraissait du Babillard un cahier de deux feuilles tous les dix jours, à commencer du premier dimanche de 1778, et il coûtait 24 et 30 livres. En 1779, l'auteur cessa de le publier par livraisons, « à cause de l'importance et de l'étendue des matières qu'il se proposait d'y faire entrer. » Il y avait alors quatre volumes de parus. Je ne sais quel en fut le nombre final; la Bibliothèque impériale n'en possède qu'un volume dépareillé, classé parmi les journaux politiques. Mercier paraîtrait avoir eu quelque part à la rédaction de cette feuille; dans tous les cas, il lui a beaucoup emprunté pour son *Tableau de Paris.*

Au mois d'octobre 1775 parut un *Radoteur*, ouvrage philologique et moral, dans le goût du Babillard. Il serait difficile, dit l'auteur lui-même dans son prospectus, de donner une idée bien précise du Radoteur: il faut donc le prendre au jour le jour, sans lui assigner de caractère; mais le monde, l'homme, ses passions, les défauts qu'il tient de la nature, ceux qui ont leur source dans sa fantaisie, ce qui détermine ses actions, ce qui corrompt ou perfectionne ses facultés; enfin tout l'être moral de l'homme, depuis ses grandes vertus jusqu'à ses petits ridicules, entrait dans son plan. La matière était vaste, on le voit, et susceptible d'une grande variété.

Un autre publiait, on pourrait dire cachait ses

observations sous ce singulier titre : *les Numéros* (Amsterdam, 1782, in-12). « Sur le titre de cet ouvrage, dit le *Journal de Monsieur*, il serait difficile d'en deviner le sujet ou le genre. Est-ce un roman? Est-ce un livre d'arithmétique? Traite-t-il des numéros de la loterie ou des voitures de place? Non. C'est un petit recueil de pensées et de réflexions sur différents objets. L'auteur les a jetées sur le papier sans beaucoup d'ordre ni de suite, sans avoir peut-être le dessein de faire un ouvrage, et se contentant de les distinguer les unes des autres en les rangeant sous des chiffres, 1, 2, 3, etc. Il a pris de là le titre qu'il a donné à son recueil : *les Numéros*, titre un peu bizarre ; mais qu'importe, si le recueil est amusant? C'est le fruit des loisirs d'un honnête homme, d'un homme de bon sens et d'esprit, qui a écrit librement sur les abus, les vices, les défauts et les ridicules qui l'ont frappé. On y trouve un peu de tout : du sérieux, du plaisant, de la politique, de la morale, des anecdotes et de la critique (1). »

J'ai encore rencontré dans mes recherches :

Nouveau Spectateur français, ou discours dans lequel on voit un portrait naïf des mœurs de ce siècle. La Haye, 1725, 2 vol. in-12.

Le Journaliste amusant, ou le monde sérieux et comique ; ouvrage d'un philosophe, dit l'abbé Des-

---

(1) *Journal de Monsieur*, par Geoffroy et Royou, 1783, t. II.

fontaines, qui cherche à corriger les mœurs par des peintures sérieuses et comiques.

Le Spectateur américain (par Mandrillon), 1784, in-8.

Le Spectateur français, ou le Nouveau Socrate moderne, par Delacroix, 1790, in-8.

Le Spectateur français (par Marchéna et Valmalette), 1796, in-12.

Le Spectateur français au XIX*e siècle*, ou Variétés morales, politiques et littéraires, recueillies des meilleurs écrits périodiques (par Fabri), 1805-12, 12 vol. in-8.

Le Spectateur, ou Variétés historiques, littéraires, critiques, politiques et morales, par Malte-Brun, 1814-1815, in-8.

Le Spectateur belge, ouvrage historique, critique, littéraire et moral (par de Foëre). Bruges, 1815-20, 9 vol. in-8.

Nous n'avons rencontré ni *Babillarde,* ni *Radoteuse;* mais il y eut plusieurs *Spectatrices.*

La première se livra à ses observations de 1728 à 1730, et en consigna le résultat dans un vol. in-12.

Une autre, en 1751, trouvant plus aisé de voir par les yeux d'autrui, donna une traduction de la Spectatrice anglaise d'Elisabeth Haywood (*The female Spectator*).

Enfin nous voyons une *Spectatrice danoise,* ou *l'Aspasie moderne* (Copenhague, 1749, in-8), ouvrage périodique, rédigé en français par de La Beaumelle, alors professeur de belles-lettres dans l'académie de Charlottenbourg. — Il y avait déjà eu, en 1744, un *Spectateur danois,* qui avait vécu quelques années.

On trouverait sans doute à faire, dans ces divers ouvrages, une assez abondante récolte; mais ils sont tous restés bien au-dessous de leurs modèles. Cela a tenu aux difficultés inhérentes à ce genre d'ouvrages. « Vous savez, dit l'abbé de La Porte (*l'Observateur littéraire,* t. 2), en parlant du Spectateur de Bastide, combien ce genre, devenu si commun, présente d'épines et de sécheresse, combien il faut d'esprit, de talent, de sentiment, de goût, pour le rendre intéressant et digne d'occuper même le loisir des gens du monde »

Journaux d'Économie politique, d'Administration,
Journaux militaires, religieux, etc.

—

*Ephémérides du Citoyen, ou Chronique de l'Esprit
national*, avec cette devise, prise d'Horace :

Quid pulchrum, quid turpe, quid utile, quid non.

C'était, au dire des éditeurs, « un ouvrage périodique, critique et moral, à peu près dans le goût du Spectateur anglais » ; mais, si les auteurs des Ephémérides avaient d'abord songé à marcher sur les traces d'Addison et de Steele, ils n'avaient pas tardé à les abandonner, et on le leur reprochait au bout de deux mois à peine. C'est ce que leur écrivait « un homme plein de franchise, qu'ils avaient chargé de recueillir les suffrages du public sur les Ephémérides. » — « On vous accuse, leur disait cet honnête correspondant, de ne pas remplir le dessein que vous aviez annoncé d'abord. Vous deviez imiter le Spectateur anglais. On vous a donné cette sage leçon, que c'était un bel exemple, mais difficile à suivre, que celui d'Addison et de Richard Steele; et voilà que vous avez abandonné vos modèles. Leur ouvrage est une critique des ridicules de leur nation, pleine de variété, de légèreté et de plaisanterie. N'aviez-vous pas en ce genre une vaste moisson à recueillir? Le peuple français manque-t-il de ridicules?

» En suivant ce plan, vous auriez égayé vos feuilles, vous les auriez remplies de tableaux ressemblants. On se les arracherait, pour avoir le plaisir d'appliquer à quelqu'un de ses voisins, de ses amis et de ses parents, tous les traits de son propre portrait. On y reconnaîtrait avec délices tout le monde, excepté soi-même.

» Au lieu de cette carrière, pleine d'agréments pour vous et pour vos lecteurs, vous vous jetez à corps perdu dans la morale et dans la politique. Vous voulez que le Français raisonne, qu'il disserte, et, qui pis est, qu'il se corrige. Monsieur le citoyen, vous vous bercez là d'un espoir bien chimérique. Faites rire le public, si vous pouvez : c'est tout ce qu'il veut, c'est tout ce dont il est capable. »

Bref, on connaîtra quel était le caractère de cette publication, quand nous aurons dit qu'elle fut créée par les économistes pour servir d'organe à leur parti, qui, à cette époque, faisait un certain bruit.

C'est en 1765 que les économistes songèrent à se

créer un organe destiné à propager leur doctrine et à repousser les attaques auxquelles ils étaient en butte. La direction en fut donnée à l'abbé Baudeau, et chacun des apôtres fut appelé à y déposer les éléments et les résultats de la science nouvelle. Ils le baptisèrent du nom d'*Ephémérides du Citoyen, ou Chronique de l'Esprit national*; mais, trouvant bientôt que ce titre n'était pas assez piquant, peut-être pas assez clair, ils changèrent le sous-titre en celui de *Bibliothèque raisonnée des Sciences morales et politiques*. Ils s'ouvraient ainsi une carrière immense et bien difficile à remplir. Il ne paraît pas que cette métamorphose ait beaucoup amélioré la fortune du nouveau journal; il fallut plusieurs années et des circonstances particulières pour qu'on le remarquât. Peu répandu, roulant sur des matières métaphysiques et arides, il n'avait pas paru d'abord mériter l'attention du gouvernement. La fermentation occasionnée par la cherté des grains le fit sortir de son obscurité. La hardiesse de quelques-uns de ses rédacteurs, qui ne craignirent pas d'attaquer des compagnies, de s'élever contre les parlements de Paris et de Rouen, rendit fameux ces philosophes isolés, disent les *Mémoires secrets;* de grands hommes daignèrent critiquer plusieurs de leurs articles; on les lut; on entra dans la discussion des dogmes de la secte. On trouva que, sous prétexte de prêcher les principes du droit naturel, elle frondait l'administration des plus illustres ministres, déprimait les plus beaux règnes, s'attribuait le droit exclusif de connaître la manutention des Etats, et s'érigeait en réformatrice de la législation même. Le journal essuya des retards, des contradictions, et peut-être l'aurait-on supprimé, si la secte n'avait eu de grands appuis dans le ministère. Mais on lui nomma un censeur spécial, auquel il fut recommandé de l'examiner avec la plus scrupuleuse attention, d'en peser toutes les expressions, d'apprécier le langage entortillé de ces messieurs, qui, à la faveur d'un néologisme d'expressions, pourraient faire passer un néologisme d'idées dangereuses. Ce fut le sieur Moreau, ci-devant avocat des finances, que le chancelier crut le plus propre à cette besogne. Celui-ci comprit combien sa mission était critique ; en conséquence, il commença par déposer dans les Ephémérides un corps de doctrine ; il fit sa profession de foi sur la doctrine des économistes, et déclara dans quel sens il l'entendait et voulait l'entendre, pour se mettre à l'abri des chicanes, et peut-être des persécutions que sa qualité d'examinateur lui pourrait attirer.

Nous venons de voir que l'on reprochait aux nouveaux sectaires de déprimer les plus beaux règnes. En effet, « enhardis par le succès de quelques parties de leur système, ils avaient eu l'audace, dans un de leurs numéros, d'attaquer de front et à découvert le règne de Louis XIV, comme le règne de cet esprit réglementaire qui leur déplaisait, et qu'ils prétendaient n'être bon qu'à introduire un odieux despotisme. M. de Voltaire ne vit point sans indignation flétrir un règne dont il avait écrit les fastes mémorables, et qu'il avait représenté comme un des plus beaux siècles de l'univers ; il se crut obligé d'en prendre la défense. On se doute bien avec quelle éloquence victorieuse il soutint une pareille cause ; mais ce dont on ne se doute pas, c'est la modération avec laquelle il épargna ces journalistes, pour lesquels il montra tous les égards dus à de pareils philosophes. Il donna, dans ce petit ouvrage de trente pages, un modèle d'une critique saine, juste et sage, que les écrivains polémiques observaient trop rarement, et dont M. de Voltaire s'était aussi malheureusement trop souvent écarté. Une simple brochure de cette espèce suffirait pour faire la réputation d'un auteur qui n'aurait pas d'autres titres littéraires. »

La vogue des Ephémérides tomba avec les circonstances qui l'avaient fait naître. « Cet ouvrage, disent encore les *Mémoires secrets*, à la date du 2 janvier 1773, ne pouvait guère durer, vu la nature monotone, insipide et ennuyeuse des productions dont il s'alimentait. Aussi vient-il de prendre fin. Les auteurs rejettent cet abandon sur la difficulté d'avoir des coopérateurs, sur la gêne et les entraves que leur donne continuellement le ministère. Ce livre pouvait renfermer des vues utiles, mais tellement noyées dans un fatras de raisonnements scientifiques et abstraits, qu'il fallait un courage héroïque pour les y démêler. »

Le temps n'était pas encore à ces études sérieuses. Les apôtres de la nouvelle doctrine apportaient d'ailleurs dans leurs prédications des formes peu propres à lui concilier des adeptes. « Ces enthousiastes, comme tous les sectaires, débitaient leurs assertions avec autant de mépris pour leurs adversaires que de confiance en eux-mêmes, et l'on ne pouvait disconvenir que le ton général de leur journal ne fût un ton de morgue et de pédantisme, qui ne pouvait que faire grand tort aux vues, d'ailleurs très-utiles, de ces citoyens estimables. » Les adversaires de la science y sont appelés des *brigands*, des *léopards*, des *singes tombés dans de la boue sanglante*. Linguet, qui eut une large part à ces *libéralités économiques*, et qui les relève justement, convient cependant que ces philosophes ont rendu de grands services à la raison, et qu'ils ont éclairci des points essentiels de la politique.

Parmi les plus ardents collaborateurs de l'abbé Baudeau, nous devons distinguer le marquis de Mirabeau, le père du célèbre orateur. Nous trouvons dans les Mémoires de ce dernier, à la date du 6 mars 1769, une preuve singulière de l'excès de morgue et d'orgueil où ce fougueux économiste était entraîné par la double impulsion de l'esprit de secte et d'un caractère naturellement altier et inflexible.

On est tout étonné de mon intrépidité, écrit-il au bailli de Mirabeau. Je t'ai conté avec quelle audace patente je me suis opposé ferme à toutes les mesures prises et déjà avouées pour dédier les Ephémérides à M. le Dauphin (depuis Louis XVI). J'ai tout fait rejeter sur moi, et n'ai rien dit, sinon *qu'il n'avait qu'à nous mériter, que jusque-là c'était bassesse;* et dans ce même temps, je vais, malgré mes trembleurs, dédier mes *Economiques* au grand-duc de Toscane.

... Le docteur Quesnay avait manigancé cette idée dès il y a deux ans; mais notre franc et regrettable abbé (Baudeau) envoya tout au diable, en disant qu'il voulait être libre; et je trouvai qu'il avait raison. A la fin de l'année dernière, j'appris tout à coup, par une indiscrétion, que la chose était faite pour le commencement de celle-ci, et l'épître prête et agréée. Nos plus sages amis dirent que c'était nous embarquer dans une cabale et nous mettre en butte à l'autre, tromper les provinces, qui avaient compté sur de la liberté, critiquer et approuver du haut en bas.

Quant à moi, je tins à mon dire, qu'il fallait que les princes nous méritassent par des faits, ou, du moins, par des sentiments hautement professés. Dans ces sortes de conseils, il s'agit toujours de qui attachera le grelot, et il est vrai que c'est ma vocation un peu trop marquée. Je pris donc tout sur moi, et déclarai net que je quittais et désavouais les Ephémérides, sitôt qu'elles prendraient une enseigne de cour.

Aussi hautain et frondeur que son frère, mais toujours contre les abus, rarement contre l'autorité royale, le bailli n'approuvait pas cette fanfaronnade du marquis.

Je ne suis pas de ton avis, si tu as été à même de présenter ou dédier les Éphémérides à M. le Dauphin, et qu'on l'ait désiré de sa part. Crois-tu qu'un homme puisse changer la manière d'être de ces gens-là? Je crois que la fermeté ne doit être employée que pour éviter de mal faire. Or ce n'est pas mal faire que de dédier un pareil ouvrage à un homme de cet ordre ; c'est plutôt opiniâtreté que fermeté. Que veut-on? Le succès d'une entreprise de bien public. Une telle déférence peut l'accélérer, et ne saurait jamais y nuire ; le refus peut nuire, et des sous-ordres piqués peuvent empêcher l'impression. Qui sait ce que peuvent faire ces gens, c'est-à-dire les faiseurs? Considère au surplus que, quoique la France soit assez méprisée à présent, il ne s'agit pas moins des *fils aînés de l'Eglise ;* qu'un rien peut lui rendre tout son lustre, et qu'un Dauphin peut plus pour ton but que cent grands-ducs de Toscane.

Les Éphémérides moururent dans les mains de Dupont de Nemours, qui avait succédé à l'abbé Baudeau.

Cependant la protection de Turgot, qui avait embrassé la doctrine des économistes, rendit un moment d'éclat à ce parti. « Il est inconcevable à quel excès de délire l'enthousiasme philosophique peut porter certaines têtes une fois exaltées. C'est ce qu'on voit à l'égard des économistes, qui plus que jamais font corps, composent une secte, et ont imaginé des cérémonies et des formules de réception pour les initiés. C'est aujourd'hui M. Turgot qui préside aux assemblées ; il a loué un grand hôtel, l'hôtel de Brou, où une très-belle galerie sert à réunir tous les frères, à prononcer les discours et à l'admission des candidats. »

Les économistes, trouvant les circonstances favorables pour une nouvelle tentative de propagande, sous un ministre qui faisait gloire de partager leurs doctrines, reprirent leur journal en 1775 (1), sous le titre de : *Nouvelles Ephémérides économiques, ou Bibliothèque raisonnée de l'Histoire, de la Morale et de la Politique.* Ce fut l'abbé Baudeau qui en eut de nouveau la rédaction en chef; et M. de Saint-Leu, colonel au service de la Pologne, se chargea de traduire ou d'analyser les ouvrages écrits en langue étrangère. Mais cette reprise n'eut pas une longue durée. L'abbé Baudeau « se permettait beaucoup d'écarts contre les financiers, et il se livrait d'autant plus volontiers à sa mauvaise humeur contre eux qu'il croyait ainsi faire sa cour à Turgot, qui les détestait cordialement. Aussi ces derniers étaient-ils furieux contre lui, et cherchaient à faire corps pour l'entreprendre en détail et le fatiguer par des poursuites. » Il eut notamment à soutenir contre les fermiers de la caisse de Poissy un procès dans lequel il lutta d'éloquence avec le célèbre Gerbier. Dans son dernier plaidoyer, il déclara que, « pour ne pas succomber au crédit de ses ennemis, qui le noircissaient dans l'esprit du gouvernement et mettaient continuellement sa liberté en péril, il allait s'expatrier et se retirer en Pologne, ce qui causa

---

(1) Il en fut publié dès 1774, pour servir d'annonce, un cahier de 120 pages, qui était donné gratis aux souscripteurs.

une scène pathétique de sa part, et un grand attendrissement de celle des spectateurs. » Il gagna son procès, mais il perdit son journal. Le gouvernement s'était montré très-mécontent des plaidoyers prononcés par l'abbé dans cette affaire, plaidoyers où il ménageait peu le ministère et qui avaient fait grand bruit, et il en avait défendu la publication. Peu de jours après, les Nouvelles Ephémérides furent supprimées sous prétexte d'un « Mémoire sur les affaires extraordinaires de finances faites en France pendant la dernière guerre, depuis 1756 jusqu'en 1763, par lequel il constait que Sa Majesté, pour suppléer à l'insuffisance de ses revenus durant ces sept années, avait touché au-delà la somme de 1 milliard 500 millions 227,764 livres; ce qui montait de 157 à 158 millions de plus par an. On voyait, par le relevé des divers objets formant ces levées de deniers d'augmentation, qu'ils subsistaient presque tous, en tout ou en partie, à la charge des sujets. Le gouvernement trouva très-mauvais qu'un journaliste révélât aussi publiquement les secrets du ministère. Cet article était inséré au volume de juillet 1776, n° 2, et le rendait très-recherché. »

L'abbé Baudeau fut, en outre, exilé en Auvergne. On enveloppa même dans sa disgrâce l'abbé Roubaud, son ami, qui, dans sa *Gazette du Commerce, des Arts et de l'Agriculture,* se permettait les mêmes écarts contre les traitants et les financiers, et qui fut aussi exilé.

La suppression des Ephémérides eut des conséquences plus fâcheuses encore pour le collaborateur de Baudeau; cette mesure, si l'on en croit la *Correspondance secrète,* n'aurait pas été étrangère à la mort de ce soldat-journaliste. « M. le colonel de Saint-Leu, y lit-on à la date du 13 mars 1779, homme estimé, mais peu favorisé de la fortune, a eu, comme vous l'avez su, une très-grande part à la rédaction des Ephémérides du Citoyen, et tenait un rang distingué dans la troupe qui suit l'étendard de la *science du produit net.* Il paraît qu'en consacrant ses veilles au bonheur de l'humanité, il a négligé le sien propre, et que l'humanité a été fort ingrate à son égard. Ce matin on a trouvé sur un de nos boulevards le digne colonel baigné dans son sang, tenant d'une main un pistolet à deux coups dont l'un lui avait fracassé le crâne, et l'autre était prêt à partir, pour suppléer sans doute au premier, s'il n'eût pas fait son effet. Une lettre attachée sur sa poitrine a indiqué son nom et ses parents, sans faire mention des motifs qui l'avaient porté à une telle action. On doit croire qu'il n'en a pas eu d'autre que de se soustraire à l'indigence. Le colonel n'était pas payé depuis longtemps de ses pensions par la République de Pologne; la défection des protecteurs de l'*économie* et la suppression du journal lui avaient ôté les ressources sur lesquelles il comptait. »

La collection des Ephémérides, à la Bibliothèque impériale, se compose de 69 tomes en 34 volumes in-12.

Journal Militaire, Journal de Marine.

Les premières feuilles consacrées à la marine et à l'armée, ou plutôt les premiers essais, datent à peu près de la même époque. Nous lisons à ce sujet dans les *Mémoires secrets,* à la date du 24 octobre 1776 :

« Aujourd'hui qu'on met tout en dictionnaires, en almanachs, en journaux, qu'il y a déjà des dictionnaires et des almanachs de marine, il manquait un journal à cette partie de l'administration, et il est question d'en établir un sous les auspices de M. de Sartine. Ce journal serait fort utile, s'il était bien fait; mais, à en juger par le prospectus, les coopérateurs n'ont pas pris la chose sous son vrai point de vue, ou plutôt sont gênés dans leur travail, car il ne parle pas du plus essentiel, qui serait de rendre compte des mouvements de nos ports, et, quand ils le voudraient, ils ne pourraient mettre l'à-propos de la nouveauté, puisque ce journal ne sera composé que de quatre cahiers, qui ne seront publiés que de trois mois en trois mois. »

On tenait, paraît-il, tellement au secret pour tout ce qui avait trait à cette partie, que M. de Sartine arrêta longtemps la distribution du premier numéro, et s'opposa même à ce qu'on en répandît le prospectus. Nous retrouvons, en effet, à la date du 22 juin 1781, cette autre mention, qui montre de quelles difficultés était entourée la création d'un journal tant soit peu politique.

« *22 juin* 1781. — *Journal de Marine, ou Bibliothèque raisonnée de la science du navigateur*. Cet ouvrage périodique a été entrepris par M. Blondeau, professeur de mathématiques à Brest, et membre de l'Académie royale de Paris. Il en avait publié le prospectus dès 1776; mais les obstacles qu'a rencontrés son projet ne lui ont permis de commencer qu'au mois de juin 1778, et sous les auspices du duc de Chartres, auquel il l'a dédié.

» Cependant l'auteur, prévoyant les inconvénients de son journal, s'il entrait dans le récit des faits militaires et historiques, avait eu grand soin de prévenir qu'il s'abstiendrait de ces matières, quelque intéressantes et curieuses qu'elles fussent, et il a reçu des ordres supérieurs qui lui ont défendu de s'en occuper. Il a donc été borné à se rendre utile, ne pouvant être agréable :

» 1° A rapporter toutes les pièces capables de

donner une idée et un développement de l'état de la marine actuelle chez nous et de la marine en général ;

» 2° A fournir des extraits, analyses et critiques des ouvrages sur la marine, à mesure qu'ils paraîtront ;

» 3° Au récit des faits dont la connaissance sera avantageuse à la marine, comme travaux nouvellement faits dans quelques ports ou sur quelques côtes pour la sûreté de la navigation ; inventions nouvelles propres à produire épargne ou perfection dans les travaux de la marine ; accidents qu'on peut prévoir et éviter lorsqu'ils sont connus ; annonces de livres nouveaux qu'il ne sera pas possible de faire connaître plus en détail ; actions mémorables dont la connaissance tiendra à la perfection de l'art ou à la sûreté de ceux qui l'exercent.

» Dans l'état de sécheresse auquel est réduit cet ouvrage périodique, dont on ne publie que huit cahiers par an, il ne peut être recherché que des gens du métier, ou des nouvellistes curieux de se mettre au fait d'un art très-ignoré jusqu'à présent, et devenu depuis la guerre, purement maritime, le sujet de toutes les conversations. »

Je ne sache pas que cette feuille ait eu une longue durée.

Les journaux consacrés à l'armée de terre furent plus heureux ; ils remontent à la même époque, et n'ont plus depuis lors éprouvé d'interruption. Les *Mémoires secrets* en mentionnent également le début.

« 23 *février* 1778. — On annonce un *Journal militaire*, dédié à Monsieur, frère du roi, par une société de gens de lettres et d'anciens militaires. En 1770, on avait entrepris un semblable journal sous le nom d'*Encyclopédie militaire*, mais il n'avait pas été loin. On le régénère aujourd'hui; on en doit suivre les premiers errements et la division des objets qu'on y traitait, mais avec des améliorations et des articles nouveaux. Cet ouvrage, contenant quatre feuilles chaque numéro, paraîtra pour la première fois le 1er avril prochain, et deux fois par mois. »

« 1er *juin*. — Le Journal militaire, qui avait été entrepris autrefois en pays étranger, et n'avait pas duré longtemps, recommence le 1er avril sur de nouveaux errements, et serait très-bien fait si le prospectus était rempli; mais on ne peut en concevoir une haute idée par le nom du rédacteur, qu'on sait être M. du Rosoi, assisté, il est vrai, de quelques coopérateurs gens du métier. »

Les premiers pas de cette feuille furent difficiles, à ce qu'il paraît, et ses rédacteurs, pour la soutenir, durent recourir aux moyens de séduction.

« Le Journal militaire, disent encore les *Mémoires secrets*, tombé plusieurs fois, annonce, pour exciter la commisération publique, et surtout celle des militaires, que le profit sera appliqué à l'agrandissement et aux vues patriotiques de la *Maison royale de Santé,* établie en faveur des militaires et des ecclésiastiques malades. »

Cependant, grâce à de hautes protections, le Journal militaire triompha de tous les obstacles, et s'est perpétué, sous diverses formes, et malgré quelques interruptions, jusqu'à nos jours. Nous y reviendrons.

—

Journal chrétien. — Journal ecclésiastique.

On trouve un *Journal chrétien,* par M. de Martignac, commencé le 7 avril 1685, à Paris, chez Lambert Roulland, et qui disparut le 26 juin de la même année; il se distribuait par cahiers in-4°, chaque samedi.

En 1754, l'abbé Joannet, qui s'intitulait *journaliste de la Reine,* commença la publication de *Lettres sur les Ouvrages et les OEuvres de piété,* titre auquel il ajouta, en 1757, le sous-titre de *Journal chrétien,* qui devint définitivement, en 1758, le titre du journal. Le nom de cette feuille annonce suffisamment ce qu'elle était. On l'égayait de temps en temps par des pièces de vers très-chrétiennes et très-orthodoxes, mais souvent assez peu poétiques : car, dit Querlon, des mots nivelés et des rimes font des vers, non de la poésie. Elle vécut jusqu'à la fin de 1764. L'abbé Joannet s'était associé l'abbé Trublet, puis l'abbé Dinouart, qui fonda, en 1760, le *Journal ecclésiastique, ou Bibliothèque des Sciences ecclésiastiques.* Cette feuille n'avait de commun avec la précédente que son objet général. Remplie de morceaux savants sur les textes de l'Ecriture sainte, sur les antiquités judaïques et ecclésiastiques, sur les conciles et sur la morale chrétienne, elle était fort supérieure au journal de l'abbé Joannet, et elle finit par le supplanter. On lit dans un avis des éditeurs placé en tête du tome XVIII (1765) du Journal ecclésiastique : « Le sieur Panckoucke est convenu de ne plus imprimer à l'avenir, à commencer de ce mois de janvier 1765, le Journal chrétien, le public s'étant décidé en faveur du Journal ecclésiastique, composé par M. l'abbé Dinouart. »

Le Journal chrétien forme 40 vol. in-12 ; la collection du Journal ecclésiastique, que l'abbé Dinouart rédigea jusqu'à sa mort, arrivée le 23 avril 1786, en forme plus de 100. Sa devise était : *In necessariis unitas, in dubiis libertas, in omnibus charitas.*

Il y eut aussi un *Journal de la Charité,* avec cette

épigraphe : *La charité de Jésus-Christ nous presse,* par l'abbé Chayer, qui se crut obligé de déclarer au public que sa feuille n'aurait rien de commun avec le Journal chrétien; qu'il ne voulait point aller sur les brisées des abbés Trublet et Joannet; qu'il se proposait de marcher par des voies tout à fait opposées, quoiqu'il eût le même objet qu'eux. *Le Censeur hebdomadaire* parle ainsi de cette publication, à propos d'une nouvelle édition faite à Evreux, chez Jean Malassis, imprimeur du roi et de l'évêque :

« C'est pour l'édification commune des fidèles que M. l'abbé Chayer nous annonce un Journal de la Charité. L'ardeur de cette vertu, depuis si longtemps refroidie, et, de nos jours, prête à se glacer tout à fait, touche le charitable auteur jusqu'aux larmes.

» Pour prévenir, sans doute, en sa faveur, et pour nous convaincre de la supériorité avec laquelle il traitera sa matière, ce zélé journaliste nous assure, sans déguisement, qu'il est déjà sorti de sa fertile plume dix-neuf ouvrages, dont huit se trouvent *chez la plupart des libraires du royaume et dans les principales villes de l'Europe.* Il en a onze sous presse, parmi lesquels sont placés au premier rang ceux qui ont pour titre : *les Dictées de la Vertu; les Vues des Citoyens.* C'est dans la préface de celui-ci qu'il promet de détailler le plan de son journal. Il a, sans doute, eu de bonnes raisons pour ne pas placer ce détail à la tête même de l'ouvrage. C'est en vain que nous chercherions à les deviner. M. l'abbé Chayer ne veut peut-être pas marcher dans les chemins battus. Rien n'est plus commun, en effet, que de dire au commencement d'un livre ce qu'il contiendra et à quoi il sera bon.

» Au milieu de tant de travaux, dont le quart suffirait pour accabler tout autre que M. l'abbé Chayer, cet infatigable écrivain trouve encore le temps de donner plusieurs feuilles par semaine (ce sont des mélanges de vers et de prose), de distribuer à qui veut des sermons, des prônes, des panégyriques manuscrits. Qui, dans ce siècle, pourra jouter avec lui pour la quantité des écrits (1)? »

En 1757 parut, sous le titre de : *La Religion vengée, ou Réfutation des Auteurs impies*, une feuille dirigée principalement contre les encyclopédistes. Elle était dédiée au dauphin par une société de gens de lettres.

« On ne saurait trop louer, dit *le Littérateur impartial*, le motif qui porte des écrivains célèbres à faire usage de leurs talents pour la défense de la religion. Nous n'examinerons point s'il n'aurait pas été plus avantageux à cette même religion de laisser

(1) En 1710, un curé de Lyon publia un *Journal charitable*, mais qui ne ressemblait à celui de l'abbé Chayer que par le titre. Il ne s'occupait, en effet, que d'économie domestique. Les magistrats défendirent à l'auteur d'étendre cette utile production au-delà de deux feuilles par numéro. « Et l'on ne marque point de bornes au *Mercure galant !* » s'écrie je ne sais plus quel critique.

dans l'oubli les systèmes des athées anciens et modernes que de les faire revivre pour les combattre. Les lois, à Rome, n'avaient point prononcé de peine contre le parricide : l'amour filial en fut plus vif, l'autorité paternelle plus respectée. Quoi qu'il en soit, cet ouvrage, *momentanément* périodique (car il faut espérer que l'athéisme cessera d'avoir des partisans, et la religion des ennemis), est un monument de piété qui ne peut que faire honneur à notre siècle. »

La Religion vengée forme 21 vol. in-12; elle avait pour rédacteurs Soret, le P. Hayet et autres. C'est du premier de ces écrivains probablement qu'il est question dans le passage suivant du *Littérateur impartial :*

« Le *Censeur hebdomadaire*, qui donne la plus haute idée de notre siècle, puisqu'il ne censure ordinairement que peu de choses, reproche aux auteurs de la *Feuille nécessaire* d'avoir, dans l'article *Industrie*, indiqué des bonnets à la canadienne, des mouches en pluie de diamants, des pâtés, des poulardes farcies, des dindons à la gâtinaise, etc., comme si ces articles ne tenaient pas effectivement à l'industrie humaine, comme s'il n'était pas nécessaire de manger, et si l'honnête superflu n'était pas aujourd'hui confondu avec le nécessaire.

» Mais ce qui le révolte le plus, c'est « qu'un des auteurs de ces *affiches de la gourmandise* est en même temps l'auteur de la Religion vengée ; il ne conçoit pas qu'un homme qui venge périodiquement la religion puisse offrir des objets de luxe et de gourmandise. Il est fort singulier, dit-il, qu'un littérateur chrétien se serve de la plume consacrée à critiquer un Bayle, un livre de *l'Esprit*, et à présent le Dictionnaire de l'Encyclopédie, pour annoncer les dindons et les poulardes de M. Porcabœuf, traiteur. »

» Cette déclamation, ajoute le Littérateur impartial, ne doit pas donner une haute opinion de la cuisine du *Censeur*. »

—

Journal d'Education, présenté au roi par M. Le Roux, maître ès-arts et de pension au collége de Boncourt, à Paris. « De tous les ouvrages périodiques, dont le nombre se multiplie tous les jours, dit Querlon, il n'en est guère de plus important et de plus nécessaire que celui-ci. Quand il n'aurait d'autre mérite que de détruire tous ces plans, tous ces systèmes d'éducation, faux, absurdes et ridicules, dont le public est continuellement inondé, c'en serait un très-réel, et qui mériterait à l'auteur une espèce de reconnaissance de la part des personnes sensées. Mais ce n'est pas le seul avantage que présente ce journal : il est rempli de vues sages, de principes vrais, et partout il offre des leçons de vertu propres à former de bons citoyens dans les diverses conditions de la vie. Il peut même être utile aux parents et aux instituteurs, en leur traçant les devoirs, les règles et les méthodes qu'ils doivent observer pour réussir dans une excellente éducation. Le plan de M. Le Roux est très-simple et fondé sur la raison. Il n'adopte pas de système général d'éducation, parce que, dit-il, rien de plus épineux, rien peut-être de plus chimérique, que de tracer un plan universel sur un objet qui ne saurait être le même pour tout le monde. Son but principal est de former un recueil des préceptes les plus sûrs et des plus importantes maximes d'éducation, un choix des plus belles pensées et des exemples les plus frappants, puisés dans les meilleurs auteurs, anciens et modernes, sacrés et profanes, poètes, orateurs ou philosophes. Il rapporte tout à ces trois objets : la *religion*, les *mœurs* et les *sciences*, objets auxquels se réduit l'éducation, qui consiste à rendre les jeunes gens *vertueux, citoyens, instruits.* »

Paraissait tous les mois, par cahiers de 96 pages, et coûtait 12 et 15 livres.

Journaux Scientifiques, Artistiques et Industriels.

—

Le premier et le plus important des anciens journaux spécialement consacrés aux sciences et aux arts est le *Journal de Trévoux,* avec ses suites, dont nous avons fait l'histoire, t. ii, p. 260 et suivantes. Nous mentionnerons encore parmi les recueils scientifiques du dernier siècle :

Observations sur la Physique, sur l'Histoire naturelle et les Arts, ou Journal de Physique.

Ce journal, dit Quérard, commencé en 1752, passa des mains de Dagoty dans celles de Toussaint, et fut discontinué en 1756. L'abbé Rozier entreprit de le relever en 1771. A cette époque, il parut dans le format in-12, et fut ainsi continué jusqu'à la fin de 1772. Ces deux années forment 12 vol. in-12. Alors, à la demande des souscripteurs, le format in-12 fut changé en celui d'in-4°, qui multipliait moins les volumes, et admettait des gravures plus grandes, expliquant mieux les détails. Ce format, d'ailleurs, ajoutait-on, convient mieux à un livre de bibliothèque, qui fait suite aux collections académiques. Le recueil se continua sous cette nouvelle forme, à raison de 2 volumes par an (1).

Il passa dans les mains de Mongez en 1779; en 1794, il prit le titre de *Journad de physique,* et fut rédigé par J.-A. de la Métherie de 1785 à 1817, et par M. Ducrotay de Blainville jusqu'en 1823. La collection, de 1794 à 1823, forme 96 vol. in-4°.

Ce recueil, dont tout le monde connaît la valeur, ne ressemble en rien aux autres feuilles périodiques. C'est une collection de différents mémoires et expériences scientifiques, traduits de toutes les langues de l'Europe. Il se joint aux volumes de l'Académie des Sciences et aux collections académiques.

La Nature considérée sous ses différents aspects, par Buc'hoz. — Cette publication commença en 1768, sous le titre de : *Lettres périodiques* sur la méthode de s'enrichir promptement et conserver sa santé par la *culture des végétaux,* 1768-70, 5 vol. in-8°. — En 1769, l'auteur y ajouta de nouvelles *Lettres périodiques,* curieuses, utiles et intéressantes, sur les avantages que la société économique peut retirer de la *connaissance des animaux,* 1769-70, 4 vol. in-8°. — Et en 1770, une troisième feuille : *Lettres hebdomadaires sur l'utilité*

---

(1) La partie in-12 fut réimprimée en 2 vol. in-4°.

des Minéraux dans la société civile, 2 vol. in-8°.
— Enfin, en 1771, les trois publications furent réunies sous le titre de *la Nature considérée sous ses différents aspects*, et le format devint in-12. Le recueil, sous cette nouvelle forme, se continua jusqu'en 1780, et forma 34 vol. — En tout, 45 vol.

Les matières de ces lettres, dit Querlon, sont variées, et ce n'est pas leur seul avantage : elles joignent au mérite du fond celui de la singularité.

—

Au mois de février 1759, parut le premier numéro d'une feuille qui ne ressemblait à aucune des précédentes, et qu'il est assez difficile de classer. Elle avait pour titre : *La Feuille nécessaire, contenant divers détails sur les Sciences, les Lettres et les Arts,* et pour épigraphe ce passage de Juvénal :

Quidquid agunt homines... nostri est farrago libelli.

Voici, du reste, comment elle s'annonçait elle-même :

On ne peut disconvenir que les feuilles périodiques, aujourd'hui si accréditées, ne fournissent une agréable ressource à ceux qui, sans avoir le temps de lire beaucoup, sont néanmoins bien aises d'être instruits de beaucoup de choses.

C'est donc avec confiance que nous annonçons au public cette feuille, d'un genre nouveau, et qui n'aura rien de commun avec toutes celles qui ont paru jusqu'ici. L'ouvrage que nous proposons n'est point un journal littéraire : ces sortes d'écrits sont tellement multipliés et si rarement d'accord entre eux qu'ils ne laissent souvent au lecteur que l'embarras de juger les jugements mêmes. Ce n'est point un Mercure : nous n'y insérerons aucune composition d'autrui, ni en prose ni en vers. Ce n'est point une Gazette : nous ne nous mêlerons ni des affaires d'Etat, ni de ce qui se passe à la cour ou chez l'étranger. Ce ne sont point des Petites Affiches : nous n'annoncerons ni morts, ni maisons à louer, ni terres, ni effets à vendre.

Quand nous disons que cette feuille est *nécessaire,* nous ne prétendons pas que les autres soient inutiles ; nous voulons seulement dire que le public trouvera dans le tableau raccourci que nous lui présenterons chaque semaine tout ce qui peut piquer sa curiosité dans chaque genre. Ce tableau comprendra une suite de détails aussi instructifs qu'amusants dans leur nouveauté, et dont la réunion pourra servir à l'histoire des sciences, des lettres et des arts. Voici notre plan :

I. Nous annoncerons ce qui se passera d'intéressant dans les quatre facultés de l'Université de Paris.

Nous comprendrons sous l'article THÉOLOGIE les harangues, décisions et censures de Sorbonne ; les mandements des évêques, les prédicateurs célèbres, etc.

Sous celui de DROIT, nous indiquerons les principaux règlements des cours, les jours où se plaideront les causes intéressantes, ainsi que les noms des avocats qui en seront chargés.

L'article MÉDECINE présentera un extrait des thèses singulières et remarquables par l'utilité ou l'agrément, avec une note des cures extraordinaires, des grandes opérations de chirurgie et des découvertes en chimie et en pharmacie.

L'article FACULTÉ DES ARTS indiquera les exercices publics des jeunes gens de distinction, les diverses méthodes d'enseigner, et tout ce qui regarde particulièrement l'éducation de la jeunesse dans les pensions et dans les colléges.

II. Nous rendrons un compte succinct des différents mémoires présentés aux ACADÉMIES, tant de Paris que des provinces, de leurs recherches, inventions, découvertes et règlements.

III. Nous donnerons une idée des différents objets qui seront traités dans les Leçons et Cours publics.

IV. L'article Peinture, Sculpture et Gravure, détaillera les morceaux nouvellement finis par les grands peintres, sculpteurs et graveurs.

V. Ensuite viendront les entreprises de nos Architectes, soit à Paris, soit à la campagne ; un petit détail de leurs plans et leur nouvelle manière d'opérer.

VI. Les divers morceaux de Musique, tant grands que petits, donnés par les meilleurs auteurs. On indiquera aussi les motets et autres pièces qui devront s'exécuter, et le lieu de leur exécution.

VII. L'article Commerce instruira des règlements que feront les corps et communautés pour la sûreté du commerce, et marquera le prix courant de quelques-unes des principales marchandises.

VIII. Il y aura un article pour l'Industrie, où l'on parlera des nouvelles manufactures qui s'établissent dans le royaume et de leurs progrès.

On rendra compte dans cet article de toutes les inventions pour la commodité, l'agrément ou la décoration des jardins, appartements, habillements, voitures, etc. Et pour exciter l'émulation, on nommera les ouvriers qui se distinguent dans tous les genres.

IX. Sur la Littérature, nous nous bornerons le plus souvent à la simple indication des Livres nouveaux, et on terminera cet article, autant qu'il se pourra, par quelques anecdotes littéraires.

On ne négligera rien pour rendre cette feuille digne de l'attention du public ; mais, quoique l'on connaisse assez son goût, on évitera soigneusement tout ce qui pourrait avoir un air de satire ou de malignité. On aura soin surtout de ne se rencontrer avec aucune des autres feuilles.

Peut-être trouvera-t-on dans celle-ci quelques articles un peu frivoles ; mais on doit se souvenir que tout ce qui est utile, et même agréable, entre dans le plan d'une Feuille nécessaire.

C'était, comme on le voit, une sorte de bulletin des sciences, des lettres, des arts et de l'industrie.

Quelques extraits, pris à peu près au hasard, achèveront de donner la mesure de l'intérêt qu'offre cette feuille vraiment très-curieuse.

Dans le numéro du 14 mai, nous trouvons, sous la rubrique *Médecine, Chirurgie,* l'éloge d'un spécifique unique, d'une panacée, que les Parisiens ont sous la main, et dont jusqu'ici, pour leur malheur, ils n'auront pas soupçonné les merveilleuses propriétés.

La France est l'abrégé de l'univers, et Paris est, sans contredit, la plus grande, la plus peuplée, la plus florissante, la plus riche de toutes les villes de la France. Heureux ses habitants, s'ils connaissaient tous les avantages que leur présente le roi des fleuves qui arrose cette capitale ! Il n'est aucun climat où la nature ait offert aux hommes une eau plus salubre que celle de la Seine. Cette eau, dont les exhalaisons donnent à l'air une douce température, qui rend le pain léger, facilite la cuisson des légumes et assaisonne en quelque sorte les viandes, est aussi la boisson la plus propre à conserver ou à rendre la santé. Agréable au goût, elle coule aisément dans les entrailles, ne charge point l'estomac, est amie de la poitrine, et désaltère promptement et parfaitement ; elle excite l'appétit et précipite la digestion ; elle calme l'agitation des fluides et arrête les mouvements convulsifs des solides ; elle lâche le ventre quand ses fonctions sont trop tardives ; elle ouvre la voie des urines ; elle dissout les sels, prévient le calcul, excite la transpiration, éloigne ou arrête la putréfaction, apaise les douleurs, amollit les parties trop dures, relâche celles qui sont trop tendues, absorbe les âcretés, procure enfin l'équilibre des liqueurs et le maintient. Ceux qui font de cette eau leur boisson ordinaire sont rarement malades, guérissent facilement, et semblent conserver jusque dans la vieillesse la vigueur du jeune âge. N'en soyons point surpris. Si les habitants de Paris étaient sages, la Seine serait pour eux la médecine universelle. S'ils sont sujets à une infinité de maladies, c'est à leur intempérance, à la qualité, à l'assaisonnement meurtrier des mets dont ils se nourrissent, à l'usage qu'ils font du vin et des liqueurs spiritueuses, à leur long sommeil, à leur vie oisive, qu'il faut en attribuer la cause. Le meilleur remède à tous ces maux, c'est l'eau de la Seine. On a beau vanter les eaux d'Issy, de Belleville et d'Arcueil : renfermées dans des canaux de plomb, elles y contractent une crudité qui ne peut être que funeste à la santé. *L'eau de la Seine est donc la plus salubre.* Telle est la conclusion d'une thèse soutenue, le jeudi 4 de ce mois, par M. Roussin de Montabourg, bachelier de la Faculté de médecine de Paris, sous la présidence de M. Méry.

Combien de Parisiens ne connaissaient pas leur bonheur! Voici encore, sur les avantages de leur position, d'autres révélations que nous trouvons dans la feuille du 24 mai :

Le jeudi 10 du présent mois, M. Dussans, bachelier de la faculté de médecine de Paris, a soutenu, sous la présidence de M. de l'Epine, ancien doyen, une thèse où l'on examine *si l'air est un aliment, un remède et un poison.* Quiconque respire l'air tempéré de Vincennes, dit l'auteur de la thèse, quiconque habite la côte de Chaillot ou quelqu'autre bord délicieux de la Seine, n'a pas à regretter les arides sommets des Alpes. Aurait-il plus de raison de désirer le séjour de Lisbonne ou de Lima? Le sol perfide de ces beaux lieux est partout entr'ouvert de soupiraux empoisonnés. Je veux, ajoute l'auteur, vivre dans un air qui ne soit ni trop subtil, ni trop dense, ni trop sec, ni trop humide, et je bénis le ciel de m'avoir fait naître dans Paris. Heureux qui peut y choisir une demeure exposée au levant et au midi, et s'y garantir des vents de l'occident, plus encore de ceux du nord ! On doit surtout éviter le voisinage du corroyeur, du teinturier, du chandelier, du boucher et du poissonnier, qui tous altèrent l'air le plus pur et y répandent le dégoût. La proximité des cimetières est encore plus à craindre. O cendres sacrées de nos pères ! s'écrie l'auteur, pardon si je conseille de vous enlever du milieu de Paris pour vous reléguer vers le nord, au-delà de la montagne de Montmartre. Vous y serez plus à l'abri des insultes de vos descendants, et vous nous laisserez jouir des bienfaits de l'air, qui, étant par lui-même un aliment et un remède, devient un poison par les vapeurs étrangères dont il se trouve quelquefois chargé.

—

— Il vient d'éclore, dans l'empire de la mode, un petit phénomène qui pourra bien avoir son succès comme tant d'autres de la même espèce. C'est un éventail fort riche et d'une forme différente de tous les autres. Sa sculpture et sa découpure sont d'un goût tout à fait nouveau. Ce que cet éventail a de plus singulier et peut-être de plus agréable, c'est que, lorsqu'il est fermé, il a la forme d'un bouquet. Le sieur Le Tuteur, qui l'a inventé, et qui demeure à Paris, rue Saint-Martin, vis-à-vis le Prieuré, paraît un homme capable d'imaginer et d'exécuter beaucoup de choses en ce genre.

— La curiosité étant à peu près égale dans les deux sexes, et les femmes aimant presque autant que nous à rapprocher d'elles les objets qui leur paraissent intéressants, on a imaginé le moyen de satisfaire ce désir sans blesser la modestie : on enchâsse dans les maîtres brins d'un éventail une lorgnette dont nos dames peuvent faire usage sans se compromettre, et qui forme une espèce de contre-batterie qu'elles peuvent opposer aux lorgnettes indiscrètes de nos petits-maîtres.

— Un amateur des sciences nous écrit de Châlons pour nous inviter à insérer, de mois en mois, dans nos feuilles, les principales variations de l'atmosphère en différents lieux, déterminées sur le baromètre et le thermomètre. Il prétend qu'une suite d'observations météorologiques, en donnant le résultat de la température des différents climats, ne serait pas simplement un objet de curiosité. Ces observations continuées pourraient, dit-il, diriger plus sûrement les opérations de l'agriculture, et aider à découvrir les causes des maladies épidémiques qui affligent de temps en temps quelques cantons. Il nous offre, sur cet objet et sur quelques autres, une exacte correspondance. Si quelques personnes entrent dans ces vues et trouvent cet objet utile, nous ferons usage de ses avis. Nous sommes disposés à profiter de ceux que les personnes bien intentionnées voudront nous donner pour procurer à cette feuille le degré d'utilité dont elle est susceptible, et qu'elle ne saurait avoir qu'avec le temps.

— Les laboureurs sont invités à faire usage de la préparation des eaux salines propres à féconder les terres, qui se vend rue Saint-Honoré, chez le sieur Godeau. On leur offre les bouteilles de 6 livres 10 sols à 10 sols seulement la pièce, s'ils veulent promettre de bonne foi le quart que produira de plus chaque arpent semé avec cette préparation.

—On vient de nous communiquer un mémoire manuscrit concernant une liqueur dont les avantages seront très-précieux s'ils sont réels. On assure, d'après des expériences réitérées, qu'elle dissipe entièrement la puanteur que produit la vidange des fosses d'aisances, article très-important dans une ville telle que Paris. Cette liqueur sera encore très-utile dans la chambre d'un malade, pour en chasser le mauvais air. En mettant deux gouttes de la liqueur dans une pinte d'eau, un petit verre de cette eau jeté dans le bassin en dissipera l'odeur, etc., etc.

L'inventeur se nommait Soubeyran de Montesorgues. Huit jours après, il annonçait au public une autre découverte bien plus importante encore. Elle consistait en une liqueur propre à éteindre le feu. Il n'en fallait que deux pintes pour arrêter un incendie qui n'aurait pas encore fait un progrès considérable. Il suffisait pour cela de se servir d'un linge ou d'un balai de crin imbibé de cet liqueur, sans qu'on pût craindre que le linge ou le balai s'enflammassent. Une toile imbibée une seule fois, quoique séchée par l'ardeur du feu, empêchait la flamme de se communiquer. Un homme couvert de cette toile pouvait en toute sûreté porter du secours partout, et sauver du feu des malades, des enfants ou des objets précieux.

— M. Greuze vient de se copier lui-même d'une manière qui prouve combien cet auteur a de ressources dans son art. Son tableau de *la Simplicité,* exposé au salon du Louvre, et appartenant à madame de ***, ayant plu extrêmement à une dame de la cour, à laquelle les arts doivent trop pour que rien puisse lui être refusé, la dame propriétaire du tableau lui annonça que, dès que ce morceau lui plaisait, il lui appartenait. Le peintre a voulu dédommager madame de *** d'un sacrifice si flatteur pour lui. Il vient, d'après le même sujet qui lui a servi de modèle et dont les traits naïfs rendent si bien le caractère de simplicité qu'il a voulu exprimer, de composer un tableau dans lequel il s'est surpassé lui-même. Il a opposé un fond qui fait mieux valoir le tableau, et y a corrigé quelques légers défauts échappés à sa première composition.

Je ne finirais pas de citer, si je m'écoutais ; je me bornerai à mentionner, pour finir, le catalogue des estampes de Le Bas, avec les prix ; et, comme curiosité, une liste de soixante-treize almanachs qui se vendaient à Paris pour l'année 1760. J'ajouterai enfin que les spectacles, qui ne figurent pas dans le prospectus que nous avons transcrit plus haut, occupent dans la Feuille nécessaire une juste place.

La Feuille nécessaire, rédigée par Boudier de Villemert et Soret, n'eut qu'un volume (in-8° de 750 pages); elle fut remplacée en 1760 par *l'Avant-Coureur,* qui en adopta complétement le programme, de sorte qu'on pourrait dire seulement qu'elle changea de titre.

L'Avant-Coureur eut assez de vogue pour s'attirer les persécutions du *Mercure*.

« Les auteurs du *Mercure*, lit-on dans les *Mémoires secrets,* à la date de décembre 1765, ont présenté un mémoire à M. le lieutenant de police, dans lequel ils se plaignent des entreprises de *l'Avant-Coureur* et du *Journal des Dames*. Ils prétendent que ces journalistes empiètent sur leurs droits, en insérant dans leurs ouvrages quantité de pièces fugitives, dont ils réclament la possession; ils disent aussi qu'en donnant des extraits prématurés des pièces, ils ôtent tout le mérite des leurs, etc. Le *Journal des Savants* a signé ce mémoire. »

Et à la date du mois de janvier suivant : « Par un avertissement inséré dans son premier numéro de 1766, *l'Avant-Coureur* semblait annoncer son triomphe des persécutions du *Mercure* : après s'être glorifié d'une existence de huit années, d'avoir survécu à quantité de journaux nés et morts depuis ce temps, il continue à se donner pour la gazette des arts, des sciences et de la littérature. Il promet une notice ou même un précis prématuré de toutes les pièces de théâtre. Cet article chatouilleux est ce qui offense surtout les auteurs du *Mercure*, sur lequel ils ont sans doute perdu leur procès. Il finit par promettre de l'exactitude et de l'impartialité, deux qualités auxquelles il manquera souvent. »

Cependant le *Mercure* gagna son procès, en partie du moins; il fut défendu à *l'Avant-Coureur* d'insérer aucune pièce fugitive. Quant à la partie des spectacles, il en resta en possession.

On a une autre preuve de l'importance de ce journal dans ce passage de Grimm, du 1er octobre 1764 : « Il faut convenir que nos papiers publics font un aussi grand abus d'éloges que d'injures. Nos génies les plus médiocres se trouvent plus prônés, plus exaltés en trois mois de temps, que les plus grands hommes des autres pays pendant toute leur vie; et, comme l'ignorance se joint à cette admiration stupide, on se persuade qu'il n'y a ailleurs ni génie, ni talents, parce que le *Mercure de France* et *l'Avant-Coureur* n'en parlent pas. »

L'Avant-Coureur se continua jusqu'en 1773, et forme 13 forts volumes in-8°. Ses rédacteurs étaient de Querlon, Jonval de Villemert, La Combe et La Dixmerie. On y substitua, au commencement de 1774, une « *Gazette et Avant-Coureur de la Littérature, des Sciences et des Arts,* contenant toutes les nouvelles de la république des lettres, des analyses claires et précises des édits, ordonnances, etc., les causes célèbres et intéressantes, les pièces nouvelles, etc. » Cette feuille, in-4°, fut achetée au bout de quelques mois par Panckoucke, qui l'annexa à son *Journal historique et politique*.

Ces deux recueils, je le répète, sont on ne peut plus intéressants pour l'histoire des arts et de l'industrie surtout; c'est une mine à fouiller, et que je recommande à ceux qui s'occupent de notre histoire privée; Edouard Fournier y trouverait plus d'un chapitre à ajouter à son *Vieux neuf*. Malheureusement ils sont très-rares. La Feuille nécessaire se trouve à la bibliothèque Sainte-Geneviève. J'ai lieu de croire que la Bibliothèque impériale possède plusieurs années de l'Avant-Coureur; mais on n'a pu m'en communiquer que deux numéros détachés, et je n'aurais pu m'en former qu'une idée bien incomplète, si je n'en avais rencontré un volume dans la bibliothèque d'un chercheur de mes amis.

—

A la suite de l'histoire des *Petites Affiches*, j'ai indiqué quelques autres organes que s'était créés le commerce. Je citerai, dans le même ordre d'idées, un « *Journal œconomique,* ou mémoires, notes et avis sur l'agriculture, les arts, le commerce, et tout ce qui peut avoir rapport à la santé, ainsi qu'à la conservation et à l'augmentation des biens des familles, etc. » Paris, 1751-1772, 45 vol. in-12 et in-8°.

Et encore, comme point de comparaison, une « *Feuille d'annonce des Voitures* quelconques qui arrivent journellement à Paris, ou qui partent pour les provinces ou pour les pays étrangers, avec l'indication de l'espèce des voitures et de leurs destinations », feuille quotidienne, du prix de 30 livres, qui « ne pouvait manquer d'être agréable au public, et surtout aux négociants, commerçants, libraires, etc., qui font des envois en province et à l'étranger, ainsi qu'aux auberges où logent les voitures, rouliers, etc., aux cafés et à toutes autres maisons publiques qui sont fréquentées. »

—

Les *Nouvelles de la République des Lettres et des Arts*, ouvrage périodique, par M. Pahin de Champlain de La Blancherie, « aux frais des intéressés », avaient une certaine analogie avec *l'Avant-Coureur;* le ton cependant en était plus relevé, elles étaient plus artistiques. Leur auteur se proposait de faire connaître tous les objets de science, de littérature et des arts, dans tous les pays où il est possible d'avoir des relations. « Chaque feuille, disait le prospectus, sera composée de deux parties. La première présentera l'état actuel des sciences, de la littérature et des arts. La seconde, qui l'accompagnera toujours en forme de supplément, servira à faire connaître les personnes et les choses dont nous n'y aurons parlé qu'en passant et pour la première fois, et à remettre successivement sous les yeux du public, avec des détails intéressants pour la curiosité et le commerce, la notice des principaux ouvrages qui composent les œuvres des auteurs et des artistes, et les catalogues des libraires, tant de France que des pays étrangers. »

Le premier numéro de cette feuille, annoncée longtemps à l'avance, est du 22 janvier 1779. Elle passa par de nombreuses alternatives de vie et de mort; mais elle se continua au moins pendant dix ans, car, d'après une indication du *Journal des Savants* de février 1792, Lalande y aurait inséré, dans le numéro du 19 janvier 1788, un éloge de Boscovich. La collection, très-rare, se compose de 8 volumes in-4°; la Bibliothèque impériale en possède sept, allant de 1779 à 1787.

Ce journal, très-curieux, se recommande pourtant moins encore par sa valeur propre que par les souvenirs qui s'y rattachent. C'était, en effet, l'organe, et, en même temps, la base et le fondement d'un établissement véritablement remarquable, quoi qu'en aient pu dire les petits journaux du temps.

La Blancherie avait projeté de fournir aux savants et aux artistes, ce qui leur avait manqué jusque là, un centre de ralliement, avec les moyens de se connaître et de se faire connaître. Il avait fondé dans ce but une sorte de Cercle-Musée, et il se donnait à lui-même le titre d'*agent général de correspondance pour les sciences et les arts,* titre un peu fastueux, qui lui attira de nombreuses épigrammes. L'auteur du *Petit Almanach des Grands Hommes,* notamment, ne pouvait le lui pardonner, quoiqu'il eût pris lui-même, dans son pamphlet, le titre de comte de Rivarol. « M. de La Blancherie, y disait le petit grand homme, est un des plus puissants génies de ce siècle. Il avait conçu un projet admirable, qui devait le conduire à la plus haute fortune, et pour l'exécution duquel il ne demandait qu'une ville impériale, où tous les souverains de l'Europe devaient s'assembler et traiter avec lui. Il avait fort bien expliqué ses vues dans un journal de sa composition ; mais l'Europe, occupée de je ne sais quels intérêts du moment, négligea le grand projet de M. de La Blancherie ; la ville impériale ne lui fut point accordée ; les souverains ne s'assemblèrent pas, et ce grand homme resta seul avec ses plans et son génie, rue Saint-André-des-Arts, près l'égout. O temps ! ô mœurs ! »

« Passe des persifflages sur le génie de La Blancherie, mais le plan de son Musée était ingénieusement conçu, dit Brissot de Warville. Son établissement offrait un avantage pour l'humanité ; il mettait sans cesse en communication les savants de tous les pays ; c'était le rendez-vous de tout l'univers. Il est fâcheux qu'il ne subsiste plus : rien n'efface plus les préjugés nationaux, rien n'est plus propre à répandre les vérités, qu'un pareil centre de réunion. »

Brissot, qui fut quelque temps le collaborateur de La Blancherie, attribue l'insuccès de son Musée à la médiocrité de son esprit et à l'inconsistance de son caractère.

Les *Mémoires secrets* s'occupent beaucoup de La Blancherie et de ses projets, mais dans un esprit de dénigrement qui leur est assez habituel ; la vérité cependant se fait jour à travers leurs railleries. La *Correspondance secrète* se montre plus bienveillante, et nous ajouterons plus équitable, pour cet esprit entreprenant. Quoi qu'il en soit, le nouvel établissement, approuvé par l'Académie des Sciences, jouit pendant quelque temps d'une très-grande faveur ; les plus grands seigneurs l'avaient pris sous leur protection, et les souverains l'honoraient de leur visite. Cependant, après des vicissitudes diverses, il finit par succomber devant les préoccupations qui absorbèrent bientôt l'opinion publique. Mais La Blancherie conserva jusqu'au bout son courage. Il disait à Grimm en 1788 : « Je suis las de toutes les persécutions qu'éprouve le plus bel établissement dont on ait jamais conçu l'idée. Je travaille dans ce moment à un grand mémoire pour les Etats-Généraux : je suis bien aise de faire décider à la Nation assemblée si je suis un sot ou non. » La Révolution emporta ses dernières espérances ; forcé de quitter la France, où son caractère et ses talents lui avaient fait de nombreux amis, il se réfugia en Angleterre, et il y mourut en 1811.

—

Journaux Bibliographiques.

L'origine des journaux bibliographiques ne remonte pas au-delà d'un siècle. Le premier que nous rencontrions commença à paraître en 1758 ; il a pour titre : *Annales typographiques, ou Notice du Progrès des Connaissances humaines*, par une société de gens de lettres. L'auteur, le docteur Roux, de Bordeaux, se proposait d'annoncer tous les ouvrages qui se publiaient en Europe, en quelque langue qu'ils fussent écrits, et de quelque matière qu'ils traitassent, et la manière dont il remplit son programme concilia d'abord à sa publication la faveur de tous les lettrés. En évitant également la sécheresse d'un simple catalogue et l'étendue d'un journal, il en disait assez pour satisfaire la curiosité de ceux à qui la matière du livre serait à peu près indifférente, et pour exciter le désir d'en savoir davantage dans l'esprit de ceux pour qui l'objet du livre serait plus intéressant. Les titres des livres étrangers étaient donnés dans leur langue, et ensuite traduits en français, avec les indications nécessaires pour pouvoir se les procurer. Le numéro se terminait par un article de nouvelles littéraires. On avait promis de donner, à la fin de chaque année, une table des ouvrages, distribuée par ordre de matières, et une table alphabétique des auteurs ; mais cette promesse ne fut point tenue. « C'est là une lacune regrettable, dit Quérard ; néanmoins, tel qu'il est, ce journal est encore utile à consulter. On peut le regarder comme un modèle en son genre. Des analyses aussi savantes qu'instructives donnent, en peu de mots, une idée nette des ouvrages qu'elles annoncent, dégagée du verbiage et des lieux communs qui remplissent trop fréquemment nos journaux littéraires. » C'est le jugement qu'en avaient porté les critiques du xviiie siècle, notamment Meusnier de Querlon et l'abbé de La Porte.

Les Annales typographiques parurent d'abord toutes les semaines, par cahiers in-4° ; elles prirent ensuite le format in-8°, et ne parurent plus que tous les mois ; elles se continuèrent jusqu'en 1762, et forment 10 volumes.

Le premier volume, contenant l'annonce des livres imprimés dans le cours de l'année 1757, fut rédigé en commun par Morin d'Hérouville et Roux.

Les Annales furent suivies du *Catalogue hebdomadaire,* ou liste des livres, estampes, etc., connu aussi sous le nom de *Journal de la Librairie,* et dont la publication commença en 1763. Cette feuille ne contenait l'indication que d'une faible partie des publications de l'époque, et était faite d'ailleurs avec beaucoup de négligence; elle se soutint pourtant jusqu'en 1789, et forme 27 vol. in-8°. Elle fut rédigée par Bellepierre de Neuvéglise jusqu'en 1774, et ensuite par le libraire Pierres. Le prix, qui n'était d'abord que de 6 livres 12 sous, fut porté, en 1781, à 7 liv. 4 s., à cause des fréquents suppléments qu'on était obligé de donner.

Je crois devoir mentionner, pour son importance, une « *Bibliographie parisienne,* ou catalogue d'ouvrages de science, de littérature et de tout ce qui concerne les beaux-arts, tels que la musique, la gravure, etc., imprimés ou vendus à Paris, avec les jugements qui en ont été portés dans les écrits périodiques; ensemble l'énoncé des édits, arrêts et déclarations du roi, etc., etc., etc., etc., par une société de gens de lettres. » Elle avait pris pour épigraphe ce vers d'Ovide :

Dissociata locis concordia pace ligavit.

Je n'ai pas besoin de faire ressortir l'intérêt que présente le rapprochement des différents jugements portés sur le même ouvrage. Ces jugements, du moins dans le seul volume que j'aie eu entre les mains, celui de l'année 1770, sont tirés du *Journal des Savants,* des *Petites Affiches,* de l'*Année littéraire,* de la *Gazette universelle de Littérature,* du *Mercure de France,* du *Journal de Verdun,* du *Journal des Beaux-Arts,* du *Journal encyclopédique,* de *l'Avant-Coureur,* du *Journal ecclésiastique* et du *Portefeuille hebdomadaire.*

Les auteurs, parmi lesquels figuraient Hurtault et d'Hermilly, s'étaient proposé, non pas de suivre le mouvement annuel des productions littéraires, mais d'en remonter en quelque sorte le cours, jusqu'à des limites qu'ils n'indiquaient pas. Ils commencèrent par l'année 1770, comme offrant un intérêt plus vif, pour être plus rapprochée. Ce n'est pas, à ce qu'il paraît, sans quelques tiraillements qu'ils l'achevèrent, et l'entreprise en resta là pour le moment. En 1774, elle fut reprise par le libraire Ruault (l'éditeur primitif était Desnos), qui publia l'année 1769, mais sur un autre plan : les jugements furent supprimés ; en revanche, il étendit sa nomenclature aux ouvrages imprimés dans toute la France. Mais la publication, sous cette nouvelle forme, avait perdu la plus grande partie de son intérêt. La Bibliographie parisienne forme en tout 7 volumes in-8°; 6 pour 1770, et 1 pour 1769.

La tourmente révolutionnaire suspendit à peu près toute étude littéraire et bibliographique. Parmi les journaux de ce temps spécialement destinés aux annonces des publications nouvelles, nous ne pouvons citer que la *Correspondance du Libraire,* par le libraire Aubry (1790-1793, 3 vol. in-8°), et le *Télégraphe littéraire.*

Le calme ramena le goût des lettres, et, le 22 septembre 1797, Pierre Roux commença la publication d'un *Journal typographique et bibliographique,* dont il donna 10 volumes, et qui fut continué après sa mort, jusqu'au 16 octobre 1810, par Dujardin-Sailly d'abord, et ensuite par de Villevieille. Ce journal, qui forme en tout 14 volumes, est peu estimé. Ses rédacteurs ne possédaient qu'à un degré très-insuffisant les qualités nécessaires pour un pareil travail, et l'on y rencontre trop souvent, au lieu de notices impartiales, de ces formules d'éloges exagérées et banales que les libraires d'alors achetaient à prix d'argent.

Le 4 décembre 1810, M. Pillet, qui avait souscrit le *Journal typographique* depuis le 26 mars précédent, le reprit sous le titre de : *Journal général de l'Imprimerie et de la Librairie.* Cette feuille dura jusqu'au 30 septembre 1811 ; elle renferme 2548 articles. C'est à sa suite qu'a paru, sous le titre de : *Bibliographie de l'Empire français, ou Journal de l'Imprimerie et de la Librairie,* le journal officiel de la librairie, dont le premier numéro est daté du 1er novembre 1811. La création en avait été autorisée par un décret impérial du 14 octobre, dont l'article 3 défendait, conformément à l'article 12 de l'arrêt du Conseil du 16 avril 1785, à tous auteurs, éditeurs, journalistes, etc., d'annoncer aucun ouvrage, imprimé ou gravé, avant qu'il eût été porté dans le Journal de la Librairie.

Rédigé jusqu'en 1848, avec un soin qu'on ne saurait trop louer, par l'un de nos plus savants, de nos plus exacts et de nos plus consciencieux bibliographes, M. Beuchot, et depuis sa mort par M. Marette, un de ses dignes collaborateurs, le Journal de la Librairie jouit d'une grande et juste estime auprès des libraires et des amateurs de livres, qu'il éclaire avec une exactitude scrupuleuse sur tout ce qui doit les intéresser dans la publication des ouvrages nouveaux. Il forme un volume par année, et chaque volume est terminé par une triple table, alphabétique des ouvrages, alphabétique des noms d'auteurs, et méthodique pour la classification des ouvrages ; ce qui facilite singulièrement les recherches.

Le Journal de la Librairie a eu de nombreuses concurrences, mais il en a toujours facilement triomphé. Une seule de ces entreprises rivales eut quelque consistance, et mérite que nous la mentionnions : c'est le *Courrier de la Librairie*, fondé par M. P. Jannet, le créateur de la Bibliothèque Elzevirienne. Commencée en octobre 1854, sous le titre de *la Propriété littéraire et artistique*, cette feuille ne parut d'abord que deux fois par mois ; elle devint hebdomadaire à partir de janvier 1856, en même temps qu'elle changeait son nom pour celui de Courrier de la Librairie, et subissait une complète et heureuse transformation, qui en eût assuré le succès, si son habile éditeur n'eût été absorbé par d'autres soins. Elle fut achetée à la fin de 1858 par le Cercle de l'Imprimerie et de la Librairie, qui la réunit au journal officiel, dont il était devenu propriétaire.

Mentionnons enfin le *Journal général de la Littéture de France*, qui commença de paraître en 1799, chez les libraires Treuttel et Wurtz, rédigé d'abord par Loos, et, après lui, par Boucher de la Richarderie. De courtes analyses des ouvrages, ou, plus souvent, un jugement précis et assez exact de leur mérite, accompagnent le titre des livres annoncés dans ce journal estimé, qui prit fin en 1840, et forme 43 vol. in-8°, avec tables. La même maison publiait parallèlement un *Journal général de la Littérature étrangère*, qui a duré de 1801 à 1830, et forme 30 vol. in-8°, aussi avec tables.

Une remarque à faire, en terminant, c'est que les recueils bibliographiques et de pure critique, nombreux chez nos voisins, chez ceux d'outre-Rhin surtout, rencontrent en France une indifférence, une apathie, contre laquelle les mieux faits ont toujours échoué.

JOURNAUX REPRODUCTEURS. — VARIÉTÉS.

Esprit des Journaux.

Il dut y avoir, dès l'origine des journaux, des recueils reproducteurs, des *Cabinets de Lecture* et autres *Voleurs*. Le plus important de beaucoup des recueils de ce genre est *l'Esprit des Journaux français et étrangers*. Cette feuille reposait, dit Meusnier de Querlon, sur une idée qui, bien exécutée, ne saurait produire que de bons résultats. On ne peut disconvenir qu'il soit assez commode de trouver tous les mois, réuni dans un seul volume, le précis de ce que contiennent tous les autres journaux, soit de France, soit des pays étrangers, et d'acquérir à peu de frais, et sans perdre beaucoup de temps, « la connaissance de l'état des sciences et des arts, utiles et agréables, dans toutes les parties de l'Europe où la république des lettres étend son empire. » Aussi une pareille entreprise n'était-elle pas nouvelle; mais elle avait toujours échoué. Les fondateurs de l'Esprit des Journaux furent plus habiles et plus heureux.

Nous avons déjà cité (1) l'opinion de M. Sainte-Beuve sur cette feuille. « C'était, dit-il, une espèce de journal (soit dit sans injure) voleur et compilateur, qui prenait leurs bons articles aux divers journaux français, qui en traduisait à son tour des principaux journaux anglais et allemands, et qui en donnait aussi quelques-uns de son crû, de sa rédaction propre. Voilà un assez bel idéal de plan, ce semble ; l'Esprit des Journaux le remplissait très-bien. »

Les matières y sont classées dans un ordre méthodique : Articles de critique littéraire, extraits des différents journaux, dont les jugements sont souvent rapprochés et fondus ; — Causes célèbres et questions de Droit ; — Mélanges ; — Poésies fugitives ; — Académies, séances de diverses sociétés ; — Spectacles ; — Histoire naturelle, Physique, Chimie, Botanique ; — Médecine, Chirurgie ; — Agriculture, Economie, Industrie, Commerce ; — Traits de bienfaisance, de justice et d'humanité ;— Anecdotes, singularités ; — Bibliographie de l'Europe ; — Musique ; — Catalogue des livres nouveaux.

Ce simple sommaire suffirait pour donner une idée de l'abondance et de la variété des matériaux que renferme cet immense recueil.

(1) Tome Ier, Introduction, page XXI.

Ses principaux rédacteurs furent : l'abbé Coster, bibliothécaire de l'évêque de Liége, jusqu'en 1775 ; de 1775 à 1793, de Lignac, médecin ; l'abbé Outin, génovéfain ; Millon et autres ; de 1793 à la fin, Rozin, Weissembruch, Mellinet et autres.

La publication de ce recueil estimé, commencée à Liége en juillet 1772, s'est prolongée jusqu'en 1818. Il en devait paraître un volume de 18 à 20 feuilles par mois ; mais cette promesse ne fut pas rigoureusement tenue, quelques années n'ont produit que 9, 6, 4 ou même 2 volumes. Il y eut une interruption de six mois en l'an II, et il ne fut rien publié pendant les années 1815, 1816 et les trois premiers mois de 1817.

Le prix de la souscription était de 27 livres pour Paris et 33 pour la province ; le prix du volume, de 400 à 450 pages, était de cinquante sous pour les personnes non abonnées.

La collection, que l'on trouve difficilement complète, forme 495 volumes in-12. On y ajoute 7 volumes de tables, 4 pour les années 1772-1784, et 3 pour les années 1803-1811.

Il a été publié en 1777 un « *Esprit des Journalistes de Hollande les plus célèbres,* ou morceaux précieux de littérature tirés de l'oubli et recueillis dans les journaux de ce nom, tels que la *République des Lettres,* de Bayle ; les *Ouvrages des Savants,* de Basnage ; les *Bibliothèques* de Leclerc ; le *Journal littéraire*, etc. ; ouvrage également curieux et instructif par les anecdotes, traits d'histoire, dissertations, réflexions, et par la grande variété d'articles intéressants choisis dans ce nombre infini de livres dont les littérateurs ont rendu compte ; le tout mis dans l'ordre le plus naturel des matières. » Ce titre interminable semblerait annoncer une immense collection : l'Esprit des Journalistes de Hollande ne forme que 2 volumes in-12 ; du moins est-ce tout ce qu'en possèdent la Bibliothèque impériale et l'Arsenal.

— *

L'Esprit des Journaux était presque exclusivement un recueil reproducteur ; d'autres alliaient au rôle de reproducteur celui de critique.

Un des premiers essais dans ce genre a pour titre : *le Littérateur impartial, ou Précis des Ouvrages périodiques*. Le projet de l'auteur était « de réunir sous un seul point de vue ce que les journaux ont de plus utile et de plus intéressant », projet qui lui semblait suffisamment justifié par la multiplicité des ouvrages périodiques.

<small>Si les journaux, peut-être plus avantageux aux sciences et aux arts qu'on ne le pense, semblent favoriser la paresse de l'esprit humain, ils étendent ses connaissances ; s'ils ne font point de savants, ils font du moins plus de personnes instruites...
Le projet de donner, par le moyen des extraits, une légère</small>

teinture des productions de l'esprit dans tous les genres, fut une de ces idées heureuses qui devaient naître dans le siècle de Louis XIV...

A mesure que la multitude devint éclairée, elle désira de l'être davantage. Les premiers journaux ne lui avaient présenté d'abord que des objets purement littéraires ; mais elle voulut être instruite de tout ce qui peut concerner les différentes branches des sciences et des arts. La religion, la morale, la physique, la géométrie, le commerce, la navigation, l'agriculture, la médecine, la peinture, les mécaniques même, lui parurent devoir entrer dans la sphère de ses connaissances.

Cette révolution dans les esprits a-t-elle été un bien pour l'humanité? C'est ce que nous n'entreprendrons pas de décider. (Aujourd'hui encore, pour beaucoup de personnes, la question ne semble pas résolue.) Nous nous contenterons d'observer que, depuis cette époque, tous les arts ont fait des progrès considérables.

Quoi qu'il en soit, les premiers journaux ne pouvant pas suffire à remplir la curiosité du public, les ouvrages périodiques durent se multiplier, et ils se multiplièrent en effet ; chaque matière eut son journal...

Le Littérateur impartial ne se bornait point au rôle de simple rapporteur ; il se proposait non-seulement « de rassembler sous un même coup d'œil ce qui se trouve épars dans tous les ouvrages périodiques, mais encore d'analyser tant de jugements différents, d'en faire une espèce de parallèle et un résumé sans présomption ni partialité. » C'était un peu comme les revues des journaux que donnent certaines de nos feuilles périodiques.

Plus flattés d'élever que de détruire, aimant les lettres pour elles-mêmes, les cultivant par goût, nous lirons sans préjugé, nous écrirons sans passion.

Lorsque nous serons obligés de rendre compte des querelles, malheureusement trop fréquentes dans la république des lettres, et qui ne tendent qu'à l'avilir, ce sera toujours sans sortir de ce caractère de neutralité.

Ce plan, bien exécuté, aurait produit un recueil excellent ; malheureusement, il ne paraît pas avoir eu de suite. Je ne connais du Littérateur impartial qu'un volume (1760, in-12 de 400 pages) que l'auteur avait donné lui-même comme l'*essai d'un nouveau journal*. Il en promettait un pareil tous les mois, moyennant 30 et 36 livres, si cet essai était reçu favorablement du public, auquel il offrait des garanties bonnes à noter :

Pour la sûreté des fonds, toutes les souscriptions seront mises en dépôt chez M. de May, notaire, chez lequel on souscrira. Et si, par quelque événement, le journal venait à être interrompu avant la fin d'une année, on remettra, avec la plus grande exactitude, l'argent des souscriptions, ne retenant que le prix des volumes qu'on aurait déjà envoyés.

—

Le Conservateur, ou Collection de morceaux rares et d'ouvrages anciens et modernes, imprimés ou manuscrits, élagués, traduits et refaits en tout ou en partie, était ainsi annoncé par les auteurs dans les premières lignes de leur avant-propos :

Il est un nombre infini de livres qui sont ignorés et qui ne méritent point de l'être. Il en est d'autres qu'on ne lit déjà plus guère, et qui tomberont bientôt dans l'oubli par l'éloignement que donnent pour leur lecture l'ancienneté du style dans lequel ils sont écrits, le peu d'ordre qui y règne, ou leur prolixité. Il est enfin un nombre infini de livres qui sont morts en naissant, dans lesquels il se trouve des choses faites pour être conservées.

Faire connaître ceux de ces ouvrages qui sont ignorés, préserver ceux qui sont connus de l'oubli qui les menace, empêcher enfin que l'on n'ait fait des efforts inutiles pour instruire ou pour amuser, voilà l'objet que nous nous proposons.

Le Conservateur était rédigé par Bruix, Turbon et L. Blanc; il vécut de 1756 à 1764, et forme 38 vol. in-12.

Le *Journal des Journaux,* ou précis de plusieurs ouvrages périodiques de l'Europe, par une société de gens de lettres, poursuivait à peu près le même but que le Littérateur impartial. Voici le jugement qu'en porte l'abbé de La Porte (*l'Observateur littéraire,* 1760, t. 3) :

« Les écrits périodiques se sont extrêmement multipliés dans toute l'Europe, et en France particulièrement. Le titre seul de l'ouvrage que je vous annonce en est une preuve. Les journaux sont en assez grand nombre pour fournir eux-mêmes la matière d'un nouveau journal. Ce dernier a pour but de former un ensemble de tous les autres, et de présenter sous un même point de vue ce qu'ils offrent d'agréable et d'intéressant sur les sciences et les arts. Il y joint, de plus, l'extrait raisonné des ouvrages les plus récents qui se trouvent annoncés dans ces sortes d'écrits. C'est par là qu'il réunit le double avantage de faire connaître à la fois et l'auteur et le journaliste. Mais son objet principal est de fondre en un seul différents extraits, de les comparer ensemble, de réunir les suffrages des journalistes ou de montrer leurs dissemblances, de discuter les motifs qui ont pu les engager à porter tel ou tel jugement; en un mot, disent ses auteurs, d'appuyer leurs décisions de manière à prouver évidemment au lecteur qu'ils n'ont pour base de leur opinion que la vérité, mais une vérité que le poison de la flatterie ne souille point, et que le souffle de l'envie n'altère jamais.

» Il m'a paru que jusqu'à présent ils ne se sont point écartés de cette voie louable. C'est la modération et l'impartialité qui dirigent leur plume; jamais ils ne la trempent dans le fiel de la satire. »

Selon Barbier, le Journal des Journaux n'aurait paru que de janvier à avril 1760, et formerait seulement 2 vol. in-8°. Ses rédacteurs étaient l'abbé Regley, de Caux et Portelance.

En 1770, d'Açarq, à qui *la Wasprie* a fait une sorte de célébrité, publia un *Portefeuille hebdomadaire,* qui, d'après le témoignage de Querlon, n'était pas sans valeur. L'objet de cette feuille, dit ce critique, était principalement de réaliser le plan du

Pour et Contre, conçu par l'abbé Prévost, mais mal suivi par cet écrivain, et que d'autres avaient, depuis, tenté sans succès. On y remarquait beaucoup de saine critique, des analyses bien faites, le goût de la bonne littérature, une grande impartialité.

Je n'ai pu savoir quelle a été la durée de cette feuille, dont j'ai seulement trouvé l'indication à la Bibliothèque impériale.

—

Journal de Monsieur, Table générale des Journaux anciens et modernes, contenant les jugements des journalistes sur les principaux ouvrages en tout genre, suivis d'observations impartiales et de planches en taille-douce ou en couleurs, par une société de gens de lettres. — Ce journal est une sorte de trilogie ; il a passé par trois phases très-distinctes, dont Barbier ne paraît avoir connu que la dernière, et encore d'une manière imparfaite. La publication en commença en septembre 1776. L'épître dédicatoire à Monsieur, frère du roi, est signée : *Par la Société*, G**, d'A**, D**, S**, M**. Je n'ai pu découvrir les noms que cachent ces initiales, mais j'ai lieu de croire que Gautier-Dagoty était le principal rédacteur, car il est indiqué, dans un avis, comme celui à qui l'on doit adresser ce qui peut concerner le journal.

Ce premier Journal de Monsieur était divisé en deux parties : la première contenant l'extrait des anciens journaux, la seconde ayant pour objet les journaux modernes. C'était, selon l'expression de la dédicace, un journal universel, rapprochant sous un même point de vue tous les trésors de la littérature française, ancienne et moderne. Rappeler les principales productions de l'esprit en tout genre qui ont paru depuis un siècle ; marquer l'époque des plus belles découvertes dans les hautes sciences et dans les arts utiles et agréables ; comparer les jugements qu'en ont portés les journalistes anciens ; indiquer les raisons qui ont quelquefois engagé le public, souverain arbitre du goût, à casser ou à réformer leurs arrêts ; rassembler ceux des savants de nos jours sur les productions actuelles, y joindre de courtes réflexions : tel en était le plan. Dans ses jugements, toujours énoncés avec décence, devait régner l'impartialité la plus scrupuleuse.

Lorsque l'on connaîtra notre plan, disent les auteurs dans un prospectus remarquable à plus d'un titre, on conviendra que cet ouvrage manquait à notre littérature, et qu'il pourra remédier aux inconvénients qui naissent de la foule innombrable des journaux, et contre laquelle on murmure depuis longtemps avec raison.

C'est précisément parce qu'ils se sont trop multipliés qu'on doit en désirer un qui rassemble sous un même point de vue des analyses laconiques, mais instructives, des productions en tout genre, des précis clairs et fidèles des jugements que les journalistes en ont portés, et quelques observations impartiales et sur les ouvrages et sur les jugements mêmes; un journal qui, remontant vers l'origine des journaux, rappelle les meilleures décisions de leurs auteurs, et soit, pour ainsi dire, le recueil des arrêts de cette cour souveraine; un journal enfin qui, écrit sans passion, sans intérêt, venge les chefs-d'œuvre de tant de critiques amères et indécentes, et réduise à leur juste valeur les éloges outrés qu'un auteur croit accordés à ses talents, et qui sont prodigués ou à son crédit par la crainte, ou à son rang par la flatterie.

Ce n'est point ici une table sèche et stérile des matières traitées dans les journaux. Nous ne nous contenterons pas d'indiquer au lecteur la mine où il doit fouiller; nous lui en ferons apercevoir les richesses les plus précieuses. Mais lorsqu'il voudra approfondir des matières trop étendues pour recevoir de nos analyses tout le jour dont elles sont susceptibles, nous le renverrons aux journaux mêmes...

... Combien d'ouvrages ont eu le sort de la *Phèdre* de Pradon, celui de briller un moment, d'éclipser même des chefs-d'œuvre, et de retomber ensuite dans un éternel oubli!... Quoique ce soit une espèce de sacrilége de remuer les cendres des morts, nous rendrons quelquefois à ceux-ci un moment d'existence, pour dévoiler les causes qui leur avaient procuré un succès éphémère, et celles qui ont fait tomber à la fois l'illusion, l'auteur et la pièce. Nous montrerons comment le public put, sans s'en apercevoir, être entraîné par une cabale imposante; comment l'enthousiasme se communique de proche en proche, et électrise, pour ainsi dire, toute une assemblée, et même toute une nation. D'ailleurs, parmi les ouvrages décriés ou dénigrés à juste titre, il en est peu qui, dans un amas de défauts ou de choses triviales, n'offrent tantôt un caractère bien dessiné, tantôt une saillie heureuse, quelquefois même une réflexion neuve. Lorsque nous parlerons de ces ouvrages morts en naissant, nous ne mettrons que ces beautés sous les yeux des lecteurs; l'ennui de lire le reste sera notre partage.

Il est aussi quelques ouvrages estimables qui sont restés ignorés, parce que leurs auteurs, sans hardiesse dans la société, sans protection à la cour et peu célébrés dans les journaux, n'ont cherché d'autre récompense de leurs talents que le plaisir secret de les exercer. Nous tâcherons de les tirer de leur obscurité, et de faire voir combien ils ont été utiles aux auteurs modernes. qui puisaient avec sécurité dans ces sources inconnues au public. On a vu de tout temps quelques gens de lettres se liguer pour cacher avec soin ou décrier hautement les livres féconds où se trouvaient leurs *mères idées,* comme à Carthage on défendait aux navigateurs, sous les peines les plus sévères, d'enseigner aux étrangers le chemin des îles Cassitérides, où étaient les mines de la république.....

Nous observerons, lorsque l'occasion s'en présentera, les changements arrivés dans les mots, et surtout dans la manière d'en faire usage.

On trouvera dans ce journal les querelles des savants et des littérateurs anciens et modernes, accompagnées d'observations simples, modérées et dégagées de tout esprit de parti. Dans les débats littéraires, la conduite la plus sage est celle du spectateur qui s'appuie sur la barrière, regarde les champions, ne veut ni donner des coups ni en recevoir, et refuse même souvent de les juger. Nous aimons mieux chercher à plaire au bon goût qu'à la malignité humaine, et nous avons assez bonne opinion de notre siècle pour croire que l'équité sévère, mais décente, peut trouver autant de suffrages que la satire. Le vœu secret des gens de lettres les plus estimables était, depuis longtemps, ou qu'on fît cesser tant de querelles envenimées, ou qu'une société littéraire, dans des conseils modestes, et non dans des arrêts tranchants, pesant les raisons sans peser les injures, invitât les deux partis à se respecter eux-mêmes; prît soin de les laver l'un et l'autre de tant de calomnies, de tant d'outrages hasardés dans la chaleur de la mêlée, et dont on se repent après le combat, sans avoir souvent le courage d'avouer son repentir.

Enfin, chaque volume devait se terminer par les anecdotes politiques, auxquelles on joindrait un grand nombre de faits intéressants, propres à caractériser ou les nations ou les hommes célèbres.

Cette première série a, au point de vue littéraire et bibliographique, une valeur réelle. Mais il paraît que les rédacteurs ne purent s'accorder pour le règlement de leurs intérêts ; ils abandonnèrent leur publication après sept ou huit mois. Elle fut reprise, à la fin de 1778, par madame la présidente d'Ormoy, membre de l'Académie des Arcades de Rome, qui annonça devoir continuer le plan de ses prédécesseurs ; mais, d'après les représentations qui lui avaient été faites, elle insisterait moins sur les journaux anciens que sur les modernes, et ne prendrait dans ces derniers que les articles qui porteraient une empreinte bien marquée d'utilité ou d'agrément.

Réduit ainsi presqu'à l'état de *magazine*, le journal perdit, sous la direction de la noble académicienne, beaucoup de son sérieux et de sa valeur ; j'y ai remarqué cependant une chronique littéraire dans laquelle on trouverait à glaner quelques petits faits.

En 1781, le Journal de Monsieur, descendu, dit-on, à moins de cent souscripteurs, fut acquis au prix de 4,000 livres par deux écrivains qui devaient laisser un nom dans l'histoire du journalisme, par Geoffroy et Royou, sur lesquels nous reviendrons longuement. Ils étaient, l'un et l'autre, rédacteurs de *l'Année littéraire*, appartenant alors au fils de Fréron. « On dit que ces messieurs voulaient s'emparer insensiblement de l'héritage fréronique, et qu'ayant trouvé de la résistance de la part du véritable héritier, ils veulent élever autel contre autel, dans le sein même de l'université, car ils sont tous deux professeurs, et il y a bien paru : ils ont annoncé dans leur prospectus qu'ils n'auraient jamais le mot pour rire, et qu'à peine un homme de lettres aurait les yeux fermés, qu'ils marqueraient sa place dans le temple de mémoire. Leur première feuille, qui est exactement de la forme de *l'Année littéraire*, commence par un long discours du sieur Geoffroy sur la littérature ancienne et moderne, discours qui renferme de bons principes présentés d'une manière commune, et aucune vue nouvelle : ce serait un morceau excellent pour des écoliers de rhétorique. Ce qui a été le plus remarqué dans cette feuille, ce sont d'assez rudes férules données à J.-J. Rousseau par le même Geoffroy, au sujet de son supplément à l'*Emile*... Quant à l'abbé Royou, c'est un des frères de la veuve Fréron. On n'a encore vu aucun article de lui dans le journal... Il a manqué de se faire des affaires sérieuses pour quelques articles de sa composition insérés dans *l'Année littéraire*; on est fort curieux de voir de ses œuvres dans des feuilles dont il sera le maître (1). »

(1) *Correspondance secrète,* t. II, p. 48.

Le nom des rédacteurs nous dispense d'insister sur l'intérêt que peut offrir cette dernière série du Journal de Monsieur, écrite d'ailleurs dans les mêmes principes que *l'Année littéraire*.

Le journal de Geoffroy et Royou, qui paraissait trois fois par mois, et coûtait 24 et 30 livres, vécut jusqu'à la fin de 1783. Il serait mort alors d'inanition, si l'on en croyait La Harpe. D'après les *Mémoires secrets*, au contraire, il comptait 300 souscripteurs quand l'Académie, mécontente du compte-rendu d'une de ses séances et des sarcasmes dirigés contre plusieurs de ses membres, agit auprès de Monsieur, qui lui fit défendre de plus porter son nom, ce qui équivalait à un arrêt de mort.

La collection du Journal de Monsieur se compose d'une trentaine de volumes in-12, dont 18 pour la dernière série (Barbier, par erreur, dit 6 seulement).

—

Pour n'omettre aucun genre, il nous faudrait encore parler de quelques recueils de variétés que l'on classe parmi les journaux, mais qui n'ont de commun avec eux que leur mode périodique de publication. Nous nous bornerons à citer :

Le Petit Réservoir, contenant une variété de faits historiques et critiques, de littérature, de morale et de poésies, etc., et quelquefois de petites aventures romanesques et galantes. (Berlin, 1750, 3 vol. in-12.)

Recueil assez curieux, se rapprochant un peu, par son caractère fantaisiste, du genre moral et philosophique.

La Bigarrure, ou mélange curieux, instructif et amusant, de nouvelles, de critiques, de morale, de poésie et autres matières de littérature, d'événements singuliers et extraordinaires, d'aventures galantes, d'histoires secrètes et de plusieurs autres nouvelles amusantes, avec des réflexions critiques sur chaque sujet. (La Haye, 1749-1754, 8 vol. in-12.)

Continué par :

Le Nouvelliste œconomique et littéraire, ou choix de ce qui se trouve de plus curieux et de plus intéressant dans les journaux, ouvrages périodiques et autres livres qui paraissent en France et ailleurs, principalement en ce qui concerne l'agriculture, l'économie des champs, l'histoire naturelle et la mécanique pour la perfection des arts et des fabriques, contenant aussi les meilleures pièces de critique sur les ouvrages de la littérature moderne. 1754-1757. (Bibliothèque impériale, 11 vol. in-8°; Arsenal, 14 vol. in-12.)

Le *Pot-Pourri,* 1781, dont le titre n'a pas besoin de commentaire, et qui devint en 1782, le *Journal des Gens du Monde.*

L'auteur de ce dernier journal, qui vécut quatre ou cinq ans, est, selon Barbier, le marquis de Luchet. C'était, au jugement de la *Correspondance secrète,* qui m'a paru assez exact, un capharnaüm de bon, de mauvais, de vrai, de faux, de sérieux, de plaisant, tant en prose qu'en vers, le tout sans ordre, et la plupart déjà rebattu.

Luchet publia encore, à quelque temps de là, sous le titre de *Conteur*, une autre compilation assez répandue en Allemagne, où l'auteur s'était retiré à la suite d'une banqueroute, mais encore moins connue que les précédentes. En 1789, notre marquis littérateur, rentré en France, se jeta dans la mêlée politique, et rédigea le *Journal de la Ville*.

—

Journal de Lecture, ou Choix périodique de Littérature et de Morale. Le but de l'auteur de ce recueil, composé avec beaucoup de goût et de discernement, était de former une bibliothèque élémentaire des connaissances les plus utiles, et en même temps une espèce d'encyclopédie à l'usage des gens du monde et de tous ceux qui ne lisent que pour leur amusement. Il rassemblait les morceaux les plus piquants dans tous les genres de littérature et de philosophie, choisissant de préférence ceux qui étaient propres à former le goût et les mœurs, et il donnait des extraits des meilleurs auteurs anciens et modernes, quelquefois des traductions en entier, des anecdotes faisant honneur à l'humanité, des projets utiles, etc. Les ouvrages proscrits lui fournissaient encore des fragments précieux à conserver, quand ils pouvaient être mis sans crainte entre les mains de tout le monde. Il avait soin de retrancher, dans les pièces originales et dans les traductions, les longueurs et ce qui lui paraissait de mauvais goût. Enfin, on trouvait encore dans ce journal quelques morceaux inédits, qui n'en étaient pas le moindre attrait.

Suivant La Harpe, ce recueil était fait par un étranger (de Lizern, dit Barbier), et fait surtout pour les étrangers.

Le Journal de Lecture, commencé le 1ᵉʳ juillet 1775, paraissait tous les quinze jours, par cahiers de 120 pages, et coûtait 30 livres. La Bibliothèque impériale en possède 7 volumes in-12; l'Arsenal et Sainte-Geneviève en ont 12.

—

Enfin, nous mentionnerons encore, sinon comme un journal littéraire, du moins comme une publication périodique des plus importantes, la *Bibliothèque universelle des Romans*, fondée par le marquis de Paulmy, qui en tirait les matériaux de sa bibliothèque, si riche en tous genres, mais surtout dans cette spécialité. Résolu de faire part au public de cette partie des trésors qu'il avait amassés, il crut bon, pour le succès de l'entreprise, d'adopter la forme périodique; et pour lui donner plus de consistance, il prit un privilége sous le nom d'un faiseur littéraire de cette époque, de Bastide.

Cette publication, qui commença en 1775, obtint tout d'abord un grand succès. On y donnait une analyse raisonnée de tous les romans, anciens et modernes, français ou traduits dans notre langue; on joignait à cette analyse des anecdotes et des notices historiques et critiques concernant les auteurs ou leurs ouvrages, ainsi que les mœurs, les usages du temps, les circonstances particulières et relatives, et les personnages connus, déguisés ou emblématiques. Tous les romans y sont divisés en huit classes : la 1re comprend les romans grecs et latins; la 2e, les romans de chevalerie; la 3e, les romans historiques; la 4e, les romans d'amour; la 5e, les romans de spiritualité, de morale et de politique; la 6e, les romans satiriques, comiques et bourgeois; la 7e, les nouvelles et contes, et la 8e, enfin, les romans merveilleux.

Le marquis de Paulmy fut habilement secondé dans la conduite de cette entreprise par le comte de Tressan. Leurs principaux collaborateurs furent Poinsinet de Sivry, Cardonne, Mayer, Coupé, Legrand d'Aussy, Couchu, Imbert, etc.

Il paraissait de la Bibliothèque des Romans, ou du moins il en devait paraître, 16 volumes par an, un cahier tous les quinze jours. La collection, qui va jusqu'en 1789, se compose de 112 vol. in-12.

Petits Journaux, Journaux de Théatre,
de Modes, etc.

—

Journal des Dames.

Le *Journal des Dames*, qui, comme nous l'avons vu, partagea avec *l'Avant-Coureur* les honneurs de la persécution, se recommande parmi la foule des petits journaux par sa longue odyssée, les vicissitudes de son existence, et les noms de quelques-uns de ses rédacteurs. Son plan était des plus simples : pièces fugitives en vers et en prose ; livres nouveaux, avec extraits plus ou moins étendus ; spectacles, et quelques avis, tel était le bagage de cette feuille, en y joignant toutefois le compte-rendu de tout ce qui, en littérature, était fait par et pour les dames.

Commencé en janvier 1759 par de Campigneules, il fut repris, après deux ans d'interruption, par de La Louptière, et continué par madame de Beaumer, puis par Mathon de La Cour et Sautereau de Marsy.

On dit que, lorsqu'il passa dans les mains de ces derniers, il était tombé au point de n'avoir plus que sept souscripteurs, et ce n'est pas sans peine qu'ils réussirent à le remettre sur pied. Ils furent puissamment aidés par madame de Maisonneuve, au nom de laquelle était le privilége : car ce journal devait toujours être sous le nom d'une dame. Celle-ci eut le talent de gagner de hauts patronages, dont l'influence alors était toute puissante. On lit dans le numéro de mai 1765 cet *avis important* : « Madame de Maisonneuve a eu, vendredi 21 juin, l'honneur de présenter au roi le volume d'avril du Journal des Dames. On sent assez que ce succès, le plus flatteur pour elle, va l'engager à de nouveaux soins et de nouveaux efforts. Elle invite les meilleurs écrivains de la nation à lui envoyer leurs ouvrages et à concourir à cette entreprise. Ce motif doit sans doute suffire pour animer leur zèle : la récompense la plus glorieuse pour des Français est de mériter les regards de leur maître. » Quelque temps après, cette dame obtenait une pension de cent pistoles sur la cassette du roi, pour quelques vers présentés à Sa Majesté à l'occasion de la cinquantième année de son règne.

Malgré ces faveurs et cette haute protection, le Journal des Dames mourut encore une fois en 1768. Cinq ou six ans après, en 1774, Du Rozoi, « dont la vaste ambition littéraire semblait vouloir suffire aux projets les plus vastes », forma celui de rétablir cette feuille légère, avec le concours de la baronne de Prinzen, depuis madame de Montenclos, à qui le privilége en fut accordé, et qui le dédia à la Dauphine. Cette baronne, fort entichée de la manie de faire des vers, remplissait le journal de ses insipides productions. Un jour, lit-on dans les *Mémoires secrets,* « elle se trouvait dans une petite société littéraire où chacun a la liberté de produire ses ouvrages. Un sieur Gilbert, poète dans toute la valeur du terme, qui ne manque pas de talent, et surtout est doué d'une chaleur singulière, telle qu'il a l'air d'un énergumène en récitant ses opuscules, lisait une pièce de poésie de sa façon. La baronne, sans égard pour l'amour-propre de l'auteur, causait et riait avec une grande indécence pendant cette lecture, au point que le sieur Gilbert, s'en apercevant, et ne pouvant y tenir, de rage mit son papier sur la table, et, regardant madame de Prinzen, lui adressa le quatrain suivant :

Ah ! Prinzen, par pitié, daignez du moins m'entendre !
Oui, mes vers sont d'un froid et d'un lourd sans égal ;
Mais le mal que je fais, vous pouvez me le rendre :
Faites-moi quelque jour lire votre journal.

La baronne de Prinzen ne garda que peu de temps le Journal des Dames ; elle traita du privilége avec Mercier, qui le continua pendant près de trois ans. Au commencement de 1777, celui-ci le céda à

Dorat, « qui, non content d'avoir *l'Année littéraire* à ses ordres, voulut avoir un journal en titre. »

Le nouveau directeur publia un prospectus qui, si l'on en croyait La Harpe (*Correspondance littéraire*, II, 62), « n'aurait pas paru assez ridicule pour être amusant, où il parlait beaucoup de Bayle, que probablement il n'avait jamais lu, et qui n'avait rien de commun avec le Journal des Dames. »

Querlon, moins prévenu, se montre plus juste envers l'aimable poète-journaliste :

« M. Dorat a fait paraître le 15 de ce mois (mars 1777) le premier volume des *Mélanges littéraires ou Journal des Dames, dédié à la Reine*. Cet ouvrage périodique, qui était mort, qu'on a ressuscité pour le faire mourir encore, et qui a passé par tant de mains différentes, vient enfin de tomber entre celles d'un auteur plein d'esprit, très-connu, et tel qu'il le fallait pour lui donner une nouvelle existence. Le ton qu'il a pris ne ressemble en aucune manière à celui de certains journalistes, *périodistes, feuillistes,* etc. Il n'est ni rogue, ni fier, ni dur, ni tranchant ; il ne *se soulève point de toute la hauteur de son âme* contre certains ouvrages qui pourraient ne pas lui plaire. M. Dorat avait annoncé dans son prospectus « des observations plutôt que des censures, des éloges vrais, de la politesse dans les critiques, surtout la plus exacte impartialité. » Il tient parole, et tous les gens de goût, ceux qui gémissent avec raison sur ces disputes si déshonorantes pour la littérature, le beau sexe en particulier, pour lequel il écrit, applaudiront à l'honnêteté de ses sentiments. »

Les *Mémoires secrets* en parlent à peu près dans les mêmes termes ; ils ajoutent quelques particularités qui ne sont pas sans intérêt (février 1777).

« Il est très-vrai que M. Dorat se charge de donner une nouvelle vie au Journal des Dames, qui, jusqu'à présent, n'a fait que végéter et languir. A coup sûr, quand le sexe se serait choisi lui-même un journaliste, il n'aurait pu en choisir un plus convenable. Des observations plutôt que des censures, de la politesse dans les critiques, surtout la plus exacte impartialité, telles sont les promesses qu'il fait au public, suivant son usage, dans son *Idée d'un Journal des Dames*, servant de prospectus. Il se propose de donner une attention particulière aux spectacles. On publiera encore dans cet écrit périodique des contes, des romans, des poëmes entiers, et quelquefois des éloges historiques des femmes les plus célèbres. »

— « M. Dorat ne dissimule point à ses amis, qui le blâment de renoncer en quelque sorte au cothurne et au brodequin pour s'armer du sceptre de la critique, que c'est une spéculation de finance. Quoique cet auteur, né homme de condition, ayant 4,000 livres de rentes de patrimoine, avec les honoraires qu'il retirait de ses ouvrages et pièces de théâtre, parût devoir vivre dans une sorte d'aisance, le luxe, qui gagne même chez nos poètes, l'a fort dérangé, et il cherche à réparer les brèches faites à sa fortune. L'entreprise utile du Journal des Dames doit lui rendre, tous frais faits, de chaque souscription de 18 livres, un tiers, c'est-à-dire 6 livres. Il compte sur mille souscripteurs au moins, et conséquemment sur 6,000 livres de rente. »

La collection du Journal des Dames se compose d'environ 50 volumes in-12.

La France avait été devancée dans cette voie par l'Angleterre, qui avait son Journal des Dames depuis 1732 ; nous lisons en effet dans le *Pour et Contre* (I, 161) :

« Un nouveau journal vient de paraître, sous de si heureux auspices, qu'il ne peut manquer de fleurir longtemps, pour peu qu'il s'exécute avec esprit : c'est le Journal des Femmes, *the Ladies Journal,* meuble qui manquait sur la toilette des dames, et dont il est surprenant qu'une nation aussi galante que les Français se soit laissé ravir l'invention (1). A la vérité, Branthôme en avait tracé le plan il y a déjà près de deux siècles. « Il serait à souhaiter, dit-il, que quelqu'un de ces galants de profession,

---

(1) Le *Mercure galant* avait bien quelque chose de semblable à celui-ci.
(*Note de l'abbé Prévost.*)

qui sont dévoués de cœur et d'esprit au service des dames, nous voulût faire des chroniques d'amour, comme plusieurs font celles des nations et des royaumes. Nous avons assez de relations des particulières aventures, qui souventefois ne sont pas la centième partie des galanteries d'une femme ; mais je voudrais qu'ils nous fissent tout de suite des annales de tout ce qui arrive à de certaines femmes que l'on voit. Ils les suivraient d'années en années, et cela servirait d'instruction aux hommes de même qu'aux dames. »

» Je m'imagine que tel est le dessein du nouveau journaliste de Londres. Il y joindra modes, parures, vers galants, méthodes pour plaire, recettes pour l'entretien de la beauté, etc. Voilà, dit-il, ce qu'il veut offrir aux dames au commencement de chaque mois. »

Le printemps de 1768 vit éclore un *Courrier de la Mode, ou Journal du Goût.* « C'était, au dire des *Mémoires secrets*, un nouvel ouvrage périodique fort intéressant pour Paris et pour les provinces, qui contenait le détail de toutes les nouveautés de mode. C'était, si l'on veut, une espèce de supplément aux Mémoires de l'Académie des Belles-Lettres, qui conserverait à la postérité le tableau mouvant de nos caprices, de nos fantaisies et du costume national. »

Grimm a consacré à cette feuille légère une de ses plus charmantes pages, que nous ne pouvons nous refuser au plaisir de donner.

« Un adorateur de la plus belle moitié du genre humain vient de nous annoncer un nouveau journal, mais d'une nécessité si absolue et si indispensable que je ne conçois pas comment nous avons fait pour nous en passer jusqu'à présent. Ce journal sera intitulé le *Journal du Goût, ou Courrier de la Mode.* Il paraîtra tous les mois, et donnera à chaque fois, en une demi-feuille in-8°, le détail de toutes les nouveautés relatives à la parure et à la décoration. Il indiquera les différents goûts régnants dans toutes les choses d'agrément, avec le nom des artistes chez lesquels on les trouve. Il y joindra le titre des livres de pur amusement, et même l'ariette courante; mais ces deux derniers articles ne seront que hors-d'œuvre, pour délasser de matières plus importantes. M. Dulac, parfumeur, rue Saint-Honoré ; M. Lesprit, pour la coupe des cheveux, rue Saint-Thomas du Louvre; M. Frédéric, coiffeur de dames; madame Buffault, *aux Traits galants;* mademoiselle Alexandre, rue de la Monnaie : voilà les grands noms qui vont briller dans les fastes immortels du Courrier de la Mode, et faire taire les envieux de notre gloire qui voudraient persuader à l'Europe qu'il n'y a plus de génies créateurs en France. Si l'auteur, qui a la modestie de ne pas se nommer, veut encore, comme il le doit, avoir soin d'employer avec précision et exactitude la véritable nomenclature de chaque chiffon, nous aurons à la fin de l'année un dictionnaire des modes des plus curieux, et un monument éternel de la richesse de la langue française. Les derniers bonnets des dames étaient, si je ne me trompe, des *bonnets à la débâcle,* à cause de la débâcle de la Seine de l'hiver dernier. Mais il y a eu depuis cette époque, peut-être, nombre de découvertes importantes et nouvelles que je suis assez malheureux pour ignorer encore. La lecture du Courrier de la Mode me tiendra désormais au courant de cette science également profonde et agréable.

» La souscription pour ce journal n'est que de trois livres par an; mais quand on pense à combien de millions d'âmes en Europe et en Amérique ce journal est indispensablement nécessaire, on prévoit que, moyennant un petit privilége exclusif pour les deux hémisphères, le profit de l'auteur sera immense, sans compter les présents que les marchandes de modes feront à madame son épouse, s'il en a une, comme je l'espère. Mais je crains toujours qu'un génie ennemi de notre gloire ne s'oppose à une entreprise si utile et n'étouffe ce projet dans son berceau; le premier journal du Courrier de la Mode devait paraître au commencement d'avril, et voilà le mois qui avance sans que le Courrier ait fait claquer son fouet. »

L'impatience de Grimm le faisait s'alarmer à tort, comme il nous l'apprend lui-même quinze jours après :

« La première feuille du Courrier de la Mode a heureusement paru, et la France possède un journal du Goût. Dans cette première feuille, l'auteur cherche, comme de raison, à donner quelques notions générales. Il nous apprend que l'habillement français semble vouloir se rapprocher de jour en jour du beau naturel; il nous rend compte de plusieurs révolutions importantes que j'avais le malheur d'ignorer entièrement. Je vois avec étonnement que les *hollandaises* et les *tronchines* sont écrasées par le négligé dit *polonais;* que les bonnets *à la sultane, à la rhinocéros*, ont été exterminés par les bonnets *à la clochette* et par ceux *à la débâcle;* mais surtout la *gertrude* a subjugué toutes les têtes, et il n'est pas encore décidé si la *moissonneuse,* qui vient d'être inventée, l'emportera sur la *gertrude*. Si j'avais voix en chapitre *aux Traits galants*, je conseillerais d'inventer la *glaneuse*. On voit que l'empire universel de la mode est fondé sur les succès de l'Opéra-Comique (1). Pour nous défaire de la *moissonneuse,* l'auteur nous apprend que le bonnet *au doux som-*

---

(1) Les *tronchines* étaient des robes que les femmes se faisaient faire pour les promenades du matin, ordonnées par le docteur Tronchin; les *hollandaises* étaient probablement d'autres robes importées par la belle Hollandaise, madame Pater. Enfin, c'était aux opéras de *la Clochette*, de *Gertrude* et des *Moissonneuses*, que plusieurs des autres modes devaient leur nom.

meil, qui a quelque ressemblance avec la *baigneuse,* est réservé au séjour de la campagne, ou pour les cas d'indisposition ; et, comme il a soin de remonter aux premiers principes, il conseille aux dames qui veulent être bien montées en bonnets d'envoyer leur signalement. Le Courrier de la Mode a bien donné le sien dans la feuille qu'il vient de publier; je lui conseille de se faire teneur de livres chez mademoiselle Alexandre, ou garçon de boutique chez M. Dulac (1). »

Journal des Théâtres.

Les Journalistes et les Comédiens. — Le Fuel de Méricourt; Fréron.

La critique dramatique occupait une large place dans tous les journaux littéraires, et ce n'est qu'assez tard qu'elle eut des organes spéciaux, ce qui s'expliquerait encore par la difficulté qu'il y avait de parler de messieurs les comédiens. L'abbé de La Porte publia, de 1751 à 1778, une petite feuille intitulée *les Spectacles de Paris, ou Calendrier historique et chronologique des Théâtres,* qui se continua sans interruption jusqu'en 1794, mais qui n'était guère qu'une nomenclature.

(1) Edit. Taschereau, t. v, p. 400 et 414.

Ce n'est que le 1ᵉʳ avril 1776 que parut le premier journal de théâtre proprement dit. Il avait pour titre : *le Nouveau Spectateur, ou Examen des nouvelles Pièces de Théâtre, servant de Répertoire universel des Spectacles*, par une société d'amateurs et de gens de lettres les plus distingués ; titre qu'il changea bientôt pour celui de *Journal des Théâtres*, sous lequel il est connu. Le rédacteur était Le Fuel de Méricourt, auteur des *Lettres de M. Le Hic à madame Le Hoc*.

Pour être vrai, cependant, il faut dire que *le Nouveau Spectateur* remonte au delà de 1776. Il avait été fondé en 1770, par Le Prévost d'Exmes ; mais il n'était pas allé alors plus loin que le premier numéro. Son auteur le reprit en 1775, et en publia quatre autres numéros, mais sans plus de succès : cinq souscripteurs seulement auraient, dit-on, répondu à son appel. C'est alors que Le Fuel lui acheta son privilége, moyennant une redevance de 3 livres par souscription, qui fut ensuite convertie en une pension viagère de 600 livres, indépendamment des charges.

« L'idée de ce journnal serait admirable, dit Grimm, si elle était bien exécutée ; mais c'est peut-être l'ouvrage qui demanderait le discernement le plus fin, le goût le plus exercé, l'esprit le plus délicat. Mais *le Nouveau Spectateur* ne renferme que des barbouillages, des plaisanteries du plus mauvais ton, quelques sarcasmes, quelques anecdotes qui traînent les rues, beaucoup d'injures, et un style souvent barbare. »

Les *Mémoires secrets* ne jugent pas plus favorablement l'œuvre de Méricourt : « On sent que cet ouvrage pourrait être très-bon s'il était pris et suivi dans son vrai point de vue ; mais celui-ci n'est qu'une rapsodie, une compilation de beaucoup de choses anciennes. Ce qu'on y trouve de mieux, c'est une grande hardiesse à s'expliquer sur le compte des histrions, sacrilége littéraire dont ceux-ci se plaignent hautement, et qui pourra bien mériter au critique la suppression de son journal. »

Et c'est en effet ce qui arriva. Les comédiens d'alors avaient l'épiderme autrement sensible que ceux d'aujourd'hui ; Le Fuel en fit la dure expérience, et finit par succomber dans cette lutte, dont les *Mémoires secrets* retracent toutes les péripéties.

Le journal ne tombant pas assez vite, on eut recours aux grands moyens : on profita d'une maladie du propriétaire pour l'en dépouiller.

13 *décembre.* Le sieur Le Fuel de Méricourt n'est pas mort ; il semble même échappé au danger qui le menaçait ; mais son journal l'est véritablement. Les comédiens et leurs partisans ont si bien manœuvré qu'on lui a substitué pour faire cet ouvrage un commis des fermes nommé Le Vacher. On dit que c'est un suppôt du sieur de La Harpe, qui sera en outre aux gages des comédiens pour les encenser à outrance. Il ne manquera pas de lecteurs assez benins pour lire une pareille rapsodie.

Cependant Le Fuel, à défaut d'autre mérite, avait celui de la fermeté ; il résolut de tenir tête à l'orage.

17 *juillet* 1777. M. Le Fuel de Méricourt ne s'est pas tenu pour supprimé : à l'exemple de Mᵉ Linguet, il a seulement transporté à Londres le siége de sa résidence ; et là, comme lui, il prétend continuer son journal, malgré le rédacteur existant en France. Il profite de cette liberté pour étendre la sphère et la hardiesse de sa censure. Il annonce le *Journal anglais, italien et français, dramatique, lyrique et politique; ouvrage périodique,* avec cette épigraphe : *Amicus Plato, sed magis amica veritas.* Il s'est associé, à cet effet, suivant son prospectus, à plusieurs gens de lettres versés dans les langues modernes. Ce bizarre assemblage sera composé de trois parties. La première, écrite en italien, contiendra quelques pièces fugitives, une notice et un précis de tous les drames qui seront représentés sur tous les théâtres d'Italie. La deuxième, écrite en anglais, renfermera toutes les nouvelles politiques et littéraires de la France. On y rendra compte de toutes les nouvelles découvertes, et, en général, de tout ce qui pourra intéresser la société. On fera un examen critique des pièces de théâtre, anglaises, italiennes et françaises, que l'on comparera quelquefois, et l'auteur prétend que de ces comparaisons résultera souvent une connaissance exacte et approfondie du genre de ces trois nations.

Dans la dernière enfin, écrite en français, on annoncera et l'on fera connaître toutes les pièces nouvelles : on fera justice des mauvais acteurs, en louant les bons et en donnant de sages conseils à ceux qui annonceront des talents. On ne parlera que des livres nouveaux les plus intéressants. On donnera un extrait de tout ce qu'il y aura de plus curieux dans les papiers anglais, et l'on ne rapportera des nouvelles que celles qui ne seront point hasardées. Cette partie sera terminée par quelques poésies légères et des vaudevilles. M. Le Fuel, pour premier essai, distribue son prospectus dans les trois langues qu'il doit employer dans son journal.

C'est le 1ᵉʳ août que paraîtra le premier cahier de ce *cent millième journal* environ.

27 *novembre* 1778. — Le nouveau journal de M. Le Fuel de Méricourt avait pris cours, en effet, à Londres, sous ce titre, et a duré pendant quelques mois. On apprend que la mort a terminé la triste vie de cet homme de lettres, qui n'était pas sans mérite, mais qui s'était attiré beaucoup d'ennemis par une grande causticité.

Le Journal français, italien et anglais, forme un volume in-8°, que les curieux pourront voir à la Bibliothèque impériale.

La querelle de Méricourt avec les comédiens fut marquée par un incident trop curieux pour que nous ne le rapportions pas. On lit encore dans les *Mémoires secrets*, à la date du 9 mars 1777 :

On parle d'une brochure fort singulière intitulée : *Mémoire à consulter pour les souscripteurs du Journal de Théâtre rédigé par le sieur Le Fuel de Méricourt.* Il est imprimé à Liége et suivi d'une longue consultation de Mᵉ Falconnet, en date du 10 février 1777. On juge que c'est une tournure convenue entre les parties et l'avocat pour mettre impunément au jour le récit de toutes les tracasseries essuyées par l'auteur de la part de son censeur Coqueley de Chaussepierre, et de M. Camus de Neville, le directeur général de la librairie. On assure cependant que, pour mieux jouer cette petite comédie, les demandeurs, au nombre de sept, et à la tête desquels est le chevalier de Rutlidge, ont fait assigner au Châtelet le sieur Le Fuel de Méricourt, par exploit du 11 février dernier.

La *Correspondance secrète* est plus explicite :

Tous les mouchards sont en l'air pour une petite brochure intitulée : *Mémoire à consulter pour les souscripteurs du Journal de*

Théâtre rédigé par le sieur Le Fuel de Méricourt. J'ai été assez adroit ou assez heureux pour en attraper un exemplaire. Voici le fait. Depuis plusieurs mois, ce journal a cessé de paraître ; les souscripteurs s'en sont plaints et ont reçu d'abord pour excuse la maladie du rédacteur ; il a, peu après, écrit à l'un d'eux qu'il s'était brouillé avec son censeur, et que celui-ci avait, de sa propre autorité, arrêté l'impression et déclaré qu'il voulait être déshonoré si jamais il approuvait une ligne du sieur de Méricourt, etc., etc., etc.; enfin que M. de Neville était inabordable pour lui, et ne daignait faire aucune réponse à ses réclamations, quoiqu'il lui eût fait parler par un homme de sa connaissance, et qu'il y avait apparence qu'on ne lui redonnerait point de censeur...

« M. Camus, écrit M. de Méricourt, a répondu à de nouvelles représentations *qu'il verrait ça...* Vous voyez, Monsieur, qu'il n'y a point de paresse de ma part, vous m'obligerez infiniment de ne plus faire retentir les cafés de pareils propos. Informez-vous à M. Camus de ce que j'avance, il ne pourra le nier. Cependant je prévois que l'intrigue dans laquelle il m'enveloppe est bien loin du dénouement. Il ne jure que par mon censeur ; mon censeur est le conseil, est l'émule, l'ami des comédiens, et surtout du sieur Préville (quoique maître de Coqueley de Chaussepierre n'ait jamais joué que des farces, des parades et des proverbes, les comédiens veulent cependant bien lui faire l'honneur de le tutoyer et de le traiter en camarade). Le sieur Préville a plusieurs nièces à marier ; un commis des fermes, nommé Le Vacher, lui a promis d'en épouser une, s'il obtenait mon privilège.

« Vous l'aurez, mon ami, a-t-il répondu ; tenez, voici Coqueley qui vous en répondra. » Jugez s'ils doivent tous travailler à s'en emparer. M. Coqueley a toujours réussi : il réussira, et le privilège du Journal de Théâtre sera la dot de la nièce d'un comédien... »

Dans une dernière lettre, du 31 janvier dernier, le sieur de Méricourt rend compte d'une entrevue qu'il a eue avec ses concurrents chez M. de Neville, et de la manière avec laquelle il a défendu ses droits et ceux de ses souscripteurs.

Ce sont ces lettres que les consultants mettent sous les yeux des avocats, en leur demandant le parti qu'ils ont à prendre vis-à-vis du journaliste qui ne remplit pas ses engagements. La consultation, souscrite du nom de Falconet, est d'une ironie qui sera peu agréable à ceux qui en sont l'objet. On y prétend que toutes les excuses alléguées par le sieur de Méricourt sont de faux prétextes. D'abord on trace une histoire abrégée de l'établissement des censeurs, et on rappelle le reproche fait à Claude Morel d'avoir dit dans l'approbation d'une traduction de l'*Alcoran* : *Qu'il n'avait rien trouvé dans cet ouvrage de contraire à la foi catholique et aux bonnes mœurs.* Peu à peu le nombre des censeurs a été augmenté, et chacun d'eux a été chargé d'examiner les ouvrages analogues à son genre d'étude.

« En ouvrant l'Almanach royal, ajoute-t-on, on trouve au rang des censeurs, à l'article *Jurisprudence,* maître Coqueley de Chaussepierre : il y a si peu d'analogie entre les jeux de la scène et la gravité du barreau, qu'il y a la plus grande apparence que, dans le fait, maître Coqueley n'a pas censuré le Journal de Théâtre. Cette conjecture se fortifie bien davantage quand on sait que ce jurisconsulte est en même temps le conseil de la Comédie française. Comment, dès lors, soupçonner qu'instruit des maximes consacrées par la jurisprudence de tous les temps et de tous les lieux, un avocat qui sait que le dévouement aux intérêts de ses clients l'identifie à eux, pour ainsi dire, comment, dis-je, soupçonner qu'il puisse se charger d'une fonction qui demande la plus exacte impartialité, et dans l'exercice de laquelle il est éternellement obligé de prononcer entre ses clients et l'écrivain ! »

Voilà pour le censeur. On prouve ensuite que c'est une calomnie atroce de prétendre que le directeur de la librairie ait empêché de jouir de toute l'étendue de son privilége un auteur qui se soumet aux formalités prescrites par le gouvernement pour l'examen de ses ouvrages.

« On sait, en France surtout, qu'un écrivain qui, après avoir passé sa vie à réfléchir, à étudier, s'occupe à faire part au public de ses méditations, souvent vit de sa plume comme le jardinier de son hoyau... S'est-on jamais avisé de défendre à un jardinier de cultiver le jardin qui lui appartient, et de le priver de la propriété des légumes que ses peines y ont fait croître ? La profession d'auteur est-estimée, honorée parmi nous ; et la propriété d'un auteur sur les fruits de son travail n'y est pas moins sacrée que toutes les autres. Elle le serait davantage, s'il y avait, en pareil cas, des exceptions. A qui donc le sieur de Méricourt persuadera-t-il que, le prospectus de son journal approuvé par M. le lieutenant général de police, le privilége accordé par M. le garde des sceaux, les cahiers visés par un censeur, il éprouve des difficultés pour continuer à s'acquitter envers ses abonnés ? Quoi ! ceux-ci se trouveraient pris à un piége qui leur aurait été tendu par le ministère, et, pendant qu'on les volerait d'un côté, on dépouillerait l'auteur du droit qu'il a sous la protection des lois ? Cela n'est pas possible, et l'on ne se joue point avec cette légèreté de l'argent du public et de l'état d'un particulier... »

Enfin le conseil estime *que tous les obstacles, tant exagérés par le sieur de Méricourt, sont aussi chimériques qu'ils sont exposés avec malignité, et même avec un ton peu décent,* et que les souscripteurs de son journal doivent le faire assigner à ce qu'il ait à leur faire parvenir la suite de son journal ; ce qui a été exécuté le mois dernier. Je soupçonne ce mémoire d'être de la même main que la comédie du *Bureau d'esprit* et de celle des *Comédiens ou le Foyer* (1).

Nous pourrions citer vingt autres exemples de cette animosité des comédiens contre les journalistes ; nous nous bornerons à revenir sur une querelle à laquelle nous avons déjà fait allusion.

On n'a peut-être pas oublié les efforts que fit le parti philosophique, à la mort de Fréron, pour étouffer *l'Année littéraire,* et les persécutions dont

(1) Le chevalier de Rutlidge, auteur d'un *Babillard* dont nous avons parlé. — On trouvera ce très-curieux pamphlet à la fin du volume de 1776 du *Journal des Théâtres*, à la bibliothèque Sainte-Geneviève.

il poursuivit le fils du célèbre critique. Ces persécutions, avons-nous dit, eurent pour prétexte apparent une insulte dont *l'Année littéraire* se serait rendue coupable envers un comédien. On trouve à ce sujet, dans les *Mémoires secrets*, quelques détails qui ne sont pas sans intérêt.

11 juillet 1781. — Le jeune Fréron, dans le numéro 9 de ses feuilles, en parlant du sieur Desessarts, comédien de la Comédie française, d'une vaste corpulence, et surtout d'un ventre énorme, l'a appelé *ventriloque* : le sieur Desessarts a trouvé la plaisanterie mauvaise ; il s'en est plaint au maréchal duc de Duras, et ce supérieur, très-zélé pour les comédiens, a intéressé le gouvernement dans cette querelle. On exige une réparation de la part du journaliste. Celui-ci consent à la faire ; mais honnête, et non telle que l'a dictée le comédien. On ne veut point de cet arrangement, et depuis un mois la négociation traîne en longueur. Enfin, on a menacé le sieur Fréron de lui ôter son privilége, si cela ne se termine pas à la satisfaction du supérieur.

Un M. Salaun, coopérateur de M. Fréron et auteur de l'article, s'est mis en cause, s'est avoué pour le coupable, s'il y en avait, et pour le seul à punir. On le prend à partie aussi ; mais on n'en tient pas quitte le premier, et jusques ici M. le garde des sceaux est inflexible. On ne peut concevoir à quel excès d'avilissement on réduit ainsi les gens de lettres par complaisance pour un grand, engoué d'un misérable histrion.

27 juillet 1781. — Voici la note que le jeune Fréron offrait de mettre dans une de ses feuilles pour correctif à l'endroit du compte-rendu de la pièce du *Jaloux sans amour* de M. Imbert, qui a causé tant de scandale dans le tripot comique et excité la vive réclamation du sieur Desessarts :

« Nous apprenons que l'expression de *ventriloque* dont nous nous sommes servis à l'égard de M. Desessarts l'a mortifié. Notre intention n'a jamais été de l'offenser ni de lui dire rien d'inju-

LITTÉRAIRE 235

rieux, comme il s'en convaincra aisément à l'ouverture du premier dictionnaire. »

Le magistrat avait trouvé l'article bien ; mais le supérieur des comédiens a jugé que ce n'était pas suffisant, que c'était à l'offensé à dicter les termes de la réparation ; ce à quoi le journaliste n'a pas voulu acquiescer. *Interea patitur justus,* et les feuilles sont suspendues.

Le sieur Panckoucke intrigue beaucoup pour faire supprimer *l'Année littéraire,* et l'annexer à son *Mercure.* Tout le parti des encyclopédistes le seconde, et il est bien à craindre que cela ne tourne mal pour le pauvre Fréron.

Nous avons dit comment se termina cette persécution. Après plusieurs mois d'interruption, *l'Année littéraire* obtint la permission de reparaître, mais le privilége en fut ôté au fils de Fréron.

La *Correspondance secrète* parle aussi, nécessairement, de la querelle de « ce gros histrion avec le petit Fréron », et elle ajoute quelques particularités bonnes à noter :

L'Année littéraire est suspendue depuis trois semaines. Grande guerre entre les philosophes et leurs adversaires. Ceux-ci intercèdent vivement pour le jeune Fréron ; mais le parti philosophique sera vraisemblablement le plus fort. On a fait venir la veuve Fréron chez le lieutenant de police, à une audience secrète où se sont trouvés l'abbé Arnaud et M. Suard, tous deux académiciens et députés de la philosophie. On lui a déclaré que, tant que Linguet avait eu le champ libre, on avait été obligé de tolérer les sorties fréroniques contre les grands hommes du jour, parce qu'il y aurait eu de l'inconséquence à permettre le plus et à proscrire le moins ; mais qu'à présent que les circonstances ont changé, il faut que les héros de l'*Encyclopédie* jouissent enfin paisiblement de leur gloire. On lui a donc proposé de rétablir ses feuilles, pourvu que son fils et Clément ne s'en mêlent plus à l'avenir. Les philosophes fourniront un auteur pour ce journal ; il n'y sera plus question de religion ; on n'y parlera de Dieu ni en bien ni en mal, comme chez messieurs les Suisses, et le seul héritier mâle du célèbre Fréron ne recueillera de sa succession qu'une pension très-modique. La veuve a fait autant de résistance qu'il lui a été possible; mais on croit qu'elle sera obligée de sacrifier son beau-fils, de crainte de perdre le tout.

Et non seulement les journaux ne pouvaient, sans danger, se permettre la moindre critique envers les comédiens, il leur fallait encore, quelquefois, les louer par ordre. Ainsi, madame Vestris ayant été prise d'un accès de jalousie, et boudant parce qu'on ne la claquait pas assez, M. Lenoir la recommande au *Mercure* et aux *Petites Affiches* : « Ses plaies sont profondes, et si l'on n'y met pas un peu de baume, on la perdra tout à fait. »

Combien les choses ont changé depuis lors, et, disons-le, tout à l'avantage des comédiens !

Le Nouveau Spectateur de Le Prévost d'Exmes forme 1 vol. in-8°; le journal de Le Fuel, continué par Le Vacher et Grimod de La Reynière, 1776-78, forme cinq ou six volumes.

Nous trouvons dans *l'Année littéraire* les détails suivants sur le premier *Journal de Musique,* par une société d'amateurs:

« Dans la multitude des journaux que nous avons

sur tant d'objets différents, il était surprenant qu'il n'y en eût pas un spécialement consacré à la musique, cet art le plus naturel peut-être à tous les hommes, et sur lequel il s'est élevé de nos jours tant de disputes interminables. On avait entrepris un journal de musique en 1771, mais il ne remplit pas ce que son prospectus avait annoncé; il n'en parut que deux ou trois cahiers. C'est ce même ouvrage que l'on reprend aujourd'hui. La manière dont les nouveaux auteurs l'ont conçu peut leur faire espérer un succès plus décidé.

» Chaque journal est divisé en trois articles. Le premier contient des recherches sur la musique et les meilleures manières de l'enseigner, sur ses progrès chez les différents peuples, et ses effets surprenants; les vies abrégées des musiciens célèbres, avec les notices de leurs ouvrages; des détails sur les instruments anciens et modernes; les éloges, en vers ou en prose, adressés à des musiciens ou musiciennes; un choix de jolies paroles à mettre en musique; des questions relatives à cet art, et dont on donnera la solution dans les journaux suivants.

» Le second article renfermera l'extrait des ouvrages nouveaux qui ont quelque rapport à la musique, et l'on promet de donner l'extrait même de ceux qui ont paru avant l'existence du journal.

» Dans le troisième article, on indiquera les maîtres et les maîtresses de musique, les marchands, les facteurs, les copistes, les fêtes musicales, les concours d'organistes, les concours publics et particuliers.

» A la fin de chaque volume on fera graver six ou sept morceaux nouveaux, ou tirés des derniers opéras ou opéras comiques. »

Grimm attribue la création de ce journal à Framery.

Journaux satiriques, fantastiques, etc. — Parodies.

—

Les Lunes du Cousin Jacques.

Les journaux satiriques ou fantastiques sont rares avant la Révolution, et nous ne voyons guère que *les Lunes du Cousin Jacques*, en fait de recueils de ce genre, qui méritent de nous occuper.

Bien peu aujourd'hui connaissent le Cousin Jacques, ce moderne Rabelais, le dernier et l'unique représentant de la tradition macaronique au xviiie siècle, cet écrivain facétieux et original qui écrivit cinquante volumes, gazettes, romans, histoire, vers, prose, qui fit des comédies, des opéras, paroles et musique, dont quelques-uns allèrent jusqu'à près de quatre cents représentations.

Louis-Abel Beffroy de Reigny, dit le Cousin Jacques, écuyer, du Musée de Paris, des académies d'Arras et de Bretagne, etc., etc., était né à Laon, le 6 novembre 1757; il portait cheveux blonds, taille de cinq pieds six pouces, ayant la joue et l'œil gauche endommagés par le feu ; il demeurait à Paris, rue des Vieux-Augustins, hôtel de Beauvais, numéro 264.

C'est en ces termes qu'il donne lui-même son signalement, et voici comment, ailleurs, il s'apprécie.

Et puis on vit paraître un auteur du mauvais genre, qui s'appela Cousin Jacques, qui fit des Lunes, qui fit des Planètes, et qui osa rire publiquement quand la mode en était passée ; et puis tous les jolis petits écrivains du bon genre prouvèrent, par des almanachs d'une grande force, qu'il était impossible de rire et d'avoir du goût, de faire un *Courrier des Lunes* et d'avoir du bon sens, d'aller dans les planètes et d'être un homme d'esprit, de s'appeler Cousin Jacques et d'être un bon citoyen.

Et puis les amateurs qui voulurent en juger par eux-mêmes eurent la politesse de trouver qu'on peut en riant parler raison, qu'on peut en riant avoir un cœur, qu'on peut en riant être moraliste : de sorte que le Cousin Jacques, proscrit et rejeté par le public qui ne rit pas, fut accueilli et fêté par le public qui rit.

Quant à ce nom de Cousin Jacques, « que bien des gens, qui n'ont pas tort, n'auront pas manqué de trouver ridicule », il en raconte ainsi l'origine :

Me promenant avec des dames aussi écervelées que moi, dans un village des environs de Tournai, je parlais d'un auteur qui s'annonçait alors sous le nom du *frère Paul*, et nous disions qu'il était quelquefois piquant d'adopter en littérature un nom analogue à son genre, comme les comédiens adoptent des *noms de guerre*. On convenait qu'il y a mille circonstances où l'on n'est pas fâché de sauver du ridicule des parents qui semblent être enveloppés dans une critique dont l'objet est quelqu'un du même nom.

On convenait que, la littérature n'ayant rien de commun avec un acte de baptême, peu importe le nom d'un auteur, comme auteur, pourvu qu'il fasse de bonnes choses... On parlait de l'*anonyme de Vaugirard*, du *frère Sylvain des Ardennes*, et on ne trouvait pas ces noms-là trop, trop, trop ridicules, parce que leurs écrits n'étaient pas trop, trop, trop mauvais...—Et vous, quel nom prendrez-vous, dit une des folles qui étaient là, pour caractériser votre cervelle *omni-colore?*... (C'est un terme de l'Académie.) *Sur ces entrefaites*, un pauvre du village, connu sous le nom du *Cousin Jacques*, parce qu'il s'appelait *Jacques* et était allié à tous les villageois, se présenta à ces belles dames, sous un costume assez singulier qui le faisait remarquer depuis longtemps. Ce pauvre avait sept habits de différentes couleurs. Quelqu'un dit : Ce costume-là est assez analogue à l'imagination *bigarrée* de notre poète ; il faut l'appeler *Cousin Jacques*... Je donnai donc sous ce nom ma première bagatelle ; elle eut un certain succès. Ce nom s'accrédita de plus en plus. Ce qui n'était d'abord qu'un sobriquet donné dans un jeu par forme de plaisanterie est devenu un nom véritable et sérieux. On m'écrit souvent : *A Monsieur, Monsieur le Cousin Jacques...* ; quelquefois même, des gens qui ne m'ont jamais vu s'imaginent tout de bon que je n'ai pas d'autre nom. *Voilà comme se sont formés les grands empires !...* Raillerie à part, mon cher lecteur, comment me défaire maintenant de ce nom-là ? Et puis à quel propos m'en défaire ?... Allons, il faut bien me résoudre à le garder ; nous en serons quitte pour redoubler d'efforts dans des écrits plus soignés, afin que ce ridicule ne s'attache qu'au nom, jamais à l'auteur.

Ce fut donc sous ce pseudonyme que Beffroy de Reigny fit paraître ses premiers ouvrages, c'est-à-dire trois poëmes plus extravagants les uns que les autres, *Malborough, Turlututu, Hurluberlu,* et une sorte de pot-pourri en un gros volume, les *Petites-Maisons du Parnasse,* avec cette épigraphe :

« Messieurs, n'en doutons plus, cet homme-ci est fou, dans toute la force du terme. »

Ces essais, d'un genre si étrange, n'obtinrent qu'un succès de stupéfaction, et Beffroy végétait, tantôt à Paris, tantôt en province, envoyant de petites boutades versifiées au *Mercure*, qui les insérait volontiers, mais qui ne les payait pas, quand il s'avisa de fonder *les Lunes*, qui sont un recueil de prose et de vers sur tous les sujets possibles, et même impossibles, plutôt qu'un journal; il dit lui-même :

On nous envoie de la province des pièces de vers volumineuses, des avis relatifs à différents particuliers, des annonces de livres nouveaux et des nouvelles politiques. Nous avertissons le public que les Lunes ne sont point un journal, qu'elles n'ont aucune des qualités qui caractérisent un journal; que chaque numéro est le fruit de l'imagination d'un seul auteur; qu'on n'y insère que ses folies et ses productions; que, si l'on s'est permis de terminer les numéros par quelques chansons ou épigrammes étrangères, qui remplissent tout au plus les six ou huit dernières pages d'un livre qui en a près de deux cents, c'est pour donner plus de prix à l'ouvrage. En un mot, l'auteur ne s'engage à rien insérer à la fin des Lunes, que quelques jolies pièces dont son caprice lui conseillera le choix. Quant aux nouvelles politiques, elles ne sont point du tout de la compétence des Lunes...; et pour les annonces particulières, s'il en paraît quelques-unes par hasard, elles ne paraîtront jamais comme annonces, mais toujours comme accessoires : c'est une réflexion qui les amène; elles forment une note ou une parenthèse.

Et en effet, s'il a une demande d'emploi à faire,

il la présente sous la forme d'une *proposition à ses abonnés*, auxquels il s'adresse directement

Messieurs,

Mon lot n'est point d'annoncer le mérite indigent qui réclame la sensibilité publique. Un journal plus important et plus estimé que ma *folie périodique* se charge de ces sortes d'annonces. Mais s'il se présente à mes yeux un sujet digne de vous être proposé par une note particulière, je ne vois aucune raison de lui refuser mon faible ministère.

Il s'agit aujourd'hui d'un compatriote. Je vous réponds de sa probité... Il a éprouvé des revers, et quel mortel peut se flatter d'être à l'abri des revers?... Il voudrait trouver une place quelconque qui lui procurât une existence douce et tranquille...

Si quelqu'un d'entre vous, Messieurs, peut s'intéresser efficacement pour lui, je lui en aurai autant d'obligation que s'il m'eût obligé moi-même, et je me chargerai de la reconnaissance.

J'ai l'honneur, etc.

Le cœur de Beffroy éclate souvent à travers ses folles divagations.

— Malheur et cent fois malheur à celui qui, au sortir d'un bon repas, peut de sang froid voir jeûner son semblable !

— Quand vous serez indécis sur un acte de bienfaisance, ne dites jamais : *Cet homme-là a faim ; Cet homme-là souffre et pleure*, etc.; mais dites : Mon semblable *a faim ;* Mon semblable *souffre et pleure*... Ce grand mot de semblable vous rappellera sans cesse que le pur hasard a créé les distances, que du jour au lendemain nous pouvons passer de l'aisance à la misère, et que les besoins qu'un homme nous expose sont précisément les nôtres.

— Si vous passez tranquillement devant un homme qui pleure, tant pis pour vous! Si les larmes qu'il verse ne vous touchent point, tant pis!.... mais tant pis pour vous, bien plus que pour lui !...

— En songeant aux bienfaits multipliés dans les deux derniers hivers au sein de cette capitale, j'étais tenté d'aller de porte en porte embrasser les riches qui faisaient un si bon usage de leurs richesses ; j'aurais presque osé aussi embrasser nos souverains, dont la première qualité et le plus bel éloge est d'être HONNÊTES GENS sur le trône.

Voilà la morale du Cousin Jacques, voilà son cœur. On pourrait s'étonner de trouver tant de sensibilité chez un pareil fou. Mais, dit-il lui-même quelque part, « ceux qui sont nés avec beaucoup de gaîté sont ordinairement plus sensibles que les autres, et, si leur naturel joyeux ne faisait pas de temps en temps diversion à leurs idées philosophiques, leur cœur se partagerait en deux en pensant aux peines de leurs SEMBLABLES, et ils crèveraient de chagrin !... »

Il revient une autre fois encore sur les vertus qui avaient rendu les commencements du règne de Louis XVI si populaires.

On raconte publiquement que, dans un royaume de l'Europe situé au nord de l'Espagne et au midi des Pays-Bas, *il y avait autrefois* un jeune monarque plein de droiture, d'honneur et d'équité, qui se glorifiait plus d'être appelé *notre bon roi, notre père*, que d'être comparé à tous les héros de l'antiquité. Ainsi un poète qui lui aurait dit : *Sire, vous êtes comme les étoiles...; Sire, les lys et les Bourbons*, etc.; *Sire, le firmament et vos augustes ancêtres*, etc., aurait été très-mal reçu; et un bon campagnard qui lui disait : Sire, vous êtes un *brave homme,* lui faisait venir les larmes aux yeux. Aussi n'avait-il plus d'autre nom, parmi ses sujets, que celui du *monarque honnête homme...* Ces trois mots-là valent tous les titres que le faste de l'Asie prodigue à ses souverains.

Cet éloge, si délicat est immédiatement suivi de cette facétie, qui nous ramène aux annonces :

On a perdu, depuis la porte Saint-Antoine jusqu'à la rue Neuve-Saint-Gilles, sur le boulevard, le dimanche 12 juin, un CŒUR fond rose, marqué de taches de feu, piqué légèrement en mille endroits par des pointes de flèches emplumées, et surmonté d'une lyre. Récompense honnête à qui le rapportera à madame de..... qui le réclame.

La neuvième Lune, février 1786, Carnaval, *Lune des plaisirs,* dédiée à la Bretagne, commence par cet Avis intéressant :

Comme les Lunes sont ouvertes aux avis dont la publicité intéresse leurs abonnés, nous nous empressons d'annoncer *quelques* personnes qui ont *quelques* besoins relatifs à leur situation, savoir : dix-sept mille trois cent cinquante et quinze demoiselles à marier, tant à Paris que dans sa banlieue. Chacune d'elles a reçu de la nature et de la fortune les dons les plus brillants ; toutes ont une éducation distinguée, esprit, enjouement, délicatesse, sensibilité, grandeur d'âme, culture des beaux-arts, talent, érudition, taille fine et légère, beaux yeux, belle bouche, nez à la royale, teint frais et vermeil, longs cheveux, dents d'émail, fine jambe, pied mignon, naissance distinguée, caractère de mouton, prudence de serpent, douceur de colombe, voix charmante, et des roulades !... ah ! et des cadences ! ah ! ah !... Et par dessus tout cela, la plus parfaite intelligence du ménage. Ces dix-sept mille trois cent soixante et quinze *prétendues*, que nous ne nommons pas, 1° parce qu'elles veulent garder l'anonyme, 2° parce qu'une liste détaillée de leurs noms de baptême, de famille, de pays, de leurs surnoms, âge, qualités, etc., tiendrait ici trop de place, ont chacune cent mille écus en dot. Elles voudraient trouver un mari quelconque, pourvu qu'il soit complaisant, silencieux et bonhomme : cela leur suffit. S'adresser chez Lesclapart (l'éditeur des Lunes).

P.-S. Cependant, si le mari qu'elles cherchent savait fabriquer un peu de vers, calculer une épigramme, tourner un madrigal, apprêter un impromptu, arranger une manière de petite chanson, cela n'en vaudrait que mieux, car ces demoiselles raffolent des beaux-arts.

Les Lunes sont dédiées au nouveau jardin du Palais-Royal.

> *Heureux jardin qu'a fait naître à grands frais*
> *L'art secondé par la magnificence,*
> *Où l'héritier d'un superbe palais*
> *A du bon goût prodigué l'élégance,*
> *Fier rendez-vous des plus jolis minois*
> *Dont les attraits parent la capitale,*
> *Séjour brillant du luxe qu'elle étale.*

C'est là, sous des berceaux enchantés, au milieu d'un peuple de beautés, qu'il a fait ces vers ;

> *L'aspect divin d'un sexe plein d'appas*
> *Mieux qu'Apollon sut échauffer sa veine.*

Il avait d'abord pris pour devise ces deux vers de La Fontaine :

> *D'abord il s'y prit mal, puis un peu mieux, puis bien ;*
> *Puis enfin il n'y manqua rien.*

Il les remplaça ensuite par ce *vieux proverbe*, commenté : *Fit fabricando faber* (*Fit lunaticando lunaticus*) ; et il ne s'en tint pas là.

La contexture des Lunes varia plusieurs fois, comme leur périodicité. Elles parurent d'abord tous les mois, en un cahier in-12 d'environ deux cents pages. Elles étaient naturellement divisées en Lunes, Quartiers ou influences, et Jours ou accès, ainsi : *Lune de juin* (suivent les phases de la lune pour le mois), *Influence de la nouvelle Lune,* — *Premier jour*, accès du mardi 7. Ou bien c'est la *Lune rousse*, ou encore la *Lune des Etrennes*, dédiée à très-haut et très-puissant seigneur le public, souverain juge des auteurs, seul dispensateur de la renommée, etc., etc.

Chaque accès commence par l'heure du lever de la lune — et de l'auteur.

> L'auteur et la lune se sont levés aujourd'hui à 3 heures 36 minutes du matin ; ils se sont couchés à 9 heures 10 minutes du soir.

Quelquefois l'auteur se levait un peu plus matin que la lune, ne pouvant dormir comme une marmotte toute la journée.

On pense bien d'ailleurs qu'en ce qui concerne le Cousin, c'était pure fiction. Menant une vie active, s'il en fut jamais, Beffroy se couchait rarement avant 2 heures du matin, et dormait peu et mal.

Les derniers quartiers étant, dit l'auteur, sans influences, il y suppléait par une correspondance pour la *Laponie*, dont il était le rédacteur depuis quelque temps. Cette correspondance manuscrite, ajoute-t-il, s'adressant à quelques particuliers dont les goûts ne sont pas toujours ceux du public, on n'en publiera ici que certains extraits, que l'auteur nomme : *Ma Gazette.* Les Lunes ne sont ni un almanach, ni un journal ; ainsi elles ne doivent annoncer et proposer que des anecdotes et des réflexions du choix et du caprice de la lune.

L'allusion est facile à saisir, et ces coups de patte, si l'on veut bien me passer cette expression, ne sont pas rares de la part du Cousin Jacques. Il se défend pourtant comme un beau diable de toute arrière-pensée.

Avis du Cousin

Lui-même, parlant en personne.

A tous nos Souscripteurs, Abonnés, Lecteurs, etc., de Paris, de la province et des pays étrangers, Salut.

Le succès qu'obtiennent les Lunes nous engage à être plus circonspects et plus réservés que jamais dans les *accès* que nous nous permettrons. Quelques personnes ont cru entrevoir dans nos numéros précédents des allusions malignes dont elles ont bien voulu charitablement faire l'application dans leur société, quoiqu'en vérité nous n'ayons jamais eu l'intention de désigner ni dénigrer personne. Pour obvier à cet inconvénient, nous prévenons lesdits souscripteurs, abonnés, etc., que nous ne laisserons échapper dans nos numéros suivants rien qui ne soit absolument *innocent,* même aux yeux des lynx les plus clairvoyants et les plus mal intentionnés : car, en bonne foi, nous ne sommes point méchants ; nous n'avons jamais passé pour tel, mais, au contraire, partout et en tout temps, pour de braves gens, très-pacifiques, qui voudrions, si cela se pouvait dans la carrière des lettres, être amis avec tout le genre humain.

Fait à Paris, en notre domicile lunatique, à une heure du matin, le 19 septembre 1785, au clair de la lune.

Signé : LE COUSIN JACQUES.

Et plus bas, par le Cousin,

P'R'R'R'HHHOUTT',

Secrétaire du Cousin.

En vérité, écrit-il un autre jour à un ami, je suis tenté parfois de me courroucer effroyablement contre tout le genre humain; mais mon courroux s'apaise dès que je songe que tout le genre humain n'en deviendrait pas meilleur, et se soucierait d'ailleurs très-peu de ce que je peux dire et penser de lui. Une chose surtout me révolte, c'est le zèle ridicule de certaines gens qui se mettent l'esprit à la torture pour trouver des rapports là où il n'y en pas. On a cherché midi à quatorze heures pour faire des applications de certains passages de l'*Histoire du petit homme bleu*; tandis que moi, je vous avoue de bonne foi que, moins fin que mes lecteurs, je n'en avais aucune en vue. Eh! qui diable a pu se persuader sérieusement qu'un auteur se peignait toujours dans ses ouvrages !...

On a dit en province à des personnes de distinction : *C'est vous qu'on a voulu représenter*, et il se trouve qu'en conscience je ne connais ni d'Eve ni d'Adam ces personnes-là. On a dit à Paris : *C'est de madame une telle dont il s'agit;* je veux mourir si jamais j'ai eu intention de parler de madame une telle. — Mais vous la connaissez? — Cela se peut; mais on serait bien à plaindre s'il fallait se voir compromis à propos de bottes avec tous ceux qu'on connaît. A ce prix-là, je ne veux plus connaître âme qui vive.

Cela ne l'empêchait pas de philosopher sans cesse, de moraliser à sa façon, de s'attaquer aux travers et aux ridicules, mais surtout aux vices de son siècle. C'est là, en somme, le fond des Lunes.

On trouve d'ailleurs un peu de tout dans cette gazette burlesque ; c'est, comme je l'ai déjà dit, un salmigondis de vers et de prose sur tous les sujets possibles, et même impossibles.

Mais ce qui distingue surtout cette petite feuille, c'est son caractère tout personnel. Bien avant *les Guêpes* et les autres petits journaux à la suite, le Cousin Jacques avait donné l'échantillon de ces plaisanteries intimes où l'auteur se met en jeu, lui et tout son entourage. Sa littérature était une littérature tout à fait amicale, communiquant directement avec le lecteur. On est abasourdi, quand on ouvre son journal, de ses folâtres manières ; les licences qu'il prend avec ses abonnés surpassent l'imagination la plus folle. Tantôt ce sont des pages entières imprimées en sens inverse, des pages toutes blanches ou des pages toutes noires, ou bien encore des pages remplies de larmes et d'attributs funéraires. Tantôt c'est un chœur des plus familiers :

Air : *Vous danserez, Biron.*

Les Abonnés, se balançant en mesure.

Serez-vous toujours joyeux,
Moraux et point ennuyeux ?
Nous ferez-vous toujours rire
Sans prodiguer la satire ?

La Lune et le Cousin.

Oui, nous le jurons.

Les Abonnés, *faisant une pirouette.*

Nous nous abonnerons.

Les Abonnés, *se balançant plus gaiement.*

Mettrez-vous de temps en temps
Quelques sujets importants ?
Mettrez-vous en vers, en prose,
Des sujets couleur de rose ?

La Lune et le Cousin.

Oui, nous en mettrons.

Les Abonnés font ici plusieurs pirouettes dans les transports de leur gaîté.

Nous nous abonnerons.

Une autre fois il se met en scène, de la façon la plus plaisante.

Encore a mes Abonnés.

Le Cousin Jacques est censé perché sur l'escalier de son libraire, comme sur un théâtre littéraire ; il sort de l'arrière-magasin, et s'avance respectueusement vers la première boutique, dans laquelle sont assemblés tous les abonnés des Lunes. Il paraît là comme Arlequin sur l'avant-scène, fait trois salamalecs, avec toute la grâce et toute la méthode que recommande M. *Bacquoi-Guédon,* dans son *Rudiment des Danseurs...* Les abonnés applaudissent, comme de raison ; il y en a par ci, par là, qui sifflent, cela va sans dire : le Cousin sait très-bien *qu'on ne peut contenter tout le monde et son père.* Il ouvre ses oreilles aux *bravos* et les ferme aux sifflets ; en cela il a très-grand'raison, tout le monde en convient. Il s'avance ensuite, avec un air bien modeste, sur le bord de la première marche de l'escalier : la pudeur de la belle littérature colore son front ; ses regards, timidement orgueilleux, se lèvent avec une certaine noblesse sur l'assemblée des abonnés ; il ouvre la bouche, courbe un peu le corps, met le pied droit en avant, étend les bras. Cela veut dire qu'il va parler ; alors tous les abonnés font : *Chut! chut! chut!* On se tait, et il dit :

Messieurs,

Rien au monde n'est plus encourageant pour moi que l'accueil dont vous avez jusqu'ici honoré mes accès de gaieté. Je n'ai jamais prétendu jouer dans la république des lettres un rôle intéressant ; mon but n'était que de vous égayer. Je connais mes forces ; je m'en défie avec toute la franchise de mon caractère, et si j'ai réussi à vous faire rire, si j'ai pu quelquefois vous faire passer un moment agréable, je suis, en vérité, très-noblement payé de mes peines.

Messieurs,

Je n'ignore pas qu'il y a parmi vous de *faux frères* qui me complimentent en face et me ridiculisent quand j'ai tourné le dos ; mais je me console bien aisément de cette disgrâce. C'est le sort des écrivains de tous les mérites et de tous les genres ; c'est celui des grands, c'est celui des riches, c'est celui des gens en place, etc... Il est inévitable, et je vois tant d'hommes estimables associés à mon infortune, qu'en honneur je me félicite d'être en si bonne compagnie.

Messieurs,

Vous me bouderez peut-être un peu, quand vous verrez que cette Lune-ci ne contient presque que de la prose...

Messieurs,

La lune n'a point pour coutume de me révéler ses desseins, et toujours ce qu'elle me garde pour le prochain numéro *manet altâ mente repostum*. Cette planète juge à propos, apparemment pour vous dédommager de la mauvaise humeur que doit vous causer ma surabondance de prose dans celui-ci, de m'ouvrir aujourd'hui le grand registre de ses opérations pour m'y faire lire le plan et les différents sujets qui doivent compléter la Lune suivante (Lune de janvier, huitième numéro). Faveur signalée ! faveur inouïe ! dont vous voyez le premier et le dernier exemple.

Messieurs,

Comme il y a toujours dans les provinces un acteur de la troupe qui vient annoncer la pièce du lendemain, moi qui suis pour vous ce que l'acteur est pour le public, j'emprunte le même langage, et je vous dis : *Messieurs, nous aurons l'honneur de vous donner* (la lune et moi) *le mois prochain, dans le volume de janvier, premièrement,* les Eclats de rire de la postérité, *folie en prose; secondement,* l'Histoire universelle, *bagatelle en vers; troisièmement,* l'Homme d'honneur, *folie en prose; quatrièmement,* Aujourd'hui et demain, *bagatelle en vers; cinquièmement,* Margot la belle et Gilles le laid, *folie en prose; sixièmement,* l'Amour juge, *bagatelle en vers; enfin,* ma Gazette, *en vingt articles, le tout terminé par une espèce de ballet de* Productions étrangères, *dans lequel figureront* mesdames de C... et de B..., mademoiselle de M..., MM. C..., T... G..., le comte de L... T... et le chevalier R... de la T....

Nous espérons, Messieurs, que cette représentation vous dédommagera de celle-ci ; et nous allons vous donner, en attendant, la petite bêtise qui suit.

Citons encore une scène qui peut entrer en comparaison avec les meilleures pages des feuilles comiques d'aujourd'hui.

Le sieur Lesclapart, ci-devant pont Notre-Dame, va quitter son ancienne maison, pour trente-trois raisons très-valables. La première, c'est qu'on va l'abattre, ainsi que toutes les maisons des ponts; cette raison-là nous dispense de détailler les trente-deux autres. Il va demeurer rue du Roule, en bas du Pont-Neuf, n° 11, quartier de l'ancienne Monnaie, près Saint-Eustache, vis-à-vis le parfumeur du roi et de la cour. La *translation du bureau lunatique* se fera, dit-on, en grande cérémonie, au clair de la lune, vers les sept heures du soir. — Ordre de la marche : *d'abord* un portefaix ; *ensuite* une petite charrette ; *enfin* un autre portefaix poussant la petite charrette en avant. Les Lunes passeront par la *rue de Gèvres*, le *quai de la Mégisserie*, près de la *Samaritaine*, où l'heure carillonnera; la *rue de la Monnaie*, et enfin la *rue du Roule*. Il n'est pas nécessaire d'*illuminer*.

Et, dans un numéro postérieur, se lit une longue relation de ce qui s'est passé au déménagement du sieur Lesclapart; nous nous bornerons à en extraire quelques passages.

Relation véritable et remarquable de ce qui s'est passé au déménagement du sieur Lesclapart, libraire des Lunes du Cousin Jacques.

D'abord les deux sieurs portefaix dont il a été fait mention dans le cinquième numéro se sont présentés chapeau bas à la porte dudit sieur Lesclapart; là ils ont attendu respectueusement l'ordre du maître. Or il était six heures et demie du soir. Les embarras d'un déménagement exigeant plus de travaux et de loisir qu'on ne pense, lesdits sieurs portefaix se sont vus obligés d'attendre quelques minutes de plus que ne le comportait l'ordonnance. Pendant ce temps-là, ils se sont en allés de compagnie chez le marchand de vin qui fait le coin de la rue de la Pelleterie, toujours en disant : *Queu patience !...* Là, ils ont trinqué gaiement, ont chanté la petite chanson, se sont battus un instant...

Revenus à la porte du sieur Lesclapart, ils ont chargé la *petite charrette* en question ; mais la *petite charrette* n'était pas pleine. Observez, s'il vous plaît, qu'une édition complète aurait exigé un grand chariot, attendu qu'on était déjà au sixième numéro, et que c'est *comme qui dirait* six éditions. Mais le certain petit succès de certain petit ouvrage ayant contribué grandement à ébrécher la susdite édition, il se trouve qu'une *petite charrette* était plus que suffisante pour contenir les six premiers numéros des Lunes.

Cependant le peuple, accourant en foule des deux extrémités du pont Notre-Dame, témoigne un empressement fort honorable assurément pour le libraire, pour la brocheuse, pour les filles de boutique, pour les sieurs portefaix, pour la *petite charrette*, et, qui plus est, pour l'auteur.

Tous les garçons boulangers, tous les compagnons menuisiers de la Cité, tous les ouvriers de la rue des Arcis, tous les mal-peignés qui font sentinelle à la porte du café..., bref, toute la haute et basse racaille des petites rues qui avoisinent le susdit pont Notre-Dame, se portaient en foule à la porte du susdit libraire pour être témoins du départ des Lunes, et l'affluence peuplait tellement la rue depuis *Saint-Denis de la Chartre* jusqu'à *Saint-Jacques de la Boucherie,* que les voitures n'y passaient qu'à leur corps défendant...

Il était presque nuit, ou, si vous l'aimez mieux, *inducebant jam sera crepuscula noctem...* et la lune avait donné vacance aux réverbères, ou, si vous l'aimez mieux, *nox erat et cœlo splendebat luna sereno;* l'heure du départ approche, le signal est donné, on part...

Les Lunes, qui devaient passer devant la Samaritaine, prirent une autre route; et la petite charrette, sans doute poussée par une influence, passa par la rue des Arcis, la rue des Lombards, la rue de la Ferronnerie, la rue Saint-Honoré, en face du *café David,* où les joueurs de dominos, ayant suspendu leurs importantes fonctions, s'étaient rangés en haie devant la porte pour voir passer les Lunes...

Toutes les fenêtres des maisons qui font les coins des rues Saint-Honoré, des Prouvaires et du Roule, étaient louées fort cher, vu la multitude innombrable des curieux de tout sexe, de toute taille, portant perruque ou autrement, qui avaient envoyé retenir des places un mois auparavant.

Les mamans, portant leurs petits enfants dans leurs bras, leur disaient : *Les voilà! les voilà!* Tout le monde regardait... et puis ce n'était pas cela; c'était autre chose... et on disait : *Non, ne les voilà pas...*

Enfin, les Lunes sont arrivées à bon port; et la garde de Paris, qui n'était pas plus considérable qu'à l'ordinaire, a néanmoins empêché le tumulte et prévenu tout accident fâcheux.

Ce déménagement des Lunes nous rappelle une complainte de l'auteur sur ses déménagements forcés, complainte que l'on croirait écrite d'hier.

NOUVELLE SUITE A MES MALHEURS

Du 15 mai 1785.

J'occupais fort modestement
Un fort petit appartement,
Assez haut, mais en belle vue...
Par ordre du gouvernement,
Avec les trois quarts de la rue,
La maison, pour l'alignement,
Fut en peu de jours abattue.

Un autre logis m'est offert.
J'y suis fort bien ; vient un expert
Qui dit : « Vraiment ! il n'est pas sage
D'habiter un pareil séjour :
Cela va fondre au premier jour ;
Çà, mes amis ! qu'on déménage. »

Dans mon nouveau corps de logis,
J'eus le Palais pour vis-à-vis.
De par Thémis autre préface :
« Délogez, Monsieur, point de grâce.
— Quand ? — Ne vous faites point prier,
Dès demain...; pour faire une place,
On jette à bas tout le quartier. »

Sur un des ponts du voisinage
Le sort, favorable à mes goûts,
Me fait trouver un hermitage !...
Ah ! les dieux en seraient jaloux !...

Autre disgrâce; à ma demeure
Il faut faire, hélas! mes adieux;
Il faut partir, et tout à l'heure
Loger ma muse en d'autres lieux!
Adieu, ma gentille cellule!
Adieu, temple de ma gaîté,
Dont le marteau va sans scrupule
Déshonorer la dignité!

Oh! cherchons quelqu'autre édifice
Si neuf qu'on le bâtisse encor...
Mon Apollon! vous avez tort;
Craignez un moment de caprice!
Je ne réponds pas, mon ami,
Qu'exprès on ne le démolisse
Peut-être avant qu'il soit fini (1).

Toutes ces calembredaines paraissent plaire infiniment aux souscripteurs du Cousin Jacques; de tous côtés ils lui envoient, avec leurs félicitations sincères, celui-ci un panier de vin de Champagne, celui-là une petite chienne blanche aux pattes noires. Et le Cousin ne demeurait pas en retard de bons procédés : ainsi, afin de mettre chacun à son aise, il tolérait la souscription en nature; il recevait, par exemple, un frac de drap de coton tigré ou une culotte de velours caca-dauphin pour un abonnement d'une année.

Pour achever de donner une idée de cette étrange publication, il nous faudrait citer quelqu'une des

---

(1) Cette petite pièce fut insérée dans le *Journal de Paris;* elle avait été précédée de deux autres : *Mes Malheurs*, et *Suite à mes Malheurs*, publiées dans les *Petites Affiches* de Paris, dans le *Mercure* et dans l'*Almanach des Muses*.

immenses bouffonneries qu'on y rencontre, telles que *l'Ile des Cataplasmes, le Bal des Comètes, l'Histoire du musicien Gôbnichelli, les deux Paris l'un sur l'autre*, et mille autres caprices de pensée et de forme; mais nous n'en avons pas le loisir.

L'annonce des Lunes fut accueillie par des éclats de rire. Camille Desmoulins, entre autres, chansonna le Cousin Jacques, dont il avait été le condisciple; mais un an après il lui écrivait : « Quand nous avons vu votre prospectus annonçant votre départ pour la lune, je pensais que vous ne pourriez longtemps vous soutenir à cette hauteur; je blâmai l'entreprise du journal, et, calculant l'éclipse totale des Lunes, j'en marquai l'époque. Il y eut des paris, et vous êtes vengé de ma chanson, car j'ai eu le plaisir de perdre. »

Le succès, en effet, n'avait pas tardé à se déclarer en faveur du Cousin, et bientôt la prospérité de son journal avait surpassé les espérances qu'avaient pu lui faire concevoir ses premiers souscripteurs. Ç'avait été, suivant un biographe (1), M. de Mongolfier, « et un tel nom devait porter bonheur à un ouvrage s'élevant jusqu'aux astres. » Si cela n'est pas d'une rigoureuse exactitude, ce n'en est pas moins bien trouvé; mais écoutons le Cousin lui-même :

(1) M. Monselet, dans *les Oubliés et les Dédaignés*, livre aussi amusant qu'instructif, de la Bibliothèque moderne de MM. Poulet-Malassis et De Broise, nos éditeurs.

La première souscription des Lunes a été faite en province par un militaire titré et décoré, et à Paris par un militaire titré et décoré... Cet augure était flatteur ; et dès que le Cousin a vu ces deux noms rapprochés, il a dit dans la sincérité de son cœur : *Accipio omen ;* il aurait pu dire également : *Omen accipio,* sans aller mettre là deux voyelles, *o-o,* qui font un vilain *hiatus ;* mais le fait est qu'il n'a pas dit : *Omen accipio,* et qu'au contraire il a dit : *Accipio omen ;* car, s'il avait dit : *Omen accipio,* tournure de phrase plus élégante, nous avouerions avec plaisir qu'il a évité l'*hiatus : Accipio omen,* tournure de phrase si disgracieuse qu'il faut arrondir effroyablement l'entrée de la bouche pour la bien prononcer. Mais enfin ! nous sommes vrais ; il est certain qu'il a dit : *Accipio omen.* Eh ! que nous servirait d'en imposer au public, en lui soutenant audacieusement qu'il a dit : *Omen accipio ?...* Tôt ou tard l'imposture serait démasquée ; car tout se sait à la longue. Quelque *chercheur* clairvoyant et scrupuleux, à force de perquisitions exactes, viendrait à découvrir le fin mot et à savoir qu'il a dit : *Accipio omen ;* et nous serions la dupe de notre artifice, puisque toute la France, et, *qui pis est,* toute l'Europe, saurait qu'un amateur véridique aurait dit que nous aurions dit qu'il aurait dit : *Omen accipio,* tandis que, dans le fait, il a dit : *Accipio omen ;* car, puis qu'*Omen accipio...* etc... Mais en voilà assez sur cet article important. Nous pourrions traiter un si beau sujet plus longuement ; mais nous aimons la précision, et notre lot, c'est d'effleurer les matières, comme on sait.

Les critiques ne manquèrent pas au Cousin Jacques, de son vivant et même après sa mort, et quelques-unes sont peu raisonnées et par trop sévères. « Devait-on, dit avec raison M. Monselet, devait-on gourmander avec tant d'amertume un littérateur de coin du feu, bonhomme comme pas un ? Songez donc, puisqu'il faut une excuse à son enjouement, que deux fois, dans sa jeunesse, il avait remporté le grand prix de l'université, qu'il avait occupé une chaire d'éloquence à Douai, enfin qu'il ne tenait qu'à lui d'être grave et pesant comme le premier venu, et c'est uniquement par bonté d'âme et par compassion pour nous qu'il n'a pas voulu être un homme sérieux. »

Quoi qu'il en soit, le succès des Lunes est incontestable. Les journaux y aidèrent volontiers, et Beffroy leur en témoigne à diverses reprises sa reconnaissance. Le sixième numéro commence par une épître du Cousin Jacques à MM. les auteurs et rédacteurs des *Petites Affiches de Paris,* du *Mercure de France,* du *Journal de Genève,* de la *Gazette des Gazettes,* du *Journal de Paris,* du *Journal général de France,* du *Journal de littérature des Deux-Ponts,* et de plusieurs autres *Affiches,* tant nationales qu'étrangères.

En vous offrant mon sixième numéro des Lunes, je me propose de consacrer, par un hommage public, les obligations que je vous ai depuis longtemps. Vous m'avez constamment encouragé, sans me connaître autrement que par mes écrits. En me présentant, pour ainsi dire, au public, comme un protecteur présente son protégé chez un grand seigneur, vous lui avez inspiré de la curiosité, et puis de l'intérêt, et puis de la bienveillance, et puis, enfin, Messieurs.. que vous dirai-je de plus? Un succès vaut un succès. Vous voyez bien que, dans cet enchaînement de curiosité, de bienveillance, de présentation, de succès, etc., etc., vous jouez un rôle intéressant pour moi, et, comme votre suffrage redouble ma gaieté, comme les influences de la lune en sont devenues plus favorables, il est clair que mon sixième volume doit être supérieur aux précédents ; et il est juste que je vous présente votre ouvrage, suivant ce précepte évangélique : *Redde Cæsari quæ sunt Cæsari.*

Il se montre surtout reconnaissant envers l'abbé Aubert. Lui adressant un de ses écrits, il accompagne cet envoi des couplets que voici :

Air : *Pour la baronne.*

Pour tes Affiches
Le bon goût dicte des extraits.
Ce ne sont pas des fleurs postiches ;
Le Pinde en fait éclore exprès
Pour tes Affiches.

Dans tes Affiches
Fais souvent parler Apollon ;
Orne-les de tes hémistiches :
Rien ne nous semblera trop long
Dans tes Affiches.

Que tes Affiches
Parlent de mes faibles essais,
Mon libraire et moi seront riches :
Car rien ne vaut plus de succès
Que tes Affiches.

Et ces couplets sont commentés dans une note, comme c'est assez l'habitude du Cousin, qui se plaît à ces commentaires, où le plus souvent s'exerce sa verve satirique.

On ne dira pas que je donne ici de l'encens par le nez, et le plus mal intentionné des hommes me saura gré de consacrer ma reconnaissance par un hommage public, quand je lui dirai :

« Monsieur, la personne qui en est l'objet a su mes malheurs, s'est intéressée à mon sort, s'est montrée constamment l'appui des talents et de l'infortune, quand on a réclamés a bienveillance. Sans approuver les écarts de ma plume, M. Aubert m'a encouragé par la plus noble indulgence. Supérieur aux petites vengeances de son état, il a mis à part les étourderies de l'auteur pour ne se ressouvenir que des revers du citoyen... Il m'a éclairé par ses conseils et soutenu par son zèle, sans que nous nous soyons jamais vus... » Nul sentiment ne me paraît si doux que celui de la reconnaissance... Ne rougissons jamais de remercier publiquement nos bienfaiteurs. Les moindres services ont leur prix, surtout en littérature... S'il est ridicule d'encenser la sottise d'un plat auteur, il est honteux d'opprimer les talents naissants qui ne demandent que de l'appui pour s'élever. La république des lettres deviendrait un champ fertile, où les épines seraient toujours suivies de roses, si le lien fraternel des beaux-arts unissait tous ceux qui l'habitent. Au reste, on dit partout que, toutes les fois qu'un homme de lettres supérieur aide son inférieur à faire un pas dans la carrière, c'est un pas qu'il y fait lui-même.

Les Lunes éprouvèrent plusieurs interruptions, et changèrent plusieurs fois de titre. Les *Lunes* proprement dites, commençant au mois de juin 1785, finirent avec le mois de mai 1787 ; elles parurent d'abord tous les mois, et chaque numéro formait un petit volume in-12 d'environ deux cents pages. Elles parurent ensuite tous les quinze jours, diminuées de moitié.

Reprises le 1er janvier 1788, sous le titre de *Courrier des Planètes, ou Correspondance du Cousin Jacques avec le Firmament*, elles allèrent jusqu'au 30 septembre 1790, paraissant d'abord toutes les semaines, en 24 pages, puis toutes les quinzaines, en 48 et 72 pages.

Enfin, les *Nouvelles Lunes* forment 30 numéros in-8°, du 1ᵉʳ janvier au 25 juillet 1791.

« Les derniers numéros de cette publication, si gaie à sa naissance, dit M. Monselet, sont attristés fréquemment par des confidences douloureuses sur la situation de l'auteur, sur ses malheurs pécuniaires et sur la difficulté des temps. « Les banqueroutes de plusieurs libraires me réduisent enfin à gémir dans une position voisine de l'indigence. Je suis forcé de quitter mon logement, et il se trouve aujourd'hui qu'ayant travaillé onze heures par jour et une partie des nuits, me refusant jusqu'à la plus légère distraction, faisant honneur à mes engagements, je n'ai rien avancé de mes affaires, et je suis retombé dans l'état où je végétais autrefois, et d'où j'avais eu tant de mal à me tirer ! On peut donc avec quelque talent, avec une activité sans égale, une conduite irréprochable, avec une réputation et des succès, ne retirer aucun produit de ses veilles ! » Hélas ! oui, mon pauvre Cousin Jacques ; fallait-il une révolution pour vous en faire apercevoir ! »

Enfin, écrasées par la concurrence, les Lunes cessèrent de paraître : le temps n'était plus à ces innocents badinages. Beffroy, qui s'en aperçut, résolut de s'essayer dans un genre différent; changeant de ton, mais toujours au fond l'honnête, le bon Cousin Jacques, le Cousin de tout le monde, il fonda *le Consolateur, ou Journal des honnêtes gens*, que nous retrouverons quand nous en serons aux journaux de la Révolution.

—

Journal singe. — Archives mytho-hermétiques.

Le *Journal singe !* Voilà un titre qui promet; malheureusement ce n'est qu'une espèce de parodie, un méchant pamphlet, dont nous n'aurions certainement pas parlé, si la Bibliothèque impériale ne l'avait fait figurer à son catalogue parmi les journaux, voire parmi les journaux politiques. L'auteur, nommé Piaud, voulut se moquer des feuilles périodiques; mais ses badinages ne sont pas toujours heureux, ni ses observations toujours justes. Voici, du reste, le *prospectus* de cette facétie :

> La France saura que je suis de Montbrison. Après avoir fait mes études à la campagne, chez mon oncle le curé, je me suis engagé au service du roi. Au bout de quinze ans de gamelle, je suis venu tomber sur ma famille. On m'a voulu mettre dans le commerce; je n'ai pu y mordre. Enfin, n'étant bon à rien, je me jette dans les journaux : c'est ma dernière ressource. Je me suis associé, pour cette besogne, avec un affamé dont la connaissance m'est venue je ne sais d'où ni comment.
> Le journal que nous offrons au public sera, sans contredit, plus utile et plus agréable qu'aucun de ceux qui ont paru jusqu'à ce jour, parce qu'il réunira leurs divers avantages.

Nous l'ouvrirons par une épître froide, longue, capable enfin d'endormir un abonné.

Pour l'entretenir dans un sommeil paisible, nous ferons succéder à l'épître un compte-rendu intéressant par des demi-lignes de points, disposées de distance en distance.

Viendront ensuite les pièces fugitives, les vers à madame une telle, les épigrammes, les odes, les quatrains, etc., etc., etc.

Enfin, les énigmes paraîtront; si le public ne nous en a pas fourni, nous emploirons quelques phrases des éloges académiques de....., auquel cas nous ne nous engageons pas à donner le mot.

On lira ensuite un trait de générosité sur lequel nous broderons de manière à le rendre romanesque. Si, par exemple, on rapporte qu'un ex-jésuite et un janséniste ont bu à la santé l'un de l'autre, nous ajouterons qu'ils se veulent réellement du bien.

Nous remplirons quelques pages de vieilles anecdotes réchauffées. Enfin, nous rendrons compte des livres nouveaux et de tout ce qui peut intéresser les gens de lettres.

Pour juger facilement des ouvrages, nous nous ferons une façon de penser de laquelle nous ne démordrons jamais. A l'article *Spectacles*, s'il paraît un drame, fût-il touchant, propre à inspirer des sentiments honnêtes, nous nous écrierons : Genre bâtard, qu'il faut bannir de la république des lettres !

Il est d'usage, pour égayer le lecteur, de choisir un objet de satire qu'on accable de méchantes pointes. Dès ce moment, nous prenons pour but les nouveaux philosophes, parce qu'ils s'avisent d'avoir plus d'esprit que nous.

Nous ne resterons jamais court. Nous parlerons de ce que nous savons et de ce que nous ne savons pas. Poésie, peinture, musique, tout sera de notre ressort. Nous critiquerons à tort et à travers. Nous louerons les belles choses de manière à montrer évidemment que nous n'y connaissons goutte.

Tel est le projet du Journal singe. Ceux qui voudront qu'il y soit fait mention de pièces en prose ou vers, d'ouvrages de littérature ou sciences, depuis les mathématiques jusqu'à la chiromancie, sont priés d'adresser leurs paquets, francs de port, à l'auteur, *hôtel Notre-Dame, rue des Anglais;* et s'ils veulent faire rendre compte d'un ouvrage d'une façon avantageuse, ils sont conseillés de l'accompagner d'un carteau de vin de Bourgogne. Nous allons donner un essai qui ne remplira pas, à tous égards, ce que le prospectus annonce. Quel qu'il soit, le succès décidera des conditions de l'abonnement.

Il va sans dire que tout se borna à cet essai, où je n'ai rien trouvé qui valût la peine d'être cité.

J'ai encore rencontré sur des bulletins qu'il m'a été donné de dépouiller à la Bibliothèque impériale quelques titres qui semblaient annoncer des feuilles dans le genre de nos petits journaux, tels que : *le Grenier pour l'Esprit, ouvert une fois par semaine à quiconque veut s'amuser ou s'instruire,* par Rousselet fils. Paris, 1729, in-12; — *le Fantasque,* etc. ; mais il ne m'a pas été possible de trouver les feuilles elles-mêmes.

Je serais tenté de citer encore ici, parmi les excentricités de la presse ancienne, des *Archives mytho-hermétiques,* qui avaient principalement en vue d'expliquer les fables et les allégories de l'antiquité par la philosophie hermétique, dont elles furent le voile, et de démontrer par des preuves complètes, qui résulteraient de l'examen le plus rigoureux et le plus impartial, la vérité ou la fausseté de cette philosophie. — Je ne sais quel fut le sort de ce journal; il en devait paraître 12 numéros par an, au prix de 24 et 30 livres. On souscrivait chez l'auteur, M. Duplessis, rue Mazarine, près le carrefour de Bussy, au-dessus du café de Montpellier, au 2⁰ étage, par le 2⁰ escalier à droite au fond de l'allée. Le chemin de la science n'était pas précisément direct ni facile.

Le titre des journaux servait souvent de couvert à quelqu'une de ces facéties qui étaient si fort dans le goût de l'époque; nous en avons déjà vu des exemples. Le titre des *Petites Affiches* s'y prêtait tout particulièrement. Ainsi, à la fin de 1779, on colportait dans Paris des *Petites Affiches* où, sous les diverses rubriques de la feuille de ce nom, figuraient toutes les actrices célèbres de l'Opéra, des comédiennes et des courtisanes de haut style. Dans ce cadre, qui n'était pas neuf, on trouvait une galerie de portraits très-étendue, d'une grande vérité, disait-on, curieuse et piquante par une méchanceté rare, et des anecdotes uniques. Nous hasarderons, en tout bien tout honneur, quelques citations qui permettront de juger de l'esprit de ce badinage.

Biens en roture à vendre ou à louer.

Quatre grands quartiers d'héritages à vendre, avec une très-grande entrée fort fréquentée sur le devant, et une porte bâtarde sur le derrière qui l'est presque autant. S'adresser à demoiselle Porsin, à toute heure du jour, en sa maison, rue Trousse-Vache, excepté depuis six heures du soir jusqu'à huit, qu'elle travaille aux Tuileries.

Grand et magnifique terrain, dit le *Trou-d'Enfer*, propre à faire un haras de jeunes chevaux. S'adresser à madame de Mollet, rue Jean-Pain-Mollet, aux Vaches suisses, qui le fera voir avec la plus grande facilité.

Vente de meubles, tableaux et effets.

Une Vénus aux belles fesses, en marbre blanc, représentant mademoiselle Contat, d'un beau genre, et pouvant servir de modèle si les pieds et les mains étaient du même auteur.

Beau tableau représentant Danaë recevant une pluie d'or dans le tonneau des Danaïdes. S'adresser à mademoiselle Duthé.

Les sept Péchés mortels du Poussin, fameux tableau, copié par un bon maître, savoir : l'Avarice, représentée par mademoiselle Aménaïde ; la Paresse, par mademoiselle de Beaupré ; la Colère, par mademoiselle Luzzy ; la Luxure, par mademoiselle La Guerre ; la Gourmandise, par mademoiselle Urbin ; l'Orgueil, par mademoiselle Thevenet ; l'Envie, par mademoiselle Dugazon. Ce tableau est frappant pour les ressemblances.

Vente de chevaux, voitures et autres effets.

Deux jolis poulains égaux, parvenus à leur croissance. S'adresser, pour les voir, à mademoiselle Trécourt, et pour le prix à madame sa mère, au cinquième arbre de la grande allée du Palais-Royal.

Très-beau perroquet vert, qui ne sait encore dire que : « Montez, Monsieur ; payez ; baisez mon cœur et allez-vous-en. » Mais l'on espère qu'il en apprendra davantage par la suite. Prix : un louis. Chez mademoiselle Félix, rue Saint-Julien-le-Pauvre, à l'enseigne du *Babillard*.

Livres nouveaux.

L'Art de faire de l'esprit et d'y mêler celui des autres, par mademoiselle Arnoult, rue des Deux-Portes, à la Ménagerie.

Nota. On voit aussi, au même endroit, un morceau d'histoire naturelle à vendre ou à troquer : c'est une mâchoire de requin, d'une grandeur effroyable ; mais les dents n'en sont point parfaitement conservées.

Traité d'Ostéologie ou le Squelette des Grâces, par mademoiselle Guymard, rue de la Planche, à l'Arbre sec.

Demandes particulières.

La demoiselle La Forest offre de donner pour un morceau de pain les ruines de Palmyre. Epreuve retouchée.

La demoiselle Balthazard désirerait emprunter six francs ; elle donnera une galanterie pour les intérêts, et son père et sa mère en nantissement pour le principal.

La demoiselle Renard propose de mettre ses faveurs en loterie, sa délicatesse répugnant à ruiner ses amants pour soutenir son état de fille du monde. La quinzaine de ses faveurs sera divisée en cinq lots, qui écherront aux numéros sortis de la roue de fortune. Le gagnant aura un terne nocturne, et, de plus, à souper, et pourra donner des coupons à qui bon lui semblera. Les billets seront de 12 livres, et seront garantis par le docteur Préval. La demoiselle Renard les délivrera elle-même aux amateurs, tous les matins, rue du Puits-qui-parle, au Buisson ardent, et dans la grande allée du Palais-Royal, depuis une heure jusqu'à deux heures après midi et minuit.

Au commencement de 1784, parurent d'autres *Petites Affiches,* dirigées cette fois contre la Cour. On les attribua au vicomte de Ségur, fils du ministre (1). Elles avaient pour titre : *Affiches, Annonces et Avis, ou Journal général* DE LA COUR, et portaient pour épigraphe :

Regis ad exemplum totus componitur orbis.

Nous en citerons le prospectus :

La feuille connue vulgairement sous le nom de *Petites Affiches*

(1) Ce facétieux personnage s'était déjà fait une petite réputation dans ce genre par une épître originale à la culotte du vicomte de Noailles, partant pour l'Amérique, épître qu'il avait adressée à la vicomtesse, femme très-dévote.

a fait naître l'idée de celle-ci, qui semblait manquer à la nation. En effet, la cour n'aime pas à avoir rien de commun avec la ville ; elle n'a pourtant pas moins besoin d'un point de réunion, d'un dépôt de ses demandes, de ses questions, de ses fantaisies, d'un centre enfin de communication et de correspondance. Beaucoup de seigneurs et de femmes de qualité pourraient répugner à voir leurs articles confondus avec ceux de la bourgeoisie ; c'est ce qui a déterminé le rédacteur à leur consacrer uniquement ses veilles. Il n'a pas, sans doute, le sarcasme à la main, comme l'abbé Aubert ; il manque de ce fonds de méchanceté inépuisable qui le distingue ; mais il se pique d'avoir la même prudence, de ne dire jamais de mal de ceux dont il a à craindre ou à espérer quelque chose. Et comme la cour est la source des grâces, des pensions et des récompenses, le modèle des vertus et des perfections, qu'il n'aura qu'à louer, il espère réussir en ce genre autant que le rédacteur des *Petites Affiches*.

On ne recevra d'articles que signés au moins d'un chevalier de Saint-Louis.

Puis viennent des annonces de ce genre :

Biens seigneuriaux à vendre.

I. On continue la vente de toutes les terres, seigneuries et châteaux, du prince de Guéméné. Le mobilier est presque entièrement fondu, et l'on recevra un à-compte incessamment. Chaque créancier aura sur 100 livres 1 écu ; sur quoi à payer 30 sols pour la quittance et 3 livres pour le certificat de vie seulement, attendu que le tout se fait sans frais.

II. Les biens du marquis de Brancas ne tarderont pas à être vendus. Il annonce qu'il se dispose à faire une banqueroute la plus considérable qu'il pourra ; mais à tout seigneur tout honneur : elle n'approchera pas de celle du prince de Guéméné.

Maisons à vendre ou appartements à louer.

La plus grande partie du pourtour des nouveaux bâtiments du Palais-Royal à louer. On avertit qu'on n'y recevra que des filles, des brocanteurs, des libertins, des intrigants, des escrocs, des faiseurs de projets, des chefs de musée, de lycée, des inventeurs de ballons, des fabricants de gaz inflammable, connus plus en état de s'y plaire et de bien payer.

Office à vendre.

L'office d'espion de M. le contrôleur général dans le Parlement est vacant : l'abbé Sabatier de Castres, le titulaire, ayant été démasqué, ne peut plus l'exercer utilement ; il voudrait s'en défaire.

Effets perdus ou trouvés.

I. M. le comte de Gamache offre une forte récompense à ceux qui lui rendront son honneur, perdu depuis son procès avec le comte de Malderé.

II. M. le comte de Grasse en offre autant à l'avocat qui aura le talent de le blanchir dans l'esprit du public.

Annonces particulières.

M. le comte d'Aranda ayant trouvé sa femme morte en Espagne et se disposant à se remarier avec sa nièce, mademoiselle Flir, sa maîtresse, sera vacante. C'est une jeune et jolie personne, qui a des dispositions à devenir hommasse, comme les Allemandes, mais fraîche quant à présent ; c'est une rose qui, d'ailleurs, a des talents.

On prévient qu'elle est accoutumée à manger cent mille francs par an (1).

---

(1) Voici une annonce, très-authentique celle-là, mais que sa singularité nous a engagé à mentionner ici ; elle se trouve dans le n° 93 du *Journal de Paris* de 1781 :

« Une dame amatrice d'Horace promet pour prix à celui qui lui traduira quelques odes de ce poète une veste rose et argent qui est sur son tambour. »

Et quelques jours après, un nouvel avis prévenait les concurrents que l'aimable amatrice s'en remettait aux auteurs du journal pour le jugement des pièces et le choix de l'heureux lauréat.

Je crois avoir fait suffisamment connaître les différents genres dans lesquels se sont exercés les journalistes au xviiie siècle, et les principaux journaux qui ont marqué dans chaque genre. On a pu voir qu'en somme il y a bien peu de routes qui n'aient été dès lors explorées, bien peu d'expédients qui n'aient été tentés. Si, d'ailleurs, certaines feuilles affectaient une spécialité, le plus grand nombre visaient à l'universalité. C'est ce que leur reprochait un correspondant de *l'Année littéraire*.

« En vérité, Messieurs les journalistes, vous êtes trop universels, et, pour vouloir parler de tout, vous ne parlez pas assez sur chaque chose... Ah! si l'on me remettait jamais le gouvernement littéraire, je voudrais assigner à chacun son rang et ses limites.

» Vous, Monsieur, par exemple, et votre terrible antagoniste le *Mercure* (j'aime assez le pour et le contre), ne traiteriez que de l'histoire, de la poésie, de l'éloquence, du théâtre et des romans. Le *Journal des Savants* s'en tiendrait aux hautes sciences. Les

Petites Affiches de Paris et celles de Province ne feraient plus d'incursions sur le champ littéraire; elles se réduiraient, comme dans l'origine, aux annonces des châteaux, des maisons, des meubles, des voitures et des chevaux à vendre; les deux estimables auteurs de ces feuilles, au-dessus d'une pareille occupation, recevraient de mon autorité le caducée de *Mercure*, que j'arracherais des mains qui le tiennent. *L'Avant-Coureur* serait ma troupe légère pour annoncer les livres et leur prix; j'y incorporerais le *Catalogue des Livres nouveaux* qui paraît tous les lundis. Le *Journal des Beaux-Arts* n'aurait plus ce titre pour rien; il ne parlerait dorénavant que des arts. Le petit *Verdun* copierait sa *Gazette de France*, les éloges académiques, les petites dissertations de M. Dreux du Radier, et les petits vers de M. Roi, chanoine de Nantes. J'encouragerais les *Observations sur la Physique et l'Histoire naturelle* de M. l'abbé Rozier. Je pourrais bien laisser subsister aussi les autres journaux, en faisant à leurs auteurs quelques injonctions particulières qui ne gâteraient rien à leurs ouvrages.

» Le *Journal ecclésiastique* serait plus correct; celui de *Médecine* plus circonspect sur les faits qu'il cite, attendu qu'il importe à l'humanité de ne pas consacrer légèrement tous ceux qu'adopte l'ignorance provinciale. Le *Spectateur français* marcherait sur les traces d'Addison; il courrait moins après les petites phrases et le bel esprit. Je dirais à l'auteur de la *Gazette d'Agriculture, du Commerce et des Finances,* de moins compiler les avis des différentes provinces. Je voudrais que le *Journal économique* remplît avec plus de célérité ses engagements ; enfin, que le *Journal encyclopédique* ne fût plus une bigarrure, et qu'il renfermât seulement de bons morceaux sur la philosophie et la morale, lesquels commencent à y devenir fort rares. Je ne parle pas des *Ephémérides du Citoyen,* dont heureusement nous sommes délivrés.

» Que dites-vous, Monsieur, de cette police? Les arts et les sciences en profiteraient à coup sûr. Occupés chacun dans votre partie de ce qui la concerne, vous ne porteriez plus la faux dans des moissons étrangères. Vous n'auriez pas, à la vérité, le rare honneur d'être universels; mais vous mériteriez bientôt la réputation d'être plus profonds, plus réfléchis; vos extraits seraient mieux analysés, plus fidèles, plus utiles; ce ne serait plus un titre, quand on aurait été critiqué dans un journal, pour avoir droit aux louanges d'un autre; on blâmerait, on louerait avec discernement, avec justice, et il y aurait moins de partialité quand il y aurait moins de concurrence (1).

(1) *Lettre à l'auteur de* l'Année littéraire *sur quelques objets de littérature, entre autres sur les bornes dans lesquelles devraient se renfermer nos différents journaux.* Octobre 1773.

LA
PRESSE POLITIQUE
AU XVIIIe SIÈCLE

V

LA PRESSE POLITIQUE

—

Journaux historiques et politiques. — Journaux français imprimés ou publiés a l'étranger

—

Journal de Verdun.

Nous avons vu quelle nombreuse postérité enfanta le *Journal des Savants*, avec quelle rapidité les journaux littéraires s'étaient multipliés. Il n'y a dans ce fait rien qui nous doive surprendre ; mais ce qui pourra paraître plus étonnant, c'est que « la multitude de ces journaux n'en diminua pas le prix. » C'est du moins ce que nous assure Dreux du Radier. « Tous, dit-il, ont été reçus avec empressement, et les moins estimables ont joui de quelque considération.... Le public, accoutumé au profond savoir, aux grâces du style, à la précision, à l'exactitude des jugements de Sallo et de ses successeurs, à l'érudition, embellie par tous les charmes de la plus exacte logique, de Bayle, à la finesse de la critique, à l'étendue des connaissances de Basnage, de Leclerc, et aux autres talents de nos premiers journalistes, le public n'a point dédaigné de moindres lumières, des efforts moins soutenus; on a cherché à lui plaire, il en a tenu compte, et on lui a plu. Il faut en convenir aussi, tout ce qui peut contribuer à soutenir la constance de nos goûts se trouve nécessairement dans la composition d'un journal; la variété des matières dédommage d'un examen approfondi, et il est rare qu'il n'en résulte pas quelque intérêt. Un journal présente une sorte de spectacle où il se trouve toujours quelque scène agréable. L'homme du monde le moins livré à l'étude s'y délasse des occupations de la société, il y reprend haleine; c'est un repos pour ses sens affaiblis par la dissipation, et souvent par l'embarras inséparable des plaisirs. Le savant, fatigué du travail d'une étude sérieuse, s'y amuse sans se détourner de sa route; il y rencontre même quelquefois ce qu'il eût cherché longtemps, et ce qu'il n'eût trouvé ailleurs qu'avec peine... »

Mais la France, si fertile en journaux littéraires, demeura assez longtemps sans journaux historiques et politiques, ne possédant du moins que la *Gazette* et le *Mercure*, soumis l'un et l'autre aux restrictions que l'on sait. Nous en avons dit le motif dans notre Introduction : on vivait alors sous le régime du privilége, et la fondation d'une gazette était entourée de difficultés presque insurmontables. Le métier de gazetier, d'ailleurs, ne semblait pas aussi facile dans ce temps-là qu'aujourd'hui.

« La *Gazette*, dit Vigneul-Marville (*Mélanges d'Histoire et de Littérature*, 1700), la *Gazette*, que la plupart des gens regardent comme une chose de rien, est, à mon gré, un des plus difficiles ouvrages qu'on ait entrepris de nos jours. Il fallait autant de génie et de capacité qu'en avait feu M. Renaudot pour y réussir au point qu'il a fait, dès qu'il a commencé à y mettre la main. Cela demande une connaissance fort étendue de notre langue et de tous ses termes, une grande facilité d'écrire et de narrer nettement, finement et en peu de mots. Il faut savoir parler de la guerre sur mer et sur terre, et ne rien ignorer de ce qui regarde la géographie, l'histoire du temps et celle des familles illustres, la politique, les intérêts des princes, le secret des cours, les mœurs et les coutumes de toutes les nations du monde. Enfin, sans entrer dans un plus grand détail, il faut tant de sortes de connaissances pour bien écrire une gazette, que je ne sais comment on a osé l'entreprendre. Il n'y a qu'une seule chose qui fait tort à celui qui l'écrit, c'est qu'il n'est pas entièrement le maître de son ouvrage, et que, soumis à des ordres supérieurs, il ne peut dire la vérité avec la sincérité qu'exige l'histoire. Si on lui accordait ce point-là, nous n'aurions pas besoin d'autres historiens; mais, cela excepté, je ne trouve rien qui puisse servir davantage à instruire les jeunes gens à qui l'on veut donner une brillante éducation que la lecture d'une gazette bien écrite. Cela paraîtra un paradoxe à plusieurs; mais que l'on en fasse l'essai, et je suis sûr que l'on reviendra à mon sentiment; j'ajouterai même qu'il y a très-peu de gens qui soient capables de la lire comme il faut, et qui l'entendent dans toutes ses parties (1). »

On en jugeait de même en Italie. « Les journaux politiques, écrivait l'abbé Bianchi au prince de Beaumont-Vintimille, dans une lettre reproduite des *Novelle litterarie* par *l'Esprit des Journaux*, sont de la plus grande utilité lorsqu'ils sont faits par des personnes de bon sens, bien instruites.... Pour qu'ils produisent tous les effets qu'on peut en attendre, il faut que l'auteur possède les principales langues de l'Europe, les intérêts généraux des princes, l'économie politique des différents nations, leurs forces de terre et de mer, le nom et le caractère des ministres de toutes les cours, et la situation de chaque Etat, pour réfléchir avec connaissance de cause sur les projets nouveaux, sur les découvertes, les traités, les inventions, et sur toute sorte d'événe-

---

(1) C'est ce que pensait évidemment l'auteur d'un volume in-12, le *Petit Dictionnaire du temps, pour l'intelligence des gazettes*, que nous avons rencontré à la bibliothèque Sainte-Geneviève.

ments... Malheureusement les gazetiers, dans la plus grande partie de l'Europe, sont, ou des personnes ineptes, ou des gens qui font ce métier-là pour vivre. »

Dans une note à laquelle nous avons fait allusion (t. 1, p. 379), Camusat cite l'opinion de Vigneul-Marville, et il ajoute les réflexions suivantes :

« Je crois qu'il n'y a point aujourd'hui de nation en Europe qui n'ait une ou plusieurs gazettes. Chacun veut être informé de ce qui se passe ; ceux même que leur état et leur condition éloignent de l'administration des affaires sont souvent les plus avides de nouvelles, et en général le monde est tellement accoutumé à la Gazette, qu'il en regarderait la suppression comme un deuil public, sans parler ici des ressources que perdraient les princes si la Gazette venait à manquer. A ne la considérer que comme un recueil de dates et de faits, il est certain qu'on peut tirer beaucoup de fruit de cette lecture, qu'on doit les conserver avec soin, et qu'il est permis quelquefois de les citer.

» Que l'on puisse lire les gazettes, c'est une proposition que je fonde sur la nécessité indispensable où sont tous les hommes de savoir ce qui arrive dans le monde. Quelque misanthrope que l'on soit, on tient toujours par quelque bout à la société; et l'intérêt, la bienséance et diverses autres raisons ne permettent pas d'ignorer entièrement ce qui s'y passe. Je veux que l'on en puisse apprendre une partie en conversation, mais ce qui s'y dit n'est jamais exact : l'ignorance, la prévention, la politique, en altèrent une partie. De plus, il y a toujours un certain nombre de nouvelles qui ne parviennent au peuple que par cette voie. Enfin tous ces faits, qui se débitent dans le temps qu'ils sont nouveaux, s'effacent insensiblement de la mémoire, et la gazette est un répertoire où l'on peut se la rafraîchir sans peine à tous les instants.

» La lecture des gazettes et des mercures a un autre avantage, aussi considérable pour le moins que celui que j'ai indiqué : c'est de nous accoutumer à prendre des idées justes et précises des cours de l'Europe; d'en connaître les emplois, les tribunaux, les monnaies, les modes, et généralement tout ce qui entre dans le commerce de la vie. Les ouvrages périodiques s'expliquent toujours sur ces différentes matières en termes propres, et l'on s'accoutume, en les lisant, à parler de même... Enfin, la lecture de la gazette conduit insensiblement à une infinité de connaissances que l'on aurait négligées si l'on n'en avait pas senti le besoin pour l'intelligence d'un ouvrage nécessaire.

» Mais, comme les gazetiers tendent fréquemment des piéges à notre crédulité, la prudence exige que nous apportions à la lecture de leurs ouvrages toute la circonspection qui nous peut empêcher d'être leurs dupes. Par exemple, ces messieurs ne manquent jamais de relever avec emphase le moindre avantage que remporte leur parti, et ils ont le même soin d'atténuer les bonnes fortunes du parti contraire. Il est vrai qu'ils ne font souvent en cela que suivre la loi qu'on leur impose, et qu'ils sont rarement les maîtres de raconter les événements tels qu'ils arrivent. Peut-être même qu'à peser les choses au poids de la politique, la violence qu'on leur fait sur cet article n'est pas condamnable. Une fausse nouvelle débitée en de certaines circonstances, une nouvelle véritable supprimée pendant vingt-quatre heures, sont souvent le salut d'un grand Etat, et peuvent être l'origine des intrigues les plus importantes. Croit-on que, s'il y avait eu des gazettes à Rome du temps de Claude, Agrippine eût trouvé bon qu'un gazetier indiscret eût annoncé la mort de cet empereur, et rompu par là les mesures qu'elle prenait pour faire tomber l'empire à son fils? Non certainement, et elle eût eu raison. Il n'est rien de si raisonnable que cette gêne que les princes imposent aux gazetiers quand c'est pour une fin légitime, et en général il ne serait point à propos de laisser à ces sortes d'écrivains une liberté sans bornes, ni de leur permettre les réflexions hardies plutôt que sensées qui ne leur sont que trop ordinaires en certains pays. L'arrangement de la société demande qu'on les réprime, et l'expérience apprend que, dans les pays où les nouvellistes se piquent de sincérité, leurs gazettes sont moins des relations que des satires. En voici un exemple dont toute l'Europe a été témoin. Les Hollandais ont affecté autrefois de maintenir une grande liberté d'écrire, et en cela ils suivaient les vues d'une politique saine et éclairée; mais qu'en est-il aussi arrivé ? C'est que, le gazetier s'étant emporté à parler insolemment de Louis XIV, déjà irrité des libelles insultants et des médailles frappées contre lui, ce prince s'en prit à ses maîtres, et leur fit payer chèrement leur condescendance. M. de La Fare (1) attribue en partie la guerre de 1672 à cette cause. Dans la suite, il s'est trouvé d'autres auteurs qui ont poussé si loin leurs invectives contre les têtes couronnées, et eu si peu de ménagement pour les puissances, que les Etats-Généraux ont été dans l'obligation de mettre ordre eux-mêmes à tant d'excès. C'est ce qu'ils ont fait, par exemple, à l'égard des *Nouvelles des Cours de l'Europe*, publiées par Gueudeville. Sur les plaintes que M. d'Avaux leur porta de l'extravagante fureur de ce moine défroqué, ils lui défendirent de se mêler d'un métier où le savoir-vivre, le sang-froid et l'observation des bienséances sont d'un si grand usage...

» Enfin, la lecture des gazettes et autres ouvrages

---

(1) *Mém. et réfl. sur les principaux événements du règne de Louis XIV*, chap. v.

périodiques de cette espèce ne devrait point être regardée comme une occupation sérieuse. Tel n'a d'abord regardé ces sortes de feuilles que par curiosité ou par complaisance, qui s'y est ensuite livré tout entier et est devenu nouvelliste dans les formes. Si l'on connaissait tout le ridicule attaché à cette misérable profession, on se donnerait bien de garde de s'en faire honneur... »

On peut juger, par ces citations, de l'idée qu'on se faisait, dans les premières années du xviiie siècle, des gazettes et des gazetiers. Pour ce qui est de la France, en fait de journaux politiques, comme nous venons de le dire, elle était encore réduite, en 1700, à la *Gazette* et au *Mercure*. La curiosité publique n'avait, pour se satisfaire, que les journaux de Hollande; mais, outre que ces journaux, écrits sous l'influence des passions, ne se piquaient pas plus d'exactitude que d'impartialité, ils n'étaient à la portée que d'un bien petit nombre. Le prix même des feuilles françaises, les difficultés du port et de la remise, étaient un obstacle pour la masse; si bien que « quiconque n'habitait pas une grande ville était, par sa situation, presque hors d'état de s'instruire des plus grands événements, et même de ceux auxquels il pouvait prendre part, soit comme citoyen, soit comme intéressé par ses liaisons et sa fortune. Cependant les événements devenaient chaque jour plus intéressants; l'Europe, embrasée du feu d'une guerre dont le terme était encore éloigné, était devenue un théâtre où nos succès et nos pertes ajoutaient chaque jour au juste empressement que l'on avait de s'en instruire... »

C'est dans ces circonstances que Claude Jordan créa, en 1704, le journal connu sous le nom de *Journal de Verdun*. « Son plan était de réunir dans un ouvrage périodique de cinq feuilles d'impression (c'est-à-dire assez étendu pour qu'il y pût donner, de tous les événements, une idée juste, exacte) tous les avantages qui avaient donné du prix à ceux de la nature du sien qui l'avaient précédé. A l'exemple de l'ancien compilateur du *Mercure français*, il se proposa de donner, autant qu'il le pourrait, des pièces originales sur les affaires ecclésiastiques, civiles, politiques et militaires du temps. En suivant le projet de Théophraste Renaudot, continuateur de ce Mercure, il devait faire des extraits des pièces qu'il ne pourrait publier, et en former ses relations, qui reposeraient toujours sur la vérité

---

(1) Cl. Jordan avait occupé en longs et utiles voyages par toute l'Europe douze à treize années de sa jeunesse, et Louis XIV lui avait fait une pension. Avant l'époque où nous sommes arrivés, on le voit, en 1686, établi libraire à Leyde; en 1692 il était dans le pays de Bar, où il publia ses observations et souvenirs sous le titre de *Voyages historiques de l'Europe*. Par une erreur assez étrange, Dreux du Radier, et plusieurs biographes après lui, ont attribué le *Journal de Verdun* à Philippe Jordan de Durand. Ce qui les aura probablement trompés, c'est que Jordan, pensionnaire du roi de France, chercha, dans le principe, à cacher derrière l'anonyme, le pseudonyme, les initiales, l'auteur d'un journal politique. On lit même plusieurs fois sur le verso du titre, dans les premières années, que l'on peut s'adresser pour tous renseignements à M. Philippe Durand, écuyer, à Bar-le-Duc; mais les premiers numéros de 1717 portent en toutes lettres *Claude Durand*.

des faits et sur des pièces authentiques. Suivant la marche de M. de Visé, il se proposa de parler des naissances et des morts illustres ; des élévations aux emplois, aux charges, aux prélatures, sans trop s'appesantir sur la partie généalogique, sans prodiguer des éloges qui, tout mérités qu'ils puissent être, ne trouvent pas dans tous les lecteurs des dispositions également favorables. Il crut aussi que l'exemple du *Journal des Savants* lui faisait une loi qu'il ne devait pas négliger de suivre : il embrassa la partie littéraire avec les égards qu'il devait aux auteurs des journaux dont elle faisait l'objet principal ; il n'en fit que son accessoire. Enfin il se préoccupa de ménager les intérêts du public par le prix médiocre qu'il mit à son journal, et il prit les mesures pour en faciliter la lecture, non seulement dans toutes les villes du royaume, mais même dans les campagnes. »

Il était difficile qu'un journal qui se présentait dans de pareilles conditions ne réussît pas, pour peu que l'exécution répondît au programme. Aussi le succès de la nouvelle feuille fut-il très-grand. Elle donnait toutes les nouvelles politiques, en les accompagnant de considérations et de jugements sur les Etats et les événements divers ; elle se distinguait d'ailleurs par la connaissance de la matière, par un certain talent de style, et surtout par son impartialité, qui « lui valut l'applaudissement de Londres et de Vienne, aussi bien que de Versailles et de Madrid »; elle fut même traduite en allemand.

Le journal de Jordan avait pour titre primitif : *La Clef du cabinet des princes de l'Europe, ou Recueil historique et politique sur les matières du temps ;* l'appellation de *Journal de Verdun,* qui a prévalu, lui vient de la ville où il s'imprimait alors sans doute qu'il jouissait de la plus grande vogue. En tête de l'exemplaire de la Bibliothèque impériale se trouve la copie manuscrite d'une lettre de Jordan, très-importante pour la bibliographie assez mal connue de ce recueil, et que nous croyons devoir reproduire :

Le journal que je commençai au mois de juillet 1704 avait pour titre : *La Clef du cabinet des princes,* et je donnai à l'imprimeur le nom de Jacques le Sincère, à l'enseigne de la Vérité, parce qu'alors je ne voulais pas être connu, et que, d'ailleurs, j'étais incertain de la réussite. Je le limitai à cinq feuilles in-8° chaque mois, et il a été continué jusqu'à présent sur le même pied; il n'y a point eu d'interruption pendant la guerre, ni depuis la paix.

Je le fis d'abord imprimer à Luxembourg, pendant que cette place était au roi. Quelques années après, lorsque l'ouvrage fut un peu goûté du public, je demandai un privilége à la chancellerie de France pour lui mieux faciliter l'entrée du royaume sous le titre de *Journal historique* (imprimé à Verdun). Monseigneur le chancelier de Pontchartrain me donna pour examinateur M. de Saint-Contest, et successivement M. le comte Robin, alors commissaire des guerres à Metz, qui n'y ont jamais rien trouvé à condamner.

Dans le temps que l'édition se continuait à Luxembourg, le savant M. l'abbé Bignon me fit connaître qu'il désirerait que mon ouvrage rétrogradât jusqu'à la paix de Riswick ; ce que je fis par supplément en deux volumes du même format, depuis 1697 jusqu'en 1704. Il me fournit de bons mémoires, de même que M. le marquis de Torcy, sur différents sujets dont je n'étais pas assez instruit par moi-même.

M. Bignon m'exhorta pendant quelque temps à faire imprimer mon ouvrage à Paris ; à quoi je me déterminai au commencement de 1717, lorsque le terme des conventions que j'avais faites avec le premier imprimeur fut expiré. (Il prit alors le titre de *Suite de la Clef...*)

L'importance du Journal de Verdun est assez connue pour que nous n'ayons pas besoin d'y insister ; la lettre que nous venons de citer en serait à elle seule, dans sa simplicité, un témoignage suffisant. Il inaugura, ou, si l'on veut, il consacra une nouvelle forme, un nouveau genre dans la presse, le Journal historique.

Querlon le compare au *Mercure*, et dit qu'il était encore plus répandu, parce qu'il en tenait lieu, surtout en province, à une infinité de personnes. L'abbé Prévost a rapproché les deux feuilles dans un parallèle que nous croyons devoir reproduire.

« Nous avons dans le *Mercure de France* et dans le *Journal de Verdun* deux exemples qui font également honneur et à la constance du public, qui ne se rebute jamais de ce qui lui paraît utile et agréable, et à celle des auteurs de ces deux ouvrages, qui marchent depuis si longtemps dans la même carrière, sans aucune marque de lassitude. Leur but se ressemble beaucoup, sans être tout à fait le même. On trouve constamment dans l'un et dans l'autre un mélange de nouvelles et de littérature ; mais le *Mercure*, faisant son objet principal des lettres et de tout ce qui constitue les sciences, les arts et les spectacles, n'accorde qu'une partie de ses soins aux nouvelles, et le *Journal*, s'attachant, au contraire, à recueillir tout ce qui peut satisfaire les nouvellistes, n'y mêle quelques articles littéraires que pour les faire servir d'intermèdes à ses relations historiques. Ainsi la préférence de l'un ou de l'autre dépend du goût particulier des lecteurs ; et, comme on peut dire en général que la curiosité du public n'a guère d'autre objet aujourd'hui que les belles-lettres ou les nouvelles, il n'est pas étonnant que, dans ce partage, le *Mercure* et le *Journal* aient chacun des partisans en grand nombre.

» Il faut confesser d'ailleurs que les qualités qui conviennent à des ouvrages de cette nature s'y trouvent fort bien réunies. On reconnaît dans le *Verdun* un écrivain sensé, qui laisse aux événements le temps de s'éclaircir avant que de les publier, qui est en garde contre les bruits faux et les témoignages légers, qui n'affecte point d'embellir les circonstances, et qui ne cherche qu'à rendre service à la vérité. Si l'on peut attribuer à la crainte des lois le soin qu'il a de n'offenser personne, on n'est redevable qu'à lui de l'aversion qu'il marque pour la flatterie, et ce dernier sentiment prouve assez bien que le premier n'est pas moins volontaire. Ses relations seront peut-être un jour une des meilleures sources de l'histoire de son temps. C'est aussi la seule gloire qu'il paraisse rechercher.

» Le *Mercure* n'est pas moins discret dans les siennes ; mais, comme elles ont moins de part à son dessein que les belles-lettres et les spectacles, l'étude principale de l'auteur est de recueillir des dissertations, des pièces de poésie, des épîtres en prose et en vers, et d'autres ouvrages fugitifs, qu'il sauve ainsi de l'obscurité dont ils seraient menacés par leur petitesse.... L'histoire des spectacles et les extraits de la plupart des pièces qui se représentent sur les théâtres de Paris sont un article si curieux dans le *Mercure* qu'il est sûr, à ce seul titre, de plaire et d'être recherché dans tous les temps... L'article des livres nouveaux qui s'impriment dans le cours du mois est un service considérable qu'il rend à la république des lettres, et qu'il est fâcheux que personne n'ait pensé à lui rendre plus tôt. Celui des morts et des naissances a aussi son mérite ; et comme tout le monde ne s'arrête point à l'utilité, les énigmes, les logogriphes, etc., ne manquent pas non plus d'approbateurs.

» Il se trouve, après cette énumération, que le *Mercure* est un ouvrage universel. Quelle serait l'injustice de ceux qui exigeraient trop rigoureusement qu'un recueil de cette nature, qui se trouve rempli tous les mois avec beaucoup de régularité, ne contînt jamais rien que de parfait et d'admirable ! Ecrivains délicats qui vous plaignez d'y voir quelquefois des productions médiocres, songez que c'est au *Mercure* à se plaindre de vous-mêmes, qui ne lui fournissez pas de quoi faire cesser vos reproches. »

Quelque modération que la Clef du cabinet apportât dans ses appréciations politiques aussi bien que dans ses appréciations littéraires, c'est de mort violente qu'elle mourut. On lit dans le numéro de décembre 1776, le dernier, un avis du rédacteur en chef, ainsi conçu :

> Je dois au public, et je me dois à moi-même, de l'instruire des *vraies* raisons pour lesquelles ce journal ne sera plus continué. La suppression des nouvelles politiques, *à laquelle j'ai été forcé par des ordres supérieurs,* l'ayant dénaturé dans une de ses parties essentielles, ce changement lui a fait supporter une révolution qui, jointe à la modicité du prix des souscriptions, ne lui permet plus de suffire aux pensions ni aux autres charges pécuniaires qu'il était obligé de supporter. En conséquence, j'ai pris le parti, ainsi que le libraire, de l'abandonner.

D'où partait le coup qui frappa cette feuille, pour laquelle son ancienneté et son caractère semblaient devoir être une sauvegarde, c'est ce que nous ne saurions dire; mais il est bien probable que la rivalité n'y fut pas étrangère.

Le Journal de Verdun paraissait tous les mois, en un cahier de cinq à six feuilles, contenant ce qui s'était passé de plus intéressant le mois précédent. Les matières y sont rangées par pays, et les deux derniers articles sont toujours consacrés, l'un à la littérature, l'autre aux naissances et morts des personnes illustres. De nombreuses manchettes facilitent les recherches ; chaque numéro, d'ailleurs, a sa table, et chaque volume se termine par une table analytique.

Il fut successivement rédigé, après Jordan, par de la Barre à partir de 1727, par Monehaut d'Egly à partir de 1739, et à partir de juin 1749 par P. Nicolas Bonamy, tous les trois membres de l'Académie des Inscriptions et Belles-Lettres, et enfin, par Ameilhon. A mesure que les événements politiques perdaient de leur importance, il donna une plus large part à la littérature, son ton devint moins sévère et sa forme plus brillante. La partie littéraire de ce recueil, dit le *Journal des Savants*, est toujours traitée avec une sagesse et une circonspection qui devraient servir de modèle à un grand nombre de nos journaux littéraires. Précision et clarté dans les extraits, impartialité dans les jugements, modération dans les critiques ainsi que dans les éloges, telles sont les qualités qui la faisaient rechercher autant que la partie politique.

La collection de ce recueil se divise ainsi : *La*

Clef du cabinet des princes, tom. i-v (juillet 1704-déc. 1706), 5 vol. in-8° ; — *Journal historique sur les matières du temps, contenant aussi quelques nouvelles de la littérature et autres remarques curieuses*, tom. vi-xxv (1707-1716), 20 vol. ; — *Suite de la Clef* (1717-1776), 120 vol. ; — *Supplément de la Clef* ou *Journal historique sur les matières du temps, contenant ce qui s'est passé, en Europe, d'intéressant pour l'histoire, depuis la paix de Riswick*, 2 vol.

Elle est complétée par une table générale, alphabétique et raisonnée, depuis 1697, c'est-à-dire depuis l'époque à laquelle remonte le supplément, jusques et y compris 1756, donnée par Dreux du Radier, 9 vol. in-8°.

Un fait généralement inconnu, et qui paraît avoir échappé à tous les bibliographes, c'est que quand Jordan, pour venir à Paris, se sépara de son premier éditeur, André Chevalier, celui-ci continua le journal de son côté, sous son premier titre et en faisant suivre la tomaison. Dès lors, c'est-à-dire à partir du tome 26, le titre porte son nom : André Chevalier, imprimeur et marchand libraire à Luxembourg. On a pu remarquer que Jordan, en reprenant sa publication à Paris, ne lui conserva pas le titre de *Clef du cabinet*, mais qu'il l'intitula : *Suite de la Clef du cabinet*, et lui donna une tomaison nouvelle.

La première *Clef du cabinet,* celle de Luxembourg, se continua, passant d'André Chevalier à ses héritiers, s'occupant surtout de politique, n'y mêlant que par occasion quelques articles de littérature et d'agriculture, jusqu'au mois d'août 1773, où elle prit le titre de *Journal historique et littéraire,* sous la direction de de Feller (1). A l'époque de ce changement, elle formait 138 volumes, soit 113 pour la continuation. Or, les bibliographies, pas plus que les catalogues d'amateurs, ne font aucune mention de cette suite de 113 volumes, qui semble être demeurée complétement ignorée chez nous ; et il y a vraiment lieu de s'en étonner, car la longue durée de ce recueil autorise à supposer qu'il n'était pas sans mérite, ou du moins atteste qu'il obtint un certain succès.

(1) Le *Journal historique et littéraire,* publié d'abord à Luxembourg, puis à Liége, vécut jusqu'en 1794, et la collection, assez rare, forme 60 volumes in-12. Il eut une grande vogue dans les Pays-Bas et en Allemagne. On y trouve des dissertations intéressantes sur divers points de théologie, de physique, d'histoire, de géographie et de littérature ; mais presque toujours la partialité s'y fait sentir.

Quelques détails sur les Gazettes et Journaux étrangers.

Le Journal de Verdun eut d'assez nombreux imitateurs ; mais c'est surtout à l'étranger qu'ils se produisirent. Comme nous l'avons dit à propos des journaux littéraires, tous ceux qui, soit par vocation, soit par spéculation, voulaient fonder un recueil périodique, étaient obligés de recourir aux presses étrangères.

Bayle avait montré aux esprits curieux de liberté et de discussions le chemin de la Hollande, et cette petite république était bientôt devenue le refuge de tous les libres penseurs, de tous les hommes qui faisaient ombrage au pouvoir. Il y avait, avec Basnage et Le Clerc, créé la critique périodique. Nous avons vu quels fruits avait portés leur exemple, quelle émulation le succès de leurs recueils avait excitée ; nous avons vu aussi combien peu de ces feuilles que chaque jour enfantait atteignaient à quelque durée, et nous n'avons parlé que des journaux scientifiques et littéraires, ou du moins s'annonçant comme tels. Il y eut en outre un assez grand nombre de petits journaux, tels que *le Cour-*

rier galant, le Nouvelliste galant, créés par la spéculation à l'imitation du Mercure galant, et écrits par de pauvres réfugiés aux gages des libraires hollandais, mais trop légers, vraiment, et trop vides, pour que nous ayons cru devoir nous y arrêter.

Les journaux politiques eurent en général plus de succès, et il en est qui fournirent une longue carrière. Bien qu'admonestés quelquefois, et même réprimés par le gouvernement hollandais, sur les plaintes des ambassadeurs étrangers, les nouvellistes d'Amsterdam et de La Haye jouissaient d'une liberté qu'on ne leur eût accordée nulle part ailleurs, et dont ils usaient sans scrupule pour rendre leurs gazettes piquantes ; ils avaient véritablement le privilége de fournir l'Europe de nouvelles et de raisonnements politiques. « Les Gazettes, dit l'abbé Bianchi (1), ont pris naissance à Venise, dans un temps où cette république était le centre des négociations de l'Europe. Depuis que les Hollandais ont acquis l'indépendance et formé une république de négociants, ils sont devenus les nouvellistes des nations les plus éloignées : à Constantinople, à Smyrne, au Caire, dans le Levant, dans les deux Indes, on lit les gazettes hollandaises comme à La Haye et dans les cafés d'Amsterdam. Le *Courrier du Bas-Rhin,* qui a fait diverses réflexions sur la

---

(1) Lettre au prince de Beaumont Vintimille (*Novelle literarie*).

nature, la multiplicité et la libre communication des feuilles périodiques, prétend que les villes libres ou impériales sont plus favorables à ce commerce que les monarchies, et qu'il se publie un plus grand nombre de feuilles périodiques dans les villes de Cologne, de Francfort, de Hambourg, etc., que dans les royaumes d'Espagne, de Portugal, de France, de Suède, de Danemarck, où il semble que la maxime d'Etat exige qu'il n'y ait qu'une seule loi et une seule gazette. »

Le ton généralement frondeur et satirique de ces gazettes hollandaises, la liberté de leurs commentaires, leur hardiesse médisante, l'audace avec laquelle elles prétendaient dévoiler les secrets des cours, enfin, et surtout, leur hostilité habituelle contre la France, voilà les raisons de leur succès et ce qui doit expliquer leur célébrité, bien plus que le talent, généralement très-médiocre, de leurs rédacteurs, car on ne trouve dans ces recueils volumineux que de bien rares articles qui dénotent le véritable écrivain politique.

C'est de la révocation de l'édit de Nantes que date la grande popularité de ces journaux. Dès 1685, il s'imprimait en Hollande jusqu'à trois gazettes raisonnées, ou, si l'on aime mieux, raisonnant. L'une d'elles, *Nouvelles solides et choisies*, un peu plus connue que les autres, était rédigée par Aubert de Versé et par Flournois, l'auteur des *Entretiens sur la mer*. Les *Lettres historiques* et *le Mercure historique*, qui parurent ensuite, réussirent davantage ; on vantait les récits des *Lettres* et les réflexions du *Mercure*. Leur vogue fut partagée pendant quelque temps par l'*Esprit des Cours de l'Europe*. L'auteur de cette petite gazette politique, qui paraissait tous les mois à La Haye, était Gueudeville, ancien bénédictin de la congrégation de Saint-Maur, venu en 1690 aux Pays-Bas, où il n'était pas regardé comme un prosélyte réformé suffisamment grave. C'est surtout la politique de la France qui faisait les frais de sa feuille. Il passait pour spirituel, et il avait la conversation agréable ; mais sa perpétuelle ironie et toute sa façon d'écrire sont une méchante caricature de la manière de Bayle dans ses *Comètes*. On n'est point tenté de chercher s'il y a des vues solides et du bon sens sous les interminables et graveleuses allégories qu'il entasse à tout propos (1).

Nous avons déjà parlé de la fameuse *Gazette de Hollande*, ce *véhicule de toutes les médisances de*

---

(1) Comme échantillon des considérations politiques de Gueudeville, on peut lire, à la date de juin 1703, les belles allusions à la politique vénitienne que lui suggère la cérémonie du mariage du doge avec la mer. En voici quelques fragments, choisis entre ceux qu'il peut être permis de glisser dans une note : « L'épouse (l'Adriatique) est toujours prête à se donner au premier venu. Je ne crois pas que le doge s'avise jamais de caresser sa chère moitié..... Les Français, non moins perturbateurs du repos conjugal que de la tranquillité publique, fournissent actuellement la preuve de ce que je dis. La mariée se divertit impunément avec eux à la barbe de son époux, et le chevalier de Forbin a déjà fait, je ne sais combien de fois, le sérénissime doge cocu. Qu'il est bon, ce mari, non seulement de ne se point rebuter des fréquentes infidélités de sa femme, mais même de resserrer tous les ans avec elle le nœud de la conjonction matrimoniale ! Etc., etc. »

l'Europe, comme l'appelait Bayle. Nous ne pouvons d'ailleurs ranger cette gazette ni ses semblables parmi les journaux français. Il faut distinguer, en effet, les journaux français publiés à l'étranger, mais écrits spécialement en vue de la France, et les journaux étrangers écrits en français. La langue française étant la plus répandue, et en quelque sorte adoptée comme la langue de la politique, plusieurs Etats l'employèrent dès l'origine pour leur gazette officielle, et il y en avait bien peu qui n'eussent au moins une feuille française : ainsi les Gazettes de Londres, d'Amsterdam, de Bruxelles, de La Haye, d'Utrecht, de Leyde, d'Altona, de Deux-Ponts, etc., etc. C'étaient là toutes gazettes faites sur le modèle de la nôtre. Si, souvent, elles s'occupaient des affaires de la France plus que de celles des autres pays, c'est que les affaires de la France étaient assez généralement les affaires de l'Europe ; mais elles n'étaient point pour cela des gazettes françaises, pas plus qu'on ne peut regarder comme des journaux français cette foule de recueils périodiques enfantés par la spéculation, principalement en Hollande, et dont les auteurs avaient adopté notre langue comme celle qui leur promettait le plus de lecteurs (1).

---

(1) On confond habituellement dans la dénomination de *journaux* tous les écrits plus ou moins périodiques; on peut cependant les distinguer en trois sortes : les gazettes proprement dites, dans le genre de notre ancienne *Gazette de France,* les journaux politiques et littéraires, et des sortes d'annales, dans le genre du *Mer-*

Les feuilles écrites en vue de la France n'étaient pas ce qu'on appelait des gazettes, c'est-à-dire des feuilles se bornant à l'énoncé des nouvelles, sans réflexions ni commentaires : elles auraient ainsi marché sur les brisées de la *Gazette*, et se seraient vu fermer l'entrée du royaume; c'étaient des sortes de revues, des recueils périodiques plutôt que des journaux dans le sens actuel de ce mot. Quelques-unes étaient exclusivement politiques; le plus grand nombre étaient à la fois politiques et littéraires; quelques-unes s'occupaient plus de théories que de faits, la plupart se bornaient au récit plus ou moins développé des événements.

Cette forme du recueil était d'ailleurs une nécessité de l'époque : on n'avait alors ni les moyens d'information, ni les moyens d'exécution, ni les moyens de circulation, qui ont rendu possible la forme actuelle du journal, et ajoutons, qui lui ont donné sa force. Aux XVIIe et XVIIIe siècles, les journaux, à quelques exceptions près, ne paraissaient guère qu'une fois par mois; les gazettes, les gazettes officielles surtout, avaient une périodicité plus fréquente. Ces dernières étaient assez généralement sur format in-4°; presque tous les recueils sont in-12, quelques-uns seulement in-8°.

cure français de Richer, où les événements sont racontés avec une certaine étendue, dans leur ordre chronologique. On range encore quelquefois parmi les journaux certaines compilations historiques, recueils de pièces détachées, qui affectaient dans leur publication une sorte de périodicité.

Bien que les journaux étrangers n'entrent pas dans mon plan, je crois faire une chose utile en donnant ici la nomenclature, je ne dirai pas seulement des plus importants, mais de tous ceux que j'ai rencontrés dans mes recherches, avec les quelques détails qu'il m'a été possible de me procurer. Au point de vue historique, ces recueils offrent un intérêt sur lequel il n'est plus besoin d'insister aujourd'hui. Si quelques-uns, en raison de leur source ou du mobile qui les a inspirés, ne doivent être lus qu'avec une certaine réserve, le plus grand nombre affectent une retenue, une impartialité, qui leur étaient commandées par leur intérêt même et le soin de leur existence (1).

1622. *Mercure d'Allemagne,* ou suite du Mercure français, contenant ce qui s'est passé en l'Empire, France, Espagne, Angleterre, Italie, Pays-Bas, Grisons, Pologne, Turquie et autres lieux, jusqu'à présent. *Paris,* in-12. Arsenal.

C'est, ainsi que l'indique le titre de départ, une traduction d'un Mercure allemand, de *Gotard Artus Dantiscan,* qui paraissait tous les six mois.

J'ai trouvé à Sainte-Geneviève, dans un recueil factice, deux numéros, allant de septembre 1629 à mai 1631, d'un autre :

Mercure d'Allemagne, ou Relation historique, contenant les choses les plus mémorables advenues en Europe, par Jacq. Franc, historiographe de S. M. Impériale, et traduit en français par Louis Franc G. *Genève,* de Tournes.

1650-54. *Nouvelles ordinaires de Londres,* in-4°. Bibl. Imp.

---

(1) J'indique, par des abréviations faciles à comprendre, la ou les bibliothèques où j'ai rencontré les journaux dont je fais mention.

1654-1711. *Relations véritables, ou Gazette de Bruxelles*, in-4°. Imp., 1654-1691 ; Sainte-Genev., 1699-1711, 7 vol.

On voit, en 1771, une Gazette de Bruxelles proscrite, en même temps que la Gazette de Berne, pour s'être exprimée trop librement sur les affaires de notre gouvernement.

Gazette de Hollande. — 1663-1791.

Tout le monde connaît, au moins de nom, la Gazette de Hollande ; tout le monde sait quelles cruelles insomnies elle causa aux ministres de Louis XIV et au grand roi lui-même. Mais qu'est-ce que la Gazette de Hollande ? Voilà ce qu'on sait moins généralement, et ce qu'il est assez difficile de savoir aujourd'hui.

Nos grandes bibliothèques possèdent toutes une collection plus ou moins volumineuse d'in-4° poudreux portant ce titre fallacieux : *Gazette d'Hollande*, mais pas une gazette de ce nom.

Le premier volume de la collection de la Bibliothèque impériale est un recueil factice contenant : 1° deux numéros (*numbres* 3 et 6) d'une feuille intitulée : *Nouvelles ordinaires de Londres*, du mois de juillet 1661 (4 pages in-4°) ; — 2° divers numéros de la *Gazette de France* de 1660, et un certain nombre de pièces de différents formats émanées de son bureau ; — 3° un numéro (n° 44) de *Nouvelles ordinaires*, imprimées à Amsterdam, 1660 (1 feuillet à 2 col.) ; — 4° des numéros mélangés d'une *Gazette d'Amsterdam,* dont la plus ancienne que j'aie aperçue est de 1663 ; — enfin, un numéro de la *Gazette de Londres*, de décembre 1666.

A la bibliothèque Sainte-Geneviève, deux volumes placés en tête de la collection se distinguent des autres par leur couverture de parchemin. L'un n'a pas de titre ; l'autre porte au dos la formule sacramentelle manuscrite : *Gazette d'Hollande*. Ce sont deux années, 1682 et 1687, d'une gazette intitulée : *Nouvelles extraordinaires de divers endroits*, titre de la gazette connue depuis sous le nom de *Gazette de Leyde ;* et il est à remarquer que ces nouvelles sont imprimées à Leyde. Tous les autres volumes, au nombre de 93 (plusieurs en double), renferment une même gazette ayant pour titre : Amsterdam, et au-dessous : *Avec privilége de*

Nos Seigneurs les Etats de Hollande et de Westfrise, ces mots coupés par une vignette qui varie.

C'est cette dernière gazette qui domine également à la Bibliothèque impériale, à la Mazarine et à l'Arsenal.

Dans cette dernière bibliothèque, le plus ancien volume de la collection renferme deux années, 1697-98, d'une *Histoire journalière de ce qui se passe de plus considérable en Europe*, publiée à la Haye, avec privilége des Etats.

A la Mazarine se trouvent, mais en dehors de la collection, 4 volumes in-folio de gazettes hollandaises (en hollandais), pour les années 1637-1644, au milieu desquelles sont intercalés plusieurs numéros (le premier, chiffré 34, du 5 août 1639) d'un *Postillon ordinaire*, publié à Anvers, et une année (1643) d'une autre gazette française, *Nouvelles de divers quartiers,* publiée à Amsterdam.

De tout cela il résulte qu'il n'y a jamais eu de gazette portant le titre de *Gazette de Hollande,* et qu'on donnait ce nom dans l'usage à toutes les gazettes venant de Hollande ; mais je serais porté à croire qu'il s'appliquait plus particulièrement à la gazette d'Amsterdam, gazette en quelque sorte officielle, et de toutes la plus importante et la plus persistante. Une note manuscrite qu'en furetant j'ai été assez heureux pour trouver sur la garde d'un volume de la Bibliothèque impériale jette sur l'existence de cette dernière feuille un jour sinon complet, du moins très-précieux pour ceux qui s'aventureront dans ce labyrinthe.

Suivant cette note, la gazette d'Amsterdam commença le 18 novembre 1688, sous le titre de « *Nouveau journal univérsel*, où l'on voit tout ce qui se passe de considérable dans toutes les cours de l'Europe, et contenant en même temps une relation des principaux exploits des armées qui sont présentement en campagne. » C'est le 27 mars 1690 qu'elle prit le titre de *Gazette d'Amsterdam*. Les années 1691 et 1692 sont intitulées : *Recueil de nouvelles,* sans indication de lieu ni de date. De 1693 à 1703, on lit simplement en tête : *Avec privilége de Nos Seigneurs les Etats de Hollande et de Westfrise*. Enfin le 13 décembre 1703, elle prend pour titre le nom d'*Amsterdam,* avec les armes de la ville ou de la Hollande.

La note ajoute, sans doute par allusion aux contrefaçons :
« M. de Tronchin, directeur de la Gazette, demeurant à Amsterdam, mande, le 6 octobre 1770, à M. de Montigny, son correspondant à Paris, que les véritables gazettes d'Amsterdam portent le numéro au haut du milieu de la page, qu'au dessous dudit numéro est l'arme représentant un lion, au-dessus duquel il y a une couronne, et à côté de laquelle on lit en tête : AVEC PRIVILÉGE DE NOS SEIGNEURS, et au-dessous, en lettres italiques : *les États de Hollande et de Westfrise*. A la fin de chaque gazette est imprimé : *Pour le sieur J.-T. Du Breuil* (1), *et se vend...* »

Cette note a toutes les apparences de l'exactitude, et c'est là évidemment l'histoire de la véritable *Gazette de Hollande*, de celle qui fit tant de bruit. J'ai pu consulter, en effet, à la Bibliothèque impériale le *Nouveau journal universel*, qui en fut l'origine, et j'ai trouvé, à la fin du numéro du 24 mars 1690, un avertissement de l'éditeur, Claude Jordan, par lequel il prévient qu'à partir du numéro suivant son journal prendra, de l'assentiment des magistrats, le titre de *Gazette d'Amsterdam*.

Mais si c'est là la véritable, la grande *Gazette d'Amsterdam*, ce n'est pas la première, puisque la Bibliothèque impériale possède, comme je l'ai dit en commençant, des numéros d'une Gazette d'Amsterdam antérieure à celle de Jordan de trente à quarante ans.

Dans l'avertissement que je viens de citer, Claude Jordan dit qu'il « avait, pendant plusieurs années, fait imprimer avec succès la gazette intitulée *Nouvelles extraordinaires de divers endroits*. Serait-ce la même que celle que nous avons rencontrée à la bibliothèque Sainte-Geneviève? Je serais tenté de le croire. A la vérité, les premiers numéros de cette dernière, année 1682, portent à la fin : *A Leyde, de l'imprimerie de la veuve van Gelder*, et, de plus, à partir du 10 février : *Pour de La Fond* (2). Mais

---

(1) Je trouve dans Barbier une « *Gazette française*, Amsterdam, 1691-1762, par Jean Tronchin Du Breuil, et continuée par ses fils, plus de 60 vol. » Très-probablement il n'y a pas eu plus de *Gazette française* qu'il n'y a eu de *Gazette de Hollande*, et la feuille que Barbier a enregistrée sous ce titre n'est autre que la Gazette d'Amsterdam.

(2) Sous ce nom de La Fond se cachait, dit-on, un moine défroqué, dont le véritable nom était François de la Bretonnière.

cette souscription disparaît après quelques mois, et l'année 1687 n'en porte aucune. Il est donc possible que Jordan ait pris la suite de ce journal de la veuve Gelder.

Autre question : ce Claude Jordan ne serait-il pas le même que le fondateur du *Journal de Verdun ?* L'affirmative ne me paraît pas douteuse. Nous savons, en effet, que le créateur de la *Clef du cabinet des princes* était libraire à Leyde en 1686, et c'est alors, probablement, qu'il aurait acquis de la veuve Gelder le privilége des *Nouvelles extraordinaires,* qu'il aurait abandonnées ensuite, pour aller créer à Amsterdam le *Nouveau journal universel,* devenu la *Gazette d'Amsterdam* (1).

Une remarque encore sur cette dernière gazette. On en fit de nombreuses contrefaçons. Or, si l'*arme* que décrit M. de Tronchin a été de tout temps la marque de la véritable *Gazette d'Amsterdam,* les collections de nos bibliothèques se composent en partie d'exemplaires de contrefaçon, car beaucoup des volumes que j'ai feuilletés portent une vignette différente.

Il n'en existe pas à Paris, que je sache, d'exemplaire complet ; mais on en pourrait faire un avec ce qu'en possèdent nos grandes bibliothèques. D'après les indications que j'ai pu recueillir, mais dont je ne saurais garantir l'exactitude, la Bibliothèque impériale possède les années 1667-1669, 1688-1691, 1771-1791 ; Sainte-Geneviève, de 1727 à 1785, une soixantaine de volumes et une trentaine de doubles ; l'Arsenal, de 1726 à 1779, 55 volumes ; et la Mazarine, 53 volumes, de 1739 à 1791.

Si sommaires que soient ces indications, que je n'ai pourtant pas rassemblées sans quelque peine, elles suffiront, je l'espère, pour mettre les curieux sur la voie. Il faut espérer, d'ailleurs, que quelque patient investigateur se chargera de porter la lu-

---

(1) L'annonce suivante, qui se lit dans plusieurs numéros consécutifs de l'année 1687, viendrait à l'appui de cette assertion : « L'on continue d'imprimer tous les mois à Leyde, chez Claude Jordan, un journal intitulé : *Histoire abrégée de l'Europe*, qui, dans son petit volume, renferme tout ce qui se passe de considérable chaque mois dans les Etats, dans les armes, dans la nature, dans les arts et dans les sciences.... La bonté et l'utilité de ce livre a obligé quelques libraires d'une ville frontière de le contrefaire..... L'impression de Leyde contient ordinairement cinq feuilles chaque mois, et elle est faite sur du papier fin d'Italie, pour la commodité de ceux qui la font venir par la poste. »

mière dans ce chaos, et il est à souhaiter que ce soit bientôt, car la bibliographie de cette curieuse collection de gazettes, où la vie du xviiie siècle est toute palpitante encore — et je ne parle pas seulement de la *Gazette d'Amsterdam*, mais de toutes les gazettes étrangères, surtout de celles des pays libres, — intéresse au plus haut point la science historique.

1672-1684. *Mercure hollandais*, contenant les choses les plus remarquables de toute la terre, et surtout dans les guerres de France, d'Angleterre et de Hollande. *Amsterdam*, 3 vol. in-4°, fig. *Impér.* et *Arsen.*

1672-1677. *Mercure hollandais*, ou l'histoire des guerres de l'Europe depuis 1672, par P. Louvet. *Lyon*, 15 vol. in-8°. *Impér.*

1680-1798. *Gazette de Leyde*, in-4° à deux col.

Le véritable titre de cette feuille est : *Nouvelles extraordinaires de divers endroits*. On l'appelait Gazette de Leyde du nom de la ville où elle s'imprimait, et c'est un usage dont nous trouverons encore de fréquents exemples.

Barbier indique cette feuille comme ayant vécu de 1738 à 1798, et lui donne pour rédacteurs Luzac, Delcamp et Baudus ; mais le hasard m'en a fait découvrir un volume de 1682 et un volume de 1687 à la bibliothèque Sainte-Geneviève, où ces deux volumes, reliés en parchemin, l'un sans titre, l'autre avec le titre mss. de *Gazette d'Hollande*, figurent dans la collection de la *Gazette d'Hollande*. L'Arsenal en possède 20 vol., de 1769 à 1788, et la Bibl. impér. également 20 vol., de 1772 à 1791. Elle fut supprimée par Napoléon en 1798.

Cette gazette est une des plus précieuses pour l'histoire de la deuxième moitié du xviiie siècle. Sa rédaction soignée, son exactitude, sa véracité, sa hardiesse, lui avaient acquis une immense publicité.

1686-1782. *Mercure historique et politique*, contenant l'état présent de l'Europe, ce qui se passe dans toutes les cours, etc., par Sandras de Courtilz, Bayle, La Brune, Lefèvre, etc. *Parme et La Haye*.

Cet important recueil, qui s'est continué depuis 1686 jusqu'en 1782 au moins, doit se composer, selon Barbier, d'environ 200 vol. in-12. L'Arsenal en possède 181 vol., de 1686 à 1756.

1688-1690. *Lettres* sur les matières du temps. *Amsterd.*, in-4°. *Impér.*

1692-1728. *Lettres historiques*, contenant ce qui s'est passé de plus important en Europe, et les réflexions convenables à ce sujet, depuis janvier 1692, jusqu'à juin 1728, par J. Bernard, Basnage, Jean du Mont, etc. *La Haye*, in-12. *Impér.*, 73 vol.; Arsen., 85 vol.

La collection, selon Barbier, doit se composer de 111 vol.

1696. *Journal historique de l'Europe. Strasbourg*, in-12. *Arsen.*

1699-1710. *Esprit des cours de l'Europe*, par Gueudeville. 19 vol. in-12. *Impér.*

Cette petite feuille, qui dut toute sa vogue aux traits satiriques qu'elle contenait contre les ministres de France, ayant été supprimée, comme je l'ai dit, sur la demande de notre ambassadeur, Gueudeville la reprit bientôt après sous le titre de : *Nouvelles des cours de l'Europe*, et elle continua d'avoir un grand succès tant que les circonstances fournirent à son auteur les moyens d'amuser la malignité publique.

1712-1727. *La Quintessence des nouvelles* historiques, critiques, politiques. *Amsterd.*, 5 vol. in-fol. *Arsen.*

1722. *Mémoires historiques et critiques. Amsterd.*, 2 vol. in-12. *Impér.*

1723-1725. *Le Nouvelliste sans fard,* ou la Gazette sans privilége. *Cologne et Clève*, in-8°. *Impér.*, numéros 1-27, octobre 1723 - 27 avril 1725.

« Il faut convenir que nous sommes dans un siècle bien étrange. Tout le monde se mêle de parler de la vérité : elle est belle, dit-on, elle est aimable, elle seule mérite de plaire ; mais la plupart ne la connaissant pas, sont-ils plus capables d'en parler qu'un sourd de naissance de la plus belle sonate de Correlli? Le moyen de la connaître ! Il faut des priviléges pour la manifester : privilége en France, privilége en Italie; mais privilége qui ne s'accorde pas plus aujourd'hui à Paris et à Rome que l'entrée du sérail à Constantinople. Cependant, dire la vérité sans privilége, c'est s'exposer à perdre la liberté. L'Inquisition à Rome, la Bastille à Paris, sont deux séjours où l'on n'entre pas volontiers. Direz-vous à Rome que le chef de l'Eglise catholique est bien malade, parce que, pour avoir parlé trop haut, il s'est étourdi jusqu'à se laisser tomber du haut en bas de la chaire de vérité : gare les satellistes funestes du tribunal sans miséricorde ! Direz-vous à Paris qu'il est bien triste de voir encore entre les mains empoisonnées des jésuites un jeune monarque dont le caractère aimable faisait tant espérer pour le bien de ses sujets : il y a là un certain marquis assez connu sous le titre d'exécuteur général des ordres de la Société, qui pourrait bien vous en faire repentir.

» Malgré tous ces dangers évidents, j'ai toujours senti la même difficulté à me taire que le barbier de Midas. Voulez-vous donc, dira-t-on sans doute, comme ce babillard, révéler les secrets qu'on vous confie? Non; mais je ne puis souffrir qu'on taise des vérités, qu'il est bon, qu'il est même nécessaire qu'on n'ignore pas. Je ne suis ni pensionné, ni privilégié pour mentir, et, n'ayant pas ces deux qualités, qui peut m'empêcher de dire ce que je sais? Je n'ai rien à craindre : je suis à Cologne dans une sécurité parfaite, et le public, que j'en avertis, doit s'attendre à n'apprendre de moi que des vérités, mais vérités sans fard. Et parce qu'elles seront dites sans privilége, elles n'en seront peut-être que plus certaines.

» Donner un plan de ce nouveau genre d'ouvrage, ne serait-ce pas perdre le temps inutilement? On sait assez ce que c'est qu'une gazette; qu'on y ajoute l'idée de véritable, de sincère, d'impartiale, c'est tout ce que je pense, et ce qui doit distinguer ce petit écrit des gazettes ordinaires, dans lesquelles il paraît que la plupart de leurs auteurs font vœu de mentir ou de taire la vérité. Je n'ai qu'à ajouter que je parlerai de tout, même des dix catégories d'Aristote, si l'occasion s'en présente; c'est tout dire. »

1733-1788. *Courrier d'Avignon*, in-4°. *Impér.*

Cette feuille, fondée par Morénas, qui la rédigea jusqu'en 1742, eut beaucoup de vogue en province et dans les pays étrangers. Elle était toute dévouée aux jésuites : aussi la voyons-nous, seule, exceptée de l'anathème fulminé contre les gazettes en général dans un discours prononcé, le 24 janvier 1757, par un professeur du collége de Belsunce, de la compagnie de Jésus, à Marseille, *de nuntiis publicis, vulgo Gazulis*.

Matériellement, le *Courrier d'Avignon* était, avec un peu plus d'ampleur et d'indépendance, de tout point semblable à la *Gazette de France*, à laquelle il faisait une redoutable concurrence. Aussi fut-il forcé de déserter Avignon en juillet 1768, lors de l'occupation de cette ville par la France. Il se retira à Monaco, dont il prit le nom, *Courrier de Monaco*, de février 1769 à juillet 1775. Il revint alors à son ancien domicile, où il reprit son ancien titre, enrichi des armes du Saint-Siége, et, placé sous la direction de Leblanc, secrétaire des commandements du prince de Conti, il continua sa carrière jusqu'à 1788. Il fut repris en 1789 par mademoiselle Leblanc, directrice des postes, qui le mena jusqu'à la fin de 90 ; puis par Sabin Tournai, qui le conduisit jusqu'en juillet 93, et enfin en 1794 par une société de républicains, qui substitua le bonnet de la liberté aux armes de France, qui, elles-mêmes, avaient remplacé celles du pape en juin 90.

On a encore de Morénas des *Entretiens historiques sur les affaires présentes de l'Europe* et sur divers autres sujets, La Haye (Avignon), août 1743 - juin 1748 ; 108 numéros in-8°, à raison de 18 numéros ou 3 vol. par an ; et des *Lettres historiques sur la réunion de la ville d'Avignon* et du Comtat-Venaissin au domaine de la Couronne, 1768-69, 24 lettres in-8°.

Disons enfin, puisque l'occasion s'en présente, qu'Avignon était un des foyers de la contrefaçon ; il s'y fit notamment des contrefaçons de la *Gazette de France*, sous les rubriques de Paris, d'Aix, de Montpellier ; de la *Gazette d'Hollande*, des *Annales* de Linguet, et même de cette dernière feuille deux contrefaçons, in-8° et in-12.

1734-1787. Gazette d'Utrecht, in-4°. Arsen., 1734-1773, 40 vol.,
Sainte-Genev., 1740-1784, 45 vol.; Impér., 1767-1787, 24 vol.

Cette gazette amusait, dit-on, les oisifs, par ses bavardages, sa gaîté et sa malignité.

1740-1754. *Mercure historique. La Haye*, 26 vol. in-12. *Sainte-Genev.*

1741. *Magasin des événements* de tout genre, passés, présents et futurs, historiques, politiques et galants, etc., etc., recueillis par une société d'amis (Rousset et autres). *Amsterd.*, 1741-42, 4 vol. in-8°.

Au mois de décembre 1742, s'intitule l'*Epilogueur politique...*, et continue, sous ce titre, jusqu'au 7 juin 1745; 13 vol.

Reparaît en 1746 sous le titre du *Démosthènes moderne*, et s'appelle en 1747 *l'Avocat pour et contre*, 3 vol.

La Bibliothèque impériale en possède 18 vol.

1741. *Le sage Moissonneur*, ou le Nouvelliste historique, politique, critique, littéraire et galant. *Utrecht*, 4 vol. in-18. *Arsen.* et *Sainte-Genev.*

1743-47. *Le Journal universel*, ou Mémoires pour servir à l'histoire civile, politique, ecclésiastique et littéraire du xviiie siècle, précédé d'un tableau de l'Europe ou récupération des causes et des événements qui l'ont mise dans l'état où elle est aujourd'hui. *La Haye*, 14 vol. in-12. *Arsen.*

Métra mentionne l'apparition, en 1785, d'un *Journal général de l'Europe*, qui lui paraissait « propre à consoler de l'étrange multiplication des ouvrages de cette nature. Il n'offrait point une bigarrure désagréable d'articles incohérents, comme la plupart des gazettes ; c'était une véritable histoire du temps présent. »

1754-68. *Le Nouvelliste suisse*, historique, politique et littéraire, *Neufchatel*, 15 vol. in-8°. *Impér.*

1755. *L'Observateur hollandais*, ou Lettres sur l'état présent. *La Haye*, in-8°. *Impér.*, vol. 1-13.

1758. *L'Année politique*, contenant l'état présent de l'Europe, ses guerres, ses révolutions, ses sièges, ses batailles, ses négociations, ses traités, etc., et en général tout ce qui intéresse la politique des gouvernements et les intérêts des princes. 2 vol. in-12 par année.

Courrier du Bas-Rhin.

On rencontre assez souvent le nom de cette feuille ; mais je n'ai pu trouver aucun renseignement bibliographique à son sujet. L'entrée de la France lui fut interdite en 1767, à cause du « ton de licence et d'impiété qui y régnait. »

1760-1765. *Gazette des Pays-Bas,* 6 vol. in-4°. *Arsen.*

1760-1789. *Journal politique, ou Gazette des gazettes.* Bouillon, in-12.

Cette gazette, connue sous le nom de *Journal de Bouillon,* eut une assez grande vogue. La Mazarine en possède 82 vol., allant de 1769 à 1786, moins l'année 1782 ; la collection de la Bibliothèque impériale ne commence qu'à 1764, mais elle va jusqu'à 1789. Le Journal de Bouillon eut pour fondateur Rousseau de Toulouse, l'auteur du *Journal encyclopédique* (V. t. III, p. 116). En 1774, un de ses numéros fut brûlé par la main du bourreau pour un article prétendu injurieux au duc d'Aiguillon et au parlement.

1769-72. *L'Observateur français à Londres,* ou Lettres sur l'état présent de l'Angleterre relativement à ses forces, à son commerce et à ses mœurs, avec des notices sur les papiers anglais, et des remarques historiques, critiques et politiques de l'éditeur. 32 vol. in-12. L'*Impér.* en possède 28.

Cette feuille, selon *l'Année littéraire,* donne une idée juste et précise de l'état de l'Angleterre. L'auteur, Damiens de Gomicourt, entreprit, en 1779, la publication d'un *Observateur français à Amsterdam,* qui en demeura au premier numéro.

1770. *Gazette universelle de politique et de littérature des Deux-Ponts,* par Le Tellier et Dubois-Fontanelle. *Impér.,* 13 vol. in-4°.

1778-1788. *Lettres historiques,* politiques et critiques, sur les événements qui se sont passés depuis 1778 jusqu'à présent, par le chevalier Metternich de Cologne. *Londres,* 1788-1794. 18 vol. in-8°. L'*Impér.* en possède 10.

Journaux circulant à Paris en 1779.

Les feuilles étrangères circulaient assez librement en France, et cela, paraît-il, dès l'origine des journaux. C'est, du moins, ce qui résulte d'un factum de Renaudot que nous avons cité à la fin de notre premier volume. « Si vous voulez, répond-il à son agresseur, persuader à un chacun que le gazetier de Cologne puisse corriger celui qui fait les gazettes à Paris, qu'il commence à en faire de meilleures que lui, et qu'il le fasse croire au peuple, juge qui ne flatte point, et à qui vous vous devez prendre de ce que celles que vous envoyez sont d'un si mauvais débit, qu'il y a peu de personnes qui en veuillent pour le port, et moins pour leur prix, quelque petit qu'il soit, et moindre que le parisis des nôtres... tandis que celles de Paris manquent plutôt que les curieux pour les arracher des mains des colporteurs, encore toutes moites de l'impression. »

Outre le fait de leur circulation en France, il résulte de ce passage que les gazettes étrangères se colportaient dans les rues, comme la gazette de Renaudot, et que le prix en était très-minime (1).

---

(1) On ne trouve nulle part d'explication bien satisfaisante du mot *parisis*. D'après Trévoux, ce serait l'équivalent de la *crûe*, ou le cinquième denier au-dessus de la prisée; chez les financiers, dit-il, le parisis s'appelle le quart en sus : ainsi le parisis de 16 est 4. Partant de là, devons-nous supposer que Renaudot a voulu

Cette circulation des journaux étrangers était-elle, dans les commencements, assujettie à quelque condition, c'est ce que je ne saurais dire; mais nous avons vu que, plus tard, les propriétaires de ces feuilles achetaient le droit de les faire entrer en France par une contribution versée dans les caisses du ministère des affaires étrangères, et dont la quotité variait suivant des considérations de diverse nature.

Quoi qu'il en soit, les journaux étrangers de toute sorte paraissent avoir de tout temps abondé à Paris, à la grande satisfaction du public, qui y trouvait un dédommagement de la stérilité de la Gazette, et en dépit de la feuille officielle, qui aurait voulu se réserver le privilége exclusif de « ne rien dire, ou de dire des riens. »

Voici une liste assez curieuse des feuilles qui s'imprimaient ou circulaient dans la capitale avant la Révolution, en 1779, avec leur périodicité et leur prix :

Petites Affiches. Hebdomadaires. — L'Affiche de Province, 7 liv. 10 sous; l'Affiche de Paris, 24 liv., 48 liv. avec une feuille annexe, consacrée à la littérature et aux sciences, qui y avait

---

dire que la gazette de Cologne coûtait moins du quart ou du cinquième de la sienne? Je ne saurais me prononcer à cet égard; mais évidemment la gazette de Renaudot devait coûter plus d'un sou parisis, et j'étais plus près du vrai quand j'en fixais le prix à cinq sous, p. 104. Après tout, ce détail n'a qu'une valeur assez secondaire; le fait de la circulation des gazettes étrangères et de leur bon marché n'en reste pas moins évident, et c'est là ce qu'il importait surtout de constater.

été ajoutée depuis la publication du *Journal de Paris ou Poste du soir.*

Année littéraire. Hebdomadaire. Paris, 24 liv.; province, 32.

Bibliothèque universelle des Romans, rédigée par M. de Bastide, depuis 1775. 16 vol. in-12. 24 et 32 liv.

Catalogue hebdomadaire des livres nouveaux, commencé en 1753 par Despilly, libraire. 6 liv. 12 s.

Courrier d'Avignon. Hebdomadaire. 18 liv.

Espagne littéraire. 24 cahiers par an. 18 et 24 liv.

Gazette de France. Bi-hebdomadaire. Edition en petits caractères, 12 liv.; édition en gros caractères, 24 liv.

Gazette des Tribunaux. Fondée par Mars, ancien avocat aux conseils, en novembre 1774, 15 liv.

Gazette de Santé. Fondée par Gardane en juillet 1773. Hebd. 9 liv. 12 s. — Reprise, après de nombreuses interruptions, en 1804, et continuée, sans interruption, jusqu'en 1848.

Journal de Médecine, Chirurgie et Pharmacie. Fondé par de Gratz en juillet 1754. 3 vol. de 18 cahiers in-12 chacun. 14 liv. 8 s. et 18 liv.

Journal de Paris. Quotidien. 24 et 31 liv. 4 s.

Journal de Physique. In-4° avec fig. 24 et 30 liv.

Journal de Politique et de Littérature, de La Harpe. 3 fois par mois. 18 liv.

Journal des Beaux-Arts et des Sciences, 12 vol. par année. 10 liv. et 13 liv. 12 s.

Journal des Causes célèbres et intéressantes. 12 vol. par an. 18 et 24 liv.

Journal des Dames. 12 cah. in-12. 12 et 15 liv.

Journal des Théâtres, 24 cah. de 4 feuilles in-8°. 18 et 24 liv.

Journal des Savants. 14 vol. in-4° ou in-12 par an. 16 liv. 14 s. et 20 liv. 4 s.

Journal ecclésiastique, ou Bibliothèque raisonnée des sciences ecclésiastiques, par l'abbé Dinouart. 14 cah. in-12. 9 liv. 16 s. et 14 liv.

Journal français, de Clément et Palissot. 24 liv.

Journal de Lecture, ou Recueil pour les oisifs.

Journal de Verdun. 14 cah. in-8°. 8 liv. 8 s. et 12 liv. 12 s.
Journal historique et politique. 36 cah. in-12. 18 liv.
Mercure. 16 vol. in-12 par an. 24 et 32 liv.
La Nature considérée sous ses différents aspects. 52 feuilles in-12. 12 liv.
Spectateur français. 15 cah. in-12. 9 et 12 liv.
Table générale des journaux anciens et modernes. (*Journal de Monsieur.*) 12 vol. in-12. 24 et 30 liv.

JOURNAUX ÉTRANGERS.

Journal encyclopédique. 24 vol. in-12. 33 liv. 12 s. franco.
Journal politique. 2 cah. in-12 par mois, et 4 de supplément. 18 liv. franco.
Gazette salutaire, embrassant tout ce qui concerne la médecine, la chirurgie, la chimie, la botanique, l'histoire naturelle, etc. 1 feuille par semaine. 9 liv.
Gazette universelle de littérature. 18 liv.
L'Esprit des Journaux. 12 vol. in-12. 27 et 33 liv.

Gazette d'Amsterdam; — *de Clèves,* dite *Courrier du Bas-Rhin;* — *d'Altona;* — *de Bruxelles;* — *de Cologne;* — *de Deux-Ponts;* — *de La Haye;* — *de Leyde;* — *d'Utrecht.*

Ces gazettes paraissaient deux fois par semaine, excepté celle de La Haye, qui paraissait trois fois. Elles coûtaient : celle d'Amsterdam, 48 livres; celle de Clèves, 42; les autres, 36.

On lisait les feuilles étrangères dans les cafés de Paris, sur le quai des Augustins, dans les charniers des Innocents, etc. Les papiers anglais se lisaient encore au Café anglais, à la descente du Pont-Neuf, au coin de la rue Dauphine, où l'on trouvait aussi le *Journal anglais,* 24 cahiers par an, 24 livres.

François Colletet, dans son *Tracas de Paris*, 1660, parle des curieux qui se pressaient dès lors sur le quai des Augustins pour lire les gazettes :

> *Mais, en faisant chemin, regarde,*
> *Sans t'amuser à la moutarde,*
> *Tous ces lecteurs de nouveautés*
> *Dans ces boutiques arrestés.*
> *L'un sur son nez met sa lunette*
> *Afin de lire la gazette*
> *Escrite en prose, escrite en vers,*
> *Des nouvelles de l'univers.*
> *C'est un plaisir, pour ces lectures,*
> *De voir les diverses postures.*
> *Parmi ces gens, en voilà deux*
> *Fichés tout droits comme des pieux,*
> *D'autres rangés sous étalages*
> *Tout ainsi comme des images ;*
> *Ceux-là dessus un banc pressés,*
> *Ceux-ci sous la porte entassés :*
> *Car chaque boutique est si pleine*
> *Qu'on n'y saurait tenir qu'à peine.*
> *Celui qui lit plus promptement*
> *Prête à l'autre un commencement.*
> *Un autre curieux demande*
> *Une gazette de Hollande,*
> *Et celui-ci celle d'Anvers ;*
> *Cet autre lit la Lettre en vers,*
> *Non de Loret, fils du Parnasse,*
> *Mais de celui qui le remplace ;*
> *Et qui fait si bien aujourd'hui*
> *Que Loret ressuscite en lui* (1).

(1) Dans une note à ce passage (*Paris ridicule*, p. 281), le bibliophile Jacob dit que des continuateurs de Loret, qui en eut plusieurs, celui que Colletet a voulu désigner est évidemment *Ch. Robinet, sieur de Mayolas.* Il y a là une étrange confusion, que j'ai cru devoir relever à cause de l'autorité qui s'attache justement

C'étaient là les premiers cabinets de lecture. Vers le milieu du xviiie siècle, des lieux de réunion plus confortables viennent offrir aux nouvellistes des commodités jusqu'alors inconnues. On lit dans les *Mémoires secrets*, à la date de décembre 1762 :

« Le nommé Grangé, libraire, ouvre incessamment ce qu'il appelle une *salle littéraire :* pour trois sols par séance on aura la liberté de lire pendant plusieurs heures de suite toutes les nouveautés. Cela rappellerait les lieux délicieux d'Athènes connus sous le nom de Lycée, de Portique, etc., si le ton mercenaire ne gâtait ces beaux établissements. »

Et à la date d'août 1779, l'année même à laquelle remonte la liste que nous venons de donner :

« Voici encore un libraire qui se voue généreusement à l'amusement et à l'instruction publics. Le sieur Moureau annonce un cabinet académique de lecture d'une espèce plus étendue que les autres. Il offre : 1° tous les journaux, gazettes et ouvrages

---

à la parole du savant bibliophile. Les lecteurs de l'*Histoire de la Presse* savent que Robinet et Mayolas sont deux écrivains différents. (Voir notre tome 1er, p. 359 et suiv., 367.)

Puisque le nom de Mayolas est revenu sous ma plume, j'ajouterai à ce que j'en ai déjà dit, qu'il paraît avoir publié une *Muse historique* dès le vivant de Loret. Sauf le format, qui est in-4°, ces premières lettres de Mayolas sont en tout semblables à celles de Loret; chacune cependant est adressée à une personne différente. La bibliothèque de l'Arsenal en possède une trentaine, reliées sans suite, sous le titre factice de *Recueil de ce qui s'est fait et passé de plus remarquable en France depuis* 1658. Les lettres ne portent point d'année. C'est à M. Anatole de Montaiglon que je dois la connaissance de ce volume, dont j'ignorais l'existence quand j'ai écrit l'histoire des gazettes en vers.

Voir, sur le *Tracas de Paris,* une très-intéressante étude de M. Ch. Asselineau, publiée dans le *Monde littéraire* des 3 et 10 avril 1853, et réimprimée à 25 exemplaires par MM. Poulet-Malassis et De Broise.

périodiques quelconques, tant français qu'étrangers ; les affiches de la capitale et de toutes les provinces du royaume, ainsi que les édits, arrêts et déclarations ;

» 2° Les tableaux journaliers du cours des changes des principales places de l'Europe, le prix des effets royaux ; l'arrivée et le départ des vaisseaux, leurs cargaisons ; les prix courants des articles du commerce dans les plus considérables villes de l'Europe, et tout ce qui peut intéresser le commerçant et le cultivateur ;

» 3° Une bibliothèque contenant tous les livres périodiques annuels anciens, tels que les almanachs royaux, du commerce, des spectacles, de la noblesse, le manuel de l'auteur et du libraire, les almanachs militaires, et tous ceux qui forment un tableau de nomenclature, comme les almanachs et répertoires de la capitale, des provinces et des royaumes étrangers ; en un mot tous ceux dont on peut avoir besoin à chaque instant pour la recherche d'un nom, d'une adresse, etc. ;

» 4° Enfin un tableau où sont insérés tous les prospectus, avis, adresses, etc., qui arrivent journellement, et ne peuvent, à cause de leur volume, être portés sur les feuilles publiques. Il invite les notaires à y envoyer leurs affiches, ainsi que les particuliers leurs avis.

» Les appartements sont au premier, bien décorés, servis par des garçons de littérature très-entendus. On y trouvera des bureaux avec papier, encre, plumes, etc. On sera très-bien chauffé en hiver, et toujours éclairé en bougies.

». Pour surcroît d'agrément, le prix très-modique n'est que de six sols par séance. »

Ajoutons enfin que depuis le commencement du siècle Paris avait ses *clubs* à la mode anglaise, où l'on recevait tous les journaux français et étrangers. Je me bornerai à nommer le fameux *club de l'Entresol,* sur lequel on trouvera de très-curieux détails dans les Mémoires du marquis d'Argenson (édit. elzevirienne, t. I, p. 68 et 87).

On lit dans ces mêmes Mémoires (t. I, p. 137) : « Il y a cinquante ans, le public n'était aucunement curieux de nouvelles d'Etat; aujourd'hui chacun lit sa gazette, même dans la province. On raisonne à tort et à travers sur la politique, mais on s'en occupe. La liberté anglaise nous a gagnés : la tyrannie en est mieux surveillée; elle est obligée, du moins, à déguiser sa marche et à entortiller son langage. »

Pour ce qui est de la distribution des journaux étrangers, je ne sais rien de certain à cet égard. Tout ce que je puis dire, c'est qu'il y avait un bureau spécial des gazettes étrangères, qu'on trouve assez fréquemment mentionné dans les chroniqueurs, et où, très-probablement, elles aboutissaient toutes, comme cela se pratique encore aujourd'hui. La distribution et le débit en étaient ensuite opérés par des particuliers. C'est du moins ce qui résulterait d'un fait que je rencontre dans les Mémoires de Palissot, placés en tête de l'édition de ses œuvres donnée à Liége. Deux individus, dit-il, étaient venus en 1759 lui proposer le débit et la distribution des gazettes étrangères dans tout le royaume *comme une idée nouvelle,* qui pouvait être très-avantageuse, et qu'on pouvait solliciter avec d'autant plus d'espoir de succès, que cette distribution n'appartenait à personne. Palissot se mit en campagne, et obtint l'autorisation nécessaire. Mais au moment d'en venir à l'exécution, il fut arrêté par les réclamations d'un libraire nommé David, qui se disait en possession du débit de ces gazettes. Cette affaire fit beaucoup de bruit, dénaturée qu'elle fut par les nombreux ennemis de Palissot. Quoi qu'il en soit, David, qui n'avait joui, *comme ses pères,* que sur de simples concessions des administrateurs des postes, confirmées en sa faveur par M. d'Argenson, consentit à s'associer Palissot, à condition que celui-ci obtiendrait du duc de Choiseul des lettres-patentes qui confirmeraient et légaliseraient sa possession, et de la compagnie des postes un abonnement qui le mît à même de donner au public les gazettes étrangères au prix de 36 livr.;

au lieu de 120, prix ordinaire de ces gazettes jusqu'alors. Palissot obtint l'une et l'autre faveur ; et il faut que l'opération, dans ces nouvelles conditions, fût encore assez bonne, car il y trouva, de son aveu, le moyen de réparer des pertes considérables qu'il avait faites dans une faillite où la presque totalité de sa fortune avait été engloutie.

Voici un autre fait, que j'ai trouvé dans *la Police dévoilée*, et qui m'a semblé mériter à un double titre d'être consigné. Le ministre des affaires étrangères et le garde des sceaux avertissent simultanément le lieutenant de police que Valade, imprimeur et libraire, abuse de la tolérance que l'on a eue jusque-là, fort mal à propos, de laisser entrer sans visite dans Paris les ballots qui lui arrivent de Liége, où, sous l'*Esprit des Journaux*, Soer a caché les *Fastes de Louis XV*.

On sait d'ailleurs de quelles formalités était entravée l'entrée des livres à Paris. Je ne puis résister au plaisir de citer, à ce propos, une charmante lettre inédite de l'abbé Lebeuf, « une de ces lettres pleines de verve et de gaîté, comme le dit l'éditeur auquel je l'emprunte (1), qui devraient convaincre enfin les plus rebelles qu'un savant peut être un homme d'esprit. » Lebeuf écrivait de Paris à Fenel, le 24 novembre 1743 :

---

(1) M. H. Ribière, *Essai sur l'histoire de l'imprimerie dans le département de l'Yonne, et spécialement à Auxerre.*

Je suis bien aise que les livres que je vous ai envoyés vous fassent plaisir. Le P. Prévost prête aussi avec plaisir, et il n'a de peine que pour le retour, parce qu'il n'aime pas la cérémonie d'aller à la voiture du coche, de là à la douane, puis à la chambre syndicale des libraires, ce qui est indispensable pour les ballots de livres qui entrent à Paris. J'y ai passé une fois pour des livres qu'on envoyait d'Auxerre, et j'en fus bien saoul. Une autre fois, pour deux ou trois cayers du nouveau bréviaire de Soissons, qu'on m'envoya par le carrosse, sur l'enveloppe desquels il y avait : *Papiers imprimés;* il n'en fallut pas davantage pour, du carrosse, être portés à l'hôtel de la douane, et de là à l'hôtel de la chambre syndicale, qui a ses jours d'assemblée déterminés. Encore si on en était quitte pour la peine d'aller réclamer en ces endroits ! Mais il en coûte encore, et j'ai souvenance que mon petit paquet de 12 ou 15 sols coûta en cérémonies appenditaires 25 ou 30 sols. C'est une grugerie criante; mais il faut passer par la porte ou par la fenêtre. Lorsqu'on renvoie un ou deux livres, un ami peut les mettre en sa poche, ou les cacher dans ses hardes ; mais tout ballot de livres doit, pour gagner le jubilé à son arrivée à Paris, faire les trois stations susdites, avec la bonne œuvre de l'aumône, volontaire ou contrainte. Je vous dirai que je n'ai pas moins de dégoût pour cette procession qu'en a le P. Prévost ; et je vous conseille, pour nous éviter ces promenades, lorsque vous renverrez ces quatre volumes, d'adresser le ballot à M. Briasson, ou à tel autre libraire avec qui vous soyez en relation. Ces libraires ont des garçons de boutique ou apprentis qui sont stylés à ces trois stations, et qui savent mieux se défendre des buissons dont les épines crochues demandent chacune leur paiement.

Linguet. — Mallet du Pan.

Journal de Genève.—Journal de Bruxelles.—Annales politiques, civiles et littéraires du XVIIIe *siècle.*

Comme on le voit, les journaux étaient devenus, dans le courant du XVIIIe siècle, l'objet d'un mouvement considérable et une excellente affaire. Parmi les hommes qui avaient le mieux compris l'importance de la presse périodique, j'ai nommé Panckoucke, que nous avons vu à la tête du *Mercure* et de la *Gazette*. Mais, qu'on me passe cette expression, il n'avait pas débuté par ces gros morceaux.

J'ai dit comment l'administration s'était relâchée de sa rigueur à l'encontre des journaux étrangers, et en était venue à faire bon marché du privilége de la *Gazette*, qui interdisait l'impression à Paris de tout journal traitant de matières politiques : nous avons vu tout à l'heure l'abbé Bignon appeler dans la capitale le *Journal de Verdun*.

Panckoucke, profitant de ces dispositions, obtint, à la fin de 1772, avec le concours de Dusson, médecin du duc d'Aiguillon, et de Rousseau, ex-oratorien, précepteur du comte d'Agénois, l'autorisation de faire imprimer à Paris, mais sous la rubrique de Genève, une nouvelle feuille, qu'il intitula *Journal historique et politique*, mais qui est demeurée connue sous le nom de *Journal de Genève*.

Il l'annonça par un prospectus pompeux, qu'il accompagna, par surcroît, d'une lettre circulaire où il était dit, en substance, qu'on avait permis en France l'entrée et la circulation d'un Journal historique et politique devant paraître trois fois par mois ; que différentes Cours avaient bien voulu agréer le projet de ce journal, et avaient permis l'extrait de leur gazette nationale, ainsi que la promulgation de toutes les nouvelles qui n'étaient pas de nature à y entrer ; que, par conséquent, ce journal comprendrait nombre de faits que l'on chercherait inutilement ailleurs ; qu'il serait en même temps le précis, l'extrait de toutes les gazettes et journaux politiques de l'Europe, sans aucune exception ; qu'on mettrait à la tête des premiers journaux un tableau historique de l'état actuel des différentes Cours de l'Europe, et que l'on continuerait ce tableau au commencement de chaque année.

Le spectacle des événements publics, lit-on dans le prospectus, est sans contredit un des plus piquants qu'on puisse offrir à la curiosité des lecteurs. C'est l'objet essentiel des gazettes. Mais on se plaint tous les jours que l'empressement du public à les accueillir les a multipliées au point qu'il est peu de personnes en état de se les procurer toutes (on en compte plus de cent en Europe). Cependant on sait qu'il n'en est aucune qui ne puisse intéresser par quelque endroit, et où on ne trouve souvent des faits ou des détails qu'on chercherait en vain dans les autres... Le *Journal historique et politique*, beaucoup moins dispendieux qu'aucune des gazettes accréditées, et beaucoup plus étendu, renfermera tout ce que les papiers publics de l'Europe entière pourront contenir de faits, d'événements curieux et de mémoriaux relatifs à la politique générale et particulière. Mais comme tous les faits rapportés dans les gazettes ne sont pas également importants, on ne détaillera que ceux qui demandent d'être développés avec une certaine étendue, et on se bornera, à l'égard des autres, à une simple analyse : c'est l'unique moyen de tout dire sans se rendre fastidieux. On aura soin d'y insérer en entier les pièces originales qui le mériteront, telles que les traités de paix ou d'alliance, les relations des généraux, les lettres, les actes authentiques, etc., etc.

On aurait mal saisi cependant l'idée de ce journal, si on ne le regardait que comme une simple compilation et une copie servile de quelques papiers politiques qui l'auront précédé. Il sera le précis, l'extrait, la réduction de toutes les gazettes de l'Europe, sans exception. Indépendamment des secours qu'elles pourront nous fournir, une correspondance sûre, et à laquelle différentes cours daignent prendre intérêt, nous mettra en état de les rectifier souvent, d'éclairer les bruits encore douteux, de supprimer ceux que l'événement aura démentis, et de suppléer aux omissions qui leur seront échappées. Enfin, cet ouvrage formera avec le temps une espèce d'histoire générale, où seront détaillés les projets, les démarches, de toutes les puissances de l'Europe, les ressorts nombreux que leur politique aura fait mouvoir, leurs efforts, leurs succès et leurs revers.

Le style sera tel que le sujet le comporte et l'exige, c'est-à-dire simple, clair et précis. Les événements seront distribués par ordre de date, et rangés sous les titres des cours ou des pays qui les auront vus éclore. Chaque cahier sera terminé par un article d'annonces et avis divers, qui comprendra tous les objets d'utilité et de curiosité générale...

Le Journal de Genève, sur lequel nous reviendrons bientôt, tint assez fidèlement les promesses de son prospectus, et on peut le consulter comme le résumé fidèle de toutes les gazettes et papiers publics de l'époque. Sa longue durée atteste suffisamment l'estime qu'en faisaient les contemporains; il avait d'ailleurs sur les autres feuilles du même genre l'avantage de paraître trois fois par mois.

Cependant l'ambition de Panckoucke n'était pas satisfaite. En fondant le Journal de Genève, il s'était flatté de faire tomber celui de Bouillon et quelques autres qui l'offusquaient. N'y ayant pas réussi, il cherchait à se créer d'autres armes. Par acte du 4 octobre 1773, il acheta *l'Avant-Coureur,* une feuille industrielle et littéraire dont nous avons parlé, et, pour la rajeunir, il la transforma, ou, pour nous servir de ses expressions, il en joignit les droits à un *Journal* ou *Gazette de Littérature, des Sciences et des Arts,* dont il venait d'obtenir le privilége. Un an après il se rendit acquéreur du privilége d'un *Journal de Politique,* et il obtint la permission de le réunir à la *Gazette de Littérature,* pour en composer une seule et même feuille, sous le titre de: *Journal de Politique et de Littérature,* qui devait se publier à Paris sous la rubrique de Bruxelles, et qui prit le nom de cette dernière ville. Il en confia la rédaction, avec un traitement de dix mille livres par an, à l'avocat Linguet, un homme taillé pour le journalisme, et qui depuis quelques années remplissait la France de son bruit.

Nous nous arrêterons sur cette figure, une des plus saillantes et des plus remarquables du siècle dernier.

« Il y a visiblement, dans la seconde moitié du xviiie siècle, une bande d'hommes auxquels Voltaire semble avoir ouvert le chemin de l'universalité, hommes *bons à tout faire et à tout dire,* aventuriers des lettres, des sciences, de la politique et de l'industrie, gens à qui le hasard ou les circonstances improvisent des vocations. Signaler cette bande active et extraordinairement intelligente, c'est nommer Linguet, Beaumarchais, Mercier, Brissot, — quelques autres encore, mais beaucoup plus bas placés. Le bruit que font ces hommes aux approches de la Révolution s'entend de toutes parts, et leur influence sur les événements est d'autant plus considérable qu'elle s'exerce sous la pression des censeurs, du fond de l'exil, ou même derrière les portes des prisons d'Etat.

» Ces hommes ont certains côtés supérieurs, qu'on ne peut nier sans injustice : courage, vigueur de forme, et cette persévérance fougueuse qui est au talent ce que l'éperon est au cheval. Ils reflètent avec une fidélité cruelle leur époque embrasée. Ils ont surtout ce front d'airain qui leur sert successivement de belier et de rempart. Loin de redouter le scandale, ils sont les premiers à le provoquer, à le guetter, à l'attirer ; ils l'exploitent au grand jour, avec ce cynisme qui pourrait passer pour de la franchise. La moitié de leur réputation est assise sur le scandale. Mais ce qui les grandit dans le passé est justement ce qui les rabaisse dans l'avenir. Fondateurs d'une publicité éhontée et criarde, il ne reste plus d'eux que leur œuvre, mais débarrassée du prestige des circonstances, mais isolée, mais muette, sans prôneurs comme sans détracteurs, rendue à sa juste taille enfin. On s'aperçoit dès lors que l'homme tenait autant de place que le livre, et que ce qui nuit le plus au second, c'est le premier.

» De tels écrivains ne peuvent manquer d'être fatalement révolutionnaires ; quelques-uns le sont sans le savoir et sans le vouloir, mais ils le sont dans l'essence. Ils le sont par les luttes qu'ils se trouvent portés à soutenir contre les ministres, contre les grands, contre les rois ; ils le sont par le prestige des persécutions, par les excès d'autorité qu'appelle leur intempérance de langage. »

Tel fut Linguet. « Il brûle, mais il éclaire », disait Voltaire en parlant de cet avocat-journaliste, et personne n'en a mieux défini le talent. Pendant plus de vingt ans Linguet a tenu la France occupée de ses moindres actions ; ses écrits ont eu le privilége de bouleverser le gouvernement, même après Rousseau et les encyclopédistes, et ce grand bruit fait autour de son nom est si complétement tombé aujourd'hui, que M. Monselet, entreprenant de réhabiliter certaines figures littéraires, oubliées ou dédaignées, de la fin du XVIIIe siècle, a cru devoir placer Linguet en tête de sa curieuse galerie. C'est le préambule de l'étude qu'il lui a consacrée que nous venons de transcrire ; nous ne pouvions assurément mieux préparer nos lecteurs à ce que nous avons à dire de l'auteur des *Annales politiques*.

Linguet — c'est lui-même qui nous l'apprend dans une lettre à un de ses amis — n'avait point eu dans sa jeunesse d'autre affaire ni de passion plus vive que la littérature. Il avait espéré trouver la gloire et la considération dans la carrière littéraire ; il s'était promis de la douceur dans le commerce de ceux qui s'appliquent à cultiver leur esprit. Il donna les dix plus belles années de sa vie à la poursuite de ces chimères, et il vit qu'après bien des travaux, tout ce qu'il pouvait en attendre, c'étaient des sujets de chagrin et de repentir pour le reste de ses jours. Il s'éloigna donc du théâtre des lettres, où il avait eu l'imprudence de faire quelques pas, et où le rôle d'acteur produit toujours bien plus d'humiliations que d'applaudissements. Forcé de choisir une profession, il prit celle d'avocat, mais non sans répugnance. « *Je n'ai jamais estimé le métier d'avocat*, ajoute-t-il, *et je vais le faire. C'est qu'il faut être quelque chose dans la vie ; c'est qu'il y faut gagner de l'argent, et qu'il vaudrait mieux être cuisinier riche que savant pauvre et inconnu...* » Voilà tout l'homme.

Ses débuts firent du bruit, et quelques affaires brillantes qui eurent un grand retentissement portèrent à un très-haut degré son talent et sa réputation d'avocat. Enivré par ses succès, il garda bientôt si peu de ménagements, dans ses plaidoiries et dans ses mémoires, envers ses confrères, et même envers les magistrats, qu'il fut rayé du tableau (1). Sa robe ne tenait à rien, a-t-il écrit quelque part, mais il n'en garda pas moins une vive animosité contre le barreau.

L'amour-propre de Linguet avait déjà reçu, peu de temps auparavant, un affront qui avait dû profondément blesser ce caractère naturellement si irritable. Il paraîtrait qu'arrivé à l'apogée de la fortune, il avait cru pouvoir aspirer au fauteuil académique. Son jeune frère alla sonder d'Alembert, qui était alors le dispensateur suprême des brevets d'immortalité. Il fut éconduit, sous prétexte que

---

(1) Telle était déjà la célébrité attachée au nom de Linguet qu'on fit, à l'occasion de sa radiation, des étoffes et des bonnets *à la Linguet* : c'étaient des étoffes et des bonnets *rayés*.

« M. Linguet s'était fait une infinité d'ennemis, et qu'il avait même au sein de l'Académie française un parti furieux contre lui. » Linguet bondit en apprenant cette réponse. Désavouant son frère, il adressa à d'Alembert une lettre où son dépit s'exhale en sarcasmes mordants :

Si des hommes qui réclament à grands cris la tolérance en faveur de leurs apophthegmes éclatent avec fureur au moment où l'on ose faire mine de les discuter ; s'ils regardent comme un ennemi dangereux, s'ils tâchent de livrer à une excommunication flétrissante l'homme qui vit seul, qui met au jour ce qu'il croit vrai, sans intérêt, sans politique d'aucune espèce, et qui n'a d'autre crime que de ne vouloir entrer pour rien dans leurs conventicules fanatiques, ma foi, Monsieur, tant pis pour eux, je vous le déclare nettement. Et si c'est moi qui suis l'objet de ces cabales déshonorantes pour leurs auteurs, loin d'en être affligé, j'en ferai gloire ; loin d'abandonner la conduite et les principes qui m'y ont exposé, je m'y attacherai plus que jamais...

Je n'ai jamais manqué à aucun des auteurs vivants, et j'ai bien mérité de plusieurs : quelles raisons auraient-ils donc de me haïr ? Seraient-ce mes opinions ? Mais, outre qu'elles ne sont pas aussi révoltantes qu'on affiche de le dire, il serait bien étonnant que je n'eusse pas la liberté d'*extravaguer à ma mode,* lorsque toute *la philosophaille* du siècle s'abandonne sans danger au délire le plus absurde. Il est vrai que je n'ai point donné à mes nouveautés le vernis encyclopédique, le passe-port de toutes les ferrailles reblanchies avec lesquelles tant de *crieurs de vieux chapeaux philosophiques* nous étourdissent...

A l'égard de l'Académie, je n'ignore pas que vous et M. Duclos disposez en despotes des places de ce sénat littéraire, je sais à merveille que vous êtes les saints Pierre de ce petit paradis : vous n'en ouvrez la porte qu'à ceux qui sont marqués du *signe de la bête*. Je n'en suis ni fâché ni jaloux. J'ignore si l'envie me prendra jamais d'essayer d'y être admis; mais je sais bien que j'y renonce de bon cœur, s'il faut absolument se charger d'un sceau particulier de probation ; s'il faut faire autre chose qu'être ferme, droit et naïf, respecter ce qui est respectable, mépriser ce qui est méprisable, dédaigner les sectes et leur fanatisme, et enfin montrer sans cesse ce que l'on a dans le cœur, mais aussi n'y avoir que ce que l'on montre.

On comprendra maintenant l'acharnement de Linguet d'abord contre la littérature, ensuite contre le barreau, et enfin contre le gouvernement, qu'il faisait complice des avocats et des gens de lettres.

Ayant inutilement tenté de se faire réintégrer sur le tableau, il se retourna vers la littérature, et se fit journaliste. Indépendamment de son goût pour la lutte, il vit dans le journal une arme pour sa rancune. Il accepta donc de Panckoucke la rédaction du Journal de Politique et de Littérature.

Le premier numéro de ce nouveau journal, connu sous le nom de *Journal de Bruxelles,* parut le 25 octobre 1774. Linguet le fit précéder d'un préambule curieux à plusieurs titres, et que nous croyons devoir reproduire presqu'en entier.

Le rédacteur de ce journal aurait voulu que son nom restât ignoré, du moins pendant quelque temps : le public, forcé d'apprécier l'ouvrage en lui-même, n'aurait pas été exposé au danger de se prévenir, d'une manière avantageuse ou défavorable, d'après le seul nom de l'auteur. Une méprise singulière a divulgué ce secret. Il est donc obligé d'avance d'annoncer le plan qu'il se propose de suivre, et de rendre compte des motifs qui l'ont déterminé, dans un moment de loisir sur lequel il ne devait pas compter, à un travail d'un genre absolument nouveau pour lui.

Quand un conseiller au parlement s'attribuait, en 1626 (1), de son autorité privée, une juridiction universelle sur les sciences ; quand un médecin, en 1634, obtenait, le premier, le privilége de donner par feuilles l'histoire hebdomadaire de son siècle, ni l'un ni l'autre ne comptait ouvrir un chemin à la licence et à l'avidité. Renaudot n'imaginait pas qu'il dût avoir assez d'imitateurs pour que la seule lecture des gazettes devînt un jour un article considérable dans l'emploi du temps d'un homme curieux. Le sage Sallo était bien loin de prévoir qu'un projet utile à la perfection de la littérature en deviendrait le fléau, et que la satire transformerait en poignard le sceptre dont il armait la critique (2).

C'est pourtant ce qui est arrivé. La curiosité d'une part, la paresse et l'économie de l'autre, ont concouru à multiplier à l'infini ces innombrables répertoires périodiques dont l'Europe est aujourd'hui inondée. Il n'y a point de bourgeois qui ne veuille être instruit de ce qui se passe entre les puissances. Il se dédommage du peu d'influence qu'il a sur les grands événements politiques par le plaisir d'en suivre la marche, d'en prévoir les suites, et d'en expliquer les causes comme il lui plaît. La variété des incidents d'une classe plus commune le distrait et l'amuse.

Un autre motif donne le même cours aux annonces littéraires : la fécondité accablante de nos presses ne permet pas de voir, de connaître par soi-même toutes les productions qui en sortent. On aime à être instruit de leur naissance et guidé dans le choix qu'on en peut faire. On se flatte de s'épargner, à peu de frais, en souscrivant pour un journal, l'ennui de lire un gros livre, ou le regret d'en acheter un mauvais.

De là ces compilations sans fin de nouvelles presque toujours hasardées et souvent fausses, de jugements précipités et quelquefois infidèles. De là ces dépôts d'erreurs en tout genre : les uns étrangers et politiques, où la langue, la vérité et la réputation

(1) Linguet tombe ici dans une erreur de date qu'il est à peine besoin de relever.

(2) Grimm écrivait vers la même époque : « Les journaux sont devenus une espèce d'arène où l'on prostitue sans pudeur et les lettres et ceux qui les cultivent à l'amusement de la sottise et de la malignité. » Ces plaintes étaient générales parmi les écrivains ; nous avons déjà eu occasion de le constater.

des particuliers sont quelquefois si cruellement compromises ; les autres nationaux et littéraires, où le mérite des gens de lettres est souvent si injustement apprécié. Dans les uns, l'auteur d'un bon ouvrage se trouve tout d'un coup livré au ridicule ; dans les autres, un citoyen paisible est sacrifié par un avis anonyme à la haine, à la vengeance d'un ennemi qu'il ne peut ni connaître, ni punir. Il n'est pas plus possible de les lire tous, qu'il ne serait prudent de toujours y croire.

L'auteur du journal que l'on présente aujourd'hui au public, appelé par son goût à l'étude de l'histoire, poussé par un instinct involontaire à ramasser des matériaux pour celle de ce siècle, avait toujours désiré qu'il se trouvât un homme assez laborieux pour rassembler sous un même point de vue tous les faits intéressants épars, perdus dans l'immensité des gazettes, en toute langue, en tout pays, et pour recueillir dans un ordre satisfaisant ceux qui peuvent entrer un jour dans cet important ouvrage.

D'un autre côté, témoin lui-même, et longtemps victime de la licence des journalistes ; étonné du despotisme qu'exercent si hardiment et avec tant d'impunité, dans une république libre, ces magistrats sans mission ; affligé de voir ce ton dur et tranchant se naturaliser dans un genre de productions qui ne peut devenir utile que par l'honnêteté la plus circonspecte, il ne concevait pas qu'aucun écrivain n'entreprît de le rappeler à sa première institution ; que dans une carrière où les Bayle, les Leclerc, les Basnage, ont marché avec tant de succès, on eût oublié leurs maximes au point de suivre une allure directement opposée (1).

C'est dans ces circonstances qu'on l'a pressé de concourir à la composition d'un journal de politique et de littérature.

Il a d'abord hésité : il a craint que ses travaux habituels ne souffrissent d'un travail étranger. Il a craint bien davantage que, par une fatalité dont il n'a déjà que trop éprouvé les effets, ses bonnes intentions ne lui attirassent encore des désagréments ; que

(1) Résumant ailleurs cet acte d'accusation contre les journalistes, il les définit : « des cirons périodiques qui grattent l'épiderme des bons ouvrages pour y faire naître des ampoules. »

ses ennemis, en le voyant armé d'une ressource dont ils lui ont donné trop l'exemple d'abuser, et craignant des représailles, ne lui suscitassent de nouveaux embarras.

Cependant, après y avoir bien réfléchi, il n'a pas cru que cette appréhension dût l'enchaîner. Il s'est décidé à se charger lui-même d'une entreprise qu'on aurait pu réaliser avec des talents bien plus distingués, mais à laquelle on n'aurait pas pu porter des intentions plus pures et un cœur plus droit. Il facilitera par là, soit pour lui-même, soit pour quelque écrivain plus hardi, l'histoire d'un siècle mémorable par la singularité des événements qu'il a déjà produits et de ceux qu'il ne peut manquer de produire encore. Il aura en même temps le plaisir de renouveler l'exemple, presque unique aujourd'hui, d'un journal consacré exclusivement à la décence, à la vérité, dont la satire et la flatterie seront également bannies, où l'on ne se permettra la louange qu'avec une réserve propre à la rendre flatteuse, et la censure qu'avec les égards capables de la faire pardonner.

Ce plan sera pour lui d'une exécution très-facile. Si l'on veut bien y faire attention, on se convaincra qu'il n'a jamais provoqué personne de sa vie : s'il a quelquefois blessé ses ennemis, c'était en se défendant lui-même et après avoir été cruellement outragé. Il n'a paru dans cette triste arène que quand son honneur compromis lui en a fait une nécessité. S'il y a montré alors une chaleur dont les assaillants ont eu quelquefois à se repentir, c'est qu'il pense qu'en tout genre un combat ne doit pas être un jeu, et qu'il faut ou dédaigner ses ennemis, ou les terrasser sans retour, quand une fois on les joint.

Au reste, son ressentiment a toujours fini à l'instant où il a eu la puissance de se venger. Si quelques-uns de ses rivaux avaient des alarmes, ils doivent être bien rassurés. Quoiqu'il y ait quelque différence entre un journal et l'empire de Rome, ou la couronne de France, il croit pouvoir, comme Adrien et Louis XII, dire à ses persécuteurs littéraires : *Vous voilà sauvés !*

Il est fermement convaincu que rien n'égale la difficulté de composer un bon ouvrage, si ce n'est la facilité de faire un mauvais extrait. Il est persuadé qu'un journaliste n'est pas un juge ;

qu'il lui est tout au plus permis de pressentir les décisions du public et d'en laisser apercevoir les motifs ; qu'il prévarique s'il hasarde légèrement une opinion ; qu'il devient très-criminel s'il y joint l'outrage, et que les lois devraient le soumettre aux peines les plus sévères quand il s'oublie jusqu'à adopter la calomnie.

Dans la politique *exactitude et clarté*, *impartialité et modestie* dans la littérature : voilà, suivant lui, le caractère d'un vrai journal, d'un journal capable d'honorer son auteur. Il prend sans crainte et sans regret, avec le public, l'engagement de ne pas souffrir que celui-ci en porte un autre.

Pendant quelques mois Linguet sut se contenir dans les bornes d'une discussion impartiale et modérée ; mais bientôt, emporté par sa verve batailleuse, par son naturel insolent et caustique, il s'attaqua à tout ce qu'il y avait de puissant à Paris ; ministres, parlements, philosophes, il n'épargna à aucun ou sa critique audacieusement frondeuse, ou ce mépris satirique que sa plume savait jeter à la tête de ses adversaires sous les formes les plus piquantes. Assurément, dit M. Sayous (1), il y avait beaucoup à dire sur la société telle qu'elle était alors, sur la conduite et les maximes des hommes en place, et tout particulièrement sur le despotisme croissant des gens de lettres inféodés au parti de l'encyclopédie ; Linguet sans doute avait souvent le tort d'avoir trop raison ; mais il y joignait celui d'aimer encore plus la médisance que la vérité, et de préférer en toute rencontre la satisfaction de faire une blessure à celle de redresser une erreur.

(1) *Mémoires et Correspondance de Mallet du Pan.*

Il mit le comble à la mesure dans son numéro du 25 juillet 1776, où, rendant compte de la réception de La Harpe à l'Académie, il s'emportait en invectives, à la fois et contre le nouveau membre et contre le corps tout entier. Les académiciens, à qui les avocats avaient tracé l'exemple, demandèrent vengeance à leur tour, et l'obtinrent également. Ce fut le duc de Nivernois qui, assisté du maréchal de Duras, alla porter l'article au garde des sceaux, et, après le lui avoir fait lire, le pria de donner une juste satisfaction à sa compagnie outragée. M. de Miromesnil hésita d'autant moins qu'il n'était pas fâché de trouver l'occasion de punir l'insolence audacieuse avec laquelle M⁰ Linguet avait si souvent manqué à l'ordre des avocats, au parlement et au conseil, par son affectation à se plaindre sans relâche des persécutions qu'il avait essuyées, et qu'il avait trouvé moyen de ramener encore dans l'article qui avait soulevé l'Académie. Ordre fut envoyé à Panckoucke de retirer à Linguet la rédaction de son journal.

Il s'éleva, à cette occasion, entre l'éditeur et le rédacteur du journal, une longue discussion, dans laquelle ce dernier apporta sa violence habituelle. Panckoucke lui ayant adressé la lettre du ministre en original, Linguet lui en renvoya une copie avec ses observations en regard. C'est une pièce assez curieuse pour que nous la reproduisions.

Copie d'une lettre du bureau des affaires étrangères au sieur Panckoucke, envoyée par lui à M. Linguet le 2 août 1776.

—

Je ne puis me dispenser, Monsieur, de vous témoigner mon mécontentement de la licence avec laquelle est écrit l'article de votre journal littéraire qui rend compte des discours de MM. de La Harpe et de Marmontel, à l'occasion de la réception du premier à l'Académie française.

Cette compagnie y est traitée d'une manière scandaleuse,

Et le récipiendaire avec un acharnement qu'on n'avait pas lieu de s'attendre à trouver dans une feuille où l'on a affiché, dans plusieurs occasions, le plus grand désir de parler des différents ouvrages avec impartialité, et des hommes avec modération.

Réponse de Linguet au sieur Panckoucke.

—

Vous avez, Monsieur, surpris la sagesse et l'équité du Ministre. Ce n'est pas à lui qu'il est permis d'attribuer la lettre du bureau dont vous m'envoyez copie. Vous avez apparemment gagné quelques *sous-ordres* pour lui en imposer. Je fais passer cette pièce sous ses yeux, avec des observations marginales qu'il est digne d'entendre.

Cet article a été approuvé par le censeur ; on ne peut donc pas appeler *licence* l'énergie qui peut s'y faire sentir. Il n'y a de licencieux que ce qui est fait en fraude des lois, ou contraire aux mœurs.

Le Ministre est supplié de se faire lire cet article.

Les *Affiches de Province* ont parlé du récipiendaire avec plus de force et moins d'égards. M. de La Harpe est bien respectable ; mais ses ouvrages le sont un peu moins. Il n'y a point de personnalités dans l'article. Depuis dix ans, M. de La Harpe en remplit son *Mercure* contre tous les gens de lettres et

M. le garde des sceaux m'en a porté ses plaintes et ne concluait à rien moins, dans le premier moment, qu'à faire supprimer le journal.

Je ne lui ai pas dissimulé, Monsieur, qu'il était dans le cas de l'être; mais, par considération pour vous, je l'ai prié de suspendre sa résolution à cet égard. J'ai pensé, d'après la connaissance que j'ai de vos sentiments et de votre manière d'agir, qu'il pourrait se faire que vous ne fussiez pour rien dans la composition de cet article, ni même du journal, de laquelle vous vous reposiez sur le rédacteur.

Si ce fait est tel que je le présume, il faut, Monsieur, avant tout, que vous ayez à ne plus employer à cet ouvrage la personne qui a commis la faute, et que vous me donniez l'assurance la plus positive de ne plus lui confier la rédaction de votre journal.

en particulier contre M. Linguet; le Ministre est supplié de s'en faire rendre compte.

On ignore si M. de La Harpe est digne d'un tel sacrifice; mais on fera observer au Ministre qu'il est difficile d'anéantir un privilége bien authentique pour donner à M. de La Harpe une satisfaction injuste.

S'il s'agit de *sentiments et de manière d'agir*, le défenseur de M. le duc d'Aiguillon, le sauveur de M. le comte de Morangiès, mérite bien peut-être autant d'égards que le libraire Panckoucke. Au surplus, on observe que cet article a été lu tout au long en minute au libraire Panckoucke, qui ne l'a pas désapprouvé, et par conséquent il y est pour quelque chose.

On parle ici de *la personne employée* comme d'un laquais que l'on renvoie quand on en est mécontent. Il est bien évident qu'un ministre aussi poli et aussi instruit que l'est M. le comte de Vergennes n'aurait pas ainsi traité un homme de lettres. On observera, de plus, que le libraire Panckoucke n'a pas le droit que la lettre lui suppose. Il existe un acte par lequel il est engagé *pour toute la durée du privilége*. L'homme de lettres que l'on appelle ici *une personne*, au désagrément qu'entraînait le travail du journal et qu'il prévoyait, n'aurait pas joint l'obligation de n'être qu'un gagiste dépendant des caprices d'un libraire, à moins que le parti ne soit pris de lui enlever sans réserve tous les droits de citoyen au barreau et en littérature, et que les libraires, comme les avocats, ne soient au-dessus des lois et des tribunaux. Cette personne revendiquera ses droits. Elle en avait offert le sacrifice à l'honneur, elle ne le fera jamais à la force.

Panckoucke se sépara sans regret de ce collaborateur compromettant, excédé qu'il était d'ailleurs de son humeur despotique. Mais le plus curieux de l'affaire, c'est que la place de Linguet fut donnée à son ennemi le plus cordial, à La Harpe. Il n'y eut qu'une opinion sur cette conduite, aussi noire de la part de Panckoucke que de celui qu'il s'associait. Dans le monde comme dans les journaux, on appela cela une infamie; mais, disent les *Mémoires secrets*, « ceux qui trouvent mauvais que M. de La Harpe ait daigné prendre la dépouille de son ennemi ne savent pas qu'il n'a pu s'en dispenser, des personnes auxquelles il n'avait rien à refuser l'ayant sollicité vivement de se charger d'un travail dont son caractère et ses talents pouvaient soutenir seuls l'utile succès. Il s'est trouvé dans le même cas que M. de Marsillac, qui ne voulait point accepter le gouvernement du Berry qu'avait M. de Lauzun, parce qu'il n'était pas l'ami de M. de Lauzun. « Vous êtes trop scrupuleux, lui dit Louis XIV; j'en sais autant qu'un autre là-dessus, mais vous n'en devez faire aucune difficulté. » Aussi M. de La

Harpe s'est-il rendu enfin à ces considérations, — et aux deux mille écus de rente que ce journal ajoute à sa fortune. »

Ce n'est pas à dater du 15 juin 1778, comme le dit à tort Barbier, que Linguet fut remplacé par La Harpe : — à cette époque le fougueux avocat rédigeait depuis plus d'un an ses *Annales politiques*, — mais à partir du 25 juillet 1776, c'est-à-dire du jour où il avait commis le délit qui avait motivé son renvoi. Avec la direction, La Harpe avait seulement la partie littéraire; la partie politique fut laissée à Dubois-Fontanelle, qui rédigeait auparavant, aux Deux-Ponts, une double gazette de politique et de littérature, et auquel Linguet avait cédé depuis quelque temps déjà cette partie.

Le Journal de Bruxelles se continua jusqu'en 1783; la collection de ce recueil se compose d'environ 24 volumes in-8°.

Si l'on en croyait les détracteurs de La Harpe, le Journal de Politique aurait beaucoup perdu de ses abonnés entre ses mains; ce que nous pouvons dire, c'est qu'il lui acquit d'illustres collaborateurs, parmi lesquels nous citerons Voltaire, qui fournit plusieurs articles aux premiers numéros. « Ce grand homme, disent à ce sujet les *Mémoires secrets*, ne dédaigne aucun genre, et se fait aujourd'hui *garçon journaliste.* »

Mais revenons à Linguet. Supprimé deux fois, comme avocat et comme journaliste, il ne craignit pas d'en appeler au roi ; il adressa à Louis XVI une lettre plus irritée que suppliante, dans laquelle, défendant son article, il redouble d'injures envers La Harpe, l'appelant *petit homme orgueilleux, insolent et bas*, et envers l'Académie elle-même, qu'il regarde comme une institution inutile et dangereuse, « au point, dit-il, qu'un style ridicule, ampoulé, hors de la nature, on l'appelle un *style académique.* » Discutant le délit qu'on lui impute, il fait ressortir la disproportion et l'injustice de la peine. L'homme qui a donné un soufflet est répréhensible sans contredit ; on lui inflige justement une peine légère, mais on ne lui défend pas à jamais de remuer le bras : il serait absurde de condamner quelqu'un, pour l'oubli d'un moment, à une inaction de toute la vie. Il a manqué à l'Académie et à son favori, soit ; il leur fallait des réparations, il veut le croire ; mais son journal entier n'était pas composé d'outrages académiques. Pourquoi donc tout retrancher, sous prétexte que deux pages auront déplu à un corps à qui l'on croit devoir des ménagements ? Faut-il mettre sa plume en écharpe, parce qu'en la secouant il aura fait une tache à l'habit de quelque voisin ? « Sous quel malheureux, sous quel inconcevable ascendant ai-je donc reçu la naissance ? Quoi ! Sire, dans les classes les plus viles, les plus immédiatement soumises à l'autorité de la police, les plus accoutumées à se voir sacrifiées à l'ordre général, on observe des ménagements quand il s'agit d'enchaîner les bras d'un homme; on ne renverserait pas la boutique ambulante du dernier des artisans sans avoir constaté et pesé le délit qui paraîtrait mériter ce châtiment : et moi, dans deux carrières, un despotisme révoltant, des cabales honteuses, ont réussi deux fois, sans forme de procès, à m'enlever mon état! » Il terminait en demandant des juges, et, si le crédit de ses ennemis prévalait encore à cet égard et l'empêchait d'en obtenir, il ne lui resterait plus qu'à gémir de la fatalité de sa destinée, qui rendait inutiles pour lui seul les vertus de son roi.

Cet appel demeura sans résultat, malgré l'intervention de la reine, qui avait pris le parti de Linguet et voulait lui faire rendre sa propriété. Le Journal de Bruxelles lui plaisait, parce qu'il était satirique et médisant, qu'il l'égayait parfois et ne la blessait jamais. Pourvu qu'il ne s'attaquât point à d'augustes personnages, tels qu'elle et le roi, qu'importait ce que disait ou ne disait pas son rédacteur? Louis XVI lui répondit, sans doute, que cela importait beaucoup à toutes les personnes qui, pour n'être pas de grands personnages, n'en tenaient pas moins à leur réputation. Et comme on lui avait peint Linguet sous les traits d'un impudent zoïle, d'un Arétin effronté, s'en prenant à la fois au trône et à l'académie, la bonne volonté de la reine fut perdue. Linguet, alors réfugié à Bruxelles (1), se transporta en Angleterre, où il fonda ses fameuses *Annales*, dans lesquelles il versa à pleines mains la colère et la vengeance sur tous ses ennemis. Voici en quels termes il explique lui-même sa détermination :

> La littérature semblait m'offrir une ressource dans un travail qui me causait autant de dégoût que de regrets, mais qui me devenait nécessaire : il ne plut pas à l'Académie de me la laisser; on m'arracha avec violence ce lambeau que l'équité devait faire frémir et la décence rougir de m'enlever. Le ressentiment naturel contre tant d'injustices et de cruautés m'a fait chercher en Angleterre un asile qui m'assurât, de manière ou d'autre, des dédommagements. Je dois à la vérité de publier que, quand j'ai pris ce parti extrême, ce n'a pas été sans avoir reçu des offres qui auraient pu m'en détourner : des souverains m'ont fait sonder pour savoir si j'accepterais un asile honorable et fructueux; des particuliers m'ont proposé des retraites charmantes qui n'auraient pas été stériles. Le goût de l'indépendance et une délicatesse ombrageuse m'ont fait tout refuser. J'ai regardé toujours une pension, surtout de la part d'un prince étranger, comme un opprobre pour l'homme de lettres qui la reçoit, et une imprudence pour le souverain qui la paie : le premier semble se vendre, et le second cherche à corrompre un témoin qu'il redoute...

« Cet homme si étrangement fameux, dit Grimm à ce sujet, ce panégyriste zélé du despotisme asiatique, ce détracteur furieux de tous les gouverne-

---

(1) On dit que pendant son séjour à Bruxelles, Linguet s'était mis à la tête d'une société de gens de lettres pour la publication de deux feuilles périodiques, intitulées, l'une *Courrier littéraire de l'Europe*, l'autre *Bulletin du commerce de l'Europe;* mais ces projets ne paraissent pas avoir eu de suite.

ments libres, et nommément de celui de la Grande-Bretagne, Mᵉ Linguet enfin, par une suite de cette inconséquence dont il ne s'est jamais départi, vient de fixer sa résidence, non pas à Ispahan, mais à Londres. Le premier pamphlet qu'ait exhalé sa colère dans ce nouvel asile est une *Lettre à M. le comte de Vergennes, ministre des affaires étrangères en France*, avec cette épigraphe : *Insula portum efficit* (Virgile). »

Je regrette que la place me manque pour citer cette lettre, « monument d'extravagance et d'amour-propre », aussi remarquable d'ailleurs par l'énergie du style que par l'insolence et la hardiesse du ton. En voici le début, où Linguet se révèle tout entier :

Un *homme public* aussi publiquement, aussi indignement opprimé que je le suis depuis trois ans, réduit à prendre enfin, pour sa sûreté personnelle, la résolution extrême de s'expatrier, doit compte au public de ses motifs; il doit mettre les contemporains et la postérité entre lui et ses persécuteurs; il doit les citer à ce tribunal indépendant de toutes les puissances et que toutes les puissances respectent, à ce tribunal à qui l'on parle par la voie de l'impression, comme l'a dit, dans un discours d'appareil, un des plus vertueux, et par conséquent un des plus inutiles ministres qui aient existé (1).

Il m'importe d'apprendre aux Anglais, en arrivant chez eux, que je ne suis conduit ni par la cupidité, qui corrompt les âmes, ni par le besoin, qui les énerve. Garanti de l'une par mon caractère, et de l'autre par l'habitude prise de bonne heure de vivre avec peu, je suis au-dessus de l'espérance comme de la crainte.

(1) M. de Malesherbes, dans son discours de réception à l'Académie française.

Je ne cherche dans cette île superbe que la liberté. J'ai cru longtemps qu'elle n'y existait pas plus que dans le reste de l'Europe ; je souhaite être désabusé. L'expérience va m'apprendre si je me suis trompé dans mes raisonnements, et la lecture de cette lettre commencera à faire connaître aux Anglais l'homme singulier peut-être, mais bien fièrement irréprochable, qui attend d'eux l'hospitalité.

Peu de temps après la publication de cette lettre, qui fit grand bruit, Linguet lança le premier numéro de ses *Annales politiques et littéraires*, appelées à une renommée si bruyante. Ce à quoi l'on ne se serait guère attendu si l'on ne connaissait l'homme, c'est qu'il dédia ce recueil à Sa Majesté le roi de France.

SIRE,

Malgré le respect connu de Votre Majesté pour la justice, une violence injuste m'a enlevé mon état dans ma patrie ; ensuite elle m'a forcé d'abandonner un travail utile, qui, avec de l'encouragement et de la liberté, aurait pu devenir honorable.

Je le reprends sous une domination étrangère, mais non pas sous des auspices étrangers : c'est à Votre Majesté que j'en fais l'hommage. Mes ennemis ne m'ont laissé que ma plume et mon cœur. L'une sera, jusqu'à mon dernier soupir, employée à exprimer les sentiments dont l'autre est rempli pour la France et Votre Personne sacrée.

Je ne manquerai aucune occasion de publier cette manière de penser.

Après avoir usé ma vie à combattre pour des opprimés, je suis, à mon tour, victime de l'oppression. Je n'en conserve pas moins la ferme confiance que Votre Majesté m'en vengera, quand l'obstacle qui empêche mes plaintes de parvenir jusqu'à Elle sera évanoui. Si ma vie se termine avant que j'aie pu jouir de cette consolation, j'aurai du moins celle d'appeler, en expirant, au jugement de la postérité; elle dira, en baignant de larmes quelques-uns de mes écrits : Après son innocence, rien ne lui fut plus cher que son prince et sa patrie.

Je suis, etc.

A Londres, ce 24 *mars* 1777.

L'arrivée du premier numéro des Annales à Paris y causa une grande surprise : on ne s'imaginait pas que les ministres, que tout récemment encore Linguet avait fort maltraités dans sa lettre à M. de Vergennes, auraient pour lui une pareille complaisance. Ils auraient été déterminés, dit-on, par une considération qui avait déjà fait tolérer l'introduction de certaines feuilles hostiles au gouvernement : on s'était flatté que Linguet se croirait obligé par là à s'observer davantage. Cependant, comme on connaissait sa mauvaise tête et les écarts de son imagination, on ne voulut pas l'autoriser ouvertement; il fut arrêté dans le conseil des ministres qu'il ne serait que toléré.

Linguet, en effet, n'était pas homme à se contraindre et à garder de longs ménagements : il avait trop de fiel sur le cœur. Loin de Paris, il crut pouvoir foudroyer impunément ceux qui avaient tenté de l'anéantir, et donner un libre cours à ses vengeances et à ses représailles. Dès son prospectus, il s'attaquait à la *Gazette de France* et au *Mercure*, concurrents privilégiés qui n'avaient cessé de le chicaner, et dont il se félicite d'être débarrassé. Il se montre surtout acharné contre le *Journal des Savants* : « Un certain journal suranné, dit-il, appelé *des Savants*, a le domaine de la littérature... A Rome c'est un dominicain, grand-maître du sacré palais et grand inquisiteur, qui tue les idées. L'inquisition censoriale, à Paris, n'est pas moins redoutable, quoique exercée sans scapulaire et sans capuchon. » Bientôt même il oublia la réserve que lui imposaient les lois de l'hospitalité, et il ne craignit pas de s'attaquer au gouvernement anglais. Quelques observations malsonnantes sur la législation britannique et sur les mœurs de Londres lui attirèrent de sévères remontrances, qu'il prit très-mal; et comme il ne pouvait se déterminer à faire des concessions, surtout à l'étranger, il se décida héroïquement à repasser la mer.

Mais où trouver un asile plus commode pour ses Annales, que les puissances paraissaient unanimes à regarder comme un libelle périodique? car il était impossible qu'il rentrât dans le silence. « Me Linguet, lit-on dans les Mémoires de Bachaumont, a d'autant plus de peine à se départir de son rôle d'*Arétin moderne*, qu'il l'a trouvé très-lucratif l'année dernière, et qu'une année de son journal, tous frais faits, lui a rendu 50,000 livres net. Son projet était de profiter de l'engouement général pour se faire ainsi rapidement une fortune qu'il bornait à 300,000 livres ; alors il serait venu, disait-il, les manger paisiblement à Paris. Mais son inaction de quatre mois et les voyages qu'il a été obligé de faire lui ont écorné considérablement son petit trésor, en sorte qu'il faut recommencer sur nouveaux frais. Au reste, il aurait les 300,000 livres qu'il désire, et un million, qu'on ne croit pas que son caractère turbulent lui permît de goûter la vie qu'il a en perspective : il sera toujours le premier à troubler son repos ; et, comme le lui a dit un de ses confrères, le plus cruel ennemi qu'il ait, c'est lui-même. »

C'est de Voltaire qu'était partie cette qualification d'*Arétin moderne* ; et, si elle était cruelle, elle était juste en de certaines applications. Oui, dit M. Monselet, il y a quelque chose du *fléau des rois* dans la vanité exigeante de Linguet, dans son âpreté à la polémique, dans sa versatilité impudente. Comme Arétin, il se jette à travers tous les événements, il s'impose dans les grandes questions. Lui-même a défini son caractère par ces trois mots : opiniâtre, inflammable, inflexible, et le succès prodigieux de ses Annales est dû surtout aux sarcasmes dont elles sont remplies, aux hardiesses de tout genre qu'il s'y est permises.

En quittant l'Angleterre, Linguet tourna ses pas vers la Suisse ; mais il ne put prendre pied ni à

Lausanne, ni à Neufchâtel, ni à Genève, ni en aucun endroit des contrées voisines, parce que partout on voulait lui donner un censeur, ce qu'il refusait absolument. On regardait sa plume, dit-il lui-même, comme un conducteur électrique capable d'attirer la foudre et d'en déterminer la chute partout où l'on se hasarderait de la fixer. Il traversa donc de nouveau la France et alla s'établir à Bruxelles, où il fut parfaitement accueilli par le prince Charles, qui souscrivit pour quinze exemplaires de son journal, et engagea toute sa cour à en faire autant. Il éprouva cependant des difficultés pour se fixer ouvertement dans cette ville, et il avait dû d'abord s'installer dans un petit village auprès d'Ostende, où il avait monté une imprimerie. Le singulier, c'est qu'avec tout cet appareil, il prétendait pouvoir rester caché, et dérober à ses ennemis le lieu de sa retraite, comme nous le verrons tout à l'heure dans son avertissement. Quoi qu'il en soit, Linguet trouva à Bruxelles *decus et tutamen,* si bien qu'adoptant cette devise, au-dessus de deux plumes en sautoir, il en fit son cachet.

Enfin, le premier numéro de la reprise des Annales parut le 15 août 1778, « à la grande satisfaction des partisans de Linguet, et au grand regret de ses ennemis. » Cette fois encore, il affecte de mettre son journal sous la protection du roi, par une nouvelle épître dédicatoire. C'était la quatrième ; mais, enchérissant sur les autres, celle-ci était d'une longueur telle, que monarque n'en avait jamais lu ni reçu de pareille. Il faut dire aussi qu'elle sortait tout à fait du ton d'une épître dédicatoire : on en va juger.

Sire,

Après un retard bien involontaire, j'apporte aux pieds de Votre Majesté la suite d'un ouvrage entrepris sous ses auspices. Il m'est surtout précieux par les occasions qu'il me fournit de manifester mon respect pour Votre Personne, ma soumission pour les lois, mon attachement pour ma patrie.

Je viens d'en traverser deux fois les plus belles provinces : le plaisir d'en respirer l'air a été mêlé d'une vive amertume. Elles ont été pour moi ce que fut pour la colombe sortie de l'arche la terre encore couverte des eaux du déluge. Le temps viendra sans doute, je n'en perdrai jamais l'espoir, où la justice fera germer le rameau d'olivier qui m'annoncera la cessation des orages.

Votre Majesté, d'un mot, vient de créer une multitude de nations nouvelles : leur titre à cette protection régénératrice, c'est l'oppression qu'elles ont essuyée. Ce que votre main toute puissante opère en faveur de ces étrangers, ne le fera-t-elle pas pour un sujet dont l'innocence ne peut pas être plus douteuse que la fidélité ?

Votre conseil, Sire, n'est occupé, depuis quelque temps, qu'à réformer les méprises des tribunaux qui exercent, au nom de Votre Majesté, les véritables, les plus saintes fonctions de la couronnne. . . . .

L'ombre de l'infortuné Lally, délivrée enfin du bâillon qui enchaîna si longtemps ses plaintes, a recouvré la voix pour demander vengeance. Il n'est, dans un état sagement régi, ni siége à l'abri des lois, ni particulier exclu de leur protection. Si Votre Majesté daigne réfléchir à ce que j'ai essuyé, elle verra qu'il y a encore un pas à faire pour que cette maxime puisse être réputée vraie dans les siens.

Quelle que doive, au reste, Sire, être la date de cette réforme, je l'attendrai sans impatience comme sans découragement. Je trouverai la consolation de mes maux particuliers dans la gloire de mon pays : les délais de la justice qui m'est due me sembleront moins pénibles en voyant celle que la sage conduite de Votre Majesté force l'Europe de rendre à la France.

Quelle époque que celle-ci pour notre nation, toujours noble, toujours brave, toujours jalouse, mais si souvent humiliée par la faute de ses chefs ! On consulterait en vain nos fastes pour en trouver une où le peuple ait eu plus à se louer de son roi, et le roi, j'ose le dire, de son peuple.

Charlemagne rendit le nom français redoutable ; il décora son trône d'un titre qui ne redevint illustre que parce qu'il ne dédaigna pas de le porter. Il pressa l'Europe depuis le Tibre jusqu'au Veser ; mais son épée, toujours tirée, fut toujours sanglante : son immense domination n'eut pas d'autre soutien, et ce sceptre des héros ne fut jamais le gage du bonheur des sujets.

Philippe-Auguste, Charles-le-Sage, se distinguèrent, l'un par sa valeur, l'autre par sa politique ; mais ils vivaient dans des siècles affaiblis et déshonorés par la féodalité. Leurs talents purent à peine se montrer au milieu de cette anarchie barbare, qui donnait aux rois autant de rivaux et au peuple autant de tyrans qu'un Etat renfermait d'hommes audacieux. Ils firent seulement entrevoir ce que pourrait être un roi de France, avec une âme ferme, un esprit juste, et la confiance de sa nation.

Charles VIII et François Ier eurent des moments brillants ; mais cette splendeur éprouva des éclipses aussi rapides que douloureuses. Les conquêtes du premier, évanouies avant que d'être achevées, ne lui laissèrent, avec une couronne chimérique, que la honte d'avoir été successivement le complice et le jouet du plus abominable des hommes. Sous le second, le triomphe momentané de Marignan fut bientôt flétri par l'opprobre ineffaçable de Pavie, opprobre d'autant plus accablant qu'il n'était pas possible d'en accuser la fortune.

Henri IV, réduit à conquérir son patrimoine, fut enlevé au moment où il cherchait, dans une administration paternelle, le remède aux maux de la France, épuisée presque également, et par les efforts qu'il avait faits pour vaincre les rebelles, et par sa condescendance à acheter leur soumission.

Louis XIV, fier, impétueux, prodigue, vérifia pendant quelque temps la devise, aussi imprudente qu'audacieuse, que la flatterie lui avait fabriquée : *Nec pluribus impar;* mais la dernière moitié de son règne en fut une triste et longue réfutation.

Enfin, sous Louis XV, avec quelle promptitude n'avons-nous pas vu les lauriers de Fontenoi étouffés sous les cyprès de Crevelt, de Rosbak, etc.!

L'espace diversifié par tous ces règnes offre une terrible et humiliante uniformité : de courts succès et de longs désastres, toujours nécessités par des fautes; de petits avantages et des pertes énormes. On y voit les trésors et le sang de la nation prodigués pour les disputes les plus frivoles; des projets extravagants soutenus avec opiniâtreté, et des plans sages abandonnés avec encore plus d'inconséquence; une politique souvent puérile, et presque toujours imprudente; des ministres désunis, indiscrets, despotiques, vindicatifs, ne connaissant point d'ennemis plus redoutables que leurs concurrents, avides autant qu'ambitieux, se jouant avec une égale audace, et des rois qu'ils feignaient de servir, et des sujets dont ils sacrifiaient l'existence, et des Etats voisins dont ils ordonnaient le ravage, et de leur propre patrie, qu'ils n'exposaient que trop souvent à la désolation; enfin cent Louvois, cent Bonnivets, pour un Sully.

Quelle différence aujourd'hui ! Ce n'est plus à nous, c'est à nos rivaux que ce portrait convient ; à ces rivaux enrichis de nos dépouilles, enorgueillis, pendant cinq cents ans, de nos écarts, et devenus grands par la fatalité qui nous empêchait de nous élever. Une politique profonde et sagement ménagée nous venge en un instant de cette longue période d'insolence. Privés par leurs propres méprises des forces dont ils abusaient, le rang usurpé dont ils tombent, la France s'y trouve replacée sans effort et sans inspirer d'alarmes. De vastes empires fondés tout d'un coup à leurs dépens nous promettent des amis fidèles, si la reconnaissance en peut donner, ou du moins des alliés dont l'intérêt sera la caution. Nos ports, ouverts à un commerce nouveau, jouissent d'une prospérité que les trésors du Mexique et du Pérou n'ont jamais donnée à leurs propriétaires. Une marine formidable, sortie subitement du néant, créée pour protéger, et non pour détruire, augmente encore l'éclat de ces prodiges, parce qu'elle en assure la durée.

. . . .

. . . .

Qu'il est beau, Sire, à vingt ans, d'être ainsi le modèle des rois, le réformateur de sa nation et la terreur de ses ennemis ! Cette gloire est peut-être plus honorable encore par son principe qu'utile par ses effets. Elle est le fruit des mœurs dont Votre Majesté donne l'exemple. Quand la fidélité conjugale est sur le trône, toutes les vertus y règnent avec elle.

Et pour réunir autour de vous, Sire, toutes les satisfactions, toutes les prospérités à la fois, une heureuse fécondité vient encore ouvrir à l'âme sensible de Votre Majesté une nouvelle source de jouissance. Une reine déjà chérie pour les charmes de sa personne, qui, à l'exemple de son auguste mère, sait tempérer la majesté par les grâces et la relève par toutes les vertus, va acquérir un nouveau droit à l'amour, à la reconnaissance des Français, soit que le ciel accorde dès à présent à leurs vœux un héritier de la couronne, soit que cette première grossesse, moins fortunée, suivant l'idiome de la politique, ne soit que le gage de celles qui concilieront par la suite les caprices de cette politique et les droits de la nature.

Puissent, Sire, des jours si brillants n'être obscurcis par aucun revers ! Puissiez-vous, après avoir réduit au silence les ennemis extérieurs du repos public et de l'honneur de votre couronne, attaquer avec autant de succès les désordres intestins qui affligent encore vos peuples ! Puissiez-vous réaliser le grand projet que votre cœur droit et noble avait formé en montant sur le trône, et qu'un premier choix, malheureusement motivé par l'erreur publique, a rendu jusqu'ici impossible, celui d'une réforme dans l'administration des finances !

Au milieu des embarras d'une guerre naissante, Votre Majesté ne la perd pas de vue : elle fait dès à présent, dans une de ses provinces, un essai qui sera toujours honorable, quand même des obstacles imprévus le rendraient infructueux. Il prouvera toujours du moins que Votre Majesté ne se rebute point dans la carrière épineuse du bien, et qu'avec la pureté de cœur qui le fait désirer, elle a la constance, le courage, qui, tôt ou tard, le procurent.

Après cette curieuse épître vient un avertissement cinq ou six fois plus long encore ; nous nous bornerons à en citer le début :

En avril dernier, quand j'ai quitté Londres, j'ai dit que le premier numéro de la seconde année de cet ouvrage serait peu retardé par mon déplacement ; voilà cependant un retard de quatre mois entiers. De tous ceux qu'il a impatientés, personne assurément n'en a plus souffert que moi, et personne aussi ne s'y attendait moins ; mais le proverbe dit qu'on s'expose à compter deux fois quand on compte sans son hôte. En prenant la Suisse pour retraite, je n'avais pas compté avec le mien ; il en a résulté dans mes calculs une cruelle méprise.

La bizarrerie de ma destinée n'a pas besoin de preuves ; cependant ce que j'ai éprouvé depuis que j'ai cessé d'écrire, c'est-à-dire depuis avril dernier, en fournirait une plus frappante encore que tout le passé.

En partant de Londres, je m'étais dit à moi-même : Tout s'imprime dans le continent de l'Europe aussi aisément qu'ici ; les presses sont aussi libres et souvent presque aussi licencieuses au pied des Alpes qu'aux bords de la Tamise. Depuis vingt ans celles de Genève ne cessent d'enfanter les ouvrages les plus révoltants, les plus faits pour alarmer la pudeur et les administrations. *La Pucelle*, l'*Emile*, le *Système de la nature*, etc., y ont été réimprimés cent fois. Actuellement on fabrique, on débite ouvertement, à Lausanne, une nouvelle édition de ce recueil aussi immense qu'incomplet, de cette compilation bigarrée qui serait infiniment dangereuse si elle n'était ridicule, mais dont l'audace d'une secte intrigante et la sotte crédulité du public ont fait la fortune.

Mes Annales, il est vrai, n'ont pas les mêmes titres. La décence y est respectée ; le culte, les gouvernements, y sont ménagés ; les leçons que l'auteur y donne aux hommes n'ont vraiment que le bien public pour objet, et déjà elles l'ont produit plus d'une fois.

Ce n'en est pas assez, sans doute, pour prétendre à la protection, aux encouragements, qu'obtient toujours le scandale dans ce siècle philosophique ; mais c'est autant qu'il en faut pour espérer la tolérance, dont il faut bien que les mœurs, et surtout la vérité, se contentent aujourd'hui.

Ce raisonnement paraissait conséquent ; il était fortifié par trois contrefaçons de mes Annales, autorisées, approuvées en Suisse : l'édition originale ne devait y trouver aucun obstacle. Il n'y avait pas de conclusion plus juste en apparence ; mais la logique en ce bas monde influe peu sur les événements. J'aurais dû m'en douter (1).

Que m'a servi de dire aux économistes, dans la courte durée de leur splendeur : Vous prêchez la liberté ; ne soyez donc pas despotes. Vous voulez que tout le monde parle ; ne me fermez donc pas la bouche.

Que m'est-il revenu de crier pendant trois ans aux habitants du Palais : Vous vous dites les interprètes des lois, les défenseurs des propriétés ; ne m'enlevez pas mon bien, mon état, mon honneur, sans m'entendre, ou du moins sans donner des motifs.

(1) Un autre jour, s'expliquant sur les retards qu'éprouvait la distribution de son journal, il disait : « Je ne puis répondre que par un mot bien court : ce que je puis, on peut être sûr que je le fais ; ce que je ne fais pas, c'est que je ne puis pas le faire. Les difficultés que j'éprouve sont inconcevables ; elles décourageraient peut-être, j'ose le dire, tout homme moins familiarisé que moi avec les obstacles... Cette raison doit suffire à ceux de mes souscripteurs qui m'estiment et qui m'aiment. Je ne dois pas supposer que j'en aie d'autres. C'est à ceux-là seuls que je dois et que je fais des excuses. Mais ce qu'il y a d'étrange, c'est que ce n'est pas d'eux que viennent les reproches les plus vifs. L'impatience la plus exigeante, ce sont les *contrefacteurs* et leurs complices qui la montrent ; à entendre leurs cris, on croirait que c'est moi qui les vole. Il y a maintenant, de ma connaissance, quatorze de ces éditions, je ne dis pas *furtives*, car elles sont publiquement soutenues et encouragées. C'est toujours la même bizarrerie dans tout ce qui me concerne : les copies criminelles se fabriquent au grand jour ; la clandestinité n'est que pour l'original honnête. »

L'expérience aurait dû m'apprendre que, si l'opinion est la reine du monde moral, l'inconséquence en est le pivot, et que la plus dangereuse des folies, c'est de se diriger sérieusement d'après la raison, dans l'espérance que ceux à qui l'on aura affaire en feront de même.

Pour mon malheur, je suis atteint de cette démence. Aussi, à mon arrivée en Suisse, ai-je trouvé précisément le contraire de ce que je m'étais promis : beaucoup de considération personnelle, il est vrai, beaucoup de marques d'une estime flatteuse, une grande curiosité de me voir, de me connaître, mais une inquiétude inexprimable sur les moindres mouvements de ma plume. On la regardait comme un conducteur électrique, capable d'attirer la foudre et d'en déterminer la chute partout où l'on se hasarderait à le fixer. Il semblait qu'à l'ouverture de mon portefeuille toutes les vengeances ministérielles allaient fondre sur le lieu qui aurait recélé cette terrible boîte de Pandore, et abîmer la contrée assez imprudente pour donner asile à un nouveau Titan. . . . .
. . . .
. . . .

Je crois bien que mes ennemis participaient beaucoup à l'effroi que ma présence semblait inspirer ailleurs. Ne craignant rien tant que la continuation de mes Annales, ils s'étaient réjouis de me voir abandonner, par un scrupule puéril dans leur système, le pays où ils avaient eu la douleur de les voir naître, sans pouvoir les étouffer. Ils s'étaient promis de leur interdire tout autre asile. L'immensité de leurs correspondances, leur hardiesse à semer les calomnies les plus criminelles, comme à appuyer les complots les plus noirs, leur en offraient les moyens. Leur grande ressource est de dire, à peu près comme Cotin, que, *quand on les méprise, on est odieux à tous les gens de mérite.* A force de répéter avec une constance, une impudence infatigable, que cela est, ils parviennent souvent, en effet, à faire que cela soit.

Ils avaient eu le temps, avant mon arrivée, de remplir les esprits de préjugés de toute espèce, avec l'art qui leur est familier.

Que les caillettes de Paris, celles qui s'associent aujourd'hui à une secte, comme autrefois à une confrérie ; qui vont aux séances de la *Société libre d'émulation*, comme elles allaient aux retraites des jésuites ; qui aiment, caressent, choient un dissertateur philosophe, comme elles auraient fait en d'autres temps un directeur ecclésiastique, et qui perdent, par conséquent, au change, parce qu'en vérité les bons directeurs sont cent fois plus honnêtes, plus polis, plus aimables, moins despotiques et moins pédants que tous les chapeaux plats de nos coteries philosophiques, que celles-là soient dupes de ces insinuations, rien de plus naturel : les sansonnets ne répètent que les chansons qu'ils entendent siffler à leurs instituteurs ; mais des *aristocrates,* mais des *souverains* jaloux de leur indépendance, devaient-ils écouter ces pressentiments pusillanimes ?

Je pouvais, sans risque, me jouer de leurs terreurs ; je pouvais braver chez eux, à leur grand étonnement, un orage dont j'étais sûr de n'avoir rien à craindre : ce manége m'a paru au-dessous de la dignité d'un homme honnête ; je n'ai pas cru devoir sacrifier à la liberté, dans un pays où les préliminaires seuls du sacrifice inspiraient tant d'alarmes (1).

Après plusieurs essais, j'ai pris le parti qui seul peut-être convient, dans un siècle comme celui-ci, à un véritable ami des hommes, à un écrivain qui veut les servir, c'est de ne plus affecter aucune retraite particulière, jusqu'à ce qu'une résolution vigoureuse me rappelle dans ma patrie à l'état dont la justice rougit de m'avoir dépouillé, ou que la paix, renaissant dans nos champs arrosés du sang qu'on s'apprête à verser de toutes parts, me rouvre les portes de ma maison de Londres, que ma délicatesse a fermées. Jusque-là je voyagerai ; je profiterai de mes courses pour multiplier mes observations, pour enrichir mon ouvrage, pour le rendre encore plus véritablement utile par les connaissances que je tâcherai d'acquérir, et la comparaison des usages dont je m'efforcerai de m'instruire. Il n'en sera pas distribué avec moins de régularité. Je déroberai cependant aux inquisi-

(1) Mais il ne pardonnera jamais à Genève ; il se souviendra encore de sa pusillanimité en 1783, quand, rendant compte de la révolution qui vient de pacifier cet *atome,* d'apaiser la *tempête élevée dans un verre d'eau,* il examinera les droits des *mites qui fourmillent dans ce verre d'eau,* car, enfin, il veut bien le reconnaître, ils en ont d'aussi sacrés que les plus énormes colosses politiques.

tions philosophiques le lieu où il recevra son existence matérielle. Consacré à la vérité, il s'imprimera dans le puits où la perversité des hommes a forcé cette fille du ciel de se cacher.

Cette fois les Annales ne purent circuler en France qu'avec l'attache d'un censeur; quelques numéros ne passèrent qu'au moyen de cartons; quelques autres furent impitoyablement arrêtés à la frontière. Cependant on remarquait dans les premières feuilles de cette nouvelle série un revirement très-sensible : il était évident que Linguet s'était rapproché des ministres, et, aux égards qu'il montrait pour eux, on pouvait supposer que, fatigué de sa vie errante et des persécutions qui ne lui étaient pas épargnées même à l'étranger, il n'aurait pas mieux demandé que de rentrer en France. Ce qui est certain, néanmoins, c'est que, s'il avait fait sa paix avec les ministres, il était resté en guerre ouverte avec les encyclopédistes et les économistes, avec les *apôtres modernes* et les *journalistes légion,* avec d'Alembert, Morellet, La Harpe et beaucoup d'autres, qu'il ne cessait de poursuivre de ses invectives. Nous connaissons un de ses griefs contre d'Alembert; Morellet avait écrit contre lui une *Théorie du paradoxe,* « libelle qui joint à tout le fiel, à toutes les impostures dont jamais la plume d'un écrivain a pu se souiller, l'opprobre d'avoir été composé pour plaire à un ministre tout-puissant et prévenu, contre un homme irréprochable, mais malheureusement écrasé autant que l'innocence et l'honneur peuvent l'être. » Quant à La Harpe, *Harpula,* comme il l'appelle, il ne pouvait lui pardonner de l'avoir supplanté dans la rédaction du *Journal de Bruxelles;* il englobait dans sa rancune Panckoucke et son *Mercure*, et il faut voir avec quelle verve il « châtie ce petit bâtard qui, à peine né, a essayé de le mordre, cet embryon qui s'annonçait avec des inclinations si malfaisantes, et que la multitude de ses engendreurs ne sauvera pas d'une mort prochaine. »

Les plaintes, les cris, ne tardèrent pas à recommencer ; heureusement pour Linguet, s'il avait de nombreux ennemis, il avait de puissants protecteurs.

« Le journal de Linguet, lit-on dans la *Correspondance secrète,* trouve tous les jours de nouveaux partisans à son auteur expatrié ; ses ennemis même ne peuvent s'empêcher de donner des éloges à cet ouvrage, qui plane glorieusement au-dessus des mille et un journaux qui nous accablent. Le n° 18 a vivement offensé notre superbe académie ; ses premiers membres sont venus solliciter M. Amelot, ministre qui a le département de Paris, de vouloir ne plus permettre l'introduction de cet ouvrage scandaleux. — « J'en suis bien fâché, Messieurs; je ne puis vous accorder votre demande : le roi, la reine et toute la famille royale ne lisent que le journal de Linguet, et le lisent avec un plaisir indicible. »

Et ailleurs (9 nov. 1779) : « L'embarras où se trouvent les correspondances littéraires, toutes les années, dans les mois d'octobre et de novembre, est extrême. Ce dont on parle le plus à présent, en fait de littérature, est le journal de Linguet, dont la plupart des articles sont remarquables, tant par la hardiesse que par l'abondance et la facilité du style. C'est un mélange de raison, de délire, de grossièreté et de talent. Toutes ces qualités trouvent ici des partisans ; on admire jusqu'à ses écarts et ses mauvaises plaisanteries. Il y a des gens qui s'extasient sur la manière dont il a reproché à M. d'Alembert sa bâtardise, et sur le spirituel surnom d'*Anticarré* qu'il lui donne deux fois par mois (1). On dit que le secrétaire perpétuel se désole tous les soirs dans son logis du Louvre, et qu'il se tue à courir tous les matins pour dire qu'il ne lit jamais ces sottises-là, et que par conséquent il est clair qu'il y est tout à fait insensible. Il semblerait qu'il y a une convention entre lui, pour répéter sans cesse cette protestation, et entre ses auditeurs, pour n'en rien croire. Il devrait bien se souvenir que ces petites ruses ne réussissaient pas

---

(1) Le philosophe se nomme *Le Rond d'Alembert,* et vous vous rappelez la proscription prononcée contre la quadrature du cercle. Ainsi le surnom d'*Anticarré* forme un double calembour. Peut-on imaginer rien de plus joli ?

même à *papa grand homme,* et que c'est une faible ressource de ne recueillir que cela de sa succession. Ce qui doit l'affecter le plus, c'est que Linguet paraît fort protégé. Le roi et Monsieur lisent exactement toutes ses feuilles, et M. de Vergennes, qu'il avait osé maltraiter il y a environ deux ans, l'a très-bien reçu dans son dernier voyage à Paris, qui s'est fait vers le mois de juin. C'est un dogue à longues dents, que le ministère a lancé contre la philosophie. »

Cependant les choses finirent par aller si loin, que les Annales, bien qu'elles sortissent de presses étrangères, furent solennellement dénoncées au Parlement, toutes les Chambres réunies.

Ce fut M. d'Eprémesnil qui remplit, dans cette circonstance, le rôle d'accusateur, et il le fit si verbeusement, que son réquisitoire n'occupa pas moins de trois séances, d'une heure et demie chacune (11, 14 et 18 juillet 1780). Ce réquisitoire, qui ne fut imprimé qu'un an après, forme 55 pages in-8°, d'un caractère assez fin. L'orateur commence par un exorde où il cherche à éloigner de lui la mauvaise opinion que semble faire naître d'abord le rôle de dénonciateur, surtout à l'égard d'un homme expatrié, et que son malheur semblerait devoir rendre sacré ; il entre ensuite en matière, et, après un historique de ce qui a précédé l'évasion du célèbre journaliste, il en vient aux Annales, dans lesquelles il distingue cinq objets : les particuliers, la constitution française, la magistrature, les souverains, les peuples ; il suit l'auteur sur chacun de ces articles, et, le prenant toujours par ses propres paroles, il le convainc d'avoir, dans ses Annales, destructives de tous les droits de l'homme :

> Erigé la force en véritable droit ;
> Fondé toutes les couronnes sur des titres de sang ;
> Soutenu que les rois sont propriétaires des biens et des personnes de leurs sujets ;
> Soutenu qu'entre les rois et les sujets, le ciel s'explique par des victoires ;
> Traité la magistrature française de corps de factieux inconséquents, et ses remontrances de déclamations monotones, pédantesques et incendiaires ;
> Insulté tous les tribunaux français par des accusations continuelles d'inconséquence, d'oppression, de meurtre ;
> Fait de la banqueroute publique un droit de la couronne, un devoir de chaque nouveau roi ;
> Outragé le barreau, travaillé à semer la division dans le sein de la cour.
> Et tout cela non dans un passage, dans un article, dans une feuille, mais dans les volumes de ses Annales, qui forment un corps de doctrine médité, suivi, combiné, développé, dans la vue de prêcher aux souverains le despotisme, aux peuples la révolte, au genre humain la servitude, aux Français la haine de leurs lois et de leurs juges ; ce qui tend à détruire les principes fondamentaux de la société, les règles générales de tout bon gouvernement, les maximes constitutives de la monarchie française, les droits et l'influence des corps dépositaires et gardiens de ces maximes, en un mot, à compromettre les personnes mêmes de tous les souverains et la tranquillité de tous les peuples.

C'était véritablement accorder trop d'importance

à des paradoxes écrits au courant de la plume, et la passion seule pouvait voir dans les Annales un corps de doctrine « médité et suivi. » Linguet, soit qu'on l'envisage comme légiste ou comme économiste, est, par excellence, l'homme des contradictions. Aujourd'hui il vante les douceurs du régime asiatique, il atténue les cruautés des Césars, démontrant que « la fermeté poussée par un souverain jusqu'à la rigueur n'est jamais à charge aux peuples, et qu'il y a tout bénéfice à rouvrir les sources de l'esclavage »; demain, changeant de langage, il écrit, à propos de Joseph II : « Sans vouer à ces malheureux qu'on appelle rois une haine aveugle et indistincte, j'ai conçu pour la royauté une horreur qui ne finira qu'avec ma vie. »

La dénonciation de M. d'Eprémesnil ne pouvait aboutir. On pensa généralement que le Parlement aurait mieux fait de ne pas compromettre sa dignité en entrant ainsi en lutte avec un simple particulier; mais, la dénonciation ayant été admise, il devait s'en occuper sérieusement. Il paraît au contraire que les avis furent très-pusillanimes. Les uns eurent peur du vindicatif journaliste, et dirent que ce serait le moyen d'aigrir sa bile et de lui donner plus de consistance; les autres, que ce serait l'attirer en France, puisqu'il ne manquerait pas de demander à être entendu et à plaider sa cause; quelques-uns firent valoir la protection dont le couvrait Monsieur, et le plaisir qu'avaient le roi et la reine à lire ses feuilles ; quelques autres craignirent de scandaliser le clergé, regardant M⁰ Linguet comme un de ses boucliers. Bref, on finit par renvoyer la délibération au premier jour, c'est-à-dire aux calendes grecques.

Ainsi cette grosse affaire n'eut d'autre effet que de redoubler la verve et l'audace de Linguet. Le ministère alors, voyant qu'il n'y avait pas d'autre moyen d'en venir à bout, résolut de recourir à la violence : on l'attira à Paris « par une suite de trahisons », et il y était à peine arrivé qu'il fut arrêté, le 27 septembre 1780, et conduit à la Bastille.

« Le métier d'Arétin, dit Grimm en annonçant cette nouvelle, a toujours eu ses périls et ses désagréments. Le sieur Linguet, qui s'était persuadé très-sérieusement qu'il y échapperait toute sa vie, grâce à la fermeté de son caractère et à une demi-douzaine de pistolets qu'il avait grand soin d'étaler sur son bureau ou de porter dans ses poches, vient d'être mis à la Bastille. Il y a été conduit, dit-on, pour éviter tout éclat, par un de ses amis, le commissaire Chesnon, sous le prétexte d'un dîner que ce bon ami lui avait proposé dans une maison de campagne au bois de Vincennes. Le public ignore encore le véritable sujet de sa détention, mais il en soupçonne plusieurs : les impertinences débitées dans ses Annales sur le roi de Prusse, sur la conduite des Etats généraux, sur nos traités avec l'Amérique, sur les plans de la guerre actuelle, dont il a osé dire, dans une de ses dernières feuilles, qu'il n'y en avait pas un seul dont on ait pu deviner le motif, même après l'événement, etc. On cite de plus une lettre écrite à M. le maréchal de Duras au sujet du numéro des Annales qui concernait son procès avec M. Desgrée, et dont M. le maréchal avait obtenu la suppression, lettre où l'audacieux folliculaire a la démence de dire à un homme revêtu de la première dignité du royaume, et sans aucune de ces circonlocutions métaphoriques dont son style est ordinairement hérissé : *Vous êtes un Jean f....*, en toutes lettres, *signé Linguet.* Quelle que puisse être la principale cause de la disgrâce de ce fameux écrivain, l'ordre des avocats, l'Académie, le Parlement, un grand nombre d'honnêtes particuliers grièvement insultés dans ses écrits, n'auront pas beaucoup de peine à s'en consoler; mais il lui reste des amis et des protecteurs pleins de zèle, dans le clergé, à la cour, dans le militaire d'un certain ordre, et surtout dans les cafés de Paris, où la violence de sa plume intéresse la malignité, amuse les oisifs, et le fait admirer des sots comme un des plus sublimes modèles de l'éloquence française. »

Linguet demeura près de deux ans à la Bastille, jusqu'au 19 mai 1782; il eut ainsi tout le loisir de méditer sur les bienfaits de ce pouvoir absolu dont il avait plus d'une fois fait le panégyrique, notamment dans sa *Théorie des lois civiles*; il pouvait encore, pour se consoler, se rappeler un de ses fameux paradoxes : « La société vit de la destruction des libertés, comme les bêtes carnassières vivent du meurtre des animaux timides (1). » Laissons-l'y ronger son frein.

—

Pendant la captivité de Linguet, les Annales furent continuées par Mallet du Pan, son collaborateur. Avant de parler de cette continuation, nous devons dire quelques mots de la liaison, ou mieux, de l'association de ces deux hommes, les premiers journalistes, dans l'acception actuelle de ce mot, que nous ayons encore rencontrés, et les seuls à peu près que l'on puisse citer avant la Révolution.

Mallet du Pan, cherchant une voie à ses goûts et à ses ardeurs d'étude et de polémique, s'éprit de loin pour Linguet, qui ne lui parut qu'un homme éloquent et hardi injustement persécuté, et, à peine âgé de vingt-cinq ans, il publia, sous le titre de *Doutes sur l'éloquence et les systèmes politiques* (Londres [Genève], 1775), une apologie de la *Théorie des lois civiles*. Cet acte courageux dut, selon toutes les

(1) On connaît cette boutade de Linguet, répétée par tous les recueils d'anas : « Qui êtes-vous ? demande-t-il à un homme qui entrait dans sa chambre. — Monsieur, je suis le barbier de la Bastille. — Parbleu ! vous auriez bien dû la raser. »

probabilités, amener quelques relations entre Linguet et son jeune champion; mais nous manquons de renseignements à cet égard. Quelques circonstances, cependant, portent à croire que le Journal de Politique et de Littérature reçut des articles de l'écrivain genévois. Mallet du Pan aurait ainsi fait sous les auspices du terrible avocat ses premières armes comme journaliste. On lui voudrait un autre parrain, car Linguet, avec sa verve caustique, son naturel insolent et sa passion pour le scandale, introduisait alors dans le journalisme ce même genre d'éloquence injurieuse et de satire personnelle dont il avait donné au barreau le déplorable exemple, au grand dommage de son talent et de sa considération. Mais on ne choisit guère plus son parrain que sa parenté, et on entre dans le monde, et même dans le monde littéraire, comme on peut.

Lorsque Linguet, évincé de son journal, prit le parti d'aller établir ses batteries hors de France, il vint à Genève et se montra à Ferney. C'est là que Mallet du Pan le vit pour la première fois. Ce qu'il aperçut de l'homme ne parut point avoir dissipé son admiration pour lui; il s'enrôla décidément sous sa bannière, et, peu de temps après, il alla le rejoindre à Londres.

A propos de cette visite de Linguet à Voltaire, on parla beaucoup de l'effroi qu'il inspira au grand homme. Après les trois jours qu'il passa à Ferney,

Voltaire aurait dit qu'il l'avait sur les épaules comme un fagot d'épines, et qu'il n'avait pas eu la force de le secouer, tant il craignait, en le jetant à terre, d'en être déchiré. On lui prêtait encore d'autres paroles sanglantes, qui peignaient avec énergie son horreur pour cet homme, pire, à ses yeux, que l'Arétin, et qu'il appelait « le premier écrivain des charniers, sans contestation. » Que Voltaire, dit M. Sayous, à qui nous empruntons ces détails, n'ait pas eu en grande faveur l'adversaire de ses amis de Paris ; qu'il se crût obligé de faire écho à toutes les fureurs qu'excitait parmi eux le nom de Linguet ; qu'il le redoutât même pour son compte, cela est vraisemblable ; mais Mallet soutint toujours qu'il n'avait jamais entendu sortir de sa bouche que l'expression d'un intérêt sincère pour les malheurs de Linguet, et d'estime pour ses talents. Ce sont ces sentiments qui respirent dans la lettre suivante, que le patriarche écrivait à son jeune protégé, à Londres, où, comme nous venons de le dire, il était allé rejoindre Linguet :

Vous allez dans un pays devenu presque barbare par la violence des factions. C'est un de mes grands chagrins que l'homme éloquent que vous y verrez soit malheureux. Il lui faudra du temps pour en parler la langue avec facilité. A combien d'embarras ce grand ouvrage politique hebdomadaire va l'exposer ! C'est une chose si délicate que de vouloir rappeler à une nation ses intérêts, lorsqu'elle s'est privée elle-même de tous les moyens de régénération ! Je doute que Xénophon eût osé le tenter chez le jeune Cyrus. Mais ce qui me donne les plus grandes espérances, c'est que M. Linguet a les outils universels avec lesquels on fait tout ce qu'on veut, le *courage* et l'*éloquence*. Je lui souhaite autant de succès qu'il a de mérite. Vous savez que, selon La Fontaine,

Tout faiseur de journal doit tribut au malin.

Il serait beau qu'il ne crût jamais avoir besoin de cette ressource ; et, en effet, il est trop au-dessus d'elle. Je ne vous reverrai plus ni l'un ni l'autre : mon grand âge et mes maladies continuelles ouvrent mon tombeau, etc. (1).

L'intention de Mallet avait été de s'entendre avec Linguet pour publier une seconde édition des Annales sur le continent, et c'est, en effet, d'une édition suisse qu'il s'occupait le plus activement; mais ce ne fut pas la seule part qu'il eut à cette entreprise. L'économie politique occupait alors beaucoup l'opinion. Linguet confia à son collaborateur, plus instruit que lui dans cette matière, le soin de traiter la question, et Mallet s'en acquitta avec une solidité qui fut remarquée, bien que l'honneur ne lui en revînt pas, car Linguet était seul sur la brèche, et en apparence rédacteur unique de son journal.

L'association des deux écrivains persista-t-elle jusqu'à l'incarcération de Linguet? Je ne trouve aucun renseignement à cet égard dans les Mémoires publiés par M. Sayous. Suivant M. Peuchet, elle n'aurait pas été de longue durée. Linguet était d'un commerce difficile, d'une morale relâchée, cherchant

(1) *Annales politiques*, t. VII, p. 385.

la contradiction et le paradoxe pour le plaisir de briller. Mallet n'avait pas tardé à s'apercevoir combien il s'était trompé sur son compte ; il n'avait bientôt plus vu en lui qu'un sophiste vendu au parti qui savait le gagner ou lui plaire. Il y avait un abîme entre leurs deux caractères. Ils s'étaient donc séparés, et Mallet était retourné poursuivre ses études dans sa patrie.

Quoi qu'il en soit, quand Linguet eût été mis à la Bastille, Mallet résolut de continuer les Annales à Genève, non, comme il le dit lui-même, pour se les approprier, mais afin d'entretenir le public dans le goût de ce genre de recueil, et pour que Linguet, à sa sortie de prison, pût les reprendre avec plus d'utilité.

> Cet ouvrage périodique est un supplément, plutôt qu'une continuation, du célèbre ouvrage du même titre ; dans l'impossibilité de le remplacer, on ne cherche qu'à occuper, sans se flatter de le remplir, l'intervalle de sa cessation...
>
> C'est un recueil vraiment libre, consacré au développement de l'histoire générale du siècle, dans la politique, la législation et la littérature, avec des réflexions. Tout ce qui peut caractériser les mœurs, les usages, l'esprit, les lois et les événements de notre époque, y sera consigné avec autant de franchise que d'impartialité. Au moyen de précautions qu'on a prises, et des correspondants scrupuleux dont on a fait choix, la vérité trouvera dans cet ouvrage un asile fermé aux nouvelles infidèles ou douteuses, à la calomnie comme à la flatterie et à toute personnalité.

Cette franchise, cette impartialité, sont les qualités dominantes de Mallet du Pan, et elles ne se démentiront pas un instant dans sa longue carrière de journaliste ; il les conservera jusqu'au milieu des luttes passionnées des premières années de la Révolution. Cependant elles eurent tout d'abord pour effet de faire interdire l'entrée de la France à ses Annales, « contrariées, dit-il, à leur naissance et dans leur cours, bien qu'on s'y fût préservé de la licence et de la bassesse, et qu'on y eût donné l'exemple de la vérité poussée jusqu'au scrupule, et du courage à ne faire aucune acception de pays, de doctrines, de partis et de personnes. Mais rien, ajoute-t-il, ne fera départir l'auteur de ces principes, sans lesquels on doit renoncer à peindre aux hommes le tableau de leurs faiblesses, de leurs malheurs et de leurs opinions. » On l'entend souvent s'indigner contre l'ignorance et la mauvaise foi de la plupart des journalistes.

Quiconque, écrit-il en 1782, à propos du siége de Gibraltar, quiconque veut abjurer pour sa vie la politique et les *politiqueurs*, avoir le droit de cracher sur les gazettes et de mépriser du plus profond mépris ce fatras d'inepties hebdomadaires, de vanteries nationales, d'horoscopes, de relations et de raisonnements dignes de sir *Politick*, où l'Europe puise la science et le calcul des événements du jour, n'a qu'à relire, pour dernière pénitence, tout ce qui s'est écrit depuis quelques mois sur Gibraltar et sur la flotte en chemin de le secourir. L'absurdité, le ridicule et la présomption ne peuvent aller plus loin.

Et ailleurs :

Il existe en Europe deux ou trois mille gazettes ou journaux.

Des compilateurs en expriment la quintessence ; ils donnent l'*esprit* des ouvrages périodiques sans *esprit,* ce qui, sans contredit, est la chimie par excellence. Cet *esprit*-là, pour les papiers-nouvelles, n'est autre chose que le mensonge. Il serait à souhaiter que quelque bibliopole agiotât le privilége d'un *Journal des calomnies hebdomadaires.* L'auteur serait assurément, de tous les périodistes, le plus nécessaire et le plus occupé. Il faut croire que les gouvernements ne regarderaient pas ce recueil comme de contrebande dans leurs Etats.

Les Annales de Mallet, à peine connu, ne pouvaient avoir le succès de celles de Linguet, dont le nom était si retentissant; elles en eurent assez cependant pour « tenter l'avidité de contrefacteurs, dont l'un s'était retranché à Nantes, l'autre à Yverdon »; et Mallet se croit d'autant plus « le droit de s'élever contre ce brigandage odieux, que le prix de son ouvrage est accessible à toutes les classes de lecteurs. »

C'est au mois d'avril 1780 que Mallet commença la nouvelle série des Annales, *pour faire suite à celles de M. Linguet*, et il continua, aussi régulièrement qu'il était possible, de publier deux fois par mois soixante pages d'un journal qui offrait, avec plus d'étendue et de conscience que celui de son prédécesseur, un tableau raisonné des événements politiques des deux mondes, des considérations générales et développées sur des points intéressants d'économie politique, de législation; en un mot, de ce que nous appellerions aujourd'hui sciences morales. Les nouvelles et les jugements littéraires y avaient aussi leur place. Enfin il n'est peut-être pas de recueil contemporain où l'on trouverait une appréciation plus réfléchie de ces années du xviiie siècle dont il offre la véritable histoire politique et morale.

Mallet avait déjà publié trente-six numéros, en deux ans, et, par conséquent, était bien en droit de regarder les Annales comme siennes, lorsque Linguet, sorti de la Bastille, lui chercha querelle, et le dénonça, en termes outrageants, comme un contrefacteur. Mallet répondit avec fermeté et dignité, en déclarant qu'il restituait la livrée sous laquelle il avait paru depuis plus de deux ans, et qu'il rendait son titre d'*Annales politiques, civiles et littéraires,* au *Journal helvétique,* d'où Linguet l'avait pris; enfin, qu'il allait continuer sous une autre dénomination un recueil qui n'avait jamais été un instant copié sur celui de Linguet, et qu'il avait le droit de présenter comme son œuvre propre et originale. A partir du mois de mars 1783, son journal parut sous le titre de *Mémoires historiques, politiques et littéraires, sur l'état présent de l'Europe,* avec cette épigraphe : *Nec temerè, nec timidè;* mais il en suspendit la publication avant la fin de cette même année, pour se rendre à Paris, où l'appelaient d'honorables propositions, provoquées par sa réputation de publiciste instruit et honnête.

Panckoucke, qui avait su l'apprécier, chercha et réussit à se l'attacher, à des conditions qui marquent assez quel prix on mettait dès-lors à sa plume. Il le chargea de la rédaction du *Journal de Genève,* en se réservant la faculté d'en composer, comme cela avait eu lieu jusqu'alors, le *Journal de Bruxelles,* lequel était réuni au *Mercure,* et pour cela il lui alloua un traitement de 7,200 livres, plus 1,200 livres pour les articles qu'il fournirait à la partie littéraire.

Un avis placé en tête du premier numéro de 1784 annonçait que « depuis le commencement de cette année ce journal était uniquement rédigé par M. Mallet du Pan l'aîné, auteur des *Mémoires historiques...,* ouvrage périodique confondu de ce moment avec le Journal de Genève. » — « Ce journal, ajoutait le même avis, peut tenir lieu de toutes les bibliothèques de nouvelles. Il jouit de la même liberté que les autres journaux étrangers qui circulent en France. La décence et l'impartialité en seront le caractère, et sont pour l'auteur une loi inviolable dont il ne se départira jamais. »

Mallet imprima au Journal de Genève un nouvel essor ; il y introduisit ces recherches statistiques, ces considérations diplomatiques, ces larges vues, dont l'absence avait tenu nos journaux à une si grande distance de ceux de l'Angleterre, et même de ceux de l'Allemagne. Sans être aussi libre que les

Mémoires historiques ou que les Annales, le Journal historique montra un caractère d'indépendance qui en assura le succès. On peut dire que la nouvelle phase où entra dès-lors cette feuille doit marquer dans l'histoire de la presse périodique française. Dès le début, Mallet s'y révèle comme un publiciste distingué ; nous pourrions dire que c'est le premier journaliste que nous ayons encore rencontré. Ce qui ressort de ses premiers travaux, c'est, avec une grande netteté de vues, l'indépendance de jugement, l'habitude d'avoir son avis en toute matière sans en demander la permission à son voisin, et le besoin d'exprimer cet avis hautement et devant le public. Mallet du Pan, évidemment, était, par vocation, un observateur, et de ceux qui aiment à faire part de leurs observations à tous. Il jugeait avec un bon sens sévère les déportements et les délires de la philosophie, mais il savait garder de justes mesures ; il justifiait bien cette devise, qu'il avait inscrite aux derniers numéros de ses Mémoires historiques : *Nec temerè, nec timidè ;* ni témérité ni faiblesse, ce fut la devise de toute sa vie. Quant à son système politique, on put de bonne heure prévoir, dit son biographe, la pente qu'il suivrait dans les questions où les intérêts des princes et ceux des peuples seraient opposés. Malgré son goût pour l'indépendance et la liberté, peut-être même à cause de ce goût, il se montra disposé à soutenir les premiers.

Né dans une république, il avait pris en aversion les contrariétés auxquelles la liberté individuelle y est trop souvent exposée, et la monarchie régulière, appuyée sur les lois et sur l'autorité d'une aristocratie tempérée, lui paraissait le gouvernement le plus désirable : il le défendit avec une constance et une fermeté qui ne se sont jamais démenties.

Son passage au Journal historique et politique fut marqué par un acte de courage qui lui fait trop d'honneur pour que nous ne le consignions pas ici. Lors des troubles de Hollande, suivis, en 1787, de l'invasion de ce pays par les Prussiens, le ministère français se montra disposé à soutenir le parti patriote contre la maison d'Orange. Mallet fit, pour son journal, un article où il se déclarait hautement contre le ministère, et démontrait le danger de favoriser l'insurrection. M. de Vergennes, à la censure de qui le travail de Mallet était subordonné, arrêta l'article, en fit rédiger un tout contraire, et le lui envoya, avec injonction de l'insérer. Mallet court aussitôt à Versailles, va trouver le ministre : « Monsieur le comte, lui dit-il, l'injonction que j'ai reçue de vous est, en d'autres termes, l'ordre de vous rapporter le privilége que je tiens de votre bienveillance ; le voici : je n'écris point contre ma conscience. » Frappé de cette résolution, M. de Vergennes saisit les mains de Mallet, en lui disant : « Je ne reprends point ce que j'ai si bien placé. Je sacrifierai mon article, vous sacrifierez le vôtre, et nous resterons amis. »

En 1788, Mallet quitta le Journal de Genève pour le *Mercure*, où nous le retrouverons, et qui lui dut, pendant les premières années de la Révolution, un succès auquel peu de journaux atteignirent.

Le Journal de Genève se continua jusqu'en 1792; il se divise en trois séries : 1. *Journal historique et politique des différentes cours de l'Europe*. Genève, 1772-1783, 45 vol. in-12. — 2. *Journal historique et politique, par M. Mallet Du Pan l'aîné*. Genève, 1784-1787, 16 vol. in-12. — 3. *Journal historique et politique de Genève* (la couverture imprimée porte seulement *Journal de Genève*). Genève, 1788-92, 18 vol. in-8.

—

Mais revenons à Linguet, que nous avons laissé rongeant son frein à la Bastille. De ses faits et gestes pendant sa captivité, nous mentionnerons seulement un projet d'une espèce de télégraphe dont il répandit l'annonce dans le public, mais sur la valeur duquel nous ne saurions nous prononcer, car il ne paraît pas en avoir révélé le secret. « Il trouva ainsi du moins, dit Grimm, celui de se rappeler, d'une manière assez piquante, au souvenir d'un public qui commençait à l'oublier (1). Il a fait beaucoup mieux encore, car il vient d'obtenir — et ce pourrait bien être une autre énigme — la permission de sortir de la Bastille, même celle de continuer son journal. On lui interdit à la vérité toutes les matières de religion, de gouvernement et de politique; mais on lui abandonne, dit-on, pour ses menus plaisirs, les philosophes et l'Académie. »

Rendu à la liberté dans les premiers mois de 1782 — ou plutôt sorti de la Bastille, car, quoi qu'en dise Grimm, on ne lui ouvrait les portes de cette prison que pour lui en donner une autre en l'internant à Rethel, — il s'enfuit à Bruxelles; puis, ne s'y croyant pas suffisamment en sûreté, il repassa la mer, pour « mettre entre les largesses du ministère de France et lui une distance qu'elles ne franchiraient pas. » Arrivé à Londres, il n'est pas encore rassuré; il se retranche dans une maison quatre fois

---

(1) On lit à ce sujet dans les *Mémoires secrets* : « Voilà Linguet installé de nouveau dans la carrière où ses travaux avaient été si désagréablement interrompus; il est douteux qu'il puisse y rapprocher la fortune de la prudence. Son projet prétendu d'une communication facile entre deux endroits très-éloignés paraît n'être que le rêve de quelque plaisant désœuvré. Il en est résulté, comme de la plupart des imaginations chimériques, quelque chose d'utile. C'est une invention qui n'est pas neuve, et ne remplirait qu'imparfaitement le même objet, mais dont on pourrait cependant tirer quelque parti. Il s'agit d'établir sous terre des conducteurs électriques en fil de fer doré, renfermés dans des tuyaux garnis de résine. Une machine électrique à l'une des extrémités de ces conducteurs, et des lettres de métal, des caractères tachygraphiques, à l'autre, rendraient cet appareil très-propre à transmettre d'un lieu à un autre, même à une distance assez considérable, des avis fort détaillés. Les physiciens et les amateurs de l'électricité connaissent les moyens de mettre en pratique d'une manière assez sûre ce procédé simple et peu coûteux, eu égard aux avantages qu'il promet. » (T. XIII, p. 84 ; 5 juin 1782.) On voit que l'idée du télégraphe électrique n'est pas tout à fait nouvelle.

trop grande pour lui, sous la garde d'une dame
Buttet, qui est sa maîtresse et son cerbère, et là,
d'une main tremblante de rage, il écrit ces fameux
Mémoires sur la Bastille qui ont été comme le premier coup de pioche donné à cette vieille forteresse du despotisme.

Nous devons dire quelques mots de ce pamphlet, parce qu'il fait en quelque sorte partie des
Annales. On lit en effet dans un avis placé en tête :
« Ces Mémoires, étant compris dans les Annales et
composant trois numéros, n'auraient dû se distribuer que par portions; cependant, par égard
pour l'impatience du public, et pour ne pas suspendre l'intérêt, on distribuera les trois numéros à
la fois. » Ils commencent en effet le tome X des Annales, qui est ensuite presque entièrement rempli
par l'examen des œuvres de Voltaire, interrompu
seulement une fois parce que « il faut bien parler
de ce *Congrès* qui a si rapidement acquis une souveraineté et qui a de la peine à trouver une maison,
de ces *libres Américains* qui consacrent la prise
de possession de leur indépendance par des proscriptions moins sanglantes, mais en un sens plus
atroces que celles des Marius, des Sylla, des Octave, parce que celles-ci étaient l'ouvrage d'un petit
nombre de scélérats enivrés par la fortune, au lieu
que les autres sont ordonnées, ratifiées, exécutées
en corps de nation, et de sang-froid. Il faut bien

qu'il dise un mot de ces pauvres *circoncis* que l'on veut démembrer ; de ces gros *ballons*, de cet *air inflammable*, qui font fermenter tant de têtes ; de ces *automates* qui jouent aux échecs, qui parlent, etc. ; enfin de tant de nouveautés et de singularités dont abonde ce moment de la fin du siècle. » L'examen des œuvres de Voltaire est terminé par le prospectus très-curieux d'une *édition corrigée*, « qui ne pût inspirer aux lecteurs délicats ni crainte, ni regret », que Linguet proposait en souscription, et dont le succès lui paraissait d'autant plus assuré qu'il « avait pour caution le mérite de la chose et la pureté du motif (1). »

En tête des Mémoires se trouve une estampe curieuse, dont l'idée, paraît-il, avait été fournie par le *Courrier du Bas-Rhin*, « c'est-à-dire la feuille périodique la plus estimée des hommes honnêtes et éclairés, des vrais philosophes » ; en d'autres termes, la feuille qui s'était montrée la plus bienveillante pour les Mémoires et pour leur auteur. « On y voit, — nous copions l'explication, en l'abrégeant, — on y voit la statue de Louis XVI, avec les attributs de la royauté, élevée au milieu des débris d'un château à moitié ruiné qui est censé représenter

---

(1) Piqué, disent les *Mémoires secrets*, des contradictions qu'il éprouvait, des sarcasmes du *Courrier de l'Europe*, qui lui reprochait de faire du philosophe de Ferney un capucin, et des imputations atroces d'une feuille imprimée à Luxembourg, qui le taxait d'hypocrisie, Linguet déclara ensuite qu'il renonçait à cette entreprise, et que les souscripteurs pourraient retirer leur argent.

la Bastille : ce prince tend les mains avec bonté vers les prisonniers qu'il vient de délivrer... Sur le piedestal on lit l'inscription très-noble indiquée par le *Courrier du Bas-Rhin* : A LOUIS XVI, SUR L'EMPLACEMENT DE LA BASTILLE. Dans le fond on aperçoit l'horloge scandaleux (*sic*) décrit dans les Mémoires (il avait pour ornement des fers sculptés, et pour support deux figures, un homme et une femme, enchaînés par le cou, par les mains, par les pieds, par le milieu du corps); le cadran est entamé par la foudre, qui a gravé sur le mur ces mots précieux, tirés de la déclaration du 30 août 1780, sur les nouvelles prisons :

« Ces souffrances inconnues et ces peines obscures, du moment qu'elles ne contribuent point au maintien de l'ordre par la publicité et par l'exemple, deviennent inutiles à notre justice. »

« Phrase qui emporte seule la réprobation des bastilles, puisque, comme on va le voir, leur destination spéciale est précisément d'infliger, et d'infliger arbitrairement, et d'infliger bien plus souvent à des innocents qu'à des coupables, des *souffrances inconnues et des peines obscures.* »

Sa bile épanchée, Linguet s'occupa de la reprise de ses Annales, dont il recommença la publication le 15 février 1783.

Cette troisième série fut précédée, cela va sans

dire, d'un avis aux souscripteurs, daté de Londres
1ᵉʳ janvier 1783, dont nous extrairons encore quelques passages. Nous citons beaucoup, mais nous y sommes entraîné comme malgré nous, et nous aimons à penser que nos lecteurs ne s'en plaindront pas.

Les lecteurs qui connaissent les volumes précédents de cet ouvrage peuvent être sûrs que le même esprit dictera ceux qui vont suivre. Si le soin de n'écrire jamais que d'après une intime conviction a pu donner autrefois à ma plume quelque énergie, on la retrouvera ici tout entière ; on y retrouvera de même la franchise, l'impartialité, dont j'ai tant de fois été la victime, et qui, heureusement, ne peuvent plus me devenir funestes.

Dans la *fosse aux lions* de la moderne *Babylone*, inaccessible même aux messagers célestes et aux consolations qui pénétraient quelquefois dans celle de l'ancienne, on a pu affliger mon cœur par toutes les espèces de privations, on a pu le déchirer par toutes les espèces de douleurs, on a pu compromettre ma vie par toutes les espèces d'attentats ; on n'a pas pu dégrader mon âme. Mes forces sont diminuées ; mon courage, mon amour pour la vérité, ne le sont pas.

Les Annales n'éprouveront donc, quant au fond, d'autre changement que celui qu'y peut opérer d'un côté une plus parfaite indépendance, et de l'autre une plus grande maturité dans l'auteur. Deux ans d'une solitude aussi cruelle que profonde ont changé mes idées sur bien des objets ; ils les ont confirmées sur d'autres : je me rétracterai sans honte, comme je persisterai sans obstination.

Par exemple, j'aurai certainement à me réformer en plusieurs points sur ce que j'ai pensé jusqu'ici de la constitution anglaise. Mon retour dans l'île qu'elle vivifie en est déjà une réparation bien authentique. Une discussion approfondie achèvera de justifier l'hommage que je lui rends. Je ne crains pas que les appréciateurs éclairés trouvent de la contradiction entre mes éloges et ma censure. Avec une bonne lunette, on voit les astres tout autrement qu'il ne paraissent à la vue simple. Or la Bastille est un excellent télescope pour apprécier l'Angleterre et ses lois.

Si, après l'honneur et l'estime de soi-même, la liberté personnelle, la certitude de ne pouvoir la perdre que sur des raisons graves, et d'après des formes qui assurent à l'innocence les moyens de la recouvrer sans délai, sont les biens les plus précieux pour un homme raisonnable, la constitution qui les protége avec plus d'efficacité est sans contredit la plus parfaite. Et voilà l'avantage de celle dont les Anglais ont bien sujet de s'applaudir. J'avais été jusqu'ici trop frappé de quelques inconvénients qui me semblaient la déparer : mon expérience m'a prouvé qu'il n'y en avait aucun de comparable à une *lettre de cachet.*

Ce retour sur des méprises excusables m'assure sans doute le droit de ne point désavouer ce qui continuera à me paraître fondé : le même scrupule qui me prescrit de retrancher des erreurs me défend également d'abandonner des vérités, et il m'en reste plus d'une, non seulement à achever de développer, mais à reprendre de nouveau, à représenter avec encore plus de force.

Je traiterai successivement de grandes questions très-peu approfondies, ou très-maladroitement discutées, ou, j'ose le dire, très-mal résolues par la plupart des publicistes, par exemple celle de l'étendue ou des bornes du pouvoir respectif des *souverains sur leurs sujets* et des *sujets sur les souverains;* question délicate, dont il est important pour la société en général que la solution soit donnée bien pleine, bien entière, au moins une fois : c'est le seul moyen de prévenir les oppressions comme les révoltes. . . . .

Il en est de même de la promulgation des lois, des formalités qui donnent à la parole du souverain, quel qu'il soit, ou *monarque,* ou *sénat,* ou *peuple,* une force sacrée, un pouvoir presque divin, capable de lier le corps entier dont il est l'âme, d'enchaîner les volontés de tous les membres, de transformer la résistance en crime et de légitimer le châtiment des contraventions. . . . .

Je traiterai de même la *suppression de la mendicité,* autre article d'intérêt plus général encore et plus pressant, article qui mérite l'attention surtout des classes sociales auxquelles il semble le plus étranger. . . . .

Je reprendrai également plusieurs morceaux de *littérature* et de *physique* que j'avais laissés en arrière. . . . .

Ces sujets et plusieurs autres que les occasions amèneront me donneront le moyen de remplir mon plan entier. J'aurai ici le loisir et la liberté nécessaires ; mais le peu que l'événement du 27 septembre 1780 m'a laissé de forces et de santé suffira-t-il à ce travail pénible? Je l'espère. Après une mort de vingt mois, que tout, hors la justice, pouvait faire paraître irrévocable, mon retour à la vie est un véritable miracle. La Providence qui a fait naître dans le cœur d'un roi jeune et vertueux le désir de l'opérer voudrait-elle le rendre inutile ?

Je me flatte qu'elle aplanira de même les autres difficultés qui pourront se rencontrer dans ma laborieuse carrière. . . . .

Suivent de longues explications sur les infidélités du sieur Le Quesne, son représentant à Paris, avec lequel il a été obligé de rompre, parce qu'il « lui fallait, dans cet enfer, être sans cesse à genoux devant les diables et embrasser Judas. » Mais il ne sait encore par qui le remplacer ; il ignore également le nombre et les noms des souscripteurs ; il ignore de même le parti que prendra le ministère français à l'égard des Annales. Dans cette perplexité, il s'avise d'un moyen assez étrange, et il le justifie par des arguments plus étranges encore.

Le seul parti que je puisse prendre à l'égard des souscripteurs français, tant de ceux qui ont des droits que de ceux qui voudraient en acquérir, c'est de les prier de vouloir bien m'écrire sous l'enveloppe de M. le baron d'Ogni, intendant général des postes à Paris.

Si, dans ce qui me concerne personnellement, la justice, la foi publique, les bienséances même, peuvent une fois n'être pas violées, sans doute on ne l'empêchera pas de me faire passer leurs lettres, ni moi d'y répondre, comme autrefois, par le moyen de ses courriers.

C'est la poste qui a distribué les Annales en France depuis qu'elles existent; chaque numéro se distribuait sur un ordre exprès et formel émané directement du ministère.

Si par cette intervention directe dans leur débit le gouvernement n'est pas censé en avoir adopté tous les principes, au moins est-il devenu évidemment caution des engagements qui s'y prenaient, sur sa parole, sous ses yeux, et pour ainsi dire par ses mains. Il ne peut donc ni priver les souscripteurs de l'année que je leur ai promise *de son aveu,* ni moi des moyens de remplir ma promesse.

Je suis assurément très-jaloux du trésor que j'ai recouvré, je suis bien décidé à ne plus m'exposer à le perdre sur des ordres arbitraires; je dirai le reste de ma vie avec Ovide :

Parve, nec invideo, sine me, liber, ibis in urbem.

Je conserverai ma liberté avec idolâtrie; mais je ne suis pas plus disposé que par le passé à la confondre avec la licence. Je ne crois pas qu'il faille en abuser pour en jouir, et, comme je l'ai dit autrefois, l'inquisition la plus rigoureuse ne me donnera jamais de censeur plus sévère que moi-même.

Une franchise impartiale autant qu'inflexible; des vérités salutaires aux princes et aux peuples; des ménagements quand il en faudra; de la hardiesse quand elle sera nécessaire; une attention scrupuleuse à respecter les mœurs, les lois, à réclamer en faveur des classes les moins autorisées, les plus facilement écrasées de la société, les droits que la nature leur donne et qu'une saine politique doit toujours leur conserver : voilà ce que les Annales ont offert jusqu'ici et ce qu'elles offriront toujours. Puisque la poste française les a voiturées dès la première année de leur existence, avec ce caractère qui ne s'est pas démenti, on ne pourrait lui défendre de s'en charger à l'avenir sans déclarer que le gouvernement a perdu de son amour pour la vérité ; ce qui serait calomnier le roi, et ceux des hommes employés à l'administration qui sont dignes de la confiance dont il les honore.

Mais, me dira-t-on peut-être, comment a-t-il pu vous entrer dans la tête que la poste se chargerait en France de distribuer un ouvrage qui débute par des *Mémoires sur la Bastille !* Vous n'y faites sûrement pas l'apologie de ce terrible entrepôt ; et comment voulez-vous que la police qui le dirige, le ministère qui le choie, en autorisent la censure, ou, ce qui revient au même, la description ? Il y a des choses où les hommes en place peuvent laisser le droit de *dire,* pourvu qu'ils conservent celui de *faire ;* mais la *Bastille* n'est pas de ces choses-là : il faut ou la détruire, ou empêcher qu'on sache ce que c'est ; et croyez-vous qu'on veuille la détruire ?

Mais je demande à mon tour comment on empêcherait désormais que le public la connaisse ? Mes *Mémoires* sont imprimés. Au moment où ceci deviendra public, ils seront en route pour se répandre dans toute l'Europe. Il n'y a pas de moyen humain capable de les anéantir ou de les écarter même de la France : l'intérêt est trop vif et la curiosité trop légitime. On aurait beau multiplier les sbires, les exempts, etc., ils transpireraient par tous les pores du royaumes ; ils se joueraient de la sagacité de la police parisienne avec autant de succès au moins qu'elle se joue avec atrocité de la personne des infortunés qui en ont fourni la matière.

Mais, de plus, sous quel prétexte essaierait-on même de l'autoriser à les supprimer ? Qu'on y prenne garde, ce n'est pas ici un libelle, une de ces déclamations anonymes qui se perdent ou s'oublient sans laisser de traces, et dont les honnêtes gens concourent à opérer la suppression, même sans y être forcés par le despotisme qu'elles inquiètent. Je signe. Ce sont des faits dont je me déclare garant, et qui ont autant de témoins que la Bastille a fait de victimes. C'est une tyrannie monstrueuse que je dénonce à l'Europe, au souverain équitable dont elle compromet le nom et le règne. Quel sera, même dans le ministère français, le personnage qui osera s'en déclarer le protecteur quand elle sera bien dévoilée ?

Peut-être y a-t-il des hommes assez lâches pour s'imaginer avoir un intérêt pressant à la soutenir ; mais le roi n'en a aucun ; mais ce que ses conseils et sa cour contiennent d'hommes honnêtes n'en ont pas davantage ; mais de quel front, à quel titre, les autres demanderaient-ils à un monarque vertueux de se porter pour le défenseur de leurs barbaries, à des coadministrateurs intègres et humains de s'en déclarer les complices, en aidant à en supprimer le tableau ?

Diront-ils que ce sont des mensonges? Je les en défie. Sans nier que ce soient des vérités, insinueront-ils qu'elles sont dangereuses ? Ils n'oseraient.

Et où est le danger de fournir à un prince bienfaisant l'occasion de faire le bien? Et où est le danger de révéler à un roi ami de la justice et de sa propre gloire des horreurs qui ne cessent de violer l'une, et qui flétriraient l'autre s'il n'était pas démontré qu'ils les ignore ? La Bastille est-elle un des fondements de son trône ? Est-ce une des dépendances de sa couronne dont il ne lui soit pas permis de changer la constitution? Ces cachots sont-ils *inamovibles*, comme les siéges des conseillers en parlement? Oserait-on dire au modérateur suprême de la justice et des lois qu'il ne règne que parce qu'il existe dans son royaume un moyen assuré de se défaire successivement de tous ses sujets, sans même qu'il le sache ?

La Bastille peut quelquefois contenir des secrets de l'Etat ; mais le régime abominable qui s'y perpétue n'en est pas un ; et, comme on le verra, c'est ce régime que j'attaque. Pour l'honneur des ministres, j'aime à croire qu'il ne subsiste que parce qu'il n'est pas connu même d'eux. La publicité qu'il va recevoir ne pourrait les inquiéter qu'autant que le gouvernement aurait pris la résolution fixe et immuable de ne pas le réformer, même en le connaissant, et, en vérité, je crois que ce serait un crime de le supposer.

Les ministres feront ces réflexions ; quand ils ne les feraient pas, le roi les fera. Sa Majesté est trop familiarisée avec la lecture des Annales pour supposer, quelque chose qu'on lui dise, ou quelque sujet que je traite, qu'elles puissent rien contenir de contraire au respect dû à sa personne, aux lois, aux mœurs, au bien public en général.

En attendant, il envoie à M. le baron d'Ogni un nombre d'exemplaires du n° 72 qu'il croit suffisant pour répondre aux premières demandes et compléter le tome IX aux souscripteurs à qui il est dû. S'ils le reçoivent, ce sera une preuve que les passages seront ouverts, et alors on pourra souscrire à la poste. Dans le cas contraire, ce sera aux souscripteurs à lui indiquer un autre moyen de leur faire parvenir ce n° 72 et les suivants, ou à poursuivre leur remboursement contre le ministère.

Les *passages furent ouverts* tout grands aux Annales; mais elles furent encore une fois interrompues en 1785, j'ignore pour quel motif. Linguet, que rien ne pouvait rebuter, réussit à les ressusciter en 1787. « Cette reprise, dit-il, est une époque décisive en tout sens dans sa vie. » Et il ajoute :

> Une franchise décente, un soin soutenu de tout rapporter à l'utilité publique, un respect constant pour les *mœurs,* le *culte* et le *gouvernement,* sont les caractères qui ont toujours distingué cet ouvrage. Il n'en a pas moins été traversé par les plus opiniâtres, souvent par les plus cruelles contrariétés ; tandis qu'une tolérance ouverte, et même un protectorat non dissimulé, se prodiguaient à des productions d'un genre un peu différent.

Mais, hélas! les persécutions ne firent que redoubler, et rendirent sa tâche de plus en plus difficile. Le n° 116 fut condamné au feu par le parlement; le n° 117, qui complétait la cinquième année, fut arrêté, et ce n'est qu'après une « *incarcération* de près de deux ans dans les cachots de la *robinocratie,* de la *bureaucratie,* de la *sceaucratie,* et de toutes les *craties* possibles, qu'il fut retrouvé et rendu. » Du reste, « à partir du 27 septembre 1787, par une friponnerie ministérielle dont il s'est plaint vainement quand les coupables disposaient du pouvoir, tous les envois, sans exception, furent non pas *saisis,* non pas *arrêtés,* mais *volés,* à la lettre, dans tous les bureaux où ils étaient découverts. »

La Révolution ouvrit à Linguet et à ses Annales les portes de la France. On lit en tête du tome XVI (juin 1790) que, « l'auteur ayant établi son séjour à Paris, et ne voulant plus d'intermédiaire entre le public et lui, on devra s'adresser à lui-même, hôtel de Toulouse, rue du Jardinet-Saint-André-des-Arts. » Quelque temps après, il transporte son domicile rue Saint-Dominique, près la rue du Bacq, n° 48, et, à cette occasion, « il croit devoir prévenir le public qu'il y a dans la même rue d'autres Annales. Ce titre, ajoute-t-il, est un de ceux qui ont fait fortune dans la Révolution : elle a produit des Annales de toutes les dimensions, de toutes les couleurs, et même de tous les partis. Les siennes ont au moins le mérite de n'être d'aucun parti ; elles n'appartiennent qu'à la *raison,* à la *justice* et à la *vérité.* »

On sait que Linguet périt sur l'échafaud; mais on sait peut-être moins généralement qu'il y fut conduit par un paradoxe, mourant comme il avait vécu. Il fut, en effet, traduit devant le tribunal révolutionnaire et condamné pour avoir mal parlé du pain. Voici ce qu'il en avait dit, — et cette citation est singulièrement propre à donner une idée de cet amour excessif du paradoxe qui était le trait saillant de son caractère :

> Le pain, considéré comme nourriture, est une invention dangereuse et très-nuisible. Nous vivons de cette drogue, dont la corruption est le premier élément, et que nous sommes obligés d'altérer par un poison pour la rendre moins malsaine. Le pain est plus meurtrier encore cent fois par les monopoles et les abus qu'il nécessite, qu'utile par la propriété qu'il a de servir d'aliment. Le plus grand nombre des hommes n'en connaît pas l'usage, et, chez ceux qui l'ont adopté, il ne produit que de pernicieux effets. C'est le luxe seul qui nécessite le pain, et il le nécessite parce qu'il n'y a point de genre de nourriture qui tienne plus les hommes dans la dépendance. L'esclavage, l'accablement d'esprit, la bassesse en tout genre dans les petits, le despotisme, la fureur effrénée de jouissances destructives, sont les compagnes inséparables de l'habitude de manger du pain, et sortent des mêmes sillons où croît le blé !

Linguet attendait avec impatience le moment de paraître devant le redoutable tribunal; il se faisait une fête, disait-il à ses compagnons de captivité, de dévoiler la sottise et l'atrocité de ses ennemis. Mais il n'avait plus affaire à la grand'chambre; on ne voulut même pas entendre sa défense. « Ce ne sont pas des juges, dit-il tristement en rentrant dans sa prison; ce sont des tigres ! »

Comme leur auteur, les Annales ont été très-diversement appréciées; on s'accorde à dire cependant qu'elles sont au-dessous du bruit qu'elles ont fait.

« Lorsqu'on a été forcé comme moi, dit Brissot dans ses Mémoires, d'analyser ce journal (1), on sait combien il répondait peu au titre fastueux que lui avait donné Linguet: *Annales politiques, civiles et littéraires du dix-huitième siècle!* La partie politique n'était jamais qu'un réchauffé, parfois raccourci, souvent ampoulé, des événements déjà consignés dans toutes les gazettes. La partie civile offrait, avec l'histoire de quelques procès portés devant les tribunaux français, des sarcasmes longuement amplifiés contre les magistrats. La partie littéraire était encore plus insuffisante; ce ne sont que querelles, anecdotes, diatribes, sur les académiciens et les philosophes; d'un côté, récriminations contre les gens du barreau et du parquet; de l'autre, contre les gens de lettres et les savants; on voit à chaque instant percer les souvenirs des démêlés de l'auteur avec ses contemporains.

» On ne peut cependant refuser à Linguet de la chaleur dans le style, des images brillantes, du

---

(1) Brissot, qui fut dans sa jeunesse l'un des plus fervents adeptes de Linguet, et qui n'était revenu qu'assez difficilement de son admiration pour le célèbre avocat, avait été chargé par lui de rédiger les tables de quelques volumes des Annales. Voir au surplus, dans le tome suivant, notre article sur Brissot.

talent pour le sarcasme. Il a rendu service à la liberté, sans le vouloir, en attaquant avec opiniâtreté la tyrannie de la robe et celle des académies, en heurtant ouvertement l'inquisition à laquelle nos visirs assujettissaient toutes nos productions littéraires. Mais on doit le blâmer d'avoir prostitué son talent au panégyrique du despotisme, à la défense des causes les plus iniques, des paradoxes les plus révoltants, à la satire des écrivains les plus respectables. Linguet voulait des autels, et voulait les composer des débris des statues de grands hommes qui valaient mieux que lui. Si l'utilité publique est le sceau du vrai talent, et le garant d'un réputation immortelle, on s'explique pourquoi le nom de Linguet est mort de son vivant même. La Révolution l'a surpris composant encore la satire du peuple et de la liberté. L'habitude datait de trop loin, elle était trop fortement enracinée, pour que l'arbre pût se plier dans un autre sens. Aussi Linguet ne parut-il que grimacer la liberté, lorsqu'en 1791 il voulut se faire cordelier sous les auspices de Danton et de Camille Desmoulins. Il regardait le club des Cordeliers comme une piscine où s'effaceraient toutes ses prédications en faveur du despotisme. Personne ne fut la dupe de cette hypocrisie tardive (1). »

---

(1) Dans une lettre adressée à Camille Desmoulins, Linguet offrait au procureur général de la lanterne d'être son substitut; dans une autre, il témoignait son

Sur un exemplaire des Annales annoté par M. Félix Bodin, vers 1826, on lit cette observation : « Je ne suis pas surpris du bruit que fit cet ouvrage dans le temps. Linguet a un style plein de chaleur et d'originalité (1); on trouve par-ci par-là des vues hardies, des *poussées* dans l'avenir, des pages vraiment remarquables. Du reste, ce Linguet est toujours de mauvaise humeur et mécontent de tout; on ne sait guère ce qu'il veut. Il fut un temps où les écrits de cet homme faisaient fureur, comme aujourd'hui ceux de l'abbé de Pradt, de M. de Montlosier, etc.; mais cela ne se lit plus. » Non, sans doute, les Annales ne se lisent plus comme au moment de leur apparition; cependant quiconque veut connaître le mouvement des idées à la fin du xviiie siècle ne saurait se dispenser de les lire.

Linguet avait un talent réel : histoire, économie politique, littérature, jurisprudence, diplomatie, il s'était rendu familiers tous ces genres, et il en a traité quelques-uns avec une véritable originalité; mais il a déconsidéré son talent par un excès de fougue, de jactance, de bizarrerie, par sa manie du paradoxe, par ses intempérances de langage, par la véhémence et la continuité de ses emportements.

---

admiration pour Marat, qui se cachait alors, et dont on eût dit que le silence lui semblait une calamité publique. On le soupçonna même d'être l'auteur de quelques numéros de *l'Ami du Peuple*; un pamphlet dirigé contre lui a pour titre : *Confession sincère et générale de l'avocat Linguet, auteur de* l'Ami du Peuple, *attribué au sieur Marat*.

(1) On a reproché avec raison à Linguet son néologisme; il donna lieu, de son temps, à la publication d'un pamphlet intitulé : *Dictionnaire à l'usage de ceux qui lisent les Annales de Mᵉ Linguet*.

Le plus curieux, c'est qu'il se trouvait lui-même très-modéré, et il poussait les hauts cris quand on retournait contre lui cette arme de la critique qu'il maniait avec si peu de ménagement. Il écrivait au directeur du *Mercure* :

> Je ne veux de mal à personne ; mais, quoique indulgent par caractère, je deviens vindicatif par raison : je m'aperçois qu'on n'est ménagé dans le monde qu'autant qu'on y paraît méchant. La littérature est, à cet égard, un monde très-perfectionné. Ainsi, je n'attaquerai jamais le premier ; mais j'ai juré de ne me laisser jamais attaquer impunément. Je tiendrai ma parole, et vous serez bientôt le maître d'en faire l'expérience. Il paraîtra de moi, à la Saint-Martin, trois ouvrages intéressants, au moins par leur objet : critiquez-les, je serai le premier à vous applaudir, si c'est avec raison ; mais parlez-en décemment, si vous en parlez, ou bien je relirai mon Voltaire pour y apprendre comment il faut traiter un journaliste qui s'oublie.

Il faut songer que Linguet était surexcité par l'ardeur de la lutte quand il parlait ainsi ; à son début dans la carrière du journalisme, il affectait des sentiments beaucoup moins agressifs. Répondant à l'abbé Roubaud, rédacteur de la *Gazette d'Agriculture,* il assurait qu'on essayerait en vain de faire entrer dans son cœur une tentation de vengeance.

> Jusqu'ici, disait-il, je ne me suis jamais livré à ces mouvements peu chrétiens que quand j'ai été provoqué. Dorénavant je veux conserver mon sang-froid même contre l'outrage. L'expérience me fait voir qu'on ne gagne rien à s'échauffer. Quoique la vérité n'aille guère avec la froideur, il faut tâcher de ne pas lui donner pour compagnes la colère et la malignité, qui s'allient trop aisément avec le mensonge.

Mais il ne devait pas longtemps se tenir parole à lui-même ; à chaque instant il ramène sa personnalité sur la scène. Il sent ce que cela a de fâcheux, de peu digne, et il s'en irrite davantage.

Combien, s'écrie-t-il, combien n'est pas cruelle la position d'un homme compromis sans cesse par des inculpations iniques ! S'il se tait, ses ennemis en triomphent ; ils argumentent de son silence, et en concluent hardiment que c'est l'équivalent d'un aveu. S'il parle, s'il confond l'imposture, ils l'accusent d'égoïsme et d'orgueil, et trouvent moyen par là de le rendre plus odieux au milieu de son avantage qu'il ne l'était avant la destruction des soupçons dont il s'est lavé.

Quelle est donc la ressource de l'innocence calomniée ? Ce n'est pas tout d'ailleurs : non seulement on fait en sorte que la patience et la justification lui deviennent également dangereuses ; mais on réussit encore à les rendre, l'une et l'autre, également inutiles. Quiconque est en butte à des ennemis adroits et ardents, comme la haine l'est toujours, ne doit point s'attendre à voir jamais les préjugés appuyés par eux absolument détruits : on n'acquiert, en se défendant avec opiniâtreté, que le renom d'un homme plein de soi-même. Le public ne se lasse jamais de l'attaque, et il s'en souvient toujours ; il se dégoûte bientôt de la réfutation, et il l'oublie sur-le-champ ; il ne tarde pas à faire un crime à la vérité d'être aussi infatigable que le mensonge, il n'accorde qu'à celui-ci le droit de se répéter impunément...

C'est ainsi, dit-il, que ses détracteurs ont persuadé à tout le monde qu'il était un caractère violent, un écrivain satirique, un censeur sans égards, qui ne se plaisait que dans des guerres injustes, et qui les commençait toujours ; qu'après avoir réussi à le faire passer pour un cerveau bouillant que rien ne pouvait contenir, pour un apologiste du despotisme, pour un panégyriste de la tyrannie et des plus abominables tyrans qui aient souillé le trône, ils sont aussi parvenus à faire recevoir comme une vérité incontestable qu'il se chargeait par goût des mauvaises causes, et qu'à son seul nom les tribunaux préparaient une condamnation, bien qu'il eût prouvé que, sur plus de cent affaires, il n'y en avait eu que neuf où la justice eût suivi une opinion différente de la sienne (1).

Il faut convenir aussi que les adversaires de Linguet le ménageaient peu, comme on le voit du reste par le passage que nous venons de citer. Parmi ses contradicteurs, il en est un qui engagea avec lui une lutte corps à corps dont l'histoire du journalisme n'offre pas d'autre exemple. On lit à ce sujet dans les *Mémoires secrets* : « Un anonyme, pour faire sa cour sans doute au ministère de France, propose par souscription des *Analectes politiques, civiles et littéraires* (2), ouvrage périodique pour servir de supplément aux Annales de M. Linguet, avec cette épigraphe : *Tu cave defendas, quamvis mordebere dictis* (3). Ce supplément, ainsi qu'on le conjecture aisément, est un prétendu contrepoison imaginé pour guérir des morsures du journaliste. On se

---

(1) *Journal de Politique et de Littérature,* n° 3, du 15 nov. 1774.
(2) C'est le titre annoncé par le prospectus ; le véritable titre est : *Analectes critiques pour servir,* etc.
(3) Sen., c. ult. *de Tranquil.*

propose en conséquence de le suivre à la piste, et d'appliquer le remède l'instant d'après qu'il aura fait la plaie. »

Voici en quels termes l'auteur de cette sorte de contrepartie des Annales annonçait son projet, en faisant appel à tous ceux qui voudraient concourir avec lui à la recherche du vrai, du juste et de l'honnête dans tous les genres :

> Ce n'est plus dans un journal, mais dans des Annales dont la réunion doit former une histoire universelle, que M. Linguet se propose de venger désormais l'humanité des outrages qui la flétrissent, d'éclairer la raison sur les écarts qui la déshonorent, et de fixer le jugement de la postérité sur les événements, les lois et les mœurs de notre siècle.
>
> Il n'y a pas, dit-il, de décisions des tribunaux que le public n'ait droit de revoir.
>
> Mais les siennes seraient-elles sans appel? L'amour de la vérité nous fera suivre ce nouveau Salluste dans ses récits comme dans ses raisonnements, et, toutes les fois qu'il empruntera le tonnerre de Démosthène, nous saisirons la hache de Phocion. . . . . .
>
> Ces Analectes suivront exactement, de mois en mois, les Annales de M. Linguet, et elles seront disposées, pour le format, à leur servir, si l'on veut, de supplément...

C'est bien mieux encore : le texte de Linguet et la réponse de son contradicteur sont disposés sur deux colonnes en regard, de manière à ce que le juge du camp puisse mieux apprécier les coups, ou, si l'on veut, à ce que le contrepoison soit plus près du poison.

La nouvelle de cette entreprise dut surprendre

Linguet; mais elle ne pouvait l'effrayer : il n'hésita pas à en publier le programme dans ses Annales. « Je reçois, dit-il, en ce moment, par la poste, la pièce suivante, imprimée. J'ignore si c'est une plaisanterie ou un projet sérieux; dans un cas ou dans l'autre, je crois devoir contribuer à la rendre publique. » Et en effet il la donne tout au long, en la faisant suivre de réflexions où il traite ses contradicteurs avec le superbe dédain qui lui était habituel.

Les Analectes, qui ne pouvaient ramener les admirateurs de Linguet, n'allèrent pas au-delà de deux volumes, du moins à notre connaissance. On les attribua d'abord à un avocat nommé de Lacroix; mais celui-ci s'en défendit par une lettre au *Journal de Paris*, où il déclarait respecter trop les infortunes de son ancien confrère pour s'acharner après lui et le poursuivre jusque par-delà les mers. On pensa depuis qu'elles étaient de l'abbé Morellet. Nous ne pouvons, pour notre part, que mentionner ces conjectures.

Les Annales de Linguet forment 19 volumes in-8°; la continuation de Mallet du Pan en forme 6.

—

Courrier de l'Europe.

Un autre journal, bien autrement important, d'ailleurs, contrebalança pendant quelques années la vogue de celui de Linguet, et partagea avec les *Annales* le privilége de préoccuper deux gouvernements : c'est le *Courrier de l'Europe*, dans les bureaux duquel nous allons rencontrer trois hommes célèbres à des titres bien divers : Morande, Brissot de Warville, dont les Mémoires nous fourniront la plupart des détails qui vont suivre, et le comte de Montlosier. La publication de cette *Gazette anglo-française* commença à Londres en 1776, et fut d'autant plus remarquée, que c'était le premier essai de ce genre qui y eût été tenté. Jusque-là, l'Angleterre avait été véritablement une terre étrangère pour le reste de l'Europe ; on ignorait presque tout ce qui se passait dans son sein ; on ne connaissait guère sa constitution que par les écrits de Montesquieu ou par les récits frivoles des voyageurs qui allaient passer quinze jours à Londres pour le compte de quelques libraires, et revenaient à Paris débiter leurs relations. Les gazettes hollandaises auraient pu suppléer à l'absence totale des faits et des documents ; mais leurs fragments mutilés, traductions informes des gazettes anglaises, étaient si défectueux, si fatigants, si confus, qu'à peine pouvait-on les lire, et, lorsqu'on les avait lus, c'était un chaos où l'on s'apercevait qu'il n'y avait rien à prendre. Un Français, homme d'esprit, avait entrevu dans tous ces motifs, et dans la nécessité où étaient les gouvernements du continent de connaître les affaires de l'Angleterre, les éléments d'un grand succès pour un journal : il résolut d'en fonder un. Il sentit tout le parti qu'il pouvait tirer de l'amas immense des feuilles quotidiennes et périodiques que Londres voit éclore, pour composer, à Londres même, un journal français. Il annonça son plan, qui fut partout goûté, même en France. Il était bien propre, en effet, à piquer la curiosité. On y promettait d'apporter les plus grands soins à ne rien présenter au public qui ne fût capable de l'instruire ou de l'amuser. L'histoire et les progrès des arts utiles comme des arts agréables, le tableau des vertus comme des vices des différents peuples du monde, et principalement les nouvelles politiques, étaient les objets qu'embrasserait et traiterait le nouveau journal. Des correspondants instruits, la-

borieux, exacts, répandus dans les principales villes
de l'Europe, et choisis avec une scrupuleuse attention, y répandraient une variété piquante qu'on
eût vainement cherchée ailleurs. Mais ce qui surtout le rendrait précieux, c'étaient les extraits fidèles
des 53 gazettes qui paraissaient à Londres toutes
les semaines : ces productions extraordinaires de la
liberté de la presse y seraient appréciées, quelquefois combattues. Il en devait être publié deux numéros par semaine, « en grand papier, ainsi que
les autres gazettes anglaises, caractère fin et serré »,
au prix de 48 livres pour toute la France, ou 6
sous par nombre ou numéro.

S'il était extraordinaire qu'un étranger allât s'é-
tablir en Angleterre pour, de là, divulguer les desseins de l'Angleterre ; il ne dut pas sembler moins
étrange qu'un Anglais s'associât à cette publication, et fournît les fonds nécessaires pour l'entreprendre. On prétend, et Voltaire l'a répété dans sa
préface de *Zaïre,* qu'il n'y a point de commerce
qui déshonore à Londres. Celui du Courrier de
l'Europe pouvait paraître peu patriotique ; mais,
en se rappelant que les Hollandais fournirent eux-
mêmes aux vainqueurs de Berg-op-Zoom les poudres
qui firent prendre cette ville, on pardonnait à un
spéculateur d'échanger les secrets de son pays
contre l'or d'un pays ennemi : car l'or n'a pas
d'ennemis, disait-on sans doute. Cet or d'ailleurs

se dépensait à Londres, et c'était tout bénéfice pour Londres. Ce calcul n'est peut-être pas tout à fait celui des Romains ; mais les Romains n'étaient pas marchands.

Cet entrepreneur de la Gazette anglo-française se nommait Swinton ; l'auteur du plan était un réfugié français nommé de Serre de Latour. Le premier mettait dans l'association son argent, son industrie ; l'autre y mettait son esprit. Voici comment, selon Brissot, s'était formée cette association.

Né sans fortune, mais d'une bonne famille, élevé dans un monde brillant, mais incapable d'en soutenir la dépense, de Latour avait fait la cour, quoique marié, quoique père de plusieurs enfants, à la femme de l'intendant d'Auvergne ; elle était sa parente, il était le secrétaire du mari ; elle était jeune, jolie, aimable ; le mari était vieux, laid, grondeur. Le secrétaire fut donc bientôt préféré à l'intendant. Cette liaison ne pouvait manquer d'attirer des malheurs au couple d'amants. Ils arrêtèrent de prendre la fuite, mais en se munissant de secours abondants, pour ne pas tomber dans la misère. L'Angleterre seule offrait un asile impénétrable à toutes les recherches du ministère français. Ils le choisirent. Les premiers mois s'écoulèrent délicieusement ; la misère arriva. L'imprévoyant de Latour n'avait pas songé à la prévenir. Il fallait pourtant s'en tirer. On épuisa toutes les ressources. L'amante infortunée soutint ce revers avec calme, et de ses doigts délicats elle fournit longtemps aux besoins du petit ménage. De Latour, de son côté, se mit à l'affût des expédients. La guerre d'Amérique occupait alors tous les esprits, on craignait aussi une rupture avec la France; cette contrée était avide de nouvelles, et cette avidité devait encore redoubler si la guerre venait à se déclarer. Cette idée conduisit de Latour au projet d'une gazette qui serait composée en français à Londres, et distribuée en France.

Il s'adressa à Swinton, qui était alors en grande réputation parmi les Français, qu'il aidait de sa bourse, et qu'on recherchait, quoique les conditions de son obligeance fussent très-onéreuses. C'était une sorte de chevalier d'industrie, d'une honorabilité très-problématique. Sa maison était le rendez-vous des Français les plus décriés ; il était le correspondant de Beaumarchais et presque l'esclave de l'infâme Morande, qui, connaissant sa vie, se servait de cet avantage pour lui soutirer de l'argent quand il tombait dans le besoin, et cela lui arrivait souvent. Swinton, en effet, avait fait tous les métiers pour vivre, et on l'accusait d'avoir gagné sa fortune, soit frauduleusement au jeu, soit en prêtant à une grosse usure, surtout aux jeunes seigneurs français qui venaient prendre à Londres des leçons d'anglomanie, soit en exerçant mille sortes d'industries peu honorables. Ainsi, tout à la fois, il tenait une boutique de marchand de vin sous le nom d'un commis, un café sous le nom d'un autre ; ailleurs, il donnait à jouer ; au dehors de la ville, il avait des maisons où il logeait de jeunes seigneurs français ; en même temps il spéculait sur des pépinières plantées d'arbres fruitiers transportés en France et sur des remèdes anti-vénériens. Enfin, et c'était là le plus clair de son revenu, il tirait des sommes considérables des intérêts qu'il avait dans plusieurs gazettes anglaises. Il vit dans le projet de Latour, dont il connaissait le talent, une nouvelle source de fortune : il n'hésita pas à fournir les sommes nécessaires pour la mise en œuvre.

Telle est l'origine du Courrier de l'Europe. C'est à un rapt, dit Brissot, qu'on dut cette feuille, qui contribua plus qu'on ne pense au succès de la guerre d'Amérique, et, par suite, à la Révolution française.

C'était principalement sur la France que reposait le succès du nouveau journal ; mais comment le faire admettre dans un pays où la censure était si sévère ? L'intérêt aplanit tout. Le ministère français avait besoin de connaître à fond l'Angleterre : de Latour fit adroitement sentir de quelle utilité son journal pouvait devenir pendant le cours de la guerre qui allait s'engager ; il valait au gouvernement cent espions, et il lui rapportait, au lieu de coûter. M. de Vergennes donna son consentement.

Le Courrier devait paraître à Paris en même temps qu'à Londres ; mais il était difficile qu'un journal écrit dans un pareil milieu n'oubliât pas la mesure qui convenait de l'autre côté du détroit. Dès le second numéro il était proscrit en France. On trouva qu'il critiquait notre ministère d'une façon indécente, insolente même, et que les termes dans lesquels il parlait du roi et de la reine ne pouvaient être tolérés. La police le fit saisir dans tous les lieux publics ; le roi même se montra si irrité de l'audace de ces nouveaux gazetiers, que non-seulement il ordonna d'empêcher l'introduction du Courrier par la poste, mais qu'il défendit à ses ministres d'en recevoir aucun exemplaire.

Cette proscription était un coup mortel pour la nouvelle feuille. C'est ce que comprirent parfaitement ses entrepreneurs. Ils députèrent vers M. de Vergennes pour obtenir la levée de l'interdit, rejetant la faute du passé sur le sieur Morande, l'auteur tristement célèbre du *Gazetier cuirassé*, et promettant de se renfermer dans les bornes de l'honnêteté des autres gazettes étrangères introduites en France. M. de Vergennes réussit à vaincre la répugnance du roi, auquel il représenta que le meilleur moyen d'arrêter les sarcasmes de cette feuille était de lui permettre l'entrée de la France ; et la distribution à Paris en fut permise à partir du 1er novembre.

L'événement prouva que le ministre des affaires étrangères ne s'était point trompé : le Courrier, de ce moment, se montra aussi obséquieux pour le ministère qu'il avait été insolent dans l'origine.

J'aurais voulu donner les articles qui avaient pu exciter une si grande colère, mais il ne m'a pas été possible de les rencontrer. La collection, d'ailleurs fort rare, du Courrier de l'Europe, dont les premiers numéros parurent au mois de juillet 1776, ne part que du mois de novembre de la même année, et le titre porte : « Courrier de l'Europe, ou Gazette des gazettes, *continuée sur un nouveau plan, le 1er novembre 1776.* » Cela voulait dire continuée dans un nouvel esprit, plus encore que sur un nouveau plan, et les orages soulevés par les premiers numéros, non-seulement en France, mais ailleurs encore, ne furent pas étrangers sans doute à la détermination qui les fit exclure de la collection. Le Courrier, voyant qu'il s'était fourvoyé et qu'il n'arriverait point au succès, à la fortune, par la voie où il s'était engagé, voulut probablement, — qu'on nous passe cette expression, — faire peau neuve, en adoptant une politique plus modérée.

Le premier numéro du journal ainsi amendé est accompagné d'un avis du rédacteur et des propriétaires, dans lequel on lit : que le titre de cette gazette annonçait originairement qu'elle était destinée à circuler dans l'Europe entière ; que quelques mois se sont écoulés avant que ce projet pût être effectué dans un certain degré d'étendue, mais qu'enfin ils sont parvenus à assurer cette circulation générale. Ils y font ressortir les avantages de leur feuille, qui contient la matière de quatre gazettes ordinaires. Quant à leur plan, ils donneront d'abord les nouvelles politiques de l'Angleterre, et tout particulièrement des colonies anglaises de l'Amérique, dont la lutte avec la métropole occupait alors si vivement l'attention de l'Europe. Deux colonnes seront destinées à une agréable variété ; quelquefois un peu de littérature, quelques morceaux de poésie nouvelle ; la notice des spectacles, des courses, des inventions ; les bagatelles du jour ; le récit de ces bizarreries variées et amusantes qui semblent être le produit exclusif du sol britannique. A cet agrément, particulier à l'Angleterre, ils en ajouteront un autre, celui de fournir deux fois la semaine le journal le plus exact de tout ce qui méritera, en Europe, d'être recueilli par les historiens de tout genre : il ne s'agira pas de rendre compte des promenades des princes, ce ne seront pas des extraits de gazettes ; ce seront des articles raisonnés et digérés dans le genre estimé du *Journal politique*, ouvrage précieux, qu'ils prendront pour modèle, sans prétendre à la concurrence.

Le succès de la Gazette anglo-française fut rapide et grand ; en quelques mois le nombre des souscripteurs avait dépassé cinq mille, et Latour en tirait pour sa part plus de 25,000 livres.

Ce n'est pas que les persécutions lui aient jamais manqué. Quelques promesses, en effet, que le Courrier eût faites d'être sage, il lui arriva pourtant quelquefois de s'oublier, et c'était, à chaque saisie, une grande inquiétude pour ses souscripteurs et ses partisans. « L'abondance des matières qu'on y traite, lit-on dans les *Mémoires secrets*, lui procure nécessairement beaucoup plus de lecteurs qu'aux autres gazettes, d'autant que l'on s'y permet de fréquents écarts et une liberté infiniment plus grande qu'ailleurs ; mais aussi il en résulte une frayeur continuelle de le voir supprimer. Déjà plusieurs numéros ont été arrêtés, et, malgré l'excessive indulgence du ministère à son égard, sans doute à raison de sa nature anglaise, qui suppose une indépendance particulière, il est difficile que l'humeur ne s'en mêle pas à la fin, et qu'on ne proscrive irrévocablement cette feuille, au fond peu rare, fort bavarde, et ayant tous les défauts du terroir. Les différents partis de ce pays-ci, dans tous les genres, seraient désolés de cet événement, qui les priverait de ce réceptacle de leurs querelles et de leurs injures. »

Et ce n'était pas seulement de Paris que lui venaient les obstacles ; une autre fois il était la victime des mésintelligences des cours de Vienne et de Berlin. Le ministère de Vienne, ne pouvant répondre efficacement à certains mémoires et écrits de la cour de Berlin ou de ses partisans insérés dans le Courrier de l'Europe et dans le *Courrier du Bas-Rhin,* en interdit, par une misérable vengeance, l'entrée et la lecture dans tous les Etats de l'impératrice reine, où ces deux feuilles étaient très-recherchées, l'une pour son intérêt, sa véracité et son énergie, exaltée par Linguet lui-même, qui n'était pas prodigue de louanges; l'autre pour les détails curieux, étendus et rapides, qu'elle donnait sur les affaires d'Angleterre ; ce qui ne fit qu'accroître la démangeaison de les avoir. Le roi de Prusse prit fait et cause pour le *Courrier du Bas-Bhin,* qui s'imprimait dans ses Etats, et, usant de légitimes représailles, il rendit une ordonnance où il défendait très-sévèrement à tous ses fidèles sujets de faire venir, introduire ou débiter dans ses Etats les gazettes françaises des villes de Bruxelles et de Cologne, ainsi que les gazettes allemandes de cette dernière ville et de Francfort-sur-le-Mein, et autres, qui paraissaient sous la dénomination de *Gazettes du Bureau général des Postes impériales,* sous peine d'une amende de 50 ducats par contravention. Cette défense était motivée sur ce que, depuis le commencement de la guerre, plusieurs rédacteurs de gazettes étrangères, s'écartant constamment, et d'une manière peu convenable, des règles d'impartialité que leur prescrivaient leur état et leur devoir public, avaient offensé le gouvernement du roi de Prusse.

Le Courrier fut assez habile pour triompher de tous ces obstacles, et son succès ne fit que s'en accroître. Un jour arriva cependant où les craintes des souscripteurs français se réalisèrent. Au mois d'avril 1778, ils cessèrent tout à fait de le recevoir, à l'exception de quelques numéros qui arrivaient de temps à autre, par contrebande. Mais, cette fois, l'obstacle ne venait pas du ministère français ; c'est à Londres, on aura peine à le croire, que les envois étaient arrêtés.

Le ministère anglais avait été frappé de tout le mal que pouvait lui faire la publication du Courrier de l'Europe. La guerre continuait ses ravages au moment où la Gazette anglo-française commençait les siens ; on se l'arrachait de Paris à Saint-Pétersbourg ; elle compta bientôt des souscripteurs dans tous les coins de l'Europe. Par elle on apprenait à connaître Fox, Burke, North, dont on répétait les discours et dont on écorchait les noms. Et chacun admirait l'éloquence sublime, et jusqu'alors inconnue, de tous ces orateurs ; et chacun s'étonnait que le roi Georges se laissât si tranquillement insulter par eux, et ne logeât pas à la Tour quelques-uns de ces beaux parleurs. Quoi ! point de lettres de cachet, point de Bastille ! C'est là que le peuple est roi, se disait-on. Puis on croyait avoir quelques idées de la constitution anglaise, parce qu'on avait lu les discours de rhétorique que le journaliste français prêtait souvent à ces personnages, ou fabriquait d'après les journalistes anglais, qui les fabriquaient les premiers.

Dans tout ceci, il n'y avait pas grand mal pour l'Angleterre; mais ce qui lui en fit beaucoup, c'est que, par le récit plus ou moins exact des débats parlementaires, par les réflexions qui les accompagnaient ou qu'ils faisaient naître, on s'aperçut tout à coup de la faiblesse de l'administration, des divisions qui régnaient et parmi les hommes d'Etat et parmi les trois peuples; c'est qu'il arriva souvent qu'on devina plusieurs mois d'avance les projets les plus importants des ministres, et qu'on en profita pour les renverser.

Lord Stormon, pendant son séjour à Paris, avait été témoin des succès du Courrier de l'Europe, des lumières qu'il répandait sur les affaires de son pays, et du tort qu'il faisait à ses intérêts. Rappelé en Angleterre par la déclaration inattendue du traité de commerce entre la France et les Etats-Unis, et par la guerre nouvelle qui allait en être la suite, il ne cessa de remontrer au Parlement, et surtout à son oncle, lord Mansfield, les funestes résultats de la tolérance qu'on accordait à cette gazette française, qu'il appelait un espionnage public.

Le profond magistrat lui répondit qu'on avait déjà cherché tous les moyens légaux pour arrêter sa publication ; mais la loi était muette, ou plutôt la loi permettait d'imprimer en français, en grec, en hébreu, toutes les sottises que les folliculaires anglais imprimaient dans leur langue, et il fallait respecter la loi ou en faire une nouvelle : tel était son avis, tel était aussi celui de quatre célèbres jurisconsultes consultés à ce sujet, et parmi lesquels figurait Dunning, depuis lord Arhburton.

Or, il avait paru indigne d'une grande nation de descendre à une pareille mesure ; elle eût décelé des craintes et de la pusillanimité. On pouvait proscrire le journal, on eut l'air de le mépriser ; et le rédacteur français, qui pendant quelque temps avait été vivement inquiété, vit bien qu'il pouvait continuer à nuire à l'Angleterre, à l'abri même des lois anglaises.

Cependant le ministère anglais, que les succès toujours croissants du Courrier indisposaient de plus en plus, ne pouvant en arrêter l'impression, imagina d'en arrêter du moins l'expédition pour la France. Il prétendit que les ballots de la Gazette étaient des ballots de marchandises, et il fit mettre l'embargo sur les paquets qui s'expédiaient deux fois la semaine par les paquebots, croyant ainsi avoir trouvé le moyen, en éludant la loi, d'empêcher son effet dans le pays où il lui paraissait le plus à craindre.

Swinton ne fut point déconcerté par ce contre-temps; pour parer le coup, il imagina de fonder une imprimerie à Boulogne-sur-Mer, et d'y faire imprimer le Courrier qui se publiait à Londres. M. de Vergennes y consentit, à la condition toutefois que la reproduction faite ainsi en France serait soumise à la censure de l'abbé Aubert.

Il ne s'agissait donc plus que d'avoir un rédacteur. Il lui fallait un homme actif, sachant l'anglais, ayant quelque habitude d'écrire, et un peu versé dans la politique. Swinton crut avoir trouvé cet homme dans l'auteur d'un récent écrit qui venait de lui tomber dans les mains, le *Testament politique de l'Angleterre*. Cet auteur était Brissot, celui-là même qui, dix années plus tard, devait jouer un si grand rôle dans la Révolution française.

Brissot, qui menait à Paris une vie précaire assez peu réglée, las, c'est lui-même qui le dit, de vivre dans le bourbier où ses connaissances l'avaient plongé, accepta avec empressement les propositions que lui fit Swinton. Il devait diriger la réimpression du Courrier à Boulogne, avec tout pouvoir sur l'article variétés, dont le rédacteur principal, qui habitait Londres depuis plusieurs années, ne pouvait être aussi bon juge que lui. C'était, dit-il, cette partie qui lui plaisait davantage, car le reste était purement administratif et mécanique; mais il se réjouissait d'avoir à ses ordres un papier qui pouvait répandre des principes dont il était un fervent enthousiaste, qui le mettait à même de satisfaire ses goûts pour la littérature, et de poursuivre ses études et ses recherches sur la politique et les sciences. « Il fallait bien des considérations semblables, ajoute Brissot, pour me faire voir en beau ma position sociale, et ces occupations de journaliste, alors si peu estimées. Bayle, me disais-je, a bien été précepteur, Postel goujat de collége, Rousseau laquais d'une marquise. Honorons le métier, il ne me déshonorera point. Au lieu de ces anecdotes insipides, de ces chroniques scandaleuses, parlons des constitutions et des intérêts des peuples; au lieu de ces misérables vers, de ces satires grossières, de ces éloges vendus à des écrivains médiocres, il faut publier des extraits des meilleurs livres, et les faire ainsi connaître; il faut y propager les saines doctrines, qui rendent les hommes éclairés et vertueux; il faut y révéler le mérite de la littérature anglaise, que tout le monde ignore; il faut y rendre des services à des hommes de lettres estimables, et qui en conserveront souvenir et reconnaissance. Voilà de quoi faire honorer un métier et le faire aimer. »

Assurément; mais il était à craindre que toutes

les parties de ce programme, où Brissot se montre à découvert, ne fussent pas précisément du goût du ministère français, qu'il ne partageât pas la manière de voir de notre jeune philanthrope sur les saines doctrines qui rendent les hommes heureux, sur l'opportunité de parler des constitutions et des intérêts des peuples. C'est ce qui arriva bientôt, en effet : le ministère vit dans le nouveau Courrier une tribune dangereuse qu'il fallait abattre, et il l'abattit. Il intima l'ordre de s'en tenir aux nouvelles anglaises, et le Courrier de Boulogne redevint à peu près la plate réimpression du Courrier de Londres. Je dis à peu près, car de temps en temps il s'y glissait des articles raisonnables, — c'est Brissot qui parle, — qu'on avait soin de supprimer, ce qui procurait au public le plaisir de lire à leur place les fables de l'abbé Aubert, de mauvais vers, de méchantes épigrammes, et quelques morceaux de littérature scrupuleusement censurés.

L'emploi de Brissot, réduit ainsi à un travail purement mécanique, avait beaucoup perdu de ses charmes pour lui, et ne pouvait plus suffire à son esprit actif et novateur. Il songeait à trouver quelque autre voie plus large, quand, un beau jour, tout à coup, Swinton lui annonça leur séparation prochaine. Un nouveau projet l'avait séduit, et, pour l'exécuter économiquement, il voulait se débarrasser de Brissot. Considérant les profits immenses qu'il tirait de sa gazette, malgré l'énorme rétribution qu'il était obligé de payer à la trésorerie secrète de M. de Vergennes, il avait imaginé qu'il pourrait les doubler et les tripler en étendant son entreprise, en faisant réimprimer son Courrier pour la Hollande, les Pays-Bas, l'Allemagne. Et tout d'abord il avait résolu d'en gratifier l'Espagne. Ce royaume paraissait vouloir prendre une part active aux troubles de l'Amérique et à l'abaissement de cette puissance anglaise qui l'avait si cruellement humilié lors de la dernière paix. Mais l'Espagne était dans la plus profonde ignorance sur la situation de l'Angleterre; lui procurer les connaissances qui lui manquaient, c'était donc lui rendre service, c'était mériter d'être accueilli par elle. Dans cette idée, il songea à faire traduire sa gazette en espagnol et à obtenir l'autorisation de la faire circuler en Espagne. L'autorisation lui fut accordée, et il rencontra bientôt le traducteur qu'il lui fallait. C'était un Espagnol plein d'esprit et de verve, nommé Sala Delunel, qui écrivait aussi bien l'italien que sa langue maternelle, et qui pouvait être ainsi doublement utile au spéculateur de gazettes, s'il lui prenait fantaisie d'en faire en italien. Swinton était allé plus loin encore : il en était venu à penser que Delunel pourrait parfaitement remplir le poste de Brissot, ce qui lui procurerait une petite économie, et il le lui donna. Par exemple, il se garda bien de

dire à ce dernier les vrais motifs qui le faisaient
agir; à l'entendre, il était obligé de le sacrifier
aux exigences de Latour, leurs brouilleries seules
le mettaient dans la nécessité de se séparer de lui.
C'était un habile homme que ce Swinton.

Brissot, qui ne le connaissait pas encore, qui ne
voyait en lui que le bienfaiteur qui l'avait tiré du
bourbier, le crut et se résigna. Mais il devait rentrer au Courrier par une autre porte, et même,
comme nous le verrons tout à l'heure, il ne tint
qu'à lui d'en avoir la rédaction suprême.

Swinton, en effet, pouvait rompre avec les instruments dont il se servait, quand il y trouvait un
avantage; mais il n'hésitait pas à les reprendre, si
son intérêt le commandait. Brissot ne tarda pas à
en avoir la preuve. Il était revenu à Paris, « dans ce
gouffre qu'il avait eu tant de plaisir à abandonner »,
et il y gagnait péniblement sa vie, quand Swinton
y fit un voyage. Entre eux il ne pouvait tarder à
être question de gazettes. Swinton regrettait beaucoup de n'avoir aucune part dans le *Journal de
Paris*, dont nous savons que le produit était très-
considérable, et il le regrettait d'autant plus que
c'était par sa faute, et un peu aussi par celle de
Brissot, car des offres lui avaient été faites, et c'est
sur le conseil de celui-ci, avec lequel il venait d'entrer en relations, qu'il les avait refusées. Brissot
avoue qu'en détournant Swinton de cette affaire, il

avait agi très-étourdiment. « Je calculais alors, dit-il, le succès de cette feuille d'après la pauvreté de sa rédaction et la censure qui pesait sur elle; je ne voyais pas la soif immense de nouvelles que l'on avait en France, et la disposition des esprits à les rechercher partout, et quelles qu'elles fussent. » Quoi qu'il en soit, Swinton proposa de fonder une feuille qui pût rivaliser avec celle de Paris; il devait fournir les fonds, un grand faiseur de projets nommé Hénique se chargeait des démarches nécessaires pour obtenir le privilége, et la rédaction devait appartenir à Brissot. Mais ils avaient affaire à forte partie, et toutes les tentatives d'Hénique, bien qu'appuyées probablement par l'argent de Swinton, demeurèrent sans résultat.

Quand, à quelques années de là, Brissot alla à Londres dans l'intention d'y fonder un Lycée, son premier soin fut de rechercher Serre de Latour, avec lequel il avait été en correspondance lorsqu'il faisait le Courrier à Boulogne. Il pensait avoir par lui l'explication des procédés de Swinton à son égard, et puis il espérait tirer parti de son journal pour les projets qu'il méditait. Latour le satisfit sur ces deux points : il lui révéla le mensonge de Swinton, et il lui proposa de se charger de la partie littéraire du Courrier, aux conditions qu'il voudrait fixer. Brissot se hâta d'accepter cette offre, qui, indépendamment des cent louis dont elle augmentait ses ressources, très-modiques, le mettait dans une excellente position pour la réalisation des projets qui l'avaient amené à Londres. Ce n'est pas qu'il n'éprouvât quelque répugnance à reprendre le métier de journaliste; mais, dit-il, « il me fut aisé d'apaiser mes scrupules par la pureté de mes intentions et la nature même du travail dont j'étais chargé. Appelé à écrire par un goût impérieux, et aussi par les circonstances, j'ai cru qu'un écrivain devait distinguer son siècle et la postérité, et qu'il fallait travailler pour l'une sans abjurer l'autre. Il y a vingt manières différentes d'influer sur son siècle, et d'être utile à ses semblables. On peut le faire en remplissant les papiers publics de ses opinions, en répandant, en multipliant les brochures utiles et qui parlent le langage du jour. Les livres profondément pensés et purement écrits vont seuls à la postérité. Pour elle il faut jeter en bronze et graver au burin; pour son siècle on peut se contenter de plâtres et d'esquisses légères : ils suffisent aux besoins du jour. Tel était le raisonnement qui me fit adopter, comme tous les écrivains les plus distingués de cette époque, le travail des ouvrages périodiques et des journaux; je travaillais, comme eux, pour influer sur les lecteurs du moment, et non pour ma réputation, ni pour le siècle à venir... Je saisissais l'occasion de répandre les principes des véritables sciences, la politique et la morale, dans les seuls écrits qu'un certain public lit constamment. Peut-être, en réfléchissant sur cette idée, eût-on bien fait de publier Montesquieu, Voltaire ou Rousseau, sous la forme périodique, au lieu de les disséquer platement sous les titres de *Génie* ou d'*Abrégé*. »

Tel fut l'esprit dans lequel Brissot travailla au Courrier de l'Europe et lui fournit des articles littéraires et politiques, depuis février jusqu'en novembre 1783. A cette époque il abandonna cette feuille pour mettre à exécution son projet de Lycée. Il n'en avait pourtant pas fini avec elle. Swinton, s'étant brouillé avec de Latour, qui lui faisait payer chèrement la réputation du Courrier, et croyant pouvoir le priver de sa propriété, en proposa à deux reprises la rédaction en chef à Brissot, en lui offrant 500 louis par an. C'était la moitié à peu près de ce que recevait Latour, en sorte que Swinton faisait une excellente opération en se dégageant de ses liens. Mais il mettait à l'offre qu'il faisait à Brissot une condition, c'est que celui-ci accepterait Morande pour collaborateur. A ce nom, dit Brissot, je reculai d'effroi. On a là l'explication de la rage avec laquelle Morande ne cessa depuis ce jour de poursuivre Brissot.

Un peu plus tard, Swinton en vint à ses fins; il amena le facile et insouciant Latour à lui abandonner le Courrier de l'Europe, et il en confia la rédaction à l'homme que dix fois lui-même il avait déclaré digne du gibet.

Dépossédé, plus ou moins volontairement, Serre de Latour entreprit une *Gazette britannique des Finances et du Commerce*, dans laquelle on trouvait « des rapports véridiques, des observations exactes, des vues saines, et, joint à tout cela, un style facile, clair, précis, et une manière toujours agréable et piquante. » Rentré en France à l'époque de la Révolution, il publia, au mois de septembre 1789, un *Journal de Londres* dédié à l'Assemblée nationale, avec cette épigraphe : « Vous ne voulez donc, Messieurs, n'entendre que des choses agréables ? » Voici comment il s'annonçait dans son prospectus : « Je ne puis que bénir les destinées qui semblent m'avoir successivement appelé à célébrer les révolutions éclatantes qui rendront le siècle actuel si intéressant aux yeux de la postérité. Lorsqu'en 1776 je publiai le Courrier de l'Europe, en retraçant la marche des grands événements qui décidèrent l'indépendance de l'Amérique septentrionale, je ne soupçonnais pas que je préparais ceux qui assurent aujourd'hui l'affranchissement d'un peuple plus considérable, plus puissant, infiniment plus opprimé, plus à plaindre. » Latour rédigea encore un *Gazettin,* qui se donnait comme supplément de la Gazette.

Morande aussi, rentré en France à la Révolution, y fonda, en juin 1791, un journal, *l'Argus patriote,* qu'il continua jusqu'au 10 août 1792, et dans lequel il ne cessait de harceler Brissot, qu'il y présentait sous les couleurs les plus odieuses. Sa devise était: *Audax et vigilans;* mais l'audace, qui avait fait son succès en d'autres temps, n'était plus un titre pour être remarqué quand la presse fut libre, et il demeura effacé dans la foule des journalistes. Flottant entre les partis, il finit par être suspect au parti qui dominait : on le soupçonna d'être favorable à la cour, et il périt dans les massacres de septembre. C'était assurément plus d'honneur qu'il n'en méritait.

Parmi les rédacteurs du Courrier figurait encore un certain Perkins Mac-Mahon, « prêtre apostat, disent les notes de la police, marié à Londres, Irlandais d'origine, né en France, vicaire de paroisse à Rouen, d'où il avait décampé, en 1771 ou 72, avec une jeune fille sa pénitente, et l'auteur de presque toutes les anecdotes calomnieuses qui furent insérées à cette époque dans tous les journaux anglais sur la cour de France. »

Brissot avait aussi sa note dans le dossier de la police : « Ce philosophe, fils d'un pâtissier de Chartres en Beauce, était, par état, un de ceux qui remplissaient le Courrier de l'Europe de lettres sur la constitution de Genève. Il criait partout que la France, qui s'endormait sur un abîme, ne pouvait être sauvée que par un tremblement populaire. »

Le Courrier eut longtemps pour correspondant à Paris un certain Boyer, connu pour auteur de nouvelles à la main, et qui fut mis de ce fait à la Bastille au commencement de 1781, en même temps que le journal lui-même était interdit. C'était dans un de ces accès de rigueur qui prenaient de temps à autre le ministère. On lit à ce sujet dans la *Correspondance secrète* : « On fait toujours rage contre les diseurs de nouvelles. La Bastille est remplie de gens qui écrivent trop librement ce qui se passe. Quelques-uns n'y ont fait qu'un court séjour. Les papiers qui arrivent de l'étranger sont sévèrement épluchés. La *Gazette de Cologne* et le *Courrier de l'Europe* sont interdits. L'entrepreneur de cette dernière feuille se remue fortement pour obtenir au prix d'un dévouement plus aveugle encore que par le passé la révocation d'une proscription que lui a méritée un passage copié trop légèrement dans les libelles qui paraissent matin et soir à Londres. On sait qu'au moyen de quatre mille exemplaires que la France lui achetait, il avait promis de ne parler qu'en notre faveur. »

Cette dernière allégation semblerait contredire ce que Brissot nous a dit de la forte contribution que le Courrier payait au ministère des affaires étrangères. Mais les deux assertions peuvent parfaitement se concilier. Les fondateurs du journal, pour obtenir son introduction en France, avaient pu se soumettre à un impôt, qui était, d'ailleurs, à cette époque, passé en habitude; mais il n'y aurait rien d'impossible à ce que, quand leur feuille fut devenue une puissance, ils eussent non seulement refusé l'impôt, mais même exigé une subvention, si tant est qu'on ne la leur ait pas offerte. Le fait même n'a rien que de très-probable de la part d'hommes tels que Swinton et Morande, ayant affaire à une administration aussi débile que celle qui régissait alors la France.

Je trouve dans la *Correspondance littéraire* de La Harpe (Lettre 60) une preuve surabondante des accointances des ministres français avec le Courrier. « Le rédacteur du Courrier de l'Europe, menacé de perdre le privilége de faire entrer ses feuilles en France à cause de l'article de M. de P***, s'est justifié d'une manière qui a étonné bien du monde : il a montré une lettre qui lui recommandait cet article de la part d'une des premières personnes de l'Etat (le comte de Maurepas). On s'est tû à la vue de ce nom, qu'on ne s'attendait pas à trouver là. »

Ce n'était pas, d'ailleurs, chose nouvelle. On lit dans les Mémoires du marquis d'Argenson, à la date du 6 janvier 1749 (édition elzevirienne, t. III, p. 237) : « Jamais nous n'avons tant dépensé qu'aujourd'hui à gagner les gazetiers : aussi ne disent-ils précisément de nos affaires que ce que leur dicte le ministère de Versailles. »

Nous verrons bientôt avec quelle effronterie Morande et autres flibustiers littéraires exploitèrent cette faiblesse.

Ce qui achève de peindre les hommes et l'époque, c'est que le Courrier, en même temps qu'il se faisait subventionner par le ministère français pour ne parler qu'en sa faveur, recevait de l'autre main les communications et l'argent du ministère anglais.

Si ce double jeu est justement réprouvé par la morale, l'intérêt et le piquant du journal en étaient singulièrement augmentés pour les contemporains; et à ce titre encore aujourd'hui, et en raison même de « son bavardage et des défauts du terroir », le Courrier de l'Europe est une des feuilles les plus importantes à consulter, non-seulement pour l'histoire politique, mais encore pour l'histoire morale et littéraire de la fin du siècle dernier. Les chroniqueurs, eux aussi, y trouveraient abondamment à glaner. Ainsi, sans aller plus loin, je lis dans le 1er numéro ce fait divers, qui m'a semblé avoir un certain à-propos :

Une duchesse qui donne ici le ton à la cour et à la ville est, dit-on, l'inventrice de ces hanches de liége qui suppléent à l'heureuse rotondité qui manque aux dames anglaises. Milady peut se flatter d'avoir rendu un grand service à son pays, car il est à remarquer que la mode, secondée par la nature, était naguère de se rapprocher, le plus qu'il était possible, des grâces du manche à balai ; les corps comprimaient la poitrine, et s'élargissaient en bas de manière à placer les flancs de niveau avec les hanches. Actuellement, grâce au liége, on croirait que nos belles insulaires ont été modelées à Paris.

J'y lis encore que l'on fait des râteliers postiches montés en or, pour les riches qui n'ont plus de dents. — Et aux annonces, cet avis :

Les directeurs du *Plan de mariage*, ayant observé que la majeure partie du public a trouvé la somme de cinq guinées trop forte pour le commencement, ont résolu de ne prendre à l'avenir que deux guinées des messieurs qui s'adresseront à eux ; et pour prouver au public qu'ils ne sont pas des imposteurs, ils sont prêts à rendre, à la première réquisition, les trois guinées de surplus à ceux qui en ont payé cinq. — Les dames de réputation sont invitées à prendre part à cet établissement *gratis*, et les directeurs se trouveront non seulement très-honorés de les recevoir, mais cette condescendance même leur tiendra lieu de récompense, d'autant plus qu'elles ajouteront à la dignité d'un plan qui envisage le bonheur du beau sexe, sans blesser sa délicatesse.

Voici, du reste, le jugement que Brissot porte de cette feuille, qu'il connaissait bien :

« Le Courrier de l'Europe est peut-être le seul monument qu'on devra un jour consulter pour connaître l'histoire de la révolution de l'Amérique ; il est donc à propos de fixer le jugement qu'on en doit porter. La connaissance particulière que j'ai eue de la composition de cette feuille, des papiers anglais d'après lesquels on la fabriquait, enfin de l'esprit et du caractère de son auteur, m'ont permis de la bien juger. Latour a souvent varié dans ses principes politiques, mais généralement il était plus dévoué à la France qu'à l'Angleterre; il penchait plus vers le parti ministériel que vers celui de l'opposition. Il haïssait cordialement Fox, parce qu'il le trouvait trop républicain, et il détestait le républicanisme parce qu'il le jugeait incompatible avec la subordination; et aux yeux de Latour, qui avait été militaire, la subordination était l'âme des Etats. Il n'est donc pas impartial dans le récit des débats parlementaires; il penche toujours la balance du côté de la couronne.

» Quant aux nouvelles, il les puisait dans les gazettes anglaises; il faut donc souvent s'en défier. La liberté gâte encore plus les sources que ne fait ailleurs l'oppression. C'est cependant parmi elles qu'il faudra chercher l'histoire. Les pièces authentiques, telles que les déclarations de guerre, les traités de paix, etc., doivent rendre ce dépôt recommandable.

» La partie littéraire, à quelques articles près envoyée par des mains étrangères, n'a été qu'une rapsodie pitoyable de vers médiocres, d'éloges mendiés et souvent dictés, ou de plats sarcasmes. Il n'y a rien, presque rien, sur la littérature anglaise, l'auteur n'en ayant jamais lu aucune production.

Il a fini la gazette à l'époque de la paix, et depuis ce temps elle est tombée en des mains ordurières qui en ont fait un cloaque impur, un réceptacle de mensonges et de calomnies, au lieu d'un dépôt historique. »

Quelles furent les destinées du Courrier de l'Europe après l'abandon de Morande? Ici la certitude cesse pour nous, et nous en sommes réduits aux conjectures. Je lis dans une note de M. de Montrol aux Mémoires de Brissot: « Une chose assez singulière, et que *M. de Montlosier faisait observer à l'auteur de ces notes,* c'est que ce fut lui qui, retiré à Londres par suite de son émigration, succéda à Morande dans la rédaction du Courrier de l'Europe. » On ne saurait être plus affirmatif, et, si nous ne sommes pas en mesure de confirmer l'assertion de M. de Montrol, rien non plus ne nous autorise à la révoquer en doute.

D'un autre côté, la *Biographie universelle* (Supplément) dit que M. de Montlosier acquit une part dans le *Courrier* DE LONDRES, journal fondé par l'abbé de Calonne, et le rédigea pendant six ans; mais ce qu'il y a de plus étrange, c'est qu'une note à ce même article de la *Biographie,* se mettant en contradiction avec le texte, dit, non plus que M. de Montlosier *acquit une part* dans un journal déjà existant, mais *entreprit* un Courrier de Londres.

On remarquera qu'il ne s'agit plus du Courrier de l'Europe, mais d'un Courrier de Londres. Or, je trouve dans les notes de la police la mention d'un Courrier de Londres publié dans ce même temps par un nommé Delatouche (serait-ce le même que le de Calonne de la Biographie ?) « ancien jésuite, ancien procureur, et finalement repris de justice. C'était, ajoute-t-on, un recueil de déclamations et de diatribes dégoûtantes, où l'auteur exhalait contre la France une haine sauvage. Il ne dépassa pas 25 numéros. »

Quoi qu'il en soit, il paraît hors de doute que M. de Montlosier rédigeait un journal à Londres dans les dernières années du xviiie siècle. L'indépendance de ses jugements, dit la Biographie, cette verve rude avec laquelle il les prononçait, cette sagacité d'observation si éminente en lui, son impartialité, qui le séparait nettement de toute faction, donnèrent une sorte de puissance à sa polémique. Lorsque le général Bonaparte devint premier consul, M. de Montlosier aperçut tout de suite quelle œuvre ce puissant génie était appelé à accomplir ; il reconnut en lui l'homme qui devait régénérer l'ordre social en France. La direction que prenait le Courrier de Londres fut remarquée par le gouvernement consulaire. Talleyrand et Fouché donnèrent à Napoléon le désir d'appeler M. de Montlosier. Celui-ci rentra, en effet, en France ; mais il ne s'y était décidé qu'à la condition qu'il lui serait permis de transporter son établissement à Paris, et d'y continuer la publication du *Courrier de Londres* ET DE PARIS. C'était une entreprise impossible sous l'ombrageuse censure d'un régime où l'ordre s'établissait aux dépens de la liberté. M. de Montlosier n'était pas homme à vendre ses opinions. Son journal fut supprimé après un petit nombre de numéros. Deschiens en possédait 36, et il donne pour date de ces numéros, ou du journal complet, du 26 juin au 4 septembre 1822 (1802?).

La collection la plus complète du Courrier de l'Europe est à la Mazarine, qui en possède 29 volumes, 1776-1790. La Bibliothèque impériale n'en possède que 26, s'arrêtant à 1789.

J'ai encore trouvé à cette dernière bibliothèque un *Courrier de l'Europe,* par Chazot (26 fructidor an V - 3 frimaire an VI), qui a bien le format de celui qui vient de nous occuper ; mais rien n'indique que c'en soit la suite.

JOURNAUX CLANDESTINS

Nouvelles ecclésiastiques

ou Mémoires pour servir à l'Histoire de la Constitution
Unigenitus.

Le flot montait, montait, sans que rien le pût arrêter. Quoi que tentât le gouvernement pour en barrer le cours, ou pour le régulariser et en amoindrir les ravages, à chaque heure le torrent rompait ses digues, et nulle main, si habile et si puissante qu'elle fût, n'eût été capable de réparer tant et de si larges brèches. Une autre preuve de cette force irrésistible de la pensée, de la foi, politique ou religieuse, nous est fournie par les *Nouvelles ecclésiastiques,* dont j'aurais dû parler plus tôt, s'il était possible, dans un pareil travail, de s'astreindre rigoureusement à l'ordre chronologique.

De tous les journaux prohibés, aucun ne fit autant de bruit, aucun non plus n'eut une aussi réelle importance que cette feuille. C'était l'œuvre, l'instrument, d'opinions religieuses surexcitées à un degré que l'on n'aurait pas cru possible à cette époque sceptique et railleuse, où l'on croyait si peu, où l'on se moquait si volontiers de tout; c'était une sorte de catapulte destinée à battre en brèche la fameuse bulle *Unigenitus*. On sait ce qu'était cette bulle, arrachée à Clément XI par les intrigues des Jésuites, quel immense scandale elle produisit en France, où elle réveilla plus vive que jamais la querelle janséniste, que la modération de Clément IX était parvenue à assoupir. Les passions qu'elle souleva en firent « une des plus grandes affaires qu'on eût vues dans l'Eglise depuis son établissement, une affaire qui intéressait la population tout entière, à laquelle il n'était ni permis ni possible de ne point prendre part. Il était naturel que chacun désirât de savoir dans les derniers détails tout ce qui la concernait. Les différentes formes qu'elle prenait, les combats, les victoires, les pertes, les dangers, les gains, les ressources, tout éveillait, tout excitait une louable curiosité. Elle était devenue la propre affaire de chacun, et presque son unique affaire. On en attendait des nouvelles avec une sorte d'impatience, on les recevait avec empressement et avec une avidité semblable à celle d'un marchand qui en reçoit d'un vaisseau sur lequel on a placé son bien et sa fortune. »

On voit quel était l'objet des Nouvelles ecclésiastiques : « elles servaient à constater les faits qui touchaient à cette grande affaire, à les répandre dans les provinces du royaume et dans les pays étrangers, et à en conserver le souvenir, qui sans cela se serait bientôt effacé de la plupart des esprits. Elles rendaient le monde attentif; elles avertissaient des conséquences qu'on devait tirer de ce qui arrivait; elles pouvaient servir à retenir dans certaines bornes ceux qui, ne craignant pas assez le jugement de Dieu, ne laissent pas de respecter celui du public. »

Nous n'avons pas besoin de dire quelles colères cette feuille, que l'on répandait avec profusion, excitait dans le camp des Jésuites. Mais d'où sortait-elle? Quel en était l'auteur? Voilà ce que, malgré toute leur habileté, il leur était impossible de découvrir. Ecoutez de quels traits l'auteur de la *Christiade* (Disc. prélim, p. cij) peint cet insaisissable gazetier janséniste, car, pour les Jésuites, tous leurs adversaires, tous les opposants à la bulle, tous les *appelants,* comme on disait alors, étaient des Jansénistes :

> Cet écrivain fameux et obscur tout à la fois est un homme qui ne se nourrit que de satire et de fiel, en prêchant l'union et la charité; un homme dont la plume, qui enfante hebdomadairement un libelle périodique, fait, depuis trente ans, sous les drapeaux du préjugé, de la calomnie et de l'imposture, une guerre implacable à tout ce qu'il y a de plus saint dans la religion, de plus respectable dans l'Eglise et de plus distingué dans l'Etat; un

homme qui brave également Dieu, la vérité et les puissances. L'obscurité qui le dérobe au glaive vengeur que le prince ne porte point en vain est le seul titre de son impunité. C'est dans l'obscurité de son antre qu'il s'est érigé un tribunal où il traduit tout; personnes, actions, écrits, profane, sacré, tout y est jugé, tout est de son ressort; juge et partie, il prononce, et ses jugements, dictés par la passion et fondés sur le mensonge, abusent les hommes droits qui cherchent la vérité et qui ont le malheur de ne la voir que dans les oracles d'un pareil juge, et de ne la puiser que dans les sources empoisonnées qu'un pareil docteur leur présente.

Ils avaient cependant pour eux le lieutenant de police, Hérault, que le marquis d'Argenson, dans ses Mémoires, appelle un « vil atome de Loyola », et qui les servait avec un zèle malheureux, mais infatigable.

Il y a trois ans, lit-on dans le discours préliminaire des Nouvelles de 1734, que ce petit ouvrage se continue, et que Dieu paraît y donner sa bénédiction. L'on sait combien il a trouvé d'opposition de la part des hommes, combien il a eu d'obstacles à surmonter, et combien il éprouve encore tous les jours de périls et de difficultés. Mais tant qu'il plaira au Tout-Puissant de le protéger, qui pourra le détruire ? Entrepris uniquement pour la défense de la vérité, en un temps où la vérité et ses défenseurs ne trouvent d'accès qu'au tribunal du public, son sort doit avoir quelque conformité avec celui de la vérité même : tant qu'elle sera contredite et combattue, nos Nouvelles doivent essuyer des contradictions et des combats.

On entend dire tous les jours, avec étonnement et avec douleur, que M. Hérault n'a d'autre vue, dans ses continuelles perquisitions, que de découvrir celui qu'il appelle l'*auteur* des Nouvelles ecclésiastiques ; et ce qui surtout paraît étrange, c'est que, sans preuves, sans prétextes, sur les soupçons les moins fondés et les délations les plus frivoles, il accuse de ce prétendu crime tous les innocents qu'il fait arrêter ou qui échappent à ses poursuites. Ce magistrat serait-il donc le seul dans le monde qui se serait persuadé, contre toute sorte de vraisemblance, que cet *auteur* (s'il mérite ce nom) est un homme unique qui ne serait jamais remplacé ? Il le serait sans doute, et il ne pourrait l'être que très-avantageusement pour la satisfaction du public et le bien de la cause commune. Quand il ne s'agit que d'une simple exposition de faits, tout le monde est auteur, et lorsqu'il s'agit de faits dont la publication est utile à la vérité, toutes les bouches des serviteurs de Dieu sont ouvertes pour les raconter, et leurs plumes propres à les écrire.

Si l'on pourchassait l'auteur de la feuille séditieuse, on ne faisait pas une moins rude guerre à l'imprimeur. Je lis dans un recueil de Nouvelles à la main : « Le 2 avril 1728 (le journal ne faisait que de naître), on mit à la Bastille le sieur de Batz fils, imprimeur, avec un de ses garçons, un chapelier et un tailleur, qui, de concert, se mêlaient de faire recueillir et imprimer toutes les semaines les Nouvelles ecclésiastiques qui se distribuent à Paris. On informe actuellement leur procès, pour les punir selon la rigueur des lois. »

Les Nouvelles ecclésiastiques s'imprimaient partout, tantôt ici, tantôt là, aujourd'hui dans une ville, demain dans quelque village, dans une cave ou dans un grenier, et jusqu'au fond des bois. Un jour le lieutenant de police, poussé à bout par l'insolence de cette gazette, qui venait le narguer jusque dans son cabinet, mande auprès de lui les principaux imprimeurs de Paris, et les menace de châtiments exemplaires s'ils ne lui livrent pas eux-mêmes, dans un bref délai, le nom du coupable. Prisonniers à la Bastille ou délateurs, il fallait choisir. Un de ces messieurs, remarquant la vignette qui décorait les derniers numéros du journal — c'était un perroquet, — se rappela l'avoir vue sur quelque almanach de province, et, après bien des recherches, il la retrouva sur l'almanach d'Auxerre. L'oiseau babillard était, en effet, la marque d'un imprimeur de cette ville nommé Fournier, homme fort habile dans sa partie, mais qui, si le fait est vrai tel qu'on le raconte, n'était pas également prudent. Heureusement il avait des amis vigilants : prévenu à temps, il put se soustraire au mandat d'arrêt lancé contre lui.

La gazette voyageuse fut néanmoins contrainte de chercher un autre asile; mais elle était en trop bon pays de *Jansénie* pour n'en pas trouver bientôt. On croit qu'elle s'imprima quelque temps dans un château voisin, dont les propriétaires étaient jansénistes; d'autres disent qu'une presse fut transportée, pour le service de cette feuille, jusqu'au milieu des forêts de la Puisaie, dans une loge de charbonnier. On dit plus : le lieutenant de police serait venu lui-même diriger des perquisitions. Elles étaient demeurées sans résultat, quand un excès d'audace vint tout compromettre : en remontant dans sa voiture, il y trouva des exemplaires encore tout humides de l'insolente et trop présomptueuse gazette. Les recherches recommencèrent, et la cachette fut éventée (1).

Barbier nous a laissé, dans son Journal, de très-curieux détails sur la manière dont les Nouvelles ecclésiastiques étaient répandues.

« Il n'est pas possible, dit-il, de découvrir l'auteur des Nouvelles ecclésiastiques ; cela fait tant de cascades entre les mains de plusieurs personnes, d'ailleurs tous honnêtes gens, que cet auteur n'est jamais connu de ceux qui peuvent être arrêtés. Quand cet auteur a composé sa feuille sur les matériaux qu'il a, il jette les mémoires au feu, il donne sa minute à un autre ; on la copie, alors on jette la minute au feu ; une troisième personne porte la minute chez un imprimeur. Cette personne vient prendre les exemplaires pour les distribuer dans Paris. Il y a peut-être vingt bureaux, dans plusieurs quartiers, c'est-à-dire vingt particuliers qui en prennent cent, supposé, chacun. Ce n'est pas la même personne qui porte les cent à ces vingt bureaux ; ce sont vingt personnes différentes, et celui qui tient ce bureau paye les cent exemplaires à

---

(1) Nous empruntons ces derniers détails à un très-remarquable Essai de M. Ribière sur l'histoire de l'imprimerie dans le département de l'Yonne, inséré dans le Bulletin de la Société des Sciences historiques et naturelles de ce département, et dont nous devons la communication à l'obligeance de M. Bazot, avocat à Auxerre.

celui qui les lui apporte. Il en a un pour lui gratis, de même que de tout ce qui s'imprime sur les affaires du temps. Et cet homme sait à qui donner ces exemplaires pour retirer son argent. Si on arrêtait aujourd'hui matin un de ces particuliers ayant un bureau, sur-le-champ on avertit tous les autres, et on transporte les exemplaires dans un autre endroit, crainte de découverte, en sorte que, quelque personne qu'on arrête, la manivelle va toujours, et il n'est quasi pas possible d'arrêter le cours de ces Nouvelles. » (Novembre 1731.)

Il revient à diverses reprises sur cette gazette insaisissable :

« On vient de publier une déclaration du roi, du 29 mai, qui fait défenses, sous peine du carcan pour la première fois, d'imprimer sans permission tout ce qui peut avoir trait à la bulle, à la religion, sous le titre de *Mémoires* ou de *Nouvelles ecclésiastiques*; il y a aussi peine de bannissement contre les auteurs. Malgré cela, on a encore imprimé et distribué, dans la première quinzaine de juin, les Nouvelles ecclésiastiques, en quatre feuilles d'imprimé. Il est vrai que cela est humiliant pour le gouvernement, de ne pouvoir être obéi et de ne pouvoir découvrir où cela se fait. » (Juin 1728.)

— « Il y a trois ans que les Nouvelles ecclésiastiques courent sans que le lieutenant de police en ait pu découvrir ni l'auteur, ni l'endroit où on les imprime. Le Parlement, par arrêt du 9 de ce mois, a condamné les cinq dernières feuilles à être brûlées par la main du bourreau, ce qui a été exécuté. Cela doit faire peine aux Jansénistes. Ils rapportaient impunément tout ce qui se faisait à l'occasion de la Constitution. Ils critiquaient sans mesure le ministre et tous les magistrats : c'est ce qui a aigri le ministère public. Chacun y avait son paquet : M. Gilbert, avocat général, n'y a pas, dit-on, été épargné. Mais cette brûlure n'arrêtera pas la suite de ces Nouvelles; cela ne fait que ranimer le zèle du parti. » (Février 1731.)

— « Autre expédition le 29 de ce mois pour brûler des Nouvelles ecclésiastiques, qui, nonobstant ce, continuent toujours de se débiter. Marie Reaubourg, qui a été bannie, n'a jamais voulu dire de qui elle tenait ces papiers. A la vérité, selon le projet des Jansénistes, elle ne devait pas connaître la personne qui les lui avait remis. » (Avril 1732.)

— « Samedi, 3 de ce mois, on a publié un mandement de M. l'archevêque de Paris qui condamne les Nouvelles ecclésiastiques qui se distribuent dans Paris, défend de les lire, garder, sous peine d'excommunication. Ce mandement est parfaitement bien écrit, et ce qu'il dit même des Nouvelles ecclésiastiques est vrai : ce sont des libelles séditieux et diffamatoires, d'ailleurs sortant d'une belle plume. » (Mai 1733.)

Mais les mandements ne pouvaient être plus efficaces que les *brûlures* ; et, en dépit de la police et de la Bastille, l'opiniâtre feuille reparaissait toujours plus vive, plus provocante, plus audacieuse; et les philosophes aidant, — les philosophes qu'elle n'aimait guère pourtant, — elle finit par triompher de ses adversaires.

Cependant les Jésuites, ne pouvant avoir raison de cet ennemi invisible, qui les harcelait sans trêve ni merci, résolurent de le combattre avec les mêmes armes, d'opposer journal à journal. Ils lancèrent, le 25 janvier 1734, le *Supplément des Nouvelles ecclésiastiques* (1), et ils firent précéder cette déclaration de guerre d'un manifeste dont nous extrayons quelques passages :

> Le libelle qui se répand périodiquement depuis quelques années sous le titre de Nouvelles ecclésiastiques est rempli de tant de faussetés, de tant de calomnies, de tant d'erreurs sur la religion, de tant de principes pernicieux sur l'autorité, qu'il est étonnant que nul écrivain n'ait encore entrepris de venger les droits de la vérité, de la justice, de l'innocence, de la charité, qui sont visiblement violés à toutes les pages de ce scandaleux écrit, dont l'auteur, entraîné par sa malignité et à l'abri des ténèbres qui le couvrent, ne cesse d'insulter, de déchirer, quiconque se trouve sous sa plume.
>
> Il est vrai qu'il se décrie par lui-même...; mais combien de

---

(1) Ils avaient déjà essayé, si nous en croyons leur adversaire, la publication d'une gazette que « le mépris et l'indignation du public les avaient obligés d'abandonner », mais sur laquelle nous n'avons aucun renseignement.

personnes simples ou prévenues en reçoivent les plus fâcheuses impressions?...

C'est précisément pour cette sorte de personnes simples ou prévenues qui lisent les Nouvelles ecclésiastiques qu'on s'est cru obligé de composer le présent écrit, pour leur servir d'antidote. Le titre de *Supplément* qu'il porte en marque précisément la fin. On s'y propose, en effet, de suppléer la vérité qui manque à cette gazette..... Le tour malin dont le gazetier a besoin d'assaisonner ses mensonges pour les faire lire sera suppléé par la candeur et par la simplicité avec lesquelles la vérité demande d'être exposée, et qui lui suffisent pour se faire goûter.

Quand le bien de la religion exigera qu'on instruise le public de certaines choses que des particuliers voudraient bien qu'il ignorât sur leur compte, on aura, dans le Supplément, toute l'attention possible à se contenir dans les plus justes bornes, et à accorder à la religion ce qui lui est dû, sans donner la moindre atteinte aux lois de la charité chrétienne.

C'est ici une espèce d'asile que l'on ouvre à la vérité, à la probité, à l'honneur, si constamment outragés dans les Nouvelles ecclésiastiques; c'est un canal par lequel ceux qui ont été lésés dans ce libelle, ou qui le seraient dans la suite, pourront porter leur plainte au tribunal du public, et en obtenir la justice qui leur sera due...

On peut dire de ce Supplément ce que le P. Courayer disait d'un supplément du même genre, en s'adressant aux **PP.** Jésuites (*Relation historique et apologétique des sentiments et de la conduite du P. Courayer*, t. II, p. 59):

Mes pères, il n'est pas que vous n'ayez entendu parler de certains suppléments aux gazettes d'Hollande. Je n'en connais point l'auteur, quelqu'intérêt qu'il eût à se déceler, travaillant comme il fait pour l'Eglise. Je ne sais non plus si c'est en lui surprise ou simplicité; mais il est certain que jamais homme ne débita avec plus de confiance des faits contredits par la notoriété publique que ce bon catholique. Une partie de ces faits sont altérés, les autres sont absolument faux, et, parmi un petit nombre de vérités dont il nous instruit, on trouve dans son recueil une tradition constante de faussetés et de mensonges._

C'est néanmoins avec une curiosité pleine d'intérêt que l'on suit les passes de ces deux champions, combattant sous le masque, corps à corps, et sans cesse aux prises; celui-là, le *gazetier,* attaquant avec une fougue toute gallicane; celui-ci, le *supplémenteur,* parant les bottes et ripostant avec le sang-froid perfide qui convient à un digne fils de Loyola. Les annales du journalisme n'offrent pas assurément d'autre exemple d'une lutte avec ce caractère et dans ces conditions.

L'importance historique de ces deux recueils, des Nouvelles ecclésiastiques surtout, n'a pas besoin d'être démontrée : c'est dans leurs colonnes qu'on apprend à bien connaître cette longue querelle, qui agita si profondément la France pendant une partie du XVIIIe siecle, et que l'on comprend à peine aujourd'hui. Les événements de ce siècle n'étaient pas, d'ailleurs, le seul objet des Nouvelles. « On y remonte souvent à la source et à l'origine des maux de l'Eglise, en rappelant quantité de traits intéressants des siècles précédents, surtout depuis la naissance des Jésuites. Mais l'objet le plus important dans les Nouvelles, c'est la partie qui concerne la doctrine, le dogme et la morale, les libertés de l'Eglise gallicane et les maximes du royaume. En effet, on rend compte, dans ces mémoires, de tous les écrits faits pour défendre la vérité et pour combattre l'erreur, non-seulement en France, mais encore à l'étranger, écrits dont ni les Journaux des savants ni les autres ouvrages du même genre ne faisaient aucune mention; on en donne des analyses courtes, mais exactes et judicieuses; on met sous les yeux les preuves par lesquelles les auteurs de ces écrits établissent les vérités dont ils prennent la défense, et renversent les erreurs qu'ils combattent; enfin l'on fait connaître les auteurs eux-mêmes, après leur mort, avec des détails qui peuvent être d'un grand secours pour les continuateurs de l'histoire littéraire de la France. »

Les Nouvelles ecclésiastiques circulèrent d'abord manuscrites; c'est du moins ce qui paraît résulter de l'intitulé d'un volume qui, à la Bibliothèque impériale, précède la collection : *Nouvelles ecclésiastiques, depuis l'arrivée de la Constitution en France jusqu'au 23 février 1728, que lesdites Nouvelles ecclésiastiques ont commencé d'être imprimées* (in-4°; s. l. n. d.). La collection de la Bibliothèque impériale, la plus complète que nous connaissions, de 1728 à 1798, forme 71 vol. in-4°, reliés en 26. L'année 1793 porte l'adresse de Paris, Leclère, et les années 1794-1798 celle d'Utrecht, J. Schelling. On a publié en 1734 une table des noms et matières comprenant les années 1728-31, 2 tom. en 1 vol. in-4°; et, en 1767, une autre table, raisonnée et alphabétique, de 1728 jusqu'en 1760 inclusivement, 2 vol. in-4°. — Chaque année des Nouvelles était précédée d'un discours préliminaire ; ces discours ont été réunis en 2 vol. in-8°.

Les Nouvelles ecclésiastiques furent rédigées, de 1728 à 1793, par les abbés Boucher, Berger, de La Roche, Troya, Guidy, Rondet, Larrière, de Saint-Mars. Elles cessèrent d'être imprimées à Paris à la fin de 1793; mais l'abbé Mouton les continua à Utrecht, dans le même format, jusqu'au milieu de l'année 1803.

Le *Supplément des Nouvelles ecclésiastiques* avait pour rédacteur le P. Patouillet; il forme, de 1734 à 1748, 16 tom. en 4 vol. in-4°.

Journal du Despotisme.

En 1783, un imprimeur de Londres, J. Rivington, lança le prospectus, très-remarquable et très-détaillé, d'un journal dont nous n'aurions probablement pas parlé si la Bibliothèque impériale ne l'eût catalogué parmi les journaux politiques, car nous en ignorons la destinée, et, dans tous les cas, il ne dut pas franchir aisément les frontières de la France. On en jugera par quelques extraits de son programme.

L'opinion publique est la source de tous les maux, de tous les abus, de tous les crimes, qui désolent aujourd'hui l'humanité dans les quatre parties du monde ; c'est un mélange monstrueux de préjugés, d'erreurs et de superstitions, au torrent desquels rien ne peut résister. Tout est fondé sur cette malheureuse chimère, qui n'est elle-même fondée sur rien. Si les hommes sont partout écrasés sous le poids du despotisme et de l'anarchie, s'ils sont partout esclaves des tyrans et des prêtres, si partout ils sont les victimes de la violence ou de la ruse, c'est l'opinion publique qui les subjugue, c'est elle qui les entraîne, c'est elle qui leur tient lieu d'expérience, de raison et de conscience.

Pourquoi l'opinion publique a-t-elle une si prodigieuse influence sur les esprits ? C'est qu'on ne permet point à l'homme de raisonner ; c'est qu'il ignore les premiers principes du droit naturel ; c'est qu'il méconnaît ses droits et ses devoirs ; c'est qu'il ne sait ni ce qui lui est utile, ni ce qui lui est nuisible, et qu'à cet égard il est obligé de s'en rapporter à ceux qui le gouvernent.

On ne peut donc soustraire l'homme aux prestiges de l'opinion publique qu'en lui apprenant à s'en passer, qu'en rétablissant le tribunal de sa conscience, qu'en lui faisant connaître la règle éternelle de ses actions, qu'en lui donnant une notion si juste, si simple, si évidente, des principes de la morale, que, pour les appliquer à tous les cas possibles, il n'ait besoin de consulter que sa propre raison.

Tel est le but que nous nous proposons dans ce journal. Dût-on taxer notre entreprise de témérité, nous avouerons sans déguisement que notre objet est de redresser l'opinion publique en la subordonnant aux maximes fondamentales du droit naturel. Oui, notre intention est de développer à l'homme une morale si conforme à ses vrais intérêts qu'il ne voie plus rien d'*utile* que ce qui est *juste,* ni plus rien de *nuisible* que ce qui est *criminel* de sa propre nature.

Nous nous appliquerons donc à lui rappeler quelle est l'étendue de ses *droits* et quelle est la règle de ses *devoirs*. Nous lui ferons voir que ses droits consistent dans la *sûreté* de sa personne, dans la *liberté* de ses actions, dans la *propriété* de ses biens. Nous lui montrerons que ses devoirs consistent à respecter ce triple droit dans les autres. Enfin nous lui prouverons que les gouvernements ne peuvent avoir été institués que pour lui *garantir* ces trois branches du droit naturel.

Il verra dans le développement de cette grande vérité quelle est l'essence de l'*autorité souveraine,* quelle est l'étendue de ses devoirs et quelles sont les bornes de son pouvoir. Il verra que notre doctrine à cet égard n'est qu'une application du droit naturel fondée sur l'*évidence* même...

Pour procéder avec ordre, nous mettrons à la tête de ce journal un précis raisonné du droit naturel. Au moyen de ces notions préliminaires, un lecteur exercé saura déjà à quoi s'en tenir sur la plupart des objets qui intéressent la société. Il verra ce qui constitue le crime et la vertu ; il démêlera les établissements utiles et nuisibles; il ne confondra point la tyrannie avec l'autorité légitime; il discernera les lois fondées sur la justice d'avec les règlements arbitraires... En un mot, il n'ignorera rien de ce qui peut contribuer au bonheur ou au malheur d'une nation.

Cependant cette théorie simple et sans application ne suffirait pas au triomphe de la vérité. Elle a deux ennemis trop puissants à combattre : le préjugé des peuples et l'intérêt des despotes. On ne doit point se flatter de surmonter aisément de tels obstacles.

Les hommes sont si peu familiarisés avec les idées morales, les préjugés concernant la politique sont si généralement répandus, les racines qu'ils ont jetées dans les esprits sont si profondes, les ténèbres de l'ignorance à cet égard sont si épaisses, qu'il n'est pas vraisemblable que l'évidence même, avec tout l'éclat de son flambeau, puisse d'abord en dissiper l'obscurité.

On ne peut que s'attendre à cette rénitence des esprits, quand on considère les précautions infinies qu'on ne cesse de prendre pour les corrompre et les entretenir dans l'erreur : ces précautions sont analogues et proportionnées aux avantages que les agents du pouvoir arbitraire retirent de la stupidité des peuples.

L'ignorance est l'âme et la vie du despotisme ; il n'existe, il ne se soutient que par elle... Les ministres du despotisme n'oublient donc rien pour multiplier les erreurs, propager le mensonge et fermer tout accès à la vérité... On connaît les moyens qu'ils emploient pour parvenir à ces fins ; on sait le rôle qu'ils font jouer aux prêtres et aux magistrats ; on sait les entraves qu'ils mettent à la liberté de penser, de parler et d'écrire...

Les papiers publics leur fournissent un autre moyen qui, n'est pas moins efficace. On sent combien ils sont intéressés à tromper les peuples par de fausses nouvelles ; à déguiser les fautes que l'ignorance ou la méchanceté leur font commettre, à nourrir de fausses espérances, à exagérer de vains succès... ; à fomenter les guerres littéraires pour avoir un prétexte de dénigrer la philosophie ; enfin à semer de plus en plus la confusion sur les principes de la morale, afin que les peuples continuent à méconnaître leurs droits en sentant moins les outrages du pouvoir arbitraire et la nécessité d'y remédier.

Tel est l'usage que fait le despotisme des journaux, des gazettes et autres écrits périodiques. Ces ouvrages sont les dépôts ordinaires de tous les mensonges dont on se sert pour séduire et abuser les hommes, et ils sont d'autant plus insidieux qu'ils paraissent avoir pour objet l'instruction publique...

C'est donc pour mettre nos lecteurs à portée de faire une juste application des principes du droit naturel à tous les cas que nous leur offrons l'*Examen critique des journaux et autres écrits périodiques*. Nous n'avons pu trouver un champ plus vaste et plus propre aux applications. Comme ces écrits renferment en même temps et les actes du pouvoir arbitraire et les raisons dont on se sert pour les justifier, ils nous mettront à portée d'étendre nos observations sur tout ce qui peut intéresser l'humanité...

Cette application continuelle de la théorie à la pratique ne pourra manquer de frapper les esprits les moins attentifs. On apprendra par là à faire usage des règles du droit naturel. On se familiarisera insensiblement avec les idées de la saine politique. On s'accoutumera à porter un jugement certain sur toutes les actions, sur toutes les opérations d'un peuple, d'un souverain, d'un ministre, d'un magistrat, d'un simple particulier.

On apprendra à démêler les sophismes d'un auteur mercenaire d'avec les raisonnements d'un citoyen philosophe. On ne prendra plus les plaintes d'un peuple opprimé pour les cris d'une populace séditieuse. Enfin on aura la vraie signification du mot *patrie*, et on se gardera bien de confondre le *patriotisme* avec l'honneur d'un gouvernement ennemi et destructeur de la patrie...

Notre journal sera donc spécialement dirigé contre le despotisme. On sait que ce grand abus, que ce maître-crime, est la source de tous les maux qui inondent le genre humain. Nous ferons donc tous nos efforts pour opposer une digue à cet horrible fléau...

Nous emploierons la langue française, parce qu'elle est la plus répandue, parce qu'elle paraît consacrée à la politique, et *par d'autres raisons que nos lecteurs devineront aisément...*

Nous ignorons quelle suite peut avoir eue ce projet, que Barbier attribue à un baron de Saint-Flocel, et qui, selon lui, aurait abouti à une brochure in-12 de 195 pages. La Bibliothèque impériale ne possède qu'une plaquette incomplète, de 96 pages, contenant le prospectus, sous le titre d'introduction, et une partie du précis raisonné du droit naturel. Elle a pour titre : *Journal des Princes, ou Examen des journaux et autres écrits périodiques relativement aux progrès du despotisme.* L'introduction a pour titre de départ : *Journal du Despotisme.* Le prospectus, qui se trouve à la bibliothèque de l'Arsenal, est intitulé : *Examen critique des journaux et autres écrits périodiques qui se publient en Europe et ailleurs.*

Les notes de la police nous ont, depuis, fourni quelques détails sur ce baron de Saint-Flocel ou Flozel. C'était un ancien rédacteur du *Journal de Bouillon*. Il avait été, sous le nom de Lefèvre, secrétaire du comte d'Aigremont, ministre de France à Coblentz, et avait perdu cette place par sa mauvaise conduite et ses escroqueries. Un ancien chapelain du prince des Deux-Ponts, avec lequel il était lié, l'abbé Séchamp, « homme mielleux, qui se disait l'ami de toute la France, l'avait fait venir à Londres pour l'aider dans le projet qu'il avait formé de publier un journal pour le bien de l'humanité, à l'imitation du sieur Brissot de Warville. Ce journal devait tendre à rendre les hommes meilleurs, et sans doute l'auteur plus riche. » La note ajoute que les deux amis ne tardèrent pas à se brouiller, et que Saint-Flocel poursuivit seul la mise sur pied de ce journal philanthropique, — le même évidemment que celui dont nous nous occupons, — que le prospectus en était prêt, et que le premier numéro devait bientôt voir le jour.

Brissot, dans ses Mémoires, mentionne en effet cette imitation de son journal par un écrivain qu'il nomme, lui, Saint-Flomel, et dont il parle dans des termes tout différents : « C'était, dit-il, un économiste outré, qui, jadis employé dans la diplomatie, y avait été fort mal récompensé de ses services, et qui s'était réfugié en Angleterre pour y prêcher avec plus de sûreté les principes de la liberté. Mais, environné d'espions, trompé par des entremetteurs, l'honnête Saint-Flomel fut victime de sa crédulité, et mourut martyr de sa frénésie pour l'indépendance. »

C'est sans doute entre ces deux portraits qu'il faut chercher la vérité sur ce personnage, dont la Biographie universelle ne fait pas mention.

NOUVELLES A LA MAIN.

Mémoires secrets : Madame Doublet, Bachaumont. — Métra : *Correspondance secrète.* — *Correspondances littéraires* de La Harpe et de Grimm. — Les *Bulletiniers* et la police.

On comprend que de pareils journaux soient rares, et même qu'il en ait peu existé. Pour soutenir un journal clandestin, il faut un parti, un intérêt, des passions, la foi, des conditions telles, enfin, qu'en rencontrèrent les *Nouvelles ecclésiastiques*.

Pour ce qui est de l'œuvre que tentait le *Journal du Despotisme*, elle était faite surabondamment par les livres, par les brochures de toutes les formes et de toutes les couleurs, par les nouvelles à la main et les correspondances secrètes, par cette multitude d'épigrammes, de satires, de chansons surtout, manuscrites ou imprimées, qui se passaient sous le manteau, et venaient chaque jour défrayer la malignité des salons et des cafés, en dépit des favoris et des gouvernants qu'elles déchiraient.

Les journaux cependant avaient, en dépit des

entraves de toute nature, gagné considérablement de terrain ; ils avaient fini par conquérir, comme, en général, l'expression de la pensée, une somme assez grande de liberté ; mais cette liberté était en quelque sorte intermittente. D'une tolérance que l'on aurait pu quelquefois accuser de faiblesse, le gouvernement, qui, sentant le terrain fuir sous ses pieds, était en proie à une sorte de vertige, passait tout à coup à d'excessives rigueurs. « Les chansons, les vers, les estampes satiriques, lit-on dans les Mémoires du marquis d'Argenson, pleuvent, même contre la personne du roi…. Voilà une mode bien acharnée, une véritable rage. Bientôt le recueil de ces satires modernes ira aussi loin que celui des Mazarinades ; on pourra les appeler les *Poissonnades*. » Après avoir longtemps laissé faire, on se ravise un beau jour : « Chaque nuit se font de continuelles captures de beaux esprits, d'abbés savants, de professeurs de l'Université, de docteurs de Sorbonne, soupçonnés de faire des livres, des chansons, des vers ; de répandre de mauvaises nouvelles aux cafés et aux promenades, de fronder contre le ministère, d'écrire et imprimer pour le déisme et contre les mœurs ; à quoi l'on voudrait donner des bornes, la licence étant devenue trop grande. On n'appelle plus cela que l'*inquisition française* (1). »

Mais le siècle n'était guère à l'inquisition ; l'esprit

---

(1) *Mémoires du marquis d'Argenson*, édition elzevirienne, t. 3, p. 249, 276.

reprit bientôt ses droits, et bientôt aussi il en abusa avec l'imprudence que l'on sait. Nouvelles et plus rigoureuses poursuites. « Les imprimeurs se plaignent que les nouveautés tarissent. On a mis un embargo sur tous les manuscrits. La police, plus sévère que jamais, ne passe rien, ne tolère aucune plaisanterie... Plusieurs imprimeurs vendent leur fonds de boutique, et nous sommes menacés d'une sécheresse générale de la littérature de France (1). »

On fouillait alors dans le vieil arsenal des lois pour y trouver des armes contre cette hydre toujours renaissante. Je me bornerai à citer une déclaration du roi, du 16 avril 1757, sur les écrits imprimés sans permission. Il est dit dans le préambule que l'attention continuelle que le roi doit apporter à maintenir l'ordre ne lui permet pas de souffrir la *licence effrénée* des écrits qui se répandent dans le royaume... A ces causes, tous ceux qui seront convaincus d'avoir composé, fait composer et imprimer des écrits tendant à attaquer la religion, à émouvoir les esprits, à donner atteinte à l'autorité royale et à troubler la tranquillité de l'Etat, *seront punis de mort,* ainsi que les imprimeurs, colporteurs et autres qui les auraient répandus dans le public. A l'égard des autres écrits, de quelque nature qu'ils soient, faute d'avoir observé les formalités prescrites par les ordonnances, les auteurs,

(1) *Mémoires secrets,* décembre 1762.

imprimeurs, colporteurs, etc., condamnés aux galères à perpétuité ou à temps, suivant l'exigence des cas. Amende de six mille livres pour les propriétaires ou principaux locataires des maisons où les imprimeries seront trouvées sans qu'ils les aient dénoncées à la justice.

« Si on tient la main à cette loi rigoureuse, ajoute l'avocat Barbier, au Journal duquel nous empruntons ce document, il n'y aura plus tant de brochures dans le public, et les *Gazettes ecclésiastiques* seront rares et chères. Cette loi fait voir en même temps qu'on n'est point incertain sur la cause des malheurs qui sont arrivés. »

Le gouvernement de Louis XVI essaya d'abord de la douceur, mais il fut bientôt débordé. « La licence d'écrire augmente journellement, et l'on abuse de la douceur du nouveau gouvernement à tel point, qu'il sera peut-être forcé d'employer toute l'inquisition de la fin du règne de Louis XV. » Ce sont les *Mémoires secrets* (1) qui font eux-mêmes cet aveu. Et en effet, l'on verra les derniers ministres de la monarchie sans cesse occupés à la défendre, et par les plus étranges moyens, contre ce torrent qui devait l'engloutir.

L'intérêt de leur conservation imposait aux journaux une mesure qu'ils ne pouvaient trop dépasser sans s'exposer à une ruine plus ou moins complète.

---

(1) *Mémoires secrets*, juillet 1776.

C'est là d'ailleurs, il faut bien l'avouer, un des côtés faibles du journal, et, s'il arrive que les journalistes s'en préoccupent parfois plus qu'il ne serait à désirer, les gouvernements, en revanche, n'en tiennent pas assez compte dans la part de liberté qu'ils font aux journaux. Quoi qu'il en soit, si les journaux du XVIIIe siècle ne pouvaient avoir les libres allures de ce que nous appellerions la petite presse de l'époque, de cet insaisissable Protée, qui déjouait sous mille formes diverses les poursuites des limiers de la police, il était impossible qu'ils ne participassent pas, un peu plus, un peu moins, au mouvement qui se faisait autour d'eux.

Cependant, je le répète, même dans leurs meilleurs jours, ils étaient obligés à une grande circonspection; ils ne pouvaient, par exemple, donner asile à ces mille petits bruits de la ville et de la cour, à cette chronique scandaleuse, dont les Français, les Parisiens surtout, ont été de tout temps si friands. Et cependant, dit Manuel dans son langage quelque peu abrupte, « un peuple qui veut s'instruire ne se contente pas de la *Gazette de France*. Que lui importe que le roi ait lavé les pieds à des pauvres qui ne les ont pas sales; que la reine ait fait ses pâques avec le comte d'Artois; que *Monsieur* ait daigné agréer un livre que peut-être il ne lira pas, et que le Parlement en robes ait harangué un dauphin en maillot? Il veut, à la fin, savoir tout ce qui se dit et tout ce qui se fait à la cour, pourquoi et pour qui un cardinal de Rohan s'amusait à enfiler des perles; s'il est vrai que la comtesse *Diane* nommait les généraux d'armée, et la comtesse *Jule* des évêques; combien le ministre de la guerre donnait de croix de Saint-Louis à sa maîtresse pour ses étrennes. C'est au crayon des malins à fixer ces notes scandaleuses, qui, chaque jour, se succèdent et s'envolent. » C'était le rôle des nouvelles à la main.

On vit donc bientôt renaître, en effet, ces gazettes volantes, que l'on avait pu croire à jamais étouffées sous les coups dont les avait accablées la police de Louis XIV; ou plutôt, moins timides, elles reprirent plus d'essor, car il est probable qu'elles n'avaient jamais complétement disparu. On sait qu'un nommé Dubreuil tenait, vers 1728, rue Taranne, un bureau de nouvelles à la main, et que l'abonnement à son journal manuscrit était de 6 livres par mois pour quatre pages in-4°, et de 12 livres pour un nombre double de pages. On possède les années 1728, 1729, 1730 et 1731, de cette petite feuille, et M. Justin Lamoureux en a publié quelques extraits dans le *Bulletin du Bibliophile* de 1846; mais tout cela est d'une rare insignifiance.

Dans une gazette manuscrite dont je parlerai tout à l'heure, on lit, à la date du 27 janvier 1741 : « Depuis quelque temps, il se distribue à Paris une gazette à la main remplie de chroniques scandaleuses. Les facteurs ont été arrêtés et mis en prison. Un d'eux a dénoncé l'abbé Prévost pour lui en avoir fourni trois. En conséquence, l'abbé Prévost a reçu ordre de sortir du royaume, et il est parti ce matin pour Bruxelles. » Et plus loin : « L'abbé Prévost a écrit à tous ses amis qu'il partait innocent, que M. le prince de Conti et M. de Maurepas en pouvaient répondre. Ce qu'il y a de sûr est qu'il n'a pas eu mauvaise intention : il ne voulait qu'obliger un facteur à qui un auteur ne donnait plus de gazette à copier ; il a compté lui donner du pain en lui en faisant à sa guise. Il faut avouer que c'est une pauvre tête. »

A la fin de 1752, on fit circuler à Paris le prospectus d'une gazette manuscrite intitulée le *Courrier de Paris*, qui prétendait faire mieux que les nouvelles à la main, « rejetées sur les provinces par la satiété de Paris. » Quelques numéros de ce Courrier, que possède M. Albert de La Fizelière, prouvent qu'on ne fit ni mieux ni plus mal.

L'abbé de Clamarens, mort en 1785, rédigeait un bulletin de nouvelles qu'il adressait à ses amis. Homme de qualité, très-répandu et fort en état d'être instruit des événements, il se faisait un plaisir de les rendre toujours avec sagesse, quoiqu'avec une malignité qui donnait quelquefois beaucoup de sel à ses récits ; et son bulletin, au témoignage même des *Mémoires secrets*, sans avoir autant de vogue que les Nouvelles qui firent le fondement de ce dernier recueil, était estimé pour sa véracité.

Nous posons ces quelques faits simplement à titre de jalons, de repères, et nous arrivons à la plus célèbre des manufactures de bulletins, selon l'expression de Manuel : nous avons nommé le salon de madame Doublet de Persan.

Madame Doublet, « très-connue en France et chez les étrangers », pour parler comme les éditeurs des *Mémoires secrets*, tenait à Paris ce que l'on appelait un bureau d'esprit, c'est-à-dire qu'elle réunissait chez elle des gens de lettres, comme le faisaient Mesdames de Tencin, du Deffand, Geoffrin, et mademoiselle Lespinasse. Son salon jouit pendant près d'un demi-siècle d'une grande célébrité. « Ce salon, disent deux jeunes portraitistes dont on connaît la brillante palette, ce salon tenait le monde et Paris, et la veille et le jour, la Chaire, l'Académie, la Comédie, la Cour. Il était le rendez-vous des échos, le cabinet noir où l'on décachetait les nouvelles; pêle-mêle y tombait le xviiie siècle, heure à heure, bons mots et sottises, querelles, procès, sifflets, bravos, morts et naissances, livres et grands hommes, un je ne sais quoi sans ordre, une moisson à pleine brassée de paroles et de choses, les mémoires d'Argus! Salon envié!

confessionnal du xviiie siècle, où tant d'esprit s'était confessé, que Piron lui-même n'y amenait le sien qu'en tremblant ! Il écrivait au frère de madame Doublet, à l'abbé Legendre : « Annoncez bien une bête à madame Doublet, et j'y serai bon »; et encore : Je me rendrai samedi, à midi trois quarts, chez madame Doublet, dont vous m'envoyez l'adresse; je ferai maussadement la révérence, j'y boirai, j'y mangerai, je dirai grand'merci et je m'en reviendrai. Tout cela vaut fait. Quant à l'idée que j'y laisserai de moi, ce sont les affaires du dieu Caprice de ma part et de la déesse Indulgence de celle des autres, et voilà tout. » Duché remerciait Bachaumont de sa présentation en ces termes : « Assurez madame Doublet de mes plus tendres respects : il n'y a pas de jour que je ne remercie Dieu de la grâce qu'il ma faite de me mettre au nombre de ses paroissiens. »

« Le salon de madame Doublet était au couvent des Filles-Saint-Thomas, dans un appartement où madame Doublet passa quarante ans de suite sans sortir. Là, présidait du matin au soir Bachaumont, coiffé de la perruque à longue chevelure inventée par le duc de Nevers. Là siégeaient l'abbé Legendre, Voisenon, le courtisan de la maison; les deux Lacurne de Sainte-Palaye, les abbés Chauvelain et Xaupi, les Falconet, les Mairan, les Mirabaud, tous *paroissiens,* arrivant à la même heure, s'asseyant dans le même fauteuil, chacun au-dessous de son portrait. Sur une table, deux grands registres étaient ouverts, qui recevaient de chaque survenant, l'un le positif et l'autre le douteux, l'un la vérité absolue et l'autre la vérité relative. Et voilà le berceau de ces *Nouvelles à la main* qui, par le tri et la discussion, prirent tant de crédit, que l'on demandait d'une assertion : Cela sort-il de chez madame Doublet ? de ces Nouvelles à la main ébauche des *Mémoires secrets* (1). »

« La société de madame Doublet, dit Grimm, fut longtemps célèbre à Paris. On y était janséniste, ou, du moins, parlementaire; mais on y était peu chrétien : jamais croyant ni dévot n'y fut admis. Au reste, on n'y affichait pas cette liberté de penser philosophique; on s'en servait sans en jamais parler. On donnait la principale attention aux nouvelles. Madame Doublet en tenait registre. Chacun, en arrivant, lisait la feuille du jour, et l'augmentait de ce qu'il savait de sûr. Les valets copiaient ensuite les bulletins, et s'en faisaient un revenu en les distribuant au public. »

Ces bulletins, qui devaient nécessairement prendre le ton de la société du temps, étaient un résumé de tout ce qui se disait dans le monde. On y trouvait l'analyse des pièces de théâtre, le compte-

---

(1) Edmond et Jules de Goncourt, *Portraits intimes du* XVIIIe *siècle*.

rendu des assemblées littéraires et des procès célèbres; la notice des livres nouveaux, et en particulier des livres clandestins et prohibés, auxquels la saveur du fruit défendu donne plus de piquant et de relief; des pièces rares ou inédites, en vers et en prose, dont beaucoup n'eussent pu être imprimées sans péril; les chansons et les vaudevilles satiriques; les anecdotes et les bons mots, que l'on était d'autant plus attentif à recueillir qu'ils étaient plus méchants; enfin les aventures de société, les faits et gestes de la Cour, bien souvent embellis par la médisance. Il suffit, du reste, pour en avoir une idée exacte, de parcourir les Mémoires connus sous le nom de Bachaumont, et qui ne sont autre chose, comme on le sait, que la reproduction d'une partie de ces nouvelles; or, à en juger par cet ouvrage, les Nouvelles à la main émanées du cercle de madame Doublet étaient assurément, et de beaucoup, les plus amusants journaux du temps. C'était une véritable chronique, dans l'entière acception du mot, chronique assez peu limée, mais abondante et nourrie, au contraire des prétendues chroniques de certains journaux, qui, si elles ont quelques-unes un certain vernis, sont à peu près toutes également vides ou pleines de riens.

A quelle époque se forma le cercle de madame Doublet, à quelle époque commença-t-on à répandre au dehors, sous forme de gazette, les nouvelles qui s'y recueillaient, il serait difficile de le préciser. Nous savons seulement, par les *Mémoires secrets,* que, lorsque Madame Doublet mourut, en 1771, il y avait soixante ans qu'elle recevait la meilleure société de la Cour et de la ville, et plus de quarante qu'elle occupait son fameux salon des Filles-Saint-Thomas.

Quant à la propagation des nouvelles, on voit Bachaumont, en 1740, préoccupé d'en faire l'objet d'une publication régulière ; il fit en effet circuler cette année-là le prospectus que voici :

> Un écrivain connu entreprend de donner, deux fois par semaine, une feuille de nouvelles manuscrites. Ce ne sera point un recueil de petits faits secs et peu intéressants, comme les feuilles qui se débitent depuis quelques années. Avec les événements publics que fournit ce qu'on appelle le cours ordinaire des affaires, on se propose de rapporter toutes les aventures journalières de Paris et des capitales de l'Europe, et d'y joindre quelques réflexions sans malignité, néanmoins sans partialité, dans le seul dessein d'instruire et de plaire par un récit où la vérité paraîtra toujours avec quelques agréments. Un recueil suivi de ces feuilles formera proprement l'histoire de notre temps. Il sera de l'intérêt de ceux qui le prendront de n'en laisser tirer de copie à personne, et d'en ménager le secret, autant pour ne pas les avilir en les rendant trop communes, que pour ne pas se faire de querelles avec les arbitres de la librairie. A chaque ordinaire, à ceux qui voudront la prendre, elle sera payée sur-le-champ par le portier, afin qu'on ait la liberté de l'abandonner quand on n'en sera pas satisfait.

Ce projet ne paraît pas avoir eu de suite, et

la gazette de Madame Doublet continua jusqu'à la fin à être distribuée en manuscrit. Mais j'ai eu en main la preuve qu'elle était expédiée jusque dans les provinces dès avant le projet de Bachaumont. La Bibliothèque impériale possède cinq volumes manuscrits, reliés sous le titre de *Journal historique,* qui sont évidemment une copie des registres de la *paroisse.* C'est une suite de missives adressées à *madame de Souscarrière, au château de Breuillepont, par Vernon, à Pacy.* Ces sortes de lettres, qui se succèdent à des intervalles très-rapprochés, vont de 1738 à 1745. En haut est inscrit, d'une autre main que le corps de la lettre : *Breuillepont,* comme au bas des lettres administratives et de commerce on a coutume de mettre le nom du destinataire, pour la gouverne de celui qui est chargé de les fermer et de les expédier. C'est, pour notre cas, une preuve que la copie destinée à madame de Souscarrière n'était pas unique.

La provenance de cette correspondance résulte à l'évidence de mentions dans le genre de celles-ci :

— Pour toutes nouvelles sur la feuille....

— Madame Doublet n'ayant pas le temps de faire un extrait des deux lettres ci-jointes, elle vous en envoie copie.

— Madame Doublet me prie de ne point donner copie de cette lettre : je demande fidélité à ses ordres.

— Il a fallu que je vous copiasse les nouvelles moi-même, ne pouvant me résoudre à les remettre à demain.

Les faits contenus dans ces feuilles, où l'on remarque que des morceaux ont été enlevés, d'autres collés, sont généralement assez insignifiants, et il y a loin de là aux Nouvelles à la main dans leur bon temps, à celles qui nous sont parvenues. C'est une froide gazette, plutôt qu'une chronique piquante. On y trouve pourtant quelques pièces historiques intéressantes, et quelques petites poésies satiriques et anacréontiques.

Quoique les Nouvelles à la main ne fussent pas, politiquement parlant, bien séditieuses, elles ne laissaient pas que de préoccuper le pouvoir, surtout dans les temps de brouilleries entre la Cour et les Parlements, et le lieutenant de police eut plus d'une fois à communiquer à madame Doublet dès lettres dans le genre de celle-ci :

Versailles, 6 *octobre* 1753.

Le roi est informé, Monsieur, que madame Doublet reçoit dans le nombre de ceux qui vont chez elle plusieurs personnes qui y débitent des nouvelles fort hasardées, et qui ne peuvent faire qu'un mauvais effet lorsqu'elles viennent se répandre dans le public; que souvent ces mêmes personnes y tiennent des discours peu mesurés, et que madame Doublet, au lieu de réprimer une licence aussi condamnable, leur permet, en quelque façon, d'en tenir un registre qui sert à composer des feuilles qui se distribuent dans Paris et s'envoient même dans les provinces. Une pareille conduite de sa part ne pouvant que déplaire au roi, Sa Majesté, avant d'employer des moyens plus sévères, m'a chargé de vous mander que vous eussiez à voir incessamment madame Doublet, pour lui représenter qu'elle ait à faire cesser au plus tôt un pareil abus, en éloignant de chez elle les personnes qui contribuent à l'entretenir. Vous l'avertirez que Sa Majesté se fera rendre compte exactement de la manière dont les choses se passeront à l'avenir, et que, si elle venait à s'écarter de la conduite qui lui est prescrite, elle s'exposerait à des événements qui ne pourraient que lui être fort désagréables. Vous lui ajouterez que, les ménagements dont Sa Majesté veut bien user à son égard étant un effet de sa bonté et une grâce particulière, elle ne doit en faire part à personne. Je compte, Monsieur, que, lorsque vous aurez parlé à madame Doublet, je n'aurai à reporter à Sa Majesté que des sentiments d'une entière soumission de sa part, et la reconnaissance la plus profonde et la plus respectueuse de l'avertissement qu'elle veut bien lui faire donner.

MARQUIS D'ARGENSON.

Madame Doublet promettait de se corriger, et en 1762 son neveu trouvait qu'elle était encore plus difficile à gouverner que l'Europe. Cependant il ne lui passait rien. Voici une preuve de son style et de son humeur :

Versailles, 24 mars...

Madame Doublet a fait dire hier à l'abbé de Breteuil, Monsieur, que l'escadre de M. de Blenac avait été prise en entier par les ennemis. La nouvelle de madame Doublet, qui est fausse, et dont je n'ai nulle connaissance, ne fait pas de tort à l'escadre du roi; mais elle fait tort aux papiers publics qui varient. D'après les malheurs qui sortent de la boutique de madame Doublet, je n'ai pas pu m'empêcher de rendre compte au roi de ce fait et de l'imprudence intolérable des nouvelles qui sortent de chez cette femme, ma très-chère tante; en conséquence, Sa Majesté m'a ordonné de vous mander de vous rendre chez madame Doublet, et de lui signifier que, s'il sort de rechef une nouvelle de sa maison, le roi la renfermera dans un couvent d'où elle ne distribuera plus des nouvelles aussi impertinentes que contraires au service du roi.

DUC DE CHOISEUL.

Toutes ces menaces-là n'effrayaient pas madame Doublet, qui voulait toujours parler pour se bien porter ; mais ce qui l'étonnait, c'était la connaissance prompte que le gouvernement avait de ce que disaient ses amis dans son cercle étroit. Elle ne se doutait pas que Charles Defieux, chevalier de Mouhy, de l'académie de Dijon, celui qui a fait *la Paysanne parvenue*, les *Mémoires d'une Fille de qualité*, les *Mille et une Faveurs*, *le Masque de Fer*, les *Tablettes dramatiques*, avait encore le talent d'écouter à toutes les portes. Il écrivait à la police le 9 mars :

Quoique ma santé ne me permette pas trop encore de faire de longues courses, je me suis donné hier beaucoup de mouvement pour exécuter vos ordres, bien fâché de n'avoir pu en découvrir davantage. Il est très-vrai que la maison de madame Doublet est, depuis longtemps, un bureau de nouvelles, et ce n'est pas la seule : ses gens en écrivent et en tirent bon parti. Je n'ai pu savoir le nom d'un grand et gros domestique, visage plein, perruque ronde, habit brun, qui, tous les matins, va recueillir dans les maisons, de la part de sa maîtresse, ce qu'il y a de neuf. Il serait difficile de savoir les noms de ceux qui vont dans cette maison ; ce sont tous des frondeurs ; en femmes : mesdames d'Argental, Rondet de Villeneuve, du Bocage, de Besenval, etc.; en hommes : MM. Foncemagne, Perrin, deux médecins, Devaur, Firmin, Mérobert, d'Argental, etc. Je ne réponds point de cette liste : ce n'est qu'avec le temps qu'on parviendra à être sûr des liaisons de cette femme. Il faudrait avoir des gens qui bussent avec des domestiques de confiance ou mécontents ; mais ce qui est certain, c'est que madame d'Argental tient aussi même bureau de nouvelles, qu'elle est l'intime amie de madame Doublet, comme M. le chevalier de Choiseul ; qu'un nommé Gillet, son valet de chambre, est à la tête du bureau tenu par les laquais ; que l'on paye à la feuille; que ces bulletins sont bons, parce que c'est le résultat de tout ce qui se dit dans les meilleures maisons de Paris; qu'ils s'envoient en province pour 12, 9 et 6 francs par mois, que madame d'Argental, depuis que son mari est en place, est beaucoup plus retenue que par le passé et n'est frondeuse qu'avec des amis intimes, tels que MM. de Richelieu, de Séchelles, le président de La Marche, Rougeot, Chauvelin, etc. S'il me revient d'autres renseignements, ou que j'apprenne des choses utiles, je me croirais heureux de vous donner des preuves de mon respectueux et parfait attachement.

Les renseignements de cet espion *à la suite* furent vérifiés par un observateur en pied.

Ce n'est point le nommé Lejeune, valet de chambre de M. d'Argental, qui fait des nouvelles à la main; c'est le nommé Gillet, valet de chambre de madame d'Argental, qui lui permet seulement d'en faire pour la province, et non pour Paris, sur une copie que madame Doublet donne à ce Gillet, qui retire six livres par mois de ceux à qui il en fournit.

D'Hémery.

On avait osé dire, dans la feuille du 1ᵉʳ mars 1762, que le roi avait nommé monsieur d'Hérouville pour commander les troupes en Flandre; que monsieur le prince de Beauvau était destiné à servir dans cette partie, la Cour n'ayant pas voulu le faire servir dans la même armée que monsieur de Castries, sur lequel on lui avait fait reprendre son rang de lieutenant-général. Il n'en fallut pas davantage pour remuer la bile du *Cocher de la France,* comme l'appelait la Czarine, et monsieur de Sartine reçut ce billet doux :

Vous voudrez bien, Monsieur, faire venir chez vous le faiseur de bulletins ridicules, et lui dire que vous le ferez mettre au cachot s'il s'avise de faire paraître aucune feuille qui n'ait pas été revue de la part de la police. Rien n'est plus indécent, et si contraire à l'ordre public, que de souffrir de pareils distributeurs de nouvelles; l'intention du roi est, Monsieur, que vous réprimiez avec sévérité cette liberté indécente... Monsieur le prince de Beauvau demande avec raison la rétractation de l'article du bulletin qui se fait chez madame d'Argental. Comme il est fait à tous égards pour obtenir toutes les satisfactions qu'il peut désirer, je vous serai obligé de concerter avec lui moyens de lui donner celle qu'il demande dans cette occasion.

Duc de Choiseul.

Le rédacteur *domestique* fut mis en prison, et le prince de Beauvau, en demandant sa grâce, crut faire un acte de clémence.

Madame Doublet mourut dans l'impénitence finale, à l'âge de 94 ans. Voici en quels termes les *Mémoires secrets* en firent l'oraison funèbre (16 mai 1771) :

Madame Doublet est morte ces jours-ci, âgée de 94 ans. C'était une virtuose dont madame Geoffrin n'est qu'une faible copie. Depuis 60 ans, elle rassemblait dans sa maison la meilleure compagnie de la Cour et de la ville, et passait sa vie à former un journal bien supérieur à celui de l'Etoile et autres ouvrages du même genre. La politique, les belles-lettres, les arts, les détails de société, tout était de son ressort. Elle s'abaissait du cèdre jusqu'à l'hysope. Tous les jours on élaborait chez elle les nouvelles courantes, on en rassemblait les circonstances, on en pesait les probabilités, on les passait, autant qu'on pouvait, à la filière du sens et de la raison ; on les rédigeait ensuite, et elles acquéraient un caractère de vérité si connu que, lorsqu'on voulait s'assurer de la certitude d'une narration, on se demandait :

Cela sort-il de chez madame Doublet? Au reste, sa réputation avait un peu dégénéré de ce côté : en vieillissant, elle avait perdu beaucoup de ses amis du premier mérite, et avait survécu à toute sa société habituelle. M. de Bachaumont est le dernier philosophe qu'elle ait vu mourir.

Il est difficile qu'au milieu de ce savant tourbillon qui l'entourait, madame Doublet ne passât pas pour être un peu entichée de déisme, de matérialisme, et même d'athéisme. Elle avait bravé jusque-là l'opinion publique et les clameurs des dévots. Depuis le carême dernier, la tête de cette dame s'affaiblissait. M. le curé de Saint-Eustache avait cru qu'il était temps de convertir sa paroissienne. Celle-ci n'était plus en état d'argumenter contre lui, et, avec le secours de la grâce, le pasteur s'était flatté d'avoir réussi. En effet, elle avait reçu le bon Dieu la semaine sainte, pratique de religion que personne de sa connaissance ne se rappelait lui avoir vu faire. On conçoit aisément qu'avec de pareils préparatifs, elle n'a pu qu'éprouver une mort très-édifiante et s'endormir dans le Seigneur.

Suivant d'autres témoignages, conservant jusqu'au bout la passion de sa vie et sa bonne humeur, elle serait morte en demandant qu'on lui apportât des nouvelles fraîches, pour en régaler ses amis de l'autre monde.

Bachaumont avait précédé de quelques jours seulement sa vieille amie dans la tombe. Président du salon de madame Doublet, les Nouvelles à la main avaient été jusqu'à son dernier jour sa grande affaire. Avant de mourir, il avait choisi lui-même son successeur, Pidansat de Mairobert, attaché comme lui à la secte des *philosophes,* des *encyclo-*

pédistes et des *patriotes,* et, certain que son œuvre favorite serait continuée dans le même esprit, il était mort avec une tranquillité ferme et une aisance particulière, suivant la piquante expression de MM. de Goncourt, en répondant aux officieux qui lui parlaient des consolations de l'Eglise, « qu'il ne se sentait pas affligé. »

Mairobert fit plus que n'avait probablement demandé son ami. Possesseur du manuscrit, ou du moins d'une partie du manuscrit du Journal de Bachaumont, il lui vint en l'idée de le publier sous forme de volumes, et il commença en effet l'exécution de ce projet en 1777. Il donna à cette publication un titre qui était bien fait pour affriander le lecteur :

Mémoires secrets pour servir à l'histoire de la république des lettres en France, depuis 1762 jusqu'à nos jours, ou journal d'un observateur, contenant les analyses des pièces de théâtre qui ont paru durant cet intervalle ; les relations des assemblées littéraires ; les notices des livres nouveaux, clandestins, prohibés ; les pièces fugitives, rares ou manuscrites, en prose ou en vers ; les vaudevilles sur la cour ; les anecdotes et bons mots ; les éloges des savants, des artistes, des hommes de lettres morts, etc.

Ce titre est un peu long ; pourtant il ne disait rien de trop. Mairobert, en outre, mit en tête des Mémoires secrets une préface qui en expliquait le but et en précisait le véritable caractère avec beaucoup de justesse.

L'invasion de la philosophie dans la république des lettres en France est une époque mémorable par la révolution qu'elle a opérée dans les esprits. Tout le monde en connaît aujourd'hui les suites et les effets. L'auteur des *Lettres persanes* et celui des *Lettres philosophiques* en avaient jeté le germe; mais trois sortes d'écrivains ont surtout contribué à le développer. D'abord les Encyclopédistes, en perfectionnant la métaphysique, en y portant la clarté, moyen le plus propre à dissiper les ténèbres dont la théologie l'avait enveloppée, ont détruit le fanatisme et la superstition. A ceux-ci ont succédé les Économistes : s'occupant essentiellement de la morale et de la politique pratique, ils ont cherché à rendre les peuples plus heureux en resserrant les liens de la société par une communication de services et d'échanges mieux entendus, en appliquant l'homme à l'étude de la nature, mère des vraies puissances. Enfin, des temps de troubles et d'oppression ont enfanté les Patriotes, qui, remontant à la source des lois et de la constitution des gouvernements, ont démontré les obligations réciproques des sujets et des souverains, ont approfondi l'histoire et ses monuments, et ont fixé les grands principes de l'administration. Cette foule de philosophes qui se sont placés comme à la tête des diverses parties de la littérature a principalement paru après la destruction des Jésuites : véritable point où la révolution a éclaté.

Il était sans doute bien essentiel d'en marquer les progrès, d'en saisir les circonstances, d'en recueillir les détails les plus particuliers. C'était l'objet de l'observateur dont nous publions le journal. Il accumulait ainsi les matériaux propres à l'histoire complète d'un pareil événement. On sait combien M. de Bachaumont était renommé pour ses connaissances multipliées et pour son goût exquis. Il présidait aux conférences académiques tenues chez une femme d'esprit, et faisait, depuis plus de quarante ans, son unique occupation de tout ce qui se passait dans Paris capable d'exciter l'attention. On y rédigeait un journal, dont il avait extrait les détails convenables à son entreprise. Mais, indépendamment de cette utilité particulière, il faut avouer que rien n'est plus commode ni plus agréable que de retrouver sous un même point de vue ce qu'il faudrait chercher dans une multitude fatigante et souvent ennuyeuse d'ouvrages périodiques. D'ailleurs, outre le travail commun avec tous, le rédacteur en avait un autre, plus rare et plus précieux : c'est un choix d'anecdotes qu'on ne rencontre nulle part, et qui font le mérite intéressant de sa collection, sans parler d'une multitude de pièces secrètes que ses liaisons très-étendues le mettaient à même de se procurer.

Quant aux notices des écrits nouveaux, des pièces de théâtre, des assemblées littéraires, elles sont encore distinguées par une précision unique, et surtout par une impartialité qu'on attendrait en vain d'un critique affiché pour tel. Celui-ci ne visait ni au lucre, ni à la renommée, ne parlait que d'après son sentiment intime ; il n'était d'aucun parti, d'aucune cabale, et rien ne pouvait l'empêcher de consigner son jugement dans toute son intégrité.

L'acquisition de ce journal, qui commence en 1762 et qu'on a continué jusqu'au 1er janvier 1770, nous a fait naître l'idée d'en suivre le plan. Nous prévenons le public que désormais, à l'ouverture de chaque année, nous lui fournirons le résultat, jour par jour, de ce qui sera arrivé de remarquable dans ce même genre. Nous espérons qu'il nous saura gré d'une collection neuve, non moins instructive qu'amusante, et comme le résumé des différents journaux, qu'il est presque impossible de lire en totalité.

Mairobert, comme on l'aura remarqué dans le titre, ne fit remonter sa publication qu'à l'année 1762 ; des motifs plus facilement compréhensibles le déterminèrent en outre à faire de nombreuses coupures dans le manuscrit de Bachaumont. Ainsi qu'il l'annonçait à la fin de l'avertissement que nous venons de citer, il continua l'œuvre de son ami, et il la poursuivit jusqu'à la fin du mois de mars 1779, et au 13e volume. On connaît sa fin tragique.

Mairobert était bien l'homme d'une pareille publication. « M. de Mairobert, disent les Mémoires secrets (avril 1779), était un homme de lettres, auteur de quelques opuscules, mais surtout grand amateur; il ne manquait aucune pièce de théâtre dans sa primeur, et se faisait entourer dans les foyers; il avait aussi toutes les nouveautés, et sa bibliothèque était en ce genre une des plus curieuses de Paris. Elevé dès son enfance chez madame Doublet, il y avait puisé ce goût, ainsi que celui des nouvelles. C'était un des rédacteurs; il conservait le journal qui se composait chez cette dame, et le continuait. Il avait eu différentes prises avec la police relativement à ce manuscrit, qu'il donnait à ses amis de Paris et de province; mais on n'avait pu le priver de cet amusement instructif et agréable, d'autant qu'il était fort circonspect. Il avait la fureur de faire parler de lui; il ne connaissait pas la sage maxime de ce philosophe qui disait : Pour être heureux, cache ta vie. Il mettait son bonheur dans l'éclat et le bruit, et malheureusement il en a fait jusqu'à sa mort et après.

» Avant de mettre les scellés chez lui, on a enlevé, par ordre du roi, tous ses manuscrits, et même beaucoup de livres.

» On a de plus trouvé chez lui des caractères de fonte, qui ont été enlevés aussi, ce qui a donné lieu à bien des conjectures et des propos. On a cependant observé que les caractères étaient tout neufs, et ne paraissaient pas avoir servi.

Après Mairobert, les Mémoires secrets furent continués par Moufle d'Angerville, et s'augmentèrent chaque année de deux volumes consacrés à l'histoire de l'année précédente, et contenant, en outre, des additions plus ou moins étendues pour toutes les autres années depuis 1762. Ces additions étaient empruntées, en général, aux manuscrits de Bachaumont et de Mairobert ; voici comment s'en expliquait l'éditeur, dans un avertissement placé en tête du 15e volume :

Lorsque cet ouvrage parut pour la première fois, la crainte qu'il ne fût trop volumineux m'avait fait supprimer beaucoup d'articles, croyant qu'ils ne causeraient point un vide et que le surplus n'en paraîtrait que mieux rempli ; mais plusieurs de mes lecteurs se sont aperçus de cette soustraction et s'en sont plaints. Ils ont trouvé que, le principal mérite caractéristique de cette collection consistant dans une chronique exacte et non interrompue, il en résultait un défaut, qu'ils m'ont invité à corriger ; ce que je ne crois pouvoir mieux exécuter qu'en rétablissant les notices retranchées : leur transposition, au moyen de la méthode des auteurs de dater tous les faits, n'est que désagréable au coup d'œil, et j'ai cru plus honnête de compléter ainsi l'ancienne édition, en épargnant au public les frais de l'acquisition d'une nouvelle.

Ce qui m'a rendu plus scrupuleux dans le rétablissement, c'est l'observation aussi que tel article nul, ce semble, soit par sa brièveté, soit par son annonce, devenait nécessaire pour l'intelligence ou l'éclaircissement d'autres plus intéressants qui se trouvaient plus loin : chaîne que tout le monde ne remarque pas, et qui n'en est pas moins réelle et sensible à ceux qui lisent avec attention et suivent la série des événements.

Les lecteurs ne seront pas fâchés, sans doute, de rencontrer d'autres articles omis par une raison contraire, comme trop forts ou trop piquants. Les ménagements qui devaient avoir lieu ayant cessé, rien ne m'empêche de communiquer ces anecdotes curieuses aux amateurs.

Il y avait bien quelque chose de vrai dans ces explications; mais c'était surtout, pour l'éditeur comme pour le prolixe compilateur, une affaire de spéculation, et l'intérêt paraît avoir été leur principal mobile. Ces suppléments, avec les fastidieuses superfétations dont Moufle d'Angerville surchargeait la chronique quotidienne, permirent de pousser la collection jusqu'au 36ᵉ volume, sans aller au delà de l'année 1787, de telle sorte que les vingt derniers volumes ne comprennent que huit années entières, indépendamment des suppléments.

Cependant le nouveau rédacteur des Mémoires avait réalisé un progrès en y faisant une plus large place aux faits politiques, à mesure que les esprits s'étaient tournés davantage de ce côté.

Il faut, lit-on au commencement du tome xxv, distinguer dans notre œuvre deux parties : l'agréable et l'utile. Heureux qui peut réunir les deux ! Mais un auteur estimable cherche toujours la dernière, et certainement Bachaumont, qui le premier imagina notre collection, ne l'avait pas négligée. En observant le même plan, nous avons cherché à l'étendre, c'est-à-dire : en ne négligeant point ce qui pouvait amuser, nous nous sommes efforcés d'y joindre encore plus ce qui pouvait instruire. En effet, il s'était, comme l'indique le titre, borné à la littérature. Nous avons cru devoir aussi travailler pour l'histoire. Nous n'avons écarté que la partie absolument politique, à laquelle sont spécialement affectées les gazettes. Celles-ci ne sont guère que le théâtre des souverains; le nôtre est celui de nos semblables. Nous pensons que ce genre d'histoire vaut bien l'autre, qu'il y a beaucoup plus de fruit à tirer de la lecture des aventures de la société que du récit des siéges, des batailles, des grandes négociations, des cérémonies, consignés avec tant de soins dans les papiers publics.

Tout ce bagage des papiers publics, les Mémoires secrets finirent cependant par en faire leur butin; mais ils n'offrent rien sous ce rapport qu'on ne trouve dans vingt autres endroits, et dans des conditions meilleures.

Les *Mémoires de Bachaumont* — c'est le nom sous lequel ce recueil est resté connu — eurent, dès leur origine, une vogue immense, qui se soutint pendant presque tout le temps de leur publication. Ce n'est pas qu'on ne leur suscitât toutes sortes de tracasseries; mais « le manuscrit n'en allait pas moins, pour être publié en temps et lieu, et les rédacteurs continuaient à tenir, sans interruption, registre des sottises de la ville et de la cour. » Ils constatent eux-mêmes leur succès avec une naïveté quelque peu outrecuidante; ainsi on rencontre de temps à autre, dans les Mémoires, des réclames dans le genre de celles-ci :

4 *juillet* 1777. Il paraît la suite d'un ouvrage dont on avait eu pour échantillon deux volumes cet hiver, intitulé : *Mémoires se-*

crets pour servir à l'histoire de la république des lettres, etc., par feu *M. de Bachaumont*. On en voit huit volumes aujourd'hui, allant depuis 1762 jusqu'en janvier 1776. Il cause une grande fermentation parmi nos auteurs, dont l'amour-propre n'est pas flatté ; il est, en outre, recherché pour une foule d'anecdotes et de pièces en vers et en prose que personne n'avait encore osé révéler ou livrer à l'impression. (*Cet article est extrait de Nouvelles à la main très-accréditées dans Paris.*)

28 *juillet* 1777. Les *Mémoires secrets*, etc., embrassent un espace de quatorze ans, contiennent dix à douze milles notices : fécondité dont il n'y a point d'exemple dans aucun ouvrage périodique. Il en est quelques-unes peu intéressantes en elles-mêmes, mais utiles pour conserver l'ordre chronologique des dates et des époques, si essentiel dans toutes les parties historiques. Outre les notices, il y a une foule d'anecdotes et de petites pièces en prose et en vers, non imprimées jusque-là, qui font rechercher ce recueil des amateurs. Il est d'ailleurs commode pour les gens qui ne lisent que par amusement ou sont bien aises de trouver le matin quelque chose à retenir et à citer le soir : ils s'ornent ainsi l'esprit en peu de temps et à peu de frais.

13 *novembre* 1778. Les volumes 9 et 10 des *Mémoires secrets de Bachaumont*, etc., qui commencent à percer ici, quoique très-difficilement encore, sont toujours fort chers. Comme ils roulent sur des anecdotes plus récentes, puisqu'ils ne concernent que les années 1776 et 1777, ils sont courus avec une avidité extrême. La liberté qu'on y a prise de tout dire, et même de nommer tous les personnages, leur donne un piquant et un intérêt vif qui en font dévorer la lecture. On sent bien que ceux-ci ne peuvent plus être de l'auteur des premiers volumes ; mais les rédacteurs, gens très-instruits et très au fait du courant de la ville et de la Cour, ont parfaitement saisi le genre de ce répertoire littéraire et historique. Ils ont dans leur récit la véracité, le sarcasme et la précision qui en font le mérite essentiel. Il est bien à désirer que l'on continue ce plan, dont l'intérêt ne peut que s'accroître avec le temps, et qui rend une semblable collection supérieure à tous les journaux, par la multitude de faits qu'elle rassemble. (*Cet ar-*

ticle est extrait d'une gazette manuscrite très-accréditée dans Paris et dans les provinces.)

La forme à part, ces réclames avaient raison; personne aujourd'hui ne conteste la valeur historique de ce recueil. Si l'on n'y trouve pas toujours la vérité des faits, on y trouve du moins le tableau très-fidèle des salons de Paris, dont ces faits, vrais ou supposés, défrayaient la malignité, et comme un écho de l'esprit qui y régnait; c'est pour nous, enfin, un miroir précieux de la société du xviiie siècle.

Les Mémoires secrets parurent d'abord sous la rubrique de Londres, avec le nom du libraire John Adamson. Trois éditions, qui ne diffèrent entre elles que par le caractère, sortirent presque simultanément des presses de Hollande, et furent suivies successivement de cinq ou six autres. Mais toutes ces éditions sont défectueuses, insuffisantes; l'ordre chronologique y est sans cesse entrecoupé par des suppléments d'une date antérieure, tandis que le texte présente à chaque page non-seulement des noms estropiés, mais encore des phrases inintelligibles et des fautes grossières d'impression. Une nouvelle édition de ce vaste et si curieux répertoire est donc bien à désirer, et l'on aime à espérer qu'elle ne se fera pas trop attendre, maintenant que la critique l'a relevé du discrédit où les circonstances et certains jugements passionnés l'avaient fait tomber.

Parlant, en effet, de tout et de tous avec une franchise qui n'était pas toujours exempte de partialité, ni même de quelque méchanceté, les Mémoires secrets, on le pense bien, s'attirèrent de nombreuses et vives représailles; mais une saine critique a fait justice de ces criailleries intéressées, et rendu aux Mémoires le rang qui leur appartient; de nombreuses révélations sont venues et viennent tous les jours confirmer la plupart des jugements portés par leurs rédacteurs, ou des faits dont ils tenaient registre. Cependant ce recueil est encombré, comme nous l'avons dit, de superfétations qui le surchargent sans profit, et que l'on pourrait retrancher peut-être sans grand inconvénient. C'est ce qu'avait pensé M. Ravenel quand il en entreprit, en 1830, une édition qui, débarrassée de tout ce fatras inutile, et, par contre, enrichie de nombreuses notes biographiques et bibliographiques, n'aurait pas dépassé 10 vol. in-8°. Malheureusement, les circonstances ont interrompu ce projet après le quatrième volume; espérons qu'il se rencontrera quelque libraire assez intelligent pour le reprendre. Le nom du savant bibliothécaire serait une infaillible garantie de succès.

En attendant, le bibliophile Jacob en publie un abrégé en trois volumes, destiné, comme il le dit lui-même, aux gens du monde plutôt qu'aux hommes d'études, mais qui, parfaitement entendu, nous a paru très-propre à faire mieux apprécier la valeur de l'ouvrage entier, et à préparer, en quelque sorte, des lecteurs et des acheteurs à la grande édition qui doit venir se placer à la suite des journaux de Dangeau et de Barbier.

Ce n'est pas, d'ailleurs, le premier abrégé des Mémoires secrets qu'on ait essayé de faire et de publier. Dès l'année 1788, avant même que les derniers volumes de ce vaste recueil eussent paru, Chopin de Versey en avait donné un choix, à Londres, en 2 vol. in-12. En 1808, Merle, qui était alors fort jeune, en publia un nouveau choix en 2 vol. in-8°; mais ce n'était qu'un mélange d'anecdotes, de bons mots et de pièces de vers, où il ne reste plus rien de l'esprit général qui avait présidé à la composition de l'ouvrage.

Les Mémoires ont fourni, en outre, et depuis longtemps, les matériaux de diverses compilations. « Il n'est pas d'année, disent les éditeurs dans la préface du 31e volume, où il ne paraisse quelque ouvrage prétendu nouveau, composé en entier ou en partie à nos dépens : c'est la *Chronique scandaleuse*, c'est *l'Espion des Boulevards*, c'est le *Journal des gens du monde*; ce sont les *Anecdotes du 18e siècle*; enfin c'est, aujourd'hui, la *Correspondance littéraire, politique et secrète*. Toutes ces dénominations ne caractérisent au fond qu'un plan unique : ce sont autant de corsaires qui, sous des pavillons différents, exercent la même piraterie. »

Si quelques-uns de ces ouvrages, en effet, peuvent être considérés plus ou moins comme des abrégés, des extraits des Mémoires secrets, il n'en saurait être ainsi du dernier, de la *Correspondance secrète,* qui est un ouvrage tout à fait original, attaché au même pilori que les vrais corsaires par des motifs faciles à comprendre.

———

Les nouvellistes en plein vent, qui n'avaient pas complétement disparu, s'étaient émus au bruit que faisaient les nouvelles à la main. Ceux des Tuileries surtout, se piquant au jeu, voulurent faire concurrence au salon de madame Doublet; Métra, leur chef, commença, vers la fin du règne de Louis XV, la publication d'une *Correspondance secrète,* qu'il continua jusqu'à la Révolution.

Les renseignements sur ce Métra sont assez rares. Grimm nous apprend qu'il avait le plus énorme nez qu'on eût jamais vu en France, et peut-être dans l'univers. « Personne, ajoute-t-il, n'ignore à Paris que cet homme, d'une figure si distinguée, passe régulièrement une grande partie de la journée aux Tuileries, sur la terrasse des Feuillants, à écouter des nouvelles ou à en dire. Ses liaisons avec le comte d'Aranda, ambassadeur d'Espagne, qui, durant la guerre, avait daigné le choisir pour être le pasquin ou le hérault des gazettes de Madrid, lui avaient donné une sorte de considération, qui est fort diminuée depuis la paix. Il s'en console en devisant avec une vieille demoiselle bel esprit, qui se nomme mademoiselle Sérionne; on vient de consacrer ses tendres assiduités par le quatrain que voici :

> Un beau programme d'opéra,
> Et qui n'étonnera personne,
> C'est d'accoupler le dieu Métra
> Avec la nymphe Sérionne.

Ajoutons tout de suite qu'à sa mort on lui fit l'épitaphe suivante :

> Métra n'est plus ! revers tragique,
> Dont se doit affliger tout digne politique !
> Pour lui, je suis certain qu'au suprême moment,
>   A son caractère fidèle,
> Il eût trouvé moins dur d'entrer au monument
> S'il avait pu lui-même en donner la nouvelle.

La Correspondance de Métra, datée généralement de Paris ou de Versailles, s'imprimait d'abord à Neuwied, sous le titre de *Correspondance littéraire secrète*, par numéros de 8 pages petit in–8°, et elle avait ainsi toutes les allures d'une gazette. Il en fut fait, en 1787-90, sous la même rubrique que les *Mémoires secrets* (Londres, John Adamson), et sous le titre de « *Correspondance secrète, politique et littéraire, ou Mémoires pour servir à l'histoire des cours, des sociétés et de la littérature en France, depuis la mort de Louis XV* », une réimpression en 18 vol., en tête de laquelle on lit cette préface :

Un ouvrage qui entre dans le monde avec des prétentions à un grand succès doit porter un nom célèbre ou montrer une origine qui inspire de la confiance. Nous pouvons affirmer que les matériaux de celui-ci ont été trouvés dans les portefeuilles de souverains et de ministres d'Etat, sur les bureaux de grands seigneurs et les pupitres d'illustres philosophes, sur les toilettes des Muses et des Grâces et sur les tablettes de leurs adorateurs.

C'est une collection de lettres écrites par les gens du monde de tous les états et par les hommes de lettres de toutes les classes. Elles offrent de la gaîté, de la malignité, de la franchise ; quelques erreurs involontaires, peu de mensonges, beaucoup d'anecdotes vraies et ignorées.

Cependant, parmi des lettres particulières qui n'avaient jamais été imprimées, on reconnaîtra celles qui ont paru périodiquement, depuis l'année 1775, sous le titre de *Correspondance littéraire secrète ;* mais la cherté de cette feuille et la circonspection avec laquelle elle a été distribuée ont empêché qu'elle fût fort répandue. Les premières années de cet ouvrage périodique, qui se continue avec succès, sont presque introuvables dans le commerce, où on les vend à un prix exorbitant.

Jamais l'histoire des événements, même des grandes révolutions politiques, n'a été plus intimement liée avec celle des mœurs et des opinions que pendant la période de temps qu'embrasse cet ouvrage. Ainsi nous nous croyons en droit de regarder cette collection d'anecdotes et de pièces fugitives, créées par les circonstances, comme un dépôt de matériaux précieux. Les écrivains qui s'occuperont de l'instruction de nos neveux et qui voudront tracer le tableau de ce siècle remarquable sauront en faire usage. En attendant, amusons-nous de ces traits détachés : ils offrent à notre curiosité un aliment qui se reproduit sans cesse, et une matière inépuisable aux observations philosophiques.

Plusieurs recueils de ce genre ont déjà eu successivement la vogue. Dans les uns, on s'est appesanti sur des détails qui ont perdu tout leur intérêt en perdant celui du moment; les autres sont secs, froids, rebutants par une excessive concision ou par une insipide prolixité : les traits piquants qui y sont parsemés échappent au lecteur, engourdi par l'ennui des remplissages. L'extrême variété qui règne dans le nôtre ne permet pas d'espérer que tout y plaira également à tout le monde ; mais elle est analogue à la variété des goûts. Nous avons essayé de n'y admettre aucun article qui ne remplisse parfaitement ce que notre titre annonce, qui n'inspire quelque espèce d'intérêt, qui ne puisse exciter l'attention de l'historien ou celle du philosophe, le rire ou l'attendrissement, l'amour de la vertu ou l'horreur du vice; servir de leçon ou d'exemple, à l'instruction ou à l'amusement.

Les articles de littérature sont tous de gens de lettres estimés et d'une impartialité reconnue; ils font connaître particulièrement les ouvrages dont les journaux n'ont point parlé, et sauveront peut-être quelques traits de l'oubli auquel sont condamnées tant de productions de ce siècle. Ce qui tient à l'histoire de la république des lettres, dans un temps où les littérateurs et la littérature jouent un rôle si important dans la société, ne paraîtra pas la partie la moins intéressante de cet ouvrage. On voit que les articles de politique ont été fournis par des personnes à portée de soulever un coin du voile qui recouvre les secrets de notre cabinet, depuis qu'on n'admet plus d'indiscrets dans les conseils.

Il nous reste à parler du style, dont la bigarrure nous attirera peut-être des reproches. On eût pu le refondre et lui donner une teinte uniforme. Il est douteux qu'en général il y eût gagné. Ces lettres, et même chaque partie d'une même lettre, étant souvent sorties de plumes différentes, on verra dans cette collection, comme dans nos sociétés, une imagination vive et pittoresque à côté du sang-froid philosophique, le dissertateur en opposition au plaisant qui effleure tout et égaie les matières les plus graves, l'homme de goût et le calembourdier, des idées saines et des opinions bizarres, des projets sensés et des rêveries folles, partout une peinture fidèle de ce qu'ont vu et entendu les observateurs qui ont écrit. On a inséré en entier ou par extraits, à leurs dates, les pamphlets qui ont paru avoir un mérite réel ou un mérite historique.

Si cette collection reçoit l'accueil dont on l'a crue digne, elle sera continuée, et nous mettrons en même temps sous les yeux du public une galerie de semblables tableaux dont les autres parties de l'Europe auront fourni les sujets. L'un et l'autre ouvrage seront une source abondante de matériaux pour l'histoire universelle pendant cette période de temps.

La *Correspondance secrète* est plus politique que les *Mémoires secrets*; mais, pendant que ceux-ci cherchaient surtout à instruire, comme ils nous le disaient tout à l'heure, celle-là paraît plus préoccupée de plaire; elle abonde en anecdotes que la préface donne pour vraies.... vraies comme les éternelles histoires dont Pierre Durand émaille depuis vingt ans son Courrier de Paris. Cependant ce recueil m'a paru, en somme, mériter plus d'estime qu'on ne semble lui en accorder généralement, et un abrégé bien fait aurait une incontestable utilité.

La première lettre de la Correspondance secrète est du 4 juin 1774, et, si l'on en croit Brunet, elle paraissait encore le 7 mars 1793; mais la réimpression s'arrête au 7 octobre 1784. L'édition originale doit être excessivement rare; la Bibliothèque impériale possède seulement les années 1775, 1785, 1786 jusqu'au 22 octobre, et les six premiers mois de 1778.

En tête du volume de 1775, se trouve un avertissement qui a toutes les apparences du prospectus de l'ouvrage, et qui ne ressemble en rien à la préface que nous venons de transcrire; nous en citons la fin :

On conçoit bien que ce recueil, par son espèce, n'est pas fait pour toute sorte de lecteurs, et que, d'ailleurs, le genre et le ton des choses qu'il renfermera principalement défendent sa publicité. Aussi le rédacteur ne se permettra d'en confier les parties hebdomadaires qu'à certaines personnes distinguées, capables de les goûter et trop sages pour vouloir en abuser. Comme cependant il aurait été pénible d'en multiplier à un certain point des copies manuscrites, et de les expédier assez exactement et promptement aux participants, le rédacteur s'est procuré une petite imprimerie portative de cabinet, au moyen de laquelle cette feuille sera transcrite et expédiée sous ses yeux, non moins secrètement, et avec autant de célérité que de facilité.

On ose se flatter que l'idée de cette feuille ne sera point imputée à une spéculation pécuniaire : elle serait d'une trop faible conséquence, vu le très-petit nombre d'amateurs auquel la prudence permet de la communiquer. Cependant on a présumé que ceux qui la recevraient ne se refuseraient pas à concourir de quelques ducats par an aux différents frais, même assez considérables, qu'exigera cette feuille, pour son exécution et son expédition. On prévient que cette feuille ne sera confiée à un nouvel amateur que sur la recommandation d'une personne à qui elle serait déjà connue; mais aussitôt que le nom et l'adresse auront été indiqués, elle sera adressée par la poste, en forme de lettre, et le premier envoi contiendra toutes les feuilles déjà sorties précédemment.

Le volume de 1786 renferme également un avis des éditeurs, mais qui est évidemment postérieur,

et m'a paru se rapporter à l'année 1790 ou 1791;
on y lit :

> L'objet de ce recueil est de donner l'histoire secrète des sociétés et de la littérature... La liberté qui y règne ne connaît de bornes que la licence. C'était un crime en France sous l'ancien régime, et cette feuille y était proscrite. C'est maintenant un mérite qu'il partage avec une foule de concurrents. Le soin de n'employer que des matériaux originaux et variés nous assure que cette concurrence ne nuira point à son succès. Nous n'avons d'autre prétention que de dire ce que les autres écrivains périodiques ne disent point ou n'ont point dit, et de ne dire que ce qui peut piquer la curiosité.

La Correspondance secrète s'imprimait alors à Strasbourg, chez Treuttel, et l'on souscrivait à Paris chez Onfroy, rue Saint-Victor, 11. Le prix d'abonnement était d'un louis.

L'extrait suivant du numéro du 5 avril 1786 prouve que cette petite gazette pénétrait jusqu'au fond de l'Europe, et montre, de plus, quel compte l'on tenait déjà de l'opinion publique et des jugements de la presse, même en Turquie.

> *Extrait d'une lettre de la Valachie.* — Quelques feuilles périodiques ont avancé fort légèrement, sur la foi d'autrui, une fausseté manifeste, en assurant que *le gouvernement actuel de la Valachie était vexatoire au point d'y faire désirer avec ardeur la plus prompte révolution...* Il est notoire que, depuis environ trois ans que cette province a le bonheur d'être gouvernée par le prince régnant, le peuple y a été graduellement allégé d'un gros quart du fardeau qu'il supportait auparavant en impositions, et que la douceur comme la modération du gouvernement a attiré de toutes parts dans le pays une quantité considérable de transfuges et de

nouveaux colons. On en appelle à cet égard non seulement au témoignage des habitants de cette principauté, mais à celui surtout des commandants et autres personnes en place des environs.

Il y a plus : un exprès distingué a apporté dans le mois d'août dernier, de la part de la Porte ottomane, au prince régnant, de nouvelles marques de la faveur de Sa Hautesse, et un rescrit impérial dans lequel elle daigne, dans les termes les plus gracieux, donner son approbation de la conduite tenue jusqu'ici par S. A., et l'exhorte à continuer de même.

De la comparaison que j'ai faite de l'original de la Correspondance secrète avec la réimpression, il résulte que l'on ne s'est pas astreint à une reproduction servile : le style a été quelque peu châtié ; l'ordre des faits ou des pièces est assez souvent changé, et quelques alinéas ne se trouvent plus dans la réimpression ; on y cherche en vain, notamment, les suppléments que la Correspondance publiait de temps à autre.

—

Nous ne saurions guère quitter ce chapitre sans dire quelques mots de certaines publications qui ont avec les recueils dont nous venons de nous occuper une sorte d'analogie qui fait qu'on les rapproche souvent : je veux parler des correspondances littéraires qu'entretenaient plusieurs souverains du Nord avec des gens de lettres plus ou moins connus vivant à Paris, correspondances qui furent, comme on le sait, très à la mode dans le siècle dernier. Il n'était pas alors, en effet, jusqu'aux comtes et aux barons de l'empire, qui ne voulussent avoir leur correspondant, et les gens de lettres, de leur côté, étaient très-friands de cette faveur, bien qu'ils n'en retirassent pas toujours autant d'avantages qu'ils s'en étaient promis. Parmi ces *rapporteurs*, nous nommerons Grimm, La Harpe, Suard, d'Alembert, Thiriot, dont la correspondance avec le roi de Prusse dura dix années. La plupart de ces correspondances sont demeurées inédites, et Buchon, dans ses *Souvenirs et courses en Suisse*, dit en avoir retrouvé plusieurs dans des bibliothèques particulières d'Allemagne. « C'est, ajoute-t-il, pour la plupart, un journal manuscrit, anecdotique et politique, assez semblable pour la forme à celui de Bachaumont. »

Mais deux des plus importantes pour notre histoire littéraire ont été, depuis longtemps déjà, livrées à la publicité : celle de La Harpe avec le grand-duc de Russie, depuis Paul Ier, publiée en 1804 et 1807, 6 vol. in-8°, et celle de Grimm avec Catherine II, publiée en 1812-1813, 16 vol. in-8°, et dont une nouvelle et excellente édition a été donnée par M. Taschereau en 1829-31.

Ces deux correspondances, qui embrassent à peu près la même période de temps, ont par conséquent entre elles une certaine affinité ; mais les deux écrivains ont un caractère et des vues diamétralement opposés : l'un, toujours triste et fâcheux, fait de sa correspondance une affaire d'état; l'autre, toujours libre et gai, en fait un sujet de délassement et de plaisir, pourvu toutefois qu'il ne s'agisse ni de Fréron, ni de Clément, ni de Palissot, ni d'aucun ennemi du parti philosophique, auquel cas il n'entend plus raillerie : il accable alors ses adversaires de plaisanteries, d'épigrammes, de sarcasmes, et quelquefois même d'invectives. Pour La Harpe, qui n'était pas très-modéré de son naturel, il avait mis d'autant moins de mesure dans ses jugements, qu'ils n'étaient pas destinés à la publicité; aussi, la publication de sa correspondance causa-t-elle un grand scandale, augmenté encore par cette circonstance, que ce fut lui-même qui la publia, pressé, dit-on, par le besoin.

Mais, quelques reproches que l'on puisse faire dans la forme à ces deux recueils, on a été de tout temps à peu près unanime à en reconnaître l'importance historique. « Lorsque parut la *Correspondance littéraire* de La Harpe, disent les derniers éditeurs de Grimm, on se récria avec raison contre ses jugements, presque toujours dictés par la prévention ou l'amour-propre, contre ses vues étroites, le sentiment tout personnel qui dominait chez lui, son soin minutieux de rapporter ses petits vers, et d'enre-

gistrer les grands compliments qu'ils lui valaient.
Ces défauts frappèrent tous les yeux, mais le livre
n'en fut pas moins recherché avec empressement :
c'étaient les premiers mémoires littéraires rédigés
avec quelque soin sur cette époque animée dont la
littérature appartient à l'histoire, sur cette fin du
xviiie siècle, où les ouvrages de l'esprit exercèrent
une si puissante influence et concoururent à de si
grands événements.

» Onze ans après, on publia cinq volumes d'une
Correspondance du baron de Grimm. Des aperçus
entièrement neufs, des vues étendues, des jugements exprimés d'une manière originale, enfin
toutes les qualités que laissait désirer l'ouvrage de
La Harpe, distinguaient celui-ci, et tout d'abord lui
firent donner une juste préférence. La faveur du
public encouragea les éditeurs : une réimpression
des volumes publiés devint bientôt nécessaire, et ils
ne tardèrent pas à être suivis de cinq autres, qui
menaient jusqu'aux jours de la Révolution naissante ce procès-verbal des progrès de l'esprit et de
la philosophie. Enfin le commencement de ce recueil fut également retrouvé, et, à quelques courtes
interruptions près, l'on eut, grâce à ces découvertes
successives, un tableau littéraire de 1753 à 1790,
c'est-à-dire plus complet de douze ans que les
Mémoires secrets de Bachaumont, de vingt-deux ans
que la *Correspondance littéraire* de La Harpe, de

vingt-sept ans que la *Correspondance secrète* de Métra.

» De 1753 à 1790, on vit finir Fontenelle et Montesquieu; Buffon publier ses titres à l'immortalité, et descendre au tombeau; on vit se poursuivre et s'achever le monument encyclopédique; Rousseau, à ses débuts et à la fin d'une carrière volontairement abrégée peut-être; Voltaire publiant plus d'un grand ouvrage historique, et maintes fois applaudi à la scène; ses restes obtenant dans l'ombre un peu de terre, malgré la défense d'un évêque, puis tout un peuple se disposant à les porter en triomphe aux caveaux du Panthéon; de 1753 à 1790, on vit cette guerre de billets de confession où combattirent le parlement, la cour, le clergé; puis, à ces débats ridicules, à ces champions impuissants, succéder une lutte imposante, et Mirabeau.

» On comprend tout ce que renfermait d'éléments de succès l'histoire quotidienne d'une époque si pleine d'événements, si mouvante, si contrastée... »

Cet argument peut être également invoqué en faveur des *Mémoires secrets*, qui, au fond, se composent en partie des mêmes éléments. Aussi M. Ravenel, dans son édition de Bachaumont, a-t-il cru pouvoir mettre en parallèle les *Mémoires secrets* avec les Correspondances de Grimm et de La Harpe; nous citerons encore cette page, qui fait parfaitement connaître la valeur relative des trois recueils :

« Les *Mémoires secrets*, connus sous le nom de Bachaumont, occupent, sans contredit, une place distinguée parmi les monuments les plus curieux de l'histoire littéraire du dix-huitième siècle. Sans pouvoir rivaliser avec la *Correspondance littéraire* de Grimm pour la profondeur et l'originalité des vues, ou avec celle de La Harpe pour l'élégante facilité du style, ils nous semblent cependant offrir à la curiosité du lecteur un attrait pour le moins aussi vif que ces deux recueils, et surtout que le dernier. Dans Grimm, un jugement toujours sain et dégagé de préventions, des aperçus d'une haute philosophie ; dans La Harpe, une appréciation trop souvent rigoureuse des qualités et des défauts des auteurs, mais une critique toujours instructive de leurs ouvrages, forment un tableau animé de la littérature au temps où ils écrivaient. Sous ce rapport, l'un et l'autre sont incontestablement supérieurs aux *Mémoires secrets* ; mais là, selon nous, se borne leur avantage, et nous pensons qu'il est loin de l'emporter sur l'intérêt que présente le recueil attribué à Bachaumont, recueil qui n'est point exclusivement consacré à l'examen de productions littéraires, et où se trouvent enregistrés, à leur date, au moment même de leur éclat, tous les événements politiques de quelque importance, et les anecdotes parfois scandaleuses de la cour et de la ville.

» Pour La Harpe et Grimm, dont les feuilles

étaient envoyées dans les cours étrangères, c'était un devoir de mettre dans leurs récits beaucoup de réserve et de retenue à l'égard de personnages que leur naissance ou leur position appelait à jouer un rôle distingué dans le monde. Ce devoir, on est souvent tenté de regretter qu'ils l'aient si fidèlement rempli, car il résulte quelquefois de leur sage retenue que des faits importants et bons à connaître sont passés sous silence. Bachaumont, au contraire, tient registre de tout ; semblable à la Renommée, qu'on nous peint

Tam ficti pravique tenax quam nuncia veri,

il rapporte indistinctement tous les bruits, toutes les nouvelles. Son plan, il est vrai, présente bien des inconvénients, et ce n'est pas sans quelque défiance que son ouvrage doit être parcouru. Cependant, ou nous sommes dans l'erreur, ou les avantages qui en ressortent les compensent entièrement. »

Longtemps on ne sut qu'à peu près et en gros comment la Correspondance de Grimm avait été faite, et quels écrivains y avaient collaboré ; on savait seulement que Diderot et madame d'Epinay y avaient eu quelque part. Un très-curieux volume que M. Ch. Nisard vient de publier sous le titre de *Mémoires et Correspondances historiques et littéraires,* et dont les matériaux ont été fournis par les papiers de Suard, est venu jeter un jour tout nouveau sur les procédés et les instruments appliqués à la composition de cette correspondance, et particulièrement des cinq volumes publiés en 1812. Il résulte de ces piquantes révélations que le principal collaborateur de Grimm fut un nommé Meister, de Zurich, homme, dit Suard, de beaucoup d'esprit, et encore plus honnête homme; qu'il n'y a pas, dans les cinq volumes premiers publiés, deux cents pages qui soient de Grimm; que Diderot a fait le 1er et les quatre cinquièmes du 2e, que tout le reste est de Meister seul, à qui Grimm avait remis toute la *boutique*, avec ses charges et ses bénéfices. Meister, auquel on doit le secret de la comédie, ajoute que le portefeuille de Diderot, jusqu'à sa mort, ne cessa jamais d'être à sa disposition; qu'il mettait en outre à contribution l'esprit et la mémoire de toutes les autres personnes qu'il voyait, moins, dit-il, pour soulager sa paresse que pour répandre quelque variété sur cette fatale besogne; que madame d'Epinay, notamment, s'était crue longtemps engagée (on sait pourquoi) à lui fournir un assez grand nombre d'articles, qu'elle lui permettait d'arranger à sa manière. Quant à la publication de ces feuilles, « qui ne furent jamais adressées à personne que sous la promesse du secret », comme il existait dans les différentes cours de l'Europe, depuis les bords de l'Arno jusqu'à ceux de la Néva; quinze à seize copies du malheureux manuscrit, il n'est pas facile de découvrir où il a pu être volé; mais il croit savoir qu'on a imprimé *Jacques le fataliste*, *la Religieuse* et les *Observations sur la Peinture*, d'après la copie de la Correspondance trouvée chez Grimm lors du pillage de ses effets, en 92.

Ce que Meister dit de l'impression ne doit s'entendre que de la seconde partie de la Correspondance, publiée, comme nous l'avons vu, la première. L'intérêt, le scandale même qu'avait excité cette partie, nonobstant les coups de ciseaux de la censure, faisait désirer vivement au public affriandé l'impression des deux autres : elles parurent toutes deux la même année, et presque en même temps. Suard, à qui avait été confié le manuscrit de la première, en retrancha les personnalités injurieuses, les traits contre les mœurs et la religion, et généralement tout ce qui aurait pu être réprouvé des honnêtes gens, mais non sans une longue résistance de l'éditeur, qui trouvait que, « si l'on faisait disparaître les traits malins et satiriques contre les auteurs vivants, et surtout contre les prêtres ou contre les personnes de l'ancienne cour et autres individus plus ou moins en crédit, le surplus de cette correspondance restant purement littéraire n'aurait pas, bien que spirituel et anecdotique, la vogue des cinq volumes déjà publiés, et ne mériterait plus, par le temps affreux qui courait, où le commerce était anéanti, les honneurs de l'impression ! »

Si donc l'on n'avait pas, à la fin du xviiie siècle, de véritables journaux, on en avait une monnaie assez abondante, et toute cette petite presse de contrebande, qui se grossissait encore des correspondances adressées aux gazettes étrangères, suppléait dans une assez large mesure au silence forcé des journaux privilégiés.

On peut supposer que le gouvernement ne vit jamais de bien bon œil ces « greffiers clandestins de la chronique scandaleuse », nous l'avons vu même dans certains moments les poursuivre à outrance; cependant les bulletins de nouvelles, dont quelques-uns d'ailleurs étaient parfaitement innocents, ne furent jamais proscrits d'une façon absolue; il y avait même des *bulletiniers* ou *bulletinistes* autorisés.

On lit dans le Journal de Barbier, à la date de mai 1745 : « Un particulier avait obtenu une permission tacite de délivrer des Nouvelles à la main, qui étaient censées visitées et approuvées à la police par quelque commis qui avait cette inspection. Cela se distribuait dans les maisons et dans les cafés deux fois la semaine. On donnait 30 ou 40 sous par mois, et cela rapportait un produit considérable. Dans ces Nouvelles à la main, qui contenaient une feuille de papier à lettre, il y avait souvent des fausses nouvelles, et on y insérait des faits sur les particuliers, comme mariages, charges, successions, et, sous ce prétexte, il y avait des faits faux ou injurieux, dont l'on est toujours curieux. On dit même qu'on a envoyé quelqu'un, à ce sujet, à la Bastille ; mais pour rendre cette défense plus publique, on a eu recours au Parlement, qui a la grande police, et qui a rendu, le 18 de ce mois, un arrêt qui défend de composer et de débiter tous écrits qualifiés de Gazettes ou Nouvelles à la main, sous peine du fouet et du bannissement pour la première fois. Cet abus avait déjà été réprimé par des arrêts de 1666. Il y a en France de forts beaux règlements sur toutes choses, mais qui ne s'exécutent point, et auxquels on a recours quand l'abus devient excessif. Ce règlement de police pourra aussi contenir les nouvellistes dans les endroits publics, qui se plaisent, comme frondeurs et mauvais citoyens, à critiquer tout ce que fait le gouvernement, à répandre de mauvaises nouvelles et à diminuer toujours les bonnes. »

Cela est parfaitement juste ; mais quel était l'effet des mesures de rigueur ?

« Depuis que les *Nouvelles à la main* sont supprimées, quelque auteur anonyme continue à fournir une feuille à Cologne; l'embarras où il se trouve de la remplir le fait recourir à des conjectures, et le gazetier qui n'a point d'autres nouvelles que les siennes en fait usage dans l'article de Paris, sans s'embarrasser si elles sont sensées ou si elles ne le sont pas (1). »

Barbier lui-même reconnaît ailleurs l'injustice et les inconvénients de la compression.

« On continue d'inquiéter les nouvellistes dans les cafés et dans les promenades publiques; on en a même fait mettre à la Bastille. Cela est encore d'une administration puérile. Il est vrai qu'il y a dans Paris beaucoup de gens mal intentionnés, qu'on appelle Autrichiens, qui profitent de la disette des nouvelles pour en annoncer de très-mauvaises pour la France; mais, ma foi! quand les nouvelles sont généralement mauvaises et qu'elles sont l'effet de la mauvaise conduite, il n'est pas possible que le bon Français ne se plaigne et qu'il crie victoire!... »

» La véritable cause de toutes les fausses nouvelles qui se débitent provient de ce qu'il n'en transpire aucune. La vivacité de la nation semble exiger qu'au lieu de la vérité le ministère lui en présente au moins l'ombre. Les esprits inquiets profitent de ces moments d'impatience pour ins-

---

(1) *Journal de police sous Louis XV* (1742-43), imprimé en 1834 dans la *Revue rétrospective* de M. Taschereau.

pirer la défiance et le mécontentement; ce qui ne manque jamais de produire des plaintes contre les ministres et contre le gouvernement. »

Des considérations de diverse nature déterminaient la tolérance dont on usait par instants envers les bulletinistes. Quelquefois c'étaient des raisons politiques; c'étaient, d'autres fois, des motifs moins avouables.

Un intendant d'une province du Midi, dit Manuel, effrayé de ce que deux libraires de sa généralité, *trop bornés pour connaître le danger de leur commerce,* y semaient les *bulletins* de Paris, dénonça, le 2 décembre 1785, une dame de Beaumont, qui avait laissé couler de sa plume ces phrases sacriléges :

M. l'intendant s'est rendu en voiture, avec toute la pompe et la magnificence possible, devant la maison où se tenait l'assemblée provinciale. Etant là, il l'a fait avertir ; mais, ne voyant point venir les députés, il est monté, a pris place, et a débité un discours si long et si ennuyeux, que tous les membres l'ont laissé seul. L'archevêque de Toulouse, instruit de cette scène, a cru devoir changer la préséance des intendants.

Cette femme d'un lieutenant au régiment provincial de Dijon, à qui le prince de Montbarey avait promis une lieutenance de maréchaussée, et dans les peines de laquelle entrait quelquefois un vicaire de Saint-Benoît, dont la charité affrontait jusqu'à la calomnie, comparut au tribunal du magistrat, qu'elle compara à celui de la divinité.

> Monseigneur, comme elle vous savez tout, votre œil est présent partout, vous sondez jusqu'aux replis de l'âme, et comme elle enfin vous pardonnez tout.

Avec ces formules serviles et une jolie figure, on se ménageait les faveurs d'un lieutenant de police, qui payait son abonnement par les abonnés qu'il procurait lui-même à sa protégée. Il lui recrutait jusqu'à des prélats jaloux de connaître tout ce qui se faisait à Paris la nuit et le jour, quand ils n'y étaient pas. Cette complaisance lui valait encore des prières et des remerciements :

> M. l'évêque de Lisieux assure de son respect et de sa reconnaissance M. Le Noir. Voudrait-il bien lui faire dire si une gratification de 40 ou 50 écus, tous les ans, à l'auteur du bulletin, sera satisfaisante. Comme il ignore son nom et son adresse, il prendrait la liberté de les lui faire remettre.

La police couvrait aussi des écrivains mâles de son égide, et ce n'était pas un petit service que leur rendait le magistrat que de répondre pour eux, car il recevait quelquefois de Versailles de ces billets secs qui semblaient être écrits par des maîtres à un valet. En voici un de 1783 :

> M. de Castries envoie à M. Le Noir l'article d'un bulletin qui se distribue par un homme qu'on dit *avoué*. Il est répréhensible de présenter le ministre du royaume comme l'ennemi de M. de Suffren. M. de Castries pense qu'il est nécessaire de savoir du

sieur Boyer pourquoi il se permet d'écrire ainsi, et par quelle impulsion.

En voici un autre de 1784 :

J'ai des raisons pour désirer de savoir, Monsieur, en quoi consistent les recommandations que vous avez faites au sieur Boyer, et sur quoi porte la circonspection que vous lui avez prescrite.

Cependant la tolérance en pareille matière présentait des dangers sur lesquels le gouvernement ne s'aveuglait point. Un jour Suard écrit au lieutenant de police pour lui recommander un bulletiniste :

C'est un honnête homme, je le connais beaucoup ; pendant quarante ans il a vécu dans l'aisance, des malheurs le réduisent aux ressources. On lui propose d'envoyer un bulletin à un gazetier de Hollande. Il s'engage à ne mander jamais que des faits publics, sans aucune réflexion. Il s'interdirait toutes les aventures qui pourraient blesser la délicatesse d'un citoyen, à plus forte raison d'une personne *considérable*. Son caractère répond de sa circonspection, etc.

Le magistrat promit d'en parler au ministre, qui répondit au magistrat :

J'ai reçu, Monsieur, la lettre que vous m'avez fait l'honneur de m'écrire et celle qui y était jointe de M. Suard, touchant la permission que demande un particulier inconnu d'établir une correspondance de nouvelles avec un gazetier de Hollande, sous l'offre, de la part de l'anonyme, de se faire connaître et de soumettre sa correspondance à la censure. Vos réflexions sur cette demande m'ont paru pleines de sens et de raison. Après les avoir bien pesées, je pense que les inconvénients de la tolérance, en pareille matière, l'emportent de beaucoup sur l'utilité qu'on pourrait s'en promettre, même sous la surveillance de l'administration. L'expérience nous a convaincus que, de toutes les classes des écrivains, celle des nouvellistes à gages est la plus difficile à contenir. Quel homme sage osera se rendre garant de la conduite d'un bulletiniste qui calcule ses profits sur le nombre d'anecdotes secrètes qu'il peut recueillir? et quel homme honnête se permettra d'accepter une pareille commission, après l'abus que d'autres en ont fait et la honte qu'ils y ont imprimée? Je suppose cependant qu'un sujet d'une prudence reconnue obtienne la permission qu'on sollicite et qu'il en soit digne personnellement, il ne pourra pas empêcher, malgré sa sagesse, que le gazetier avec lequel il sera autorisé à correspondre n'emploie des moyens détournés pour se procurer des nouvelles particulières et souvent répréhensibles, et qu'il ne les débite dans sa gazette. Qu'arrivera-t-il en ce cas? Que le public se plaindra d'une tolérance légèrement accordée; que les particuliers demanderont justice de la méchanceté ou de l'indiscrétion du gazetier; que l'administration sera réduite à la fâcheuse nécessité de sévir contre le correspondant connu et censé coupable, malgré les protestations de son innocence; que le public et les particuliers, fondés sur un seul exemple de tolérance, imputeront au gouvernement toutes les impertinences des gazetiers étrangers et de leurs correspondants ténébreux. Ces observations, jointes à celles que contient votre lettre, Monsieur, me confirment dans l'opinion que nous ne devons point autoriser ni reconnaître de correspondants français avec les gazetiers; que ce genre de commerce doit continuer d'être prohibé, et que ceux qui s'y livreraient malgré la prohibition doivent être sévèrement réprimés. Je compte toujours sur votre vigilance, Monsieur, pour éclairer leur conduite. Des avertissements secrets et des conseils de douceur peuvent en ramener quelques-uns d'un égarement passager. Des penchants pervers, l'habitude et l'esprit d'avidité, ont rendu le mal incurable chez d'autres. Les conseils sont impuissants pour ceux-ci, et les moyens de rigueur sont les seuls qui puissent les contenir.

De Vergennes.

Monsieur Suard, dit Manuel, n'était point de

force à répondre à ces dogmes de l'inquisition, lui qui ne conçoit pas encore que la pensée est libre comme le culte, et que tout citoyen a le droit d'avoir chez lui un autel et une presse.

Le ministre *à la turque* trouva bientôt l'occasion d'appliquer ces principes contre un de ces flibustiers de la littérature.

Versailles, 7 *septembre* 1782.

Le sieur Desessarts, auteur de la Gazette française d'Utrecht, a donné lieu, Monsieur, à plusieurs plaintes sur la licence de cette feuille, et récemment encore, à l'occasion de deux articles calomnieux et outrageants pour MM. de Fleury et de Grasse, insérés dans le numéro 63. Sur la réclamation des parties offensées, j'en ai écrit à l'ambassadeur du roi à La Haye, qui a fait réprimander l'auteur par les magistrats de la ville d'Utrecht. Cet écrivain a reçu la réprimande avec quelque apparence de repentir ; mais il a en même temps adressé à son correspondant à Paris une lettre dans laquelle il tourne en ridicule les bourgmestres hollandais et leur mercuriale, et recommande au correspondant de ne rien changer à ses bulletins, résolu de conserver à sa gazette l'avantage de *faire du bruit,* suivant son expression. L'insolence obstinée de ce gazetier nous a déterminés à interdire l'entrée et le débit de sa feuille dans le royaume. Je marque à M. d'Oigny de donner des ordres en conséquence au bureau des gazettes étrangères. J'en informe M. de La Vauguyon, et lui mande de prévenir le sieur Desessarts, en l'avertissant que, s'il tombait dans des écarts du genre de ceux qu'il a à se reprocher, nous poursuivrions sa punition personnelle auprès des Etats Généraux de la province d'Utrecht. Le correspondant de Desessarts, qui l'est en même temps d'autres gazetiers, tels que celui de Bruxelles, etc., est un sieur Fouilhoux, logé maison du magasin des eaux minérales, rue Plâtrière, à Paris. Il reçoit ses lettres sous l'adresse de demoiselle Rosalie Thomas, qui n'est autre que sa femme. Il s'est avoué auteur du bulletin dont le gazetier a tiré les deux articles qui forment le corps du délit. Une pareille indiscrétion mériterait un châtiment exemplaire; mais son aveu, d'un côté, et la présomption qu'il y a eu plus d'imprudence que de mauvaise intention dans sa conduite, nous ont déterminés à user d'indulgence envers lui. Vous voudrez bien cependant le mander par devant vous, lui faire une sévère réprimande, et lui défendre d'avoir désormais aucune correspondance avec Desessarts, sous peine de désobéissance et de punition. Je vous serai obligé de m'informer de tout ce que vous aurez fait à ce sujet.

De Vergennes.

Pour cette fois la police se contenta de marquer le nom de M. Fouilhoux et de donner son signalement aux *observateurs* : « Cinq pieds quatre pouces, larges épaules, long visage, plein et rond, haut en couleur, cheveux châtain-clair, yeux hagards et inquiets, habit de camelot gris de lin très-clair, veste et culotte de nankin, catogan. Il est souvent au *Caveau*; sa place ordinaire est du côté de *Philidor*. »

Avec ces notes *rouges*, il était difficile d'échapper longtemps à une troupe de mouchards qui, ayant autant de mains que d'yeux, vivaient de délations et de vols. Comme des chiens, ils n'attendaient que le mot *pille,* d'un exempt. Quidor le prononça le 14 janvier 1786. L'expédition de sa meute fut des plus heureuses; c'est à lui à en faire le noble récit. La nuit, le magistrat avait reçu un coureur à *pattes* qui lui annonçait la première action :

Je n'ai point négligé de placer mes hommes au café du *Caveau,* et je me suis servi, pour cela, de ceux que j'avais employés lors de la capture du sieur Fouilhoux, dit Volet (il avait déjà été au petit Châtelet). Lorsqu'il y a paru hier au soir, ils l'ont reconnu, et ne l'ont pas perdu de vue jusqu'à minuit moins un quart; ils l'ont suivi et se sont assurés de sa demeure.

Le lendemain, le commissaire Chenon, l'inspecteur et compagnie, se transportèrent rue Plâtrière, pour l'arrêter, comme de la part du roi.

Nous avons cherché avec beaucoup de soin les preuves de sa correspondance; mais il paraît qu'il brûle tous les papiers dont il n'a plus besoin. Interrogé sur les différents articles de ses bulletins qui ont donné lieu à sa punition, il a assuré, comme de règle, n'avoir été que l'écho des bruits publics, et n'avoir eu aucune intention de blesser le gouvernement ni les particuliers. Pour éviter l'éclat qu'il aurait pu faire et la scène à laquelle la douleur de sa femme n'aurait pas manqué de donner lieu au moment de la séparation, j'ai cru devoir lui laisser ignorer le lieu où j'allais le conduire. Aussi, croyant n'aller qu'à la Bastille ou à l'hôtel de la Force, il a soutenu courageusement son extraction; mais lorsqu'il s'est vu sur la route de Bicêtre, il s'est fait chez lui une révolution qu'il serait difficile de vous peindre, et toute sa philosophie l'a abandonné.

Quidor.

« Sa philosophie ! s'écrie Manuel, qui nous fournit ces détails; on en a pour braver les despotes et la mort, mais le déshonneur ! Un citoyen, un époux, un père, peut être traîné dans la sentine de tous les vices pour avoir cru un faux rapport, pour avoir écrit que l'intendant de Clermont avait fait emprisonner quarante collecteurs !... Lorsque, dans cette Révolution où les hommes de mérite ont enfin pris leur rang, M. Fouilhoux a été un des premiers représentants de la commune, le district de Saint-Eustache n'a pas cru vaincre un préjugé : il ignorait son malheur. »

On doit convenir aussi que la position du ministère était des plus difficiles : impuissant quand il voulait sévir, il était débordé quand il voulait essayer de la conciliation. Et pour comprendre ses tribulations, il faut se rappeler à quels ennemis il avait affaire. Les gazettes fabriquées dans les salons de Paris, ou dans les taudis de quelques pauvres diables d'écrivains, n'étaient rien en comparaison des infâmes libelles venant de l'étranger, de Londres, surtout, où d'effrontés bandits faisaient métier de ces infamies. A leur tête était l'auteur si tristement célèbre du *Gazetier cuirassé*, l'infâme Morande, dont nous avons fait la connaissance au *Courrier de l'Europe*. On sait les longues négociations qui s'engagèrent entre les deux gouvernements à propos de cette manufacture de libelles, et la pensée s'y reporte involontairement quand on voit les journaux anglais, dans leurs moments de mauvaise humeur, malheureusement trop fréquents, attaquer la France et son gouvernement avec un acharnement si haineux, si implacable, et si peu motivé. Il y eût eu là un très-piquant chapitre à faire; mais l'espace me manque, et je ne puis que renvoyer mes lecteurs au livre de Manuel, *la Police de Paris dé-*

voilée, et aux Mémoires de Brissot, où ils trouveront sur cette affaire de très-amples et très-curieux détails.

Je suis arrivé, en effet, à l'extrême limite de l'espace qu'il m'était possible de consacrer à la première période de l'histoire du journalisme. Il y avait à dresser ce bilan de la presse périodique avant la Révolution des difficultés qui n'auront point échappé à ceux qui savent de quelles épines sont hérissés les travaux de cette nature. J'ose donc espérer que l'on ne s'étonnera pas trop s'il manque plus d'un trait au tableau que j'en ai esquissé, ou si tous les traits de ce tableau ne sont pas également justes. Tel qu'il est, cependant, il me semble, — peut-être est-ce en raison de la peine qu'il m'a coûté — qu'il peut donner une idée suffisante du développement qu'avait pris le journalisme dans la dernière moitié, surtout, du xviiie siècle. En somme, le rôle des journaux, à cette époque, fut plus considérable, leur action fut plus marquée, qu'on ne paraîtrait généralement disposé à le croire, et la voie était largement frayée déjà quand éclata l'explosion de 1789.

FIN DU TROISIÈME VOLUME

TABLE

LA PRESSE LITTÉRAIRE AUX XVIIe ET XVIIIe SIÈCLES. (Suite.)   7
— L'abbé Prévost. — *Le Pour et Contre.*   19
— Marmontel. — *L'Observateur littéraire.* — *Le Mercure.*   30
— L'abbé de La Porte. — *Observations sur la littérature moderne; l'Observateur littéraire.*   40
— Clément. — *Les cinq Années littéraires.*   61
— Le Brun. — *La Renommée littéraire.*   64
— Chaumeix et d'Aquin. — *Le Censeur hebdomadaire.*   76
— Palissot et Clément. — *Journal français.* — *Gazette des Deuils.* — *Nécrologe.*   84

JOURNAUX CONSACRÉS AUX LITTÉRATURES ÉTRANGÈRES. — L'abbé Prévost, Arnaud, Suard, Grimm. — *Journal étranger.* — *Gazette littéraire de l'Europe*, etc.   92
— Pierre Rousseau. — *Journal encyclopédique.*   116

JOURNAUX DE GENRE, JOURNAUX PHILOSOPHIQUES. — Marivaux, Bastide, Lacroix, etc. — *Spectateur, Babillard, Radoteur*, etc.   127

JOURNAUX D'ÉCONOMIE POLITIQUE, D'ADMINISTRATION; JOURNAUX MILITAIRES, RELIGIEUX, etc. — *Ephémérides du Citoyen ou Chronique de l'esprit national.*   154
— *Journal militaire; Journal de Marine.*   162
— *Journal chrétien; Journal ecclésiastique.*   166
— *Journal d'Education.*   171

JOURNAUX SCIENTIFIQUES, ARTISTIQUES ET INDUSTRIELS. — La Feuille nécessaire; l'Avant-Coureur; Nouvelles de La Blancherie, etc.   173
— Journaux bibliographiques.   190

JOURNAUX REPRODUCTEURS. — VARIÉTÉS. — L'Esprit des journaux; Journal de Monsieur, etc.   197

PETITS JOURNAUX, JOURNAUX DE THÉATRE, DE MODES. — Journal des Dames.   216
— Journal des Théâtres. — Les Journalistes et les Comédiens. — Le Fuel de Méricourt; Fréron.   226

JOURNAUX SATIRIQUES, FANTASTIQUES, etc. — PARODIES. — Les Lunes du Cousin Jacques.   239
— Journal singe. — Archives mytho-hermétiques.   264

LA PRESSE POLITIQUE. — JOURNAUX HISTORIQUES ET POLITIQUES. — JOURNAUX FRANÇAIS IMPRIMÉS OU PUBLIÉS A L'ÉTRANGER.
— Journal de Verdun.   277
Quelques détails sur les Gazettes et Journaux étrangers.   296
Journaux circulant à Paris en 1779.   313
Linguet, Mallet du Pan. — Journal de Genève. — Journal de Bruxelles. — Annales politiques, civiles et littéraires du XVIIIe siècle.   324
— Courrier de l'Europe.   401

JOURNAUX CLANDESTINS. — Nouvelles ecclésiastiques, ou Mémoires pour servir à l'histoire de la constition Unigenitus.   433
— Journal du Despotisme.   446

NOUVELLES A LA MAIN. — Mémoires secrets : Madame Doublet, Bachaumont. — Métra : Correspondance secrète. — Correspondances littéraires de La Harpe et de Grimm. — Les Bulletiniers et la police.   453

FIN DE LA TABLE.

LIBRAIRIE POULET-MALASSIS ET DE BROISE
Editeurs, rue des Beaux-Arts, 9.

ŒUVRES NOUVELLES

DE

CHAMPFLEURY

A 2 FRANCS LE VOLUME

ILLUSTRÉES

PAR

COURBET, BONVIN, BRACQUEMOND, FLAMENG
AMAND GAUTIER, HANOTEAU

L'œuvre de M. Champfleury voulait une édition plus convenable que celle des collections à 1 franc.

Au moment où la librairie tend à rentrer dans les voies d'une typographie décente, nous avons dû songer à nous attacher l'écrivain qu'on a appelé « le plus vaillant de nos jeunes romanciers. »

Chaque livre de M. Champfleury a été, pour ainsi dire, une lutte dont il est sorti victorieux. —

Et quatre éditions des *Aventures de mademoiselle Mariette*, plus de vingt mille exemplaires vendus des *Bourgeois de Molinchart* prouvent l'intérêt que le public porte au jeune écrivain. — Aucun de ses livres n'a eu moins de trois éditions.

Nous réimprimons aujourd'hui les œuvres dites *Nouvelles*, c'est-à-dire celles qui n'ont pas encore été publiées dans un format accessible au public :

Les Amis de la Nature ;
Monsieur de Boisdhyver ;
La succession Le Camus.

D'autres publications, dans le courant de l'année 1860, montreront la variété et la fertilité de cet esprit laborieux.

Des peintres et des graveurs de la nouvelle génération devaient être appelés à prêter leur concours à l'écrivain qui, depuis quatorze ans, travaille sans relâche, enrichissant les revues et les journaux de sa collaboration, semant, çà et là, des romans, des contes, des nouvelles, des fantaisies, des études biographiques et d'importants morceaux esthétiques.

A côté de M. Champfleury se place naturellement M. Courbet, et autour d'eux MM. Bonvin, A. Gautier, Hanoteau, qui seront interprétés par de jeunes maîtres graveurs : MM. Bracquemond et Flameng.

Les éditeurs n'ont pas besoin de faire d'autre appel au public qui jugera de leurs efforts consciencieux.

A. Poulet-Malassis ; E. De Broise.

ALENÇON — Typographie de Poulet-Malassis et De Broise

En cours de publication à la même Librairie

HISTOIRE DE SOIXANTE ANS
PAR
HIPPOLYTE CASTILLE
10 VOL IN-8° AVEC 40 PORTRAITS

A une époque où les *Mémoires* et les *Correspondances* posthumes viennent contredire l'histoire écrite il y a vingt et trente ans sur les documents officiels, si souvent contraires à la vérité, notre chronique nationale des soixante dernières années qui suivent la Révolution s'altère. La connaissance de cette période de notre histoire est cependant le complément nécessaire de l'éducation de tout Français, à quelque classe qu'il appartienne.

Or l'éparpillement de cette période historique est aujourd'hui tel, que le seul épisode des Girondins, sous la plume féconde de M. de Lamartine, forme huit volumes in-8°. Les redites qui sont la conséquence de cet éparpillement ne sont pas moins frappantes. Il est évident, par exemple, que le récit de la bataille de Waterloo clora l'œuvre de M Thiers et commence celle de M. de Vaulabelle ; que la Révolution de juillet finit le livre de M. de Vaulabelle et commence celui de M. Louis Blanc. L'enchaînement des faits en est rompu, et ces doubles récits forment pour le lecteur des volumes à peu près superflus.

La refonte et la condensation de ces vastes matériaux devient chaque jour d'une utilité plus pressante. M. Hippolyte Castille a entrepris depuis plusieurs années ce grand travail que nous publions sous un titre qui en précise le cadre : *Histoire de soixante ans*. C'est une œuvre que ses difficultés et son importance recommandent à la plus sérieuse attention.

L'*Histoire de soixante ans*, en dehors des hautes considérations qui ont déterminé son auteur à l'écrire, offre, au point de vue matériel, des avantages qu'il ressort des attributions des éditeurs d'exposer au public.

Pour connaître aujourd'hui l'histoire des faits qui se sont écoulés en France depuis 1788 jusqu'à la Révolution de février 1848, on est obligé, en se bornant à un seul écrivain par époque, de lire, je suppose, le nombre de volumes suivants :

THIERS, *Histoire de la Révolution*.........	10 vol.
— *Histoire du Consulat et de l'Empire*.	18 vol.
VAULABELLE, *Histoire des Deux Restaurations*	8 vol.
LOUIS BLANC, *Histoire de Dix ans*.........	5 vol.
ÉLIAS REGNAULT, *Histoire de Huit ans*.....	3 vol.
TOTAL.................	44 vol.

Outre une dépense de temps considérable, c'est une dépense d'argent qui ne s'élève pas à moins de *deux à trois cents francs*.

Une histoire en dix volumes, comprenant la même période historique, offre donc une économie de temps et une économie d'argent considérables.

Dix volumes permettent facilement d'ailleurs à tous les faits de trouver leur place. Ils n'offrent pas l'inconvénient des précis. Ce qu'on nomme en littérature l'*intérêt*, la *couleur*, le *détail intime*, peut se produire à l'aise dans l'espace de dix volumes, sans que la matière historique, contenue dans de justes limites, puisse s'étendre et dégénérer en roman.

Unité de doctrine, unité de méthode, unité de récit, précision et condensation des faits ; économie de temps ; bon marché ; tels sont les avantages que cette publication offre au public.

Une table de classement des portraits sera imprimée à la fin du dernier volume de chacune des séries dont se composera l'*Histoire de soixante ans*. La La première série, *La Révolution*, 1789–1800, formera 4 volumes.

Les deux premiers volumes sont en vente avec les portraits de Louis XVI, Marie-Antoinette, Mme de Lamballe, Mirabeau, Danton, Robespierre, Saint-Just, Mme Roland.

Prix du volume avec quatre portraits : 5 fr.

Alençon. — Typ. de POULET-MALASSIS et DE BROISE.